철학적 인생론

『철학과 현실』 특집

철학적 인생론

철학문화연구소 편

철학과 현실사

차례

발간사

엄 정 식

계간 『철학과 현실』이 "현실을 철학화하고 철학을 현실화한다"는 목
표를 세우고 창간한 지 이제 30주년을 맞이하게 되었다. 그것은 짧은 기
간이 아니며, 결코 흔한 일도 아니다. 이를 기념하기 위하여 그동안 '철
학적 인생론'이라는 주제로 연재했던 원로 및 중진 철학자들 16인의 인
생론을 모아 『철학적 인생론』이란 제목으로 단행본을 엮어보았다. 철학
과 현실 참여 사이에서, 혹은 신 앞에 홀로 서서, 혹은 진정한 자아의 행
방을 찾아 자유인의 고독한 집념을 가지고 방황해 온 그들의 체험적 사
색을 우리는 여기서 목격할 수 있을 것이다. 그들이 도달한 바로 그 지점
에서 우리가 출발할 수 있기를 기대해 본다.

또 하나의 선악과

김 광 수

나는 1981년 8월 29일 미국 유학차 김포공항을 떠났다. 내 나이 40, 흰머리가 뽑기에는 너무 많아져버린 때였다. 그리고 1986년 8월 9일 김포공항에 돌아왔다. 만 5년 만이었다. 샌타바버라에 있는 캘리포니아대학교에서 철학 전공 철학 박사가 되어 돌아온 것이다. 말하자면 '금의환향'한 셈이다.

계획한 대로, 아니 계획한 이상의 성과를 올리고 돌아와 있는 지금, 지난 일을 회고해 보면, 그때 그런 결심을 했던 것이 백번 잘한 일이었다는 생각이 든다. 그러나 사실 미국 유학을 결심할 당시에는 도박치고는 너무 크고 승산이 희박한 도박을 하는 심정이었다. 우선 도박을 하기 위해 내가 걸어야 할 '판돈'이 꽤 되었다.

먼저 직장을 내놓아야 했다. 친구들 말로는 좋은 직장이었다. 미 8군 번역 및 통역관이었는데, 주 5일 근무에 미국 공휴일과 한국 공휴일 양쪽 다 놀고, 연가 및 병가를 빼면 일주일에 3일 정도 근무하는 꼴이었는데, 봉급은 당시 대학교수 하던 친구들의 몇 배는 족히 되었다. 그때는 지금처럼 자가용이 많지 않았던 때였는데, 나는 직책상 자가용 비슷한 것을 몰고 다닐 수도 있었다. 가끔 양주병도 생겼다. 그런데 이 직장을 내놓아야 했다.

물론 직장을 다니면서 국내 대학원에 진학하는 방법도 생각해 보았다. 그러나 나는 그것이 좋은 방법이 아니라는 판단을 내렸다. 국내에서 공부하면 직장을 내놓을 필요가 없을지 모르나, 공부에만 전념할 수 없을 게 뻔하였다. 그런데 공부에만 전념하지 않으면, 내가 원하는 소기의 성과를 달성할 수 없다는 것이 나의 확신이었다.

나는 음악가의 연주 장면을 볼 때마다 반성하는 점이 많았다. 몇 십 분씩 악보도 보지 않고 청중을 매료시킬 수 있는 연주를 할 수 있기 위해 저 피아니스트는 얼마나 피땀 나는 훈련을 해야 했을까. 기본적으로 음악에 대한 자질이 있어야 하겠지만, 오랜 시간 단말마의 훈련을 거치지 않고서는 관중을 감동시키는 연주를 할 수 있는 예술가의 경지에 도달할 수 없을 것이었다.

그런데 나는 내가 원하는 일을 이루기 위해서 그런 밀도 높은 훈련의 경험을 해본 적이 없었다. 소위 '잔재주'는 많아서 못하는 게 없는 사람이라는 말을 들어왔다. 그래서 바둑도 3급 쯤 두고, 클래식 기타로 '알함브라 성의 회상'을 연주하기도 한다. 그림도 즉석에서 친구의 모습을 그려낼 수 있고, 조금 과장하자면 고장 난 것은 못 고치는 것이 없다. 그런데 어느 하나도 어떤 경지에 이른 것이 없다. 이것저것에 능력을 분산시킨 것이다. 무엇을 하든 잘하려면 그것 하나에만 매달려서 집중적으로 해야 하는데 그게 안 된다. 나는 게으르고 유혹에 약하다. 특히 술과 여자에 약하다. 이 친구 저 친구와 어울려 다니며 동네잔치 다 찾아다니다가는 죽도 밥도 안 된다. 그래, 그걸 피해 미국으로 가는 거다. 거기 가면 내가 원하는 그런 훈련을 받을 수 있다고 하지 않는가. 국내에서 대학원에 진학하는 가능성에 대한 이런 부정적인 시각은 미국 유학길을 택하게 하였고, 따라서 직장을 내놓는 것은 당연한 순서였다.

　미국 유학이라는 도박을 하기 위해서 내가 걸어야 했던 판돈은 직장을 내놓는 것에서 끝나지 않았다. 소위 '편안한 삶'을 내놓아야 했다. 그리고 고생스러운 삶을 택해야 했다.

　그런데 나는 한마디로 고생에 찌든 사람이었다. 내가 만 열 살이었던 6·25 다음 해에 아버지가 세상을 떠났다. 나는 국방군에 지원해 간 뒤로 생사를 알 길이 없는 형을 대신하여 지루한 상주 노릇을 하였고, 그것을 시작으로 나는 기나긴 고생길에 접어들었다.

　아버지가 유산으로 남겨놓고 간 것으로 '손바닥'만한 밭뙈기가 있었는데, 그나마 사촌 형이 몰래 팔아먹어 버렸다. 어머니, 나 그리고 두 동생은 아주 홀가분해졌고 배고파졌다. 먹을 것이 없어서 하루는 어머니가 이름을 알 수 없는 풀을 삶았다. 몇 숟갈 뜨던 나는 참을 수 없는 구역질이 치밀어 올라 어머니 몰래 밖으로 뛰쳐나와 다 토해 냈다. 창자까지 나올 듯 토하고 난 후, 나는 결코 소는 될 수 없다는 것을 깨달았다.

　다행히 어머니의 바느질 솜씨가 좋아 밀기울(밀의 껍질) 죽으로 허기를 채우며 살았는데 어머니가 주마담이라는 끔찍한 병으로 눕고 말았다. 당시 국민학교 5학년이었던 나는 즉시 학교를 중단하고 겹치는 불운에 저항하기 위해 사회에(?) 첫발을 들여놓았다. 목에 풀칠할 수 있는 일이라면 뭐든지 하였다. 거지 노릇만 빼놓고. 그러던 중 목판 장사(양담배, 껌, 초콜릿 등을 목판에 진열하여 목에 걸고 다니며 파는 장사)에 성공(?)하여 방 한 칸짜리 전재민 집을 사기도 하고, 집 사는 바람에 밑천이 날아가 구두닦이도 했다. 지금도 구성진 소리로 외칠 수 있다. 담배요 나아아 꺼어미요오! 구두따악소오오!

　그러한 내가 4·19가 나던 해인 1960년에 서울대학교에 입학하게 된다. 실로 꿈과 같은 일이었다. 그러나 그건 애초부터 무리한 꿈이었다. 생활고로 중학교에 진학하지 못한 막냇동생이 다음 해에 자살한다. 나도 학교를 떠나고, 오랜 군대생활과 방황 끝에 1969년 8월에 재입학한다. 결혼하여 애까지 하나 있는 가장의 몸이었다. 학비와 가족 생활비를 벌기 위한 처절한 싸움으로 점철된 나날들, 늘 빚지고도 모자라는 삶이었다. 가정교사, 크리스마스카드 그려 팔기, 만화가게, 무교동 해외 여행사 번역 사원, …. 여자 팔자 두레박 팔자라고, 고생이라는 것이 무엇인지 모르고 살아온 마누라도 덩달아 머리에는 밥통, 오른손엔 국 주전자, 왼손에 물 주전자를 든 곡예사의 모습으로 동대문시장에 밥장사를 다니기도 하고…. 1972년 8월, 입학 12년 반 만에 대학을 졸업하게 된다. 나의 철학과 입학 동기인 친구 L이 미국에서 철학 박사학위를 따서 귀국하기 불과 몇 개월 전이었다.

이렇게 나이가 30세가 넘어 겨우 대학을 졸업한 나에게 대학원에 진학하라고 권유한 선생님도 계셨고, 나도 계속 공부하고 싶었으나, 나와 마누라는 지칠 대로 지쳐 있었다. 가난이라면 지긋지긋했다. 당장에 갚아야 할 빚도 7부 이자에 이자를 더해 가고 있었다. 나는 배부른 돼지가 되고 싶지는 않았지만, 우선 고질적인 가난에서 벗어나고 싶었다.

나와 마누라는 정신없이 몇 년을 뛰었다. 나는 학원 강사 등을 거쳐 미 8군에 정착하게 되고, 마누라는 핫도그 장사로 시작하여 꽤 큰 분식점을 경영하게 된다. 어느 틈엔가 광화문 미 대사관 관저 뒤에 자그마한 집도 한 채 사놓게 되고, 나에게 늘 술을 사던 친구들에게 술대접도 할 수 있게 된다. 은행에 현찰도 조금 맡겨놓고, 내 주머니에는 웬만큼 써도 용돈이 떨어지지 않는다. 그러나 무엇보다도, 벌어놓은 것보다는 앞으로 벌 수 있는 것이 훨씬 많았다.

한마디로 오랜 가난과 고난의 세월이 끝난 셈이었다. 나를 알던 친구들은 서슴지 않고 내가 '성공'하였노라 선언하였다. 고생한 보람이 있다고 하였다. 젊어서 고생한 대가로 이젠 느긋하게 인생을 즐길 수 있게 되었다고 하였다. 그런데 나는 전혀 엉뚱한 생각을 하고 있었다. 이 모든 것을 송두리째 내놓고 미국 유학을 갈 계획을 진행시켜 가고 있었던 것이다.

미국 유학을 간다는 것은 다시 고생길로 접어든다는 것을 뜻하였다. 첫째로, 장학금이라고는 한 푼 받지 못하는 자비 유학이었다. 장학금은 고사하고 입학만이라도 시켜줬으면 하였다. 둘째로, 나의 '황당한' 계획에 일말의 배신감 같은 것을 느낀 마누라는 모든 '활동'을 중지한다고 선포하였다. 그리고 나도 그녀가 일하는 것을 원치 않았다. 내가 선택한 고난은 나 혼자에게만 국한시키는 것이 도리라고 생각하였다. 셋째로, 나 자신 미국에 가서 공부 외에 돈벌이를 한다든지 하면서 시간 낭비할 계획이 없었다.

다시 말해서, 가족 전원이 수입이 전혀 없는 대량 지출 체제로 들어갈 참이었다. 그것도 한두 달도 아닌, 짧아야 5년간의 세월을. 그때 내 계산으로는, 마누라에게는 미안한 일이지만, 집을 포함한 전 재산을 쓸어 넣어야 될까 말까 하였다. 몇 년 후면 큰아이가 대학 진학을 하게 되고 작은아이가 고등학교 진학을 하게 되어 있어서 설상가상이었다. 미국 유학에서 성공하면 그나마 다행이겠지만, 실패하는 날이면 그야말로 쪽박 차는 신세가 될 것이 너무나 빤한 이치였다. 이와 같이 미국 유학을 간다는 것은 '편안한 삶'을 노름판의 판돈으로 내놓는 것에 해당하였다.

물론 쥐고 있는 패가 장땡은 안 되더라도, 족보에 올라 있는 것만이라도 된다면 그런 호기를 부려볼 수 있다 하겠다. 그러나 내 손에 쥔 패는, 굳은 결심이라는 한 가지를 빼놓고는 비관적이었다. 모든 객관적인 자료가 승산이 없음을 가리키고 있었다. 적어도 그렇게들 생각하였다. 그리고 열심히 나를 설득하려고 하였다.

내가 쥔 패로는 승산이 없다고 판단하게 한 핵심적인 근거는, 내가 본격적인 학문을 할 준비가 되어 있지 않다고 하는 것이었다. 대학에 입학한 지 12년 반 만에 대학을 졸업하고, 다시 그로부터 9년. 그동안 대학원을 다닌 것도 아니고, 학문과 관계가 있는 분야에서 일한 것도 아니다.

한국도 아닌 미국에서 자연과학도 아닌 인문과학, 더구나 철학을 한다고? 대학부터 시작한다 해도 어려울 텐데, 곧바로 대학원에 들어가 석사학위와 박사학위를 따겠다고? 나이가 젊으면 또 모르겠으나, 40이면 기억력도 감퇴하였을 것이니, 대학에서 배운 것도 그대로 남아 있을 리도 없고, 또 앞으로 공부한다 해도 그게 머리에 들어오지도 않을 것이다. 그동안 살아온 방식도 학문하기에는 적합하지 않다. 학생의 생활이라는 것이 제대로 하자면 수도승과 같은 절제와 규율을 요구하는데, 너무 오랫동안 안이한 생활에 길들여진 몸이다. 이런 점으로 미루어 보아, 나는 전혀 학문할 준비가 되어 있지 않다는 것이었다.

이와 같이 나의 미국 유학의 꿈은 너무 큰 출혈에 비해 승산이 없는 것으로 여겨졌다. 나의 꿈은 꿈에 불과하다고 하였다. 문학소녀 같은 꿈에서 깨어나라고 하였다. 친구들은 나를 미친놈이라고 했다. 가족 돌볼 생각 않고 홀쩍 떠나겠다니 무책임한 놈이라고 했다. 심지어 마누라까지 내가 그렇게 이기적인 사람인 줄 몰랐다고 했다.

그럼에도 불구하고 나는 결심을 꺾지 않았다. 아니 꺾을 수가 없었다. 나의 결심에 대한 부정적인 견해들이 잘못되어서가 아니었다. 모두 옳은 지적이었고, 고마운 충고들이었다. 그러나 그때의 내 정신 상황은 그러한 모든 지당한 이유들에도 불구하고, 아니 그보다 더한 이유가 있다 해도, 미국 유학을 떠나지 않으면 안 될 그런 것이었다. 알거지가 되어도 좋았다. 그래서 다시 곧 토해 버릴 수밖에 없는 이름 모를 풀죽을 먹게 되어도 좋았다. 실패해도 좋았다. 심지어는 그런 결과로 가정이 파탄이 나도 할 수 없는 일이라 생각되었다. 간단히 말해, 모든 것을 잃어도 좋았다. 즉, 그로 인해 내가 죽게 되어도 좋았다. 물론 그 길 말고 다른 길이 있었으면 했다. 피할 수만 있다면 피하고 싶은 길이었다. (그래서 유학 결심을 하고도 오랫동안 실행에 옮기지 못하고 있었다.) 그러나 그 길뿐이었다.

열다섯 살쯤 되었을 어린 시절 어느 날, 나는 선생님 심부름으로 자전거를 타고 이웃 마을을 가고 있었다. 당시 나는 중학교 과정에 해당하는 인가가 나지 않은 공민학교 비슷한 데를 다니고 있었는데, 학생들이 수업료를 제대로 내지 못하여 선생님들에게 봉급이 지급될 수 없었고, 따라서 선생님들이 오래 붙어 있을 수가 없었다. 심한 때는 한 달이 멀다 하고 선생님이 바뀌고, 선생님이 새로 부임할 때마다 교과서를 처음부터 다시 시작해 가르쳤기 때문에, 한 학기 동안 내내 10페이지까지를 반복해 배우는 일도 있었다. 지금은 늙고 쇠약한 몸으로 전라도 광주 근처 그의 향리에서 아파트 경비원 노릇을 하고 계시지만, 당시엔 사재를 털어가며 나와 같은 처지에 있는 아이들의 교육에 젊음을 바쳤던 김병하 교장선생님은 나에게 곧잘 심부름을 시키셨다.

그때도 며칠간 출근하지 않고 있는 선생님을 모셔 오라는 심부름을 가던 중이었다. 수 십 리 시골길을 가자면 길이 항상 평탄치만은 않았다. 타이어가 터지는 수도 있고, 자전거 살이 나가기도 한다. 그러나 제일 난처한 고장은 브레이크가 듣지 않는 것이었다. 특히 언덕길이 위험했다.

나는 급한 경사가 진 언덕길을 내려가고 있었다. 속도가 빨라져 브레이크를 잡았다. 그러나 브레이크는 고장이었다. 자전거는 이미 걷잡을 수 없는 속도로 내닫고 있었다. 경사가 끝나는 저 아래는 길이 좌로 약간 꺾이는 마을길이다. 그래서 시야가 막혀 있다. 그런데 언제나 그랬던 것처럼 거기엔 어린애들이 길바닥에서 놀고 있을 것이다. 만일 그렇다면 서로 충돌을 피하기는 어렵다. 언덕길 왼편은 열 길 낭떠러지이고 그 아래는 시퍼런 강물이다. 오른편은 험상궂은 바위들이 얼기설기 들어찬 산이다. 자전거를 멈출 수도 없고 저 아래엔 위험이 기다리고 있는데, 좌로나 우로 돌 수도 없다. 나의 머리는 빠르게 회전하고 있었다. 자, 어떻게 해야 하는가?

달리는 대로 가는 수밖에 없었다. 그것이 최선의 길이라기보다는 그 길밖에 없었다. 총알처럼 마을길로 들어서는 순간 무슨 일이 일어날지 모르지만, 달리는 자전거 위에서 최선을 다해 볼 수밖에 없었다. 피할 수만 있으면 피하고 싶은 길이었지만, 그럴 수가 없었다.

미국 유학을 결심할 수밖에 없었던 상황이 이와 유사하였다. 단지 그 길뿐이었다. 피할 수 있으면 피하고 싶었으나, 별다른 수가 없었다. 도대체 무슨 대단한 이유가 있었던가? 무슨 이유가 있었기에 불혹의 나이에 든 내가 혹하였던가?

나를 사로잡고 있었던 것은 철학적 문제들이었다. 인간은 물음을 묻는 존재이다. 인간만이 가지고 있는 고유한 기능 중에 하나가 바로 이것이 아닐까 싶다. 인간은 인생을 살아가는 동안에 많은 물음을 묻는데, 사람마다 묻는 물음의 종류도 다르고 그 정도도 다르다. 그래서 어떤 종류의 물음을 묻는 사람인가를 봐서 그 사람의 됨됨이와 장래를 짐작해 볼 수도 있는 것이다. 곤충의 생활을 열심히 관찰하면서 대답하기 곤란한 물음을 물어대는 어린이는 장성해서 현미경을 통해 생명의 비밀을 캐보려고 하는 생물학자가 되기 쉽다. 어떻게 하면 남의 재물을 정당하지 않은 방법으로 나의 것이 되게 할까 하는 물음을 가지고 궁리하는 사람은 도둑이 되든지 사기꾼이 될 가능성이 높다. 자신의 불행보다 남의 불행에 더 가슴 아파하며 어떻게 하면 도울 수 있을까 하는 물음에 골몰하는 사람은 자선사업가나 그 비슷한 일에 종사하는 것을 볼 수 있다. 별 볼일 없는 사람이란 다름 아닌, 의문 나는 것이 별로 없는 사람일 수도 있다.

나의 인생행로 역시 내가 가진 질문들에 의하여 결정적인 영향을 받는다. 내가 미국 유학을 가지 않으면 안 되게 했던 것은 다름 아닌 내가 가졌던 종류의 의문들, 즉 철학적 문제들에 대한 물음들이었다.

고등학교 졸업을 몇 개월 남기지 않은 어느 날 점심시간이었다. 나는 당시 영어선생이면서 생활지도주임을 하고 계시던 송성찬 장로님과 마주하고 있었다. 선생님의 인상이 무섭기도 하고, 말썽 피우는 학생들을 불러다 기합 주는 역할을 주로 하고 계셨기 때문에, 학생들은 보통 그분을 두려워하고 피하는 경향이 있었다. 그러나 나는 담임선생님보다는 그 선생님을 가끔 찾아뵙고 대화를 나누곤 했다. 그날은 특히 나의 인생 행로에 관한 중요한 대화를 진행하였다.

"대학 진학을 안 한다고?"

당연히 대학 진학을 하리라고 생각하고 계셨던 것처럼 선생님은 깜짝 놀라는 표정으로 물었다.

"안 한다기보다는 하지 못하는 것입니다."

선생님은 한동안 창밖으로 시선을 묶어둔 채 생각에 잠기셨다. 지금 돌이켜보면, 선생님은 스승으로서 매우 어려운 순간을 맞이하고 계신 셈이었다. 등록금 한 번 제때에 내보지 못하면서 고등학교도 간신히 다니고 있는 제자에게 대학을 가라고 할 수도 없고, 그렇다고 제자더러 돈 없으면 학교 갈 생각하지 말라고 할 수도 없고.

선생님이 침묵하고 계시는 동안 나도 생각에 잠겼다. 내가 아직 구두닦이를 하고 있을 때, 전쟁터에서 죽은 줄만 알았던 형이 살아 돌아왔다. 나는 가장으로서의 힘겨운 책무를 그에게 되돌려주어 좋았지만, 형이라고 사변 직후에 별 뾰족한 수는 없었다. 그는 서울에서 택시 운전사가 된다. 덕분에 나는 구두통을 때려치우고 상경한다. 그리고 대광고등학교에 입학하게 된다. 시골 촌놈이 용 된 셈이다. 그러나 생활 형편은 '용'이 될 수 없었다. 단칸 월세방에서 어머니, 형, 나 그리고 두 동생, 모두 다섯 식구가 살며 형의 재수가 좋기를 바라는 삶이었는데, 형의 재수에는 근본적인 한계가 있었다. 가난에서 헤어날 수가 없었다. 그 판국에 대학에 진학한다는 것은 상상할 수도 없는 일이었다. 구두닦이 하며 시골에 처박혀 있지 않고 서울에서 고등학교에 다닐 수 있는 것만 해도 황공스런 일이었다. 대학 진학이란 나와는 전혀 관계가 없는 삶의 궤적이었다.

"광수!"

선생님은 다소 엄숙한 목소리로 나를 불렀다.

"일단 입학시험을 쳐서 합격하고 보는 게 어때. 대학 가고 안 가고는 그때 가서 결정해도 되잖아. 합격한 다음에 정 못 가게 되면 할 수 없는 일이지만 지금부터 포기해 버리면 나중에 학교 다닐 형편이 되더라도 다닐 수가 없지 않은가."

선생님은 이어서, 어려운 가운데서도 희망을 가지고 매 순간 성실하게 사는 것이 좋다는 내용의 훈계를 해주셨다. 나는 선생님의 충고에 따라, 현실의 어려움에 압도당하지 않고, 미래의 불확실성에 도전하기로 하였다.

내친김에 지망학과를 생각해 보기로 하였다. 그런데 그게 쉽지 않았다. 이거다 하고 내 폐부를 찌르고 떠오르는 학과가 없었다.

"공대 건축학과 같은 데는 생각이 없나?"

선생님은 물으셨다. 당시 건축학과가 학생들의 인기를 끌고 있었다.

"제 일생을 집 짓는 데에 바치고 싶지는 않습니다."

"그럼 법대는 어때?

"사람들을 벌주기 위해 육법전서를 일생 동안 끼고 살아야 한다는 것은 끔찍한 일인 것 같습니다."

이런 식의 대화가 한동안 계속되었다. 공대, 법대가 후보에서 탈락한 데 이어 의대, 치대, 물리학과, 화학과, 영문학과 등 소위 인기 있는 학과들이 하나하나 제외되었다. 그러고도 마음에 드는 학과를 찾아낼 수 없었다.

"광수, 참 문학에 소질이 있지. 국문학과엘 가지 그래."

나는 사실 친구들이 입시 준비로 밤을 새우는 동안 문학 서적을 탐독하고, 시를 쓰고 소설을 쓰느라 밤샘을 하곤 했었다. 구두닦이 시절 어느 친척집에서 소설책으로는 난생 처음으로 『장발장』을 읽고 충격적인 감동을 받은 적이 있었다. 이야기 자체가 재미있었다. 그런 책이 있다는 것이 놀라웠다. 예측할 수 없는 미래의 삶에 대한 기대와 연민 같은 것으로 가슴이 벅차올랐다. 마음의 눈이 확 뜨이는 것 같았다. 그런데 고등학교에 올라와보니 그런 책들이 도서관에 꽉 들어차 있는 게 아닌가. 나는 닥치는 대로 그 책들을 탐닉하였다. 그래서 3학년이 되기 전에 세계문학전집과 한국문학전집의 대부분을 독파할 수 있었다.

마침 『오발탄』의 작가인 이범선 선생님이 작문을 가르치고 계셨는데, 나의 작문에 대해 분에 넘치는 칭찬을 하고, 교지나 교보를 만들 때마다 원고를 쓰라고 하여, 나는 그런 일로 곧잘 밤샘을 하곤 하였다. (때로는 남의 연애편지도 맡아 썼는데, 그 '위력'이 대단하여 여자들이 그 편지만 보면 폭 고꾸라진다는 말을 듣기도 하였다. 한번은 그 편지 덕을 본 친구가 자기 애인을 소개하였는데, 그 여자가 나의 애인으로 느껴지는 게 아닌가. 다정한 둘의 모습을 보고, 나는 억울한 심사를 달랠 수 없었다.) 그래서 내가 문학에 소질이 있는지는 알 수 없었으나, 선생님이 그렇게 권하는 근거가 없는 것은 아니었다. 나는 잠시 생각한 후 대답하였다.

"제가 문학을 좋아하는 것은 사실입니다. 그러나 이야기꾼으로서의 문학가는 기능인에 불과하다고 생각합니다. 글을 쓰는 기쁨 같은 것이 있지요. 그러나 한참 쓰다 보면, 내가 나의 삶을 살고 있지 않은 것 같은 비현실감에 빠지곤 합니다. 밭에 나가 땅을 파는 것이 훨씬 건강하고 현실적인 삶을 사는 것처럼 생각될 때가 있거든요. 문학가는 한 권의 책 속에서 어떤 귀중한 철학적 메시지를 전하려고 하지요. 문학가가 단순한 이야기꾼만은 아니라는 것이 되겠지요. 그러나 단 한 문장으로 요약될 수 있는 말을 하기 위해서 그렇게 많은 이야기를 해야 한다는 것은 지나친 낭비라고 생각합니다. 그런 의미에서, 문학도 제가 일생을 바쳐 할 것이 못 되는 것 같습니다."

결국 내 일생을 바쳐 해보고 싶은 것이 없다는 결론에 도달하였다. 무엇을 택한다 해도, 그것이 아니다, 내 일생이 그것만으로 채워질 수는 없다, 하는 생각이 들었다. 어렸을 적에는 위대한 정치가가 될 꿈을 꾸기도 했다. 그림 그리기를 좋아했기에 화가가 되어 불후의 명작을 남기고도 싶었다. 그러나 막상 진로를 결정해야 할 때가 되었을 때는, 그 어느 것도 나의 일생을 바칠 수 있는 만큼 중요하지 않았다. 나는 선생님께 죄송스러운 마음으로 변명하듯 말했다.

"제가 가진 문제는 인생의 목적이 무엇인지 모르고, 그것을 모른 채 아무거나 닥치는 대로 하고 싶지 않다는 것인 것 같습니다."

선생님은 잠시 나를 물끄러미 바라보시더니 환하게 웃으며 말씀하셨다.

"됐어. 철학과를 가야겠어. 광수는 철학적 문제에 빠져 있는 거야."

대학 진학 자체를 생각하고 있지 않았기 때문에, 철학을 전공하겠다는 생각도 해본 일이 없는 건 빤하였다. 철학책도 변변히 읽은 게 없었다. 그런데도 나는 선생님의 말씀이 떨어지자마자, 바로 그거다 하는 생각이 들었다. 인생의 목적이 무엇이며, 무엇을 하며 일생을 보내야 가장 보람된 삶을 살 수 있을 것인가를 알기 위해서 먼저 공부해야 할 것이 있다면 그것은 철학이었다. 다시 말해서, 무엇을 전공해야 하는지 몰라서 그것을 알기 위해 철학을 전공하는 셈이었다.

무엇을 전공해야 하는지 모른다면, 철학을 전공해야 하는지도 모르는 것이 당연한 듯싶다. 따라서 무엇을 전공해야 하는지 모르면서도 철학을 전공해야 한다고 하는 것은 모순인 듯싶다. 그러나 이는 모순이 아니다. 무엇을 먹을지 모르면서 냉면을 먹어야 한다고 주장하는 것은 모순이나, 무엇을 먹어야 할지 모르기 때문에 그걸 알기 위해서 메뉴를 들여다보는 것은 모순이 아니기 때문이다. 이런 의미에서도 철학은 학문에 관한 학문이라 볼 수 있다.

1960년 봄 문리대 철학과에 입학하면서, 막연히 내 마음을 사로잡고 있던 철학적 문제들이 구체화된다. 그리고 나의 삶을 철저하게 지배하기 시작한다. 나에게는 삶 자체가 하나의 크고 놀라운 수수께끼였다. 새벽녘, 갑자기 잠에서 깨어나면서 살아 있는 나를 발견한다. 숨을 쉬고 있다. 심장이 뛰고 있다. 등에 가벼운 압력을 받으며 지구 위에 누워 있다. 수많은 별들 사이를 난다. 아, 나는 살아 있다. 놀랍다. 기쁘기도 한 것 같고 슬프기도 한 것 같은 묘한 감정이 전율처럼 몸을 스친다. 그리고 곧 의문에 휩싸인다. 도대체 나의 삶은 어떻게 된 것인가? 어떻게 해서 나라는 존재가 존재하게 되었는가? 내가 왜 존재하는 것일까? 나의 삶에 무슨 목적이 있는 것일까? 있다면 그것이 무엇일까? 없다면 도대체 나의 삶의 뜻은 무엇이고 사는 것과 살지 않는 것의 차이는 무엇일까?

이와 같이 살아 있는 자신을 발견하고, 놀라고, 의문의 소용돌이에 빠지는 일이 때와 장소를 가리지 않고 일어났다. 길을 가다가도 문득 걷는 나를 발견한다. 자의식의 빛 가운데로 떠오르는 가운데, 눈 감고도 익숙한 거리에서 갑자기 이방인이 된다. 거리와 행인들과 내가 모두 우주를 나는 진기한 풍경을 본다. 그리고 똑같은 물음들이 나를 휩쓸아친다. 책을 읽다가도 그런다. 친구와 대화를 하다가도 그런다. 밥을 먹다가도 그러고, 손톱을 깎다가도 그런다. 심지어 잠자다가도 그런 일이 일어나 새벽잠을 설치기도 한다.

나의 존재에 대한 이러한 물음은 다른 모든 물음들에 대해 논리적으로 앞선 것으로 생각되었다. 다시 말해서, 이 물음에 답하지 않고서는 다른 아무 물음에도 답한다는 것이 불가능하며, 따라서 이 물에 답하지 않고 다른 물음에 답하려 하는 것은 마차를 말 앞에 매어놓는 행위처럼 어리석은 일이라 생각되었다. 지금은 미국에 살고 있는 화학을 전공하던 고등학교 친구 하나가 나에게 늘 하던 말이 있었다. 왜 사는가를 묻지 말고 어떻게 살까를 물으라고. 나는 그를 멍텅구리 광대라고 생각하였다. 나에게는 그 친구뿐만 아니라 대부분의 사람들이 '이상한 무대'에 던져진 멍텅구리 광대들이었다.

'이상한 무대'는 참으로 이상하다. 등장인물들 중 자신의 역할이 무엇이고 어떤 대사를 외워야 할지 아는 자가 아무도 없기 때문이다. 안다고 하는 자가 있긴 있다. 그러나 안다고 하는 주장에 불과하다고 말할 수밖에 없는 것이 도대체 무대 감독의 코빼기도 본 일이 없기 때문이다.

'이상한 무대'는 참으로 이상하다. 어떤 대사를 외우며 어떤 역할을 해야 하는지 알지 못하면서도, 등장인물들은 대개 뭔가를 열심히 한다. 길을 닦고, 빌딩을 세우고, 학교를 짓고, 돈을 찍어내고, 비행기를 만들고, 폭탄을 제조한다. 무대에 있는 것들의 모양을 바꾸는 작업이다. 그들은 그러한 행위를 '문명'이라 부른다. 그들은 또한 노래하고, 공을 차고, 취하고, 씹을 하고, '씹할'이라고 욕을 하고(또는 축복하고), 전쟁을 하고, 젊은이의 탄탄한 가슴에 총알구멍을 내고, 그 젊은이의 꽃다운 누이의 가녀린 두 다리를 한껏 벌려 묶고 차례대로 정액을 배설하고, 금식 기도를 하고, 산에 올라 '야호!' 하고 소리치고, 혁명을 하고, 물구나무를 서고, 세상은 모든 것이 거꾸로 되어 있다고 말하고(또는 세상은 보기 나름이라고 말하고), 시를 쓰고, 커피를 마신다.

나에게는 대부분의 사람들이 이 '이상한 무대'의 등장인물들 같았다. 무대에 던져지긴 했지만, 대사와 역할을 알지 못한 채 무대의 상황이 요구하고 허락하는 데 따라 그저 살아가는 존재들이었다. 어항 속의 금붕어처럼 죽을 때까지 입만 뻐끔거리는 기계 같았다. 하루 일을 마치고 돌아왔을 때 방 안에 낯선 보따리가 하나 있으면, 그 보따리가 무슨 보따리며, 왜 거기에 있는가 하는 의문을 가지면서도, 삶이라는 낯선 보따리를 받고도 의문을 갖지 않은 채 그 보따리 안에 들어 있는 것에만 연연하는 모습이 나에게는 신기하고 이상하였다.

나는 삶에 대한 이 수수께끼를 푸는 것이 급선무라고 확신하였다. 그 것은 마치 복잡한 수학 문제를 풀기 위해서 먼저 수의 개념과 기본적 공리를 알아야 하는 것과 같았다. 그 근본적 물음에 답하지 않고서는 아무 것도 할 수 없다고 생각했을 뿐 아니라, 실제로 아무것도 할 수 없었다.

적어도 의식적으로는 그랬다. 남자로서 대학 1학년이면 여러 가지 새로운 일들을 시도해 볼 때이다. 예컨대 담배와 술을 배우고, 이성을 사귀고, 종삼 같은 데를 가서 순결을 바치기도 하고…. 그런데 나는 그런 일들을 할 수 없었다. 그런 일뿐 아니라 다른 일상적인 일들도 마찬가지였다. 손가락 하나를 움직이더라도, 내가 왜 그걸 움직여야 하는지 알지 않고 움직인다는 것은 기계나 동물이 할 짓이었다.

나는 한갓 기계나 동물로 살고 싶지 않았다. 기계나 동물이 아닌 인간으로서 살려면 나의 행위를 나의 신념에 의해서 결정해야 한다. 그런데 바로 그 신념을 가질 수가 없었다. 나의 행위 하나하나에 대한 구체적 방향을 규정해 줄 수 있는 원칙을 알 수 없었다. 그래서 나는 곧잘 무대에 처음 올라온 풋내기 배우처럼 내 손을 어떻게 처리해야 할지 몰라 쩔쩔매곤 했다. 못할 짓을 하는 사람처럼 어색하게 손을 움직일 때마다 관절에서 삐걱거리는 소리를 듣는 것 같았다.

그러한 생활은 참으로 견디기 어려웠다. 어서 답을 알고 싶었다. 그래서 확신에 찬 삶을 살고 싶었다. 대사도 역할도 모르는 채 히죽히죽 웃고 어깨를 으쓱거리는 멍텅구리 광대 같은 삶은 진정한 의미에서 나의 삶이 될 수 없었다. 그런데 나는 나의 삶을 원했다. 그것도 아주 강렬히. 그래서 답을 찾아 헤매기 시작한다. 구도의 길에 들어선 것이다. 아니, 방황의 길에 들어선 것이다.

강의실에서는 답을 얻을 수 없었다. 내가 아직 배워야 할 이유를 알지 못하는 것만 가르쳤다. 수업에 흥미를 잃은 것은 당연하였다. 철학도로서 철학책을 읽을 수 없었다는 것은 역설 같지만 사실이었다. 지금은 사정이 많이 달라져서 읽을 수 있는 좋은 철학책들이 많이 나와 있다. 그러나 당시엔 그렇지 않았다. 철학책 자체가 희귀하기도 하였고, 몇 권 나와 있는 것마저 읽히지도 이해할 수도 없는 것들이 대부분이었다. 독일어 원서로 니체의 『차라투스트라는 이렇게 말했다』와 같은 실존철학자들의 책을 약 먹듯 읽는 게 고작이었으며, 읽을 수 있는 것보다 생각하는 것이 더 많았던 만큼, 이해하는 것보다는 오해하는 것이 훨씬 더 많은 독서였다. 답을 얻지 못할 것은 당연한 이치였다.

교회에서도 답을 얻을 수 없었다. 당시 나는 왕십리교회를 나가고 있었다. 기독교 계통의 고등학교를 다녔던 관계로 의무적으로 나가기 시작한 것이 나중엔 습관이 되어 있었다. 나는 청년회의 일을 보면서 곧잘 신앙 토론을 벌였다. 지금은 해방촌 어디선가 목회를 하시는, 당시 그 교회의 이규형 전도사님이 주로 초청되었다. 토론회가 끝나고 나서도 나는 오랫동안 그를 놓아주지 않고 질문을 퍼부어댔다. 하나님이 존재한다는 것을 어떻게 아는가? 하나님이 이 세상 모든 것을 창조하였다면 악도 창조하였다는 것인가? 악을 창조하지 않았다면, 악의 존재를 어떻게 설명해야 하는가? 하나님은 악을 묵인하는 것인가, 아니면 묵인하는 것은 아니지만 억제할 능력은 없는 것인가? 악을 묵인하든가 억제할 능력이 없다면, 그 존재가 하나님이 될 수 있는가?

세상에 일어나는 일이 모두 하나님의 뜻에 따라 일어나지 않는 것이 없다면, 인간은 꼭두각시에 불과한 것인가? 인간이 자유로운 존재라는 것은 환상이 아닌가?

예수께서 십자가에 매달리기 위해서는 (그래서 인류의 죄를 사함 받게 하기 위해서는) 유다의 배신이 있어야 했는데, 그렇다면 유다는 공로자가 아닌가? 공로자가 아니라면, 그리고 유다의 배신을 예수께서 미리 알고 계셨을 뿐 아니라, 그 모든 것이 만세 전부터 예비되고 계획된 것이라면, 유다는 죄인이 아니라 희생자가 아닌가?

질문은 끝이 없었다. 이규형 전도사는 나의 '도전'에 침착하고 끈기 있게 '답'하였지만, 그의 '답'은 보다 많은 질문을 낳을 뿐이었다. 결국 나는 그와의 대화를 중단하기로 하였다. 근본적인 벽에 부딪혔기 때문이었다. 답이 궁해지면 그는 언제나 나의 믿음 없음을 지적하였다. 믿음, 그것이 나의 모든 진지한 질문들에 대한 답이었다. 어떻게 하면 믿을 수 있느냐는 질문에 먼저 믿어야 한다는 답은 답이 아니라 벽이었다.

나는 신앙의 '원로'들에게 시선을 돌렸다. 일생 동안 신앙생활을 한 목사님이나 장로님들과 대화를 하다 보면 실마리가 풀릴 수도 있을 것이라는 희망을 가지고. 그러나 그들은 청년회의 신앙 토론을 기피하였다. 소문이 나 있었던 것이다. 무슨 죄가 그리 많은지 늘 울면서 죄를 사해 달라고 기도하던 목사님마저 초청에 응하지 않았다. 그는 기도뿐만 아니라 설교도 우는 목소리로 하였는데, 나는 그가 그렇게 늘 울 정도로 확신에 찬 신앙을 가지고 있다면, 우리를 기쁜 사명감으로 만나야 한다고 생각하였다. 그러나 그는 기쁘게 우리를 만나는 대신 울면서 '죄인들'을 만났다. 장로님들은 노골적으로 우리를 벌레 보듯 하였다. 나는 그들이 어떤 종류의 '공공연한 비밀 놀이'를 하고 있고, 그것이 탄로 나는 것을 겁내고 있다고 생각하였다. 나는 교회에 더 이상 머물 이유를 발견하지 못하였다. 청년회에서 발간하던 회지에 「교회를 떠나며」라는 양심선언 같은 것을 발표하고 교회 자체와 결별하였다.

믿음을 갖지 못한 채 습관적으로 다니던 교회와 결별한 것은 행위에 대한 분명한 이유를 요구하던 당시의 내 정신적 상황에 비추어보아 너무나 당연한 것이었다. 쓸쓸한 기분 가운데서도 내가 기대치 못한 이상한 해방감을 맛볼 수 있었다.

나의 삶이 종교적 위선으로부터 해방되었다 해도 문제가 해결된 것은 아니었다. 별도 달도 없는 깜깜한 황야 한가운데 버려진 셈이었다. 그리고 그런 상황에서 할 수 있는 최선의 것은 방황이었다. 입학하자마자 4·19 학생혁명이 일어나 학원가는 물론 사회 전체에 정치적인 관심이 비등하던 때였는데 나는 순수한 철학적인 방황을 하고 있었다. 말하자면, 비현실적이었던 셈이다. 1학년을 겨우 마치고 등록을 못하게 된다. 입학금만 대주면 그 다음부터는 내가 알아서 한다는 형님과의 약속에 따라 아르바이트도 하고 내 딴엔 등록금을 벌기 위해서 노력했지만, 늘 돈이 부족했다.

그러나 정작 부족한 것은 돈보다는 등록하려는 의지였다. 등록을 꼭 해야 할 이유를 발견할 수 없었다. 남들이 하니까 나도 한다는 것은 나에게 있을 수 없는 일이었다. 비쩍 마른 몸에 창백한 얼굴, 말이 없고, 웃지도 않고, 술도 안 마시고, 담배도 피우지 않고, 매사에 머뭇거리고, 학림다방 구석에 앉아 볼레로만 하루 종일 듣자고 하고, 여자에게 유방이 있다는 것 자체를 알지 못하는 청년을 상상해 보라. 바로 그가 그때의 나였다.

그러한 나의 삶에 일대 전환을 가져오게 한 일이 발생한다. 나의 막냇동생이 자살을 한 것이다. 그는 나보다 여섯 살 아래로 지금 잠실에서 정형외과 의사 노릇을 하고 있는 동생의 바로 아래였다. 그는 동대문 밖 창신동 돌산 절벽에서 몸을 던져 그의 일생에 일찌감치 종지부를 찍었다.

그 절벽은 당시 우리 가족이 살던 창신동 산동네에서 마주 보이는 곳이었다. 채석장이 들어서 인공적으로 만들어진 그 절벽은 특히 석양이면 지는 해를 안고 예리한 상처를 강렬하게 드러냈는데, 가난한 산동네 사람들이라면 한 번쯤 그 벼랑에서 고통스러운 삶에 대한 절망적 시위를 해보고 싶은 유혹을 받음직한 곳이었다. 그 벼랑 앞을 지날 때면 왠지 모르게 섬뜩한 생각이 들기도 하였다.

나는 사실 일찍부터 죽음과 친숙할 기회가 있었다. 그래서 죽음이라는 것이 무엇을 의미한다는 것쯤 어느 정도 알고 있었다. 돌산에서 몸을 던진 녀석의 바로 아래에 또 하나의 동생이 있었는데, 한 살을 채우지 못하고 폐렴으로 죽었다. 당시엔 아이들이 병이 나도 죽기 아니면 살기를 기다리는 도리밖에 없었다. 약방도 없었고 병원도 없었기 때문이었다. 기껏해야 한방의가 와서 뜸을 뜨거나 침을 놓는 게 고작이었다. 그래서 우리도 그 어린 것이 거칠게 몰아쉬는 고통스러운 숨소리를 밤새도록 들으며 속절없이 누워 있었는데, 새벽닭이 울 때쯤 녀석은 숨을 거두었다.

형과 누나는 해 뜨기 전에 녀석을 꽁꽁 언 겨울 산에 묻고 돌아왔다.

어느 날 장갑차를 앞세우고 인민군이 지나간 후 마을엔 죽음의 그림자가 끊이지 않았다. 마을 사람들이 서로 죽이기 시작했던 것이다. 밤만 되면 사람들은 일찍 문을 걸어 잠그고 잠자리에 들었다. 그러고도 밤이 이슥해질 때까지 잠을 이루지 못한다. 기다리는 것이다. 어디선가 개 짖는 소리가 요란하다. 마음을 졸인다. 이제나 저제나… 멀리서 총소리가 난다. 한 발, 두 발… 누군가 저 총소리가 나는 곳에 쓰러져 있을 것이다. 누굴까? 자신이 아니라는 것 하나만 해도 큰 위안이었다. 하룻밤의 단잠을 청할 이유가 되었다.

다음 날 아침 일찍 아이들은 간밤에 총소리가 났던 곳을 찾아 헤맨다. 탄피를 줍기 위해서이다. 철없는 아이들은 왜 총질을 더 많이 하지 않는가 하고 불만이었다. 총질이 아예 없었던 날은 물론 공치는 날이었기 때문에 불만은 더했다. 총질이 있으면 슬퍼하는 자가 있듯, 기뻐하는 자도 있다는 총질의 역리가 어린 세계에도 있었던 것이다. (모든 사람이 전쟁을 싫어한다는 생각은 어리석고 순진한 생각이다. 전쟁이 일어나기를 고대하고 있는 사람들이 실제로 많이 있기 때문이다.)

어느 날 밤엔 굉장했다. 국방군과 인민군 빨치산 사이에 시가전이 벌어졌던 것이다. 총알이 흙벽을 뚫고 마구 지나갔다. 우리 가족은 모두 톱밥 구덩이(아버지의 철공소 안에 있던 것)로 대피하였다. 총알이 우리의 머리 위로 빗발치듯 지나갔다. 갑자기 환해졌다. 우리 집 앞 농협 창고에 불이 난 것이었다. 바로 옆에 있는 소방서도 불에 타는 소리가 들려왔다. 우리 집이 불붙는 건 시간문제인 것 같았다.

두 개의 거대한 화염 기둥과 빗발치는 총알 속에서 우리 가족이 고스란히 살아남아 새 아침을 볼 수 있었던 것은 기적에 가까운 일이었다. 그러나 그 아침은 여느 아침과는 달랐다. 간밤의 치열한 전투를 말해 주는 듯 마을은 흉악한 상처투성이였다. 죽은 사람이 헤아릴 수 없이 많았고, 불타 없어진 집과 건물들 때문에 마을의 모습 자체가 변해 있었다. 소방서는 아직도 타고 있었다. 소방서가 타고 있었기 때문에 소방서의 불을 끌 수는 없는 노릇이라는 것을 알았다. 사람들이 비명을 지르며 불타고 있는 소방서의 한 곳을 가리켰다. 새까맣게 탄, 앉아 있는 사람의 모습이 눈에 들어왔다. 누군가 '박 씨'라고 말했다. 박 씨라면 나를 귀여워해 주던 아저씨였다. 탄피는 지천으로 있었다. 그러나 나는 그것들을 줍지 않았다.

전쟁이 아직 끝나기 전, 아버지는 피를 토하며 운명하셨다. 전쟁 통에 아버지의 철공소 사업이 잘될 리 없었다. 아버지의 고객들은 주로 추수 때 준다고 외상 거래를 했는데 전쟁이 나자 갚는 사람이 없었다. (갚을 것이 없었을 것이다.) 먹을 것이 떨어지자 아버지는 고향 비금도를 방문하였다. (친척들에게 아쉬운 소리를 하러 갔을 것이다.) 그런데 돌아오는 길에 목포에 있는 친구 집을 들른 것이 잘못이었다. (왜 친구 집 들르는 것이 잘못인가?) 친구 부인이 저녁상을 차리긴 차렸는데, "없는 살림에 친구는 무슨 친구야." 어쩌고 하면서 눈치를 좀 심하게 주었다는 것이었다. 한 숟갈 뜬 것이 꽉 얹혀버렸고, 그 상태로 집에 돌아와 바로 돌아가신 것이었다. (친구 대접할 바엔 잘할 일이다.) 급성 위궤양으로 위에 출혈이 있었던 것 같은데, 돌아가시는 것을 빤히 보면서도 속수무책이었다.

이와 같이 나는 죽음과 비교적 친숙한 편이었다. 그럼에도 불구하고 동생의 죽음은 나에게 커다란 충격을 주었다. 죽음의 방법이 끔찍하기도 했지만, 그의 죽음에 대해서 내가 책임져야 할 부분이 있다고 생각하였기 때문이었다.

내가 대학에 합격했을 때, 그는 중학교에 합격하였다. 뚝섬의 방 두 칸짜리 전세를 돌산의 방 한 칸짜리로 줄였다. 그러나 영업용 택시 운전사인 형님으로서는 둘 다를 진학시킬 수는 없었다. 가족회의 끝에 나를 진학시키고 동생은 다음 해로 미루기로 했다. 이유는, 서울대학 들어가기는 어렵고, 중학교에 들어가기는 쉽다는 것이었다. 동생도 그때는 수

궁을 하였다. 그러나 그로서도 짐작할 수 없는 실의와 좌절의 나날이 기다리고 있었던 것이다.

나는 입주 아르바이트를 했던 관계로 오랜만에 한 번씩 집에 들러볼 수 있을 뿐이었다. 그래서 그가 어떤 정신 상황 속에 빠져들어 가고 있는가를 알 수 있는 기회를 놓치고 있었다. 막연히 그가 어떤 변화를 겪고 있다는 정도를 짐작할 수 있을 뿐이었다. 내가 그를 마지막으로 봤을 때는 성경을 열심히 보는 생활을 하고 있었다. 고집이 센 성격인 데다가 학교까지 다니지 못해 난폭해지는 점이 있어 걱정이 되던 차에 성경을 열심히 읽고 교회도 나가고 하는 것은 다행이라고 생각했다. 그답지 않게 경건해지고, 조용해지고, 고분고분해진 그가 심상치 않다는 느낌을 갖긴 했으나 신앙에 깊이 빠졌을 때 나타날 수 있는 일반적 현상으로만 여겼다. 나 자신은 믿음이 없어 교회생활을 청산했지만, 믿음만 생기면 돌아갈 수 있는 일이고 동생이 어떤 경위로 해서 기독교 신앙에 빠지게 되었는지는 몰라도, 믿음의 생활이 나쁠 것 없다는 생각이었다.

걱정해야 할 대상은 나라고 생각했다. 하루빨리 나의 방황에 종지부를 찍을 수 있는 '진리'를 터득해야 한다고. 그렇지 않고 방황만 계속하다 보면 내가 폐인이 될지도 모른다고. 아니 그보다 더한 일도 일어날 수 있다고.

그러나 막상 일이 일어난 것은 동생에게였다. 바보 같은 자식, 그가 이미 홍제동 화장터에서 연기로 사라진 후 친구들을 통해 그의 죽음을 전해 들었을 때, 나는 신음처럼 내뱉었다. 허무하게 가버린 녀석에게라기보다는 나 자신에게 내뱉은 욕이었다.

동생의 죽음은 나를 깊은 잠에서 깨우게 된다. 바른 삶을 살기 위해서는 어떤 것이 바른 삶인지를 알아야 한다. 아무렇게나 살 수는 없기 때문이다. 어떤 것이 바른 삶인지에 대한 진리를 터득하면, 그때부터는 그 진리에 따라 살면 된다. 그러나 진리를 터득하기 전에는 어떻게 살아야 하는가? 지금까지 나는 어떤 원칙도 받아들이지 못한 채 정신적 무중력 상태 속에서 살았다. 그래서 동생의 죽음 같은 일이 벌어진 것이다.

진리를 알지 못하면서도 우선 살아야 하지 않는가. 살지 않고서는 진리 탐구고 뭐고 아무것도 할 수 없는 것이 아닌가. 그렇다. 살아야 한다. 그런데 아무렇게나 살 수는 없다. 그럼 어떻게 살아야 하는가? 내가 도달한 결론은 이것이었다. 즉, 대다수의 사람들이 사는 방식대로 살라고. 한 인간으로서의 존재에 대한 물음도 중요하지만, 배고프면 먹어야 하고, 마려우면 싸야 하고, 욕정이 끓어오르면 배설해야 하고, … 가정에선 동생에 대한 형으로서의 역할을 해야 하고…. 다른 사람들에게는 대단할 것이 없는 평범한 것이었지만, 나에게는 동생의 죽음을 지불하고 도달한 지극히 비싼 깨우침이었다.

그래서 나의 삶은 그때부터 이중적 구조를 가지게 된다. 한편으로는 구도자요 다른 한편으로는 생활인이었다. 그러나 말이 생활인이지 생활인이 될 만한 건덕지가 별로 없었다. 꼭 그래야 할 이유가 없다는 이유로 배우지 않고 있던 담배와 술을 함으로써 서툰 원칙주의자의 틀을 벗어난 듯싶었지만, 내적으로는 동생의 죽음이라는 어두운 그림자가 짙게 드리워져 있어서 전보다 훨씬 나쁜 상태에 있었다. 당시 나를 가까이서 잘 알던 고등학교 친구는 나의 얼굴을 데스마스크라고 할 정도였다.

까닭 없이 골치가 아픈 증세가 나타나기 시작하였다. 내가 생각해도 나는 잘못되어 가고 있었다. 아르바이트도 제대로 할 수 없어 그만두었다. 먹는 것도 형편없어서 심한 빈혈로 앉았다 일어날 때면 정신을 잃을 정도로 어지러웠다. 그러던 어느 날 영장이 나온다. 그것은 더할 수 없이 적절한 구원의 손길이었다. 학우들이 3학년 2학기를 막 시작한 1962년 10월이었다.

1967년 8월, 4년 10개월간의 오랜 군대생활을 청산한다. 제대 당시 육군 중위였다. 처음엔 사병으로 입대하여 진해 육군대학 번역반에서

10개월 동안 육군참모업무교본을 번역하다가 통역장교 시험을 쳐 임관했던 것이다. 군대생활은 나의 두통과 빈혈을 고쳐주었을 뿐 아니라, 적어도 한 가지 면에서 나를 생활인으로 만들어놓았다. 제대할 때 나는 홀몸이 아니었다. 결혼을 했고 아들까지 하나 있었다.

그리고 2년 후 2학년으로 재입학한다. 제대하고 난 2년 동안 엉터리 회사가 망하는 것을 겪기도 하고, 집도 절도 직장도 없어서 몇 푼 남지 않은 돈을 몽땅 털어 쌀 한 가마니에 씨앗과 병아리 열 댓 마리를 사가지고 산에 들어가 살기도 했다. 어쩔 수 없어서 들어간 산 생활이지만, 나의 삶에 대해서 깊이 생각해 볼 수 있는 기회로서는 더할 수 없이 좋았다.

아무리 생각해도 학교로 돌아가는 수밖에 없었다. 구도자로서 하다만 공부를 마치고 싶었다. 더구나 생활인이 되고 싶어도 졸업장이 없으면 이력서도 낼 수 없었다. 그런데 다시 학교를 다닌다는 생각을 입 밖에도 내놓을 수 없는 형편이었다. 이제는 혼자 몸도 아닌 세 식구의 가장이었다. 직장도 없고, 직장이 구해질 전망도 없고, 방 한 칸 얻을 돈도 없었다. 마누라에게 말하면 잠꼬대 한다고 핀잔 받을까 봐 말도 못하고 참으로 막막한 하루하루였다.

베스트셀러를 한 권 쓰면 여러 가지 문제가 풀릴 것 같았다. 그러나 한 줄도 쓸 수 없었다. 단순한 이야기만을 쓰고 싶지는 않았고, 철학적 내용이 담긴 걸작을 쓰고 싶었다. 그런데 그런 걸작으로 승화시킬 만한 철학이 나에게 없었다. 베스트셀러를 쓰기 위해서도 철학을 공부해야 했던 것이다. 문제의 실마리는 학교에 돌아가는 데서부터 풀 수밖에 없었다.

그런데 학교로 돌아간다는 생각은 잠꼬대가 아닌가. 정말 답답한 노릇이었다. 무슨 수가 생겨야 한다. 내가 고려하지 못하고 있는 어떤 변수가 나타나야 한다. 그래야 내가 산다. 그렇게 생각하며 끙끙 앓고 있던 어느 날이었다. 당시에 서울대학교 교양과정부 조교를 하던 대학 동창

최창한 군이 찾아왔다. 그는 먼저 개새끼 소새끼 하며 욕지거리를 푸짐하게 내뱉은 다음, 나에게 용기를 주었고 그가 가지고 있던 가정교사 자리를 주었다. 변수가 나타난 것이었다. 학교에 돌아와 보니 후배 김희준과 김완수가 조교를 하고 있었다.

열심히 공부하였다. 돈도 열심히 벌었다. 성적도 좋아 장학금도 탔다. 옛날의 내가 아니었다. 그러나 워낙 없는 처지에 돕는 사람은 한 사람도 없고 보니, 가정교사, 만화가게 등을 하며 최선을 다했는데도, 졸업할 때는 빚더미 위에 있었다. 대학원에 진학하여 공부를 계속하고 싶었다. 내가 쓸 수 있는 장학금도 있었다. 그러나 무엇보다도 마누라에게 면목이 없었다. 처자식도 제대로 거느리지 못하는 주제에 공부는 무슨 공부냐. (재학 중 딸이 태어나 식구는 넷이 되어 있었다.) 대학원 가고, 석사, 박사, 교수가 되는 학자의 길은 애초에 나와는 인연이 없는 것으로 생각되었다. 내 처지에 너무 높은 나무였다. 더구나 동생을 잃고 얻은 귀한 교훈은 구도자로서의 나의 삶이 생활인으로서의 삶과 조화를 이루어야 한다는 것이 아니었던가. 먼저 이 지긋지긋한 가난에서 벗어나자. 그것이 나의 도리이다. 이렇게 해서 다시 학교를 떠나게 된다. 그러고 나서 9년 후에 미국 유학의 길에 오르게 된다.

철학적인 문제들에 매료되고 그 문제들의 답을 알고는 싶었지만, 철학자가 된다든가, 그러기 위해서 유학을 간다든가 하는 것은 꿈에도 생각해 본 적이 없었다. 더구나 '생활인'이 될 작정을 하고부터는 일부러 철학적인 것을 기피하였다. 인생을 보는 눈이 달라진 것이었다. 나이 40 가까이 되도록 삶의 현장에 부대끼다 보니 뭔가 알 것 같았다.

인생이라는 것이 꼭 이러저러해야 한다는 진리 같은 것이 없는 것 같았다. 그래서 진리를 찾는다든가 삶의 의미나 목적을 찾는 노력, 현실적인 결함투성이의 삶 대신 가장 이상적이고 바람직한 삶을 추구하기 위한 노력 자체가 무의미하게 여겨졌다. 이상적인 삶이 있는 것이 아니라, 나의 삶, 내가 좋아하는 형식의 삶, 내가 편안하게 느낄 수 있는 삶이 있을 뿐이다. 내가 싫어도 이상적이기 때문에 따라야 하는 계율적인 삶이 아니라, 보다 즐겁고 멋있게 이끌어야 할 삶이 있을 뿐이다. 그래서 앞으로의 나의 삶은 어떤 새롭고 굉장한 진리 발견을 위한 피나는 투쟁의 장이 되어서는 안 되고, 단지 편안함과 즐거움을 추구하는 그런 것이어야 한다. 진리뿐만 아니라 돈이나 명예나 다른 어떤 유형무형의 목적에 매달려서 나를 학대하고 갉아먹고 피를 말리는 짓거리는 더 이상 할 일이 아니다.

이렇게 생각하고 열심히 살았다. 정신없이 뛰었다. 빚도 다 갚고, 언제 가난했던가 싶게 되었다. 어느 틈에 배는 기름이 끼어 '사장 배'가 되어 있었다. 아무 문제가 없는 듯싶었다. 고뇌니 방황이니 하는 어휘들은 청년 한때의 어두운 시대와 더불어 영원히 과거 속에 묻혀버린 추억 속의 어휘들 같았다.

그러나 그게 아니었다. 즐겁지가 않았다. 행복하지가 않았다. 무엇을 해도 마음속 깊은 곳으로부터 우러나오는 기쁨을 맛볼 수 없었다. 마음이 늘 텅 빈 것 같았다. 왜 그럴까? 1976년 6월 11일에 쓴 것으로 되어 있는 시에서 나는 어렴풋이나마 자신을 진단하고 있다.

바람이 불어올 때 종소리가 들렸다
아무래도 생각나지 않는 옛일들이 무심한 바람결에 흩날리듯
모서리와 면과 허공으로부터 한꺼번에 터져 나오는 야유 속에서
전깃줄과 지붕과 나무와 또 다른 사물로부터 튕겨져 나오는
비웃음 속에서
신음처럼 떠오르는 종소리가
나의 가슴을 할퀴었다
내가 가졌던 하나의 소망에 대해 물었다
한 잔의 술기운 때문인가

열기 어린 볼에 닿을 듯 속삭이는 소리
정녕 밤이기 때문만은 아닌 것이
한낮에도 들었던 듯싶은 음성
눈시울에 와 닿는 뜨거운 덩어리
그것은 아무도 알지 못하는 말
나에게만 비로소 의미로 존재하는 말
한 마라의 거미가 무더운 여름날 뒤뜰 처마 밑에서 거미줄을 치듯
자신 안에만 드리운 언어
자신을 위해서만 태우는 뜨거운 삶의 심지
때로는 안으로 울었었다
술도 퍼마시고
고래고래 고함도 치고
누군들 삶의 어려움을 모르랴만
너무도 어린 나이에 배워버린 삶의 공허
때로는 위선으로 때로는 공포로 대부분은 자조로 부딪쳐본 삶의 편린들
누군가 등 뒤에서 하얗게 웃는 소리
그러나 이젠 그런 웃음쯤 익숙해질 나이가 된 것이다
친구들은 멀리 떠나고
일상의 협박을 질척한 욕망으로 타협한다
내 잔이 차고 넘쳐도
내 마음은 차고 넘치지 못해
사막처럼 타는 갈증
그것은
아직 내 안에 머물고 있는
작은 소망이
타오르는 때문일까

아직도 젊은 날에 앓았던 철학적 열병이 치유되지 않고 있었던 것이다. 나의 존재에 대한 물음을 묻게 했던 '우주여행'의 환상을 보는 증세가 다시 도졌다.

때론
멀리 여행을 간다
작은 딱정벌레가 될 때가지 먼 길을 간다
감정이 거세된
춥고 어두운 공간
몸에서 중력이 끊기고
어느덧
지구가 별만큼 멀어져 있는
우주의 어느 곳
교묘한 질서의 줄에 걸린
한 마리의 딱정벌레를 본다
나다
다시 보면
한 알 먼지
어둠 저편을
파편처럼 나르는
그리운 친구들을 본다

내가 왜 한 알 먼지에 불과하다는 것인가? 나라는 존재는 우주 안의 어떤 것과도 바꿀 수 없는 귀한 존재가 아닌가? 나의 존재가 멈추는 순간, 즉 나의 의식이 사라지는 순간, 다른 모든 것도 끝난다. 내가 죽은 후에도 세계는 존재하겠지만, 무슨 의미가 있겠는가? 존재하는 모든 것은 내가 존재하는 동안 존재하고 존재하는 한에서 의미가 있다고 할 수 있다. 이와 같은 자아 중심적 또는 주관적 시각에 의하면 나라는 존재는 모든 존재의 기반이요 의미인 것이다. 그런데 내가 왜 한 알 먼지에 불과하다는 것인가?

주관적 시각에서 벗어나 객관적 시각으로 나를 보면 나라는 존재는 한심할 정도로 하찮은 존재이다. 우선 내가 존재하게 된 것부터가 지극히 우연인 것이다. 지구가 태양계에서 지금의 위치를 차지하여 생물이 살기에 적합한 조건을 형성하게 되었다는 것 자체가 희한한 일이다. 영하 백 도나 영상 백 도의 기후 조건만 되어도 인간이 존재할 수 있게 되었을까는 의문이다.

인간이 존재할 수 없는 조건이라면 나도 물론 존재하게 되지 않았을 것이다. 인간의 존재를 기정사실로 놓고 보더라도 나라는 존재가 존재하게 되었다는 것은 현기증 나게 작은 확률에 의한 것이었다. 나는 애초에 아버지 몸속에서 생산된 천문학적 숫자의 정자 중 하나였다. 남자가 한 번 사정에 배출하는 정자의 수는 2-3억 마리에 이른다고 한다. 한 남자가 일생 동안에 몇 번이나 사정하는가를 따질 것도 없이 단 한 번의 사정만 놓고 보아도 한 사람이 태어날 수 있는 확률은 2-3억 분의 1에 불과하다. 만일 아버지가 나의 정자가 생산되어 있을 때에 어머니 몸에 사정하지 않고 자위를 했다면 나는 존재하지 않게 되었을 것이다.

그럼 아버지는 어떤가? 그도 똑같은 아슬아슬한 확률 속에서 태어났다. 그리고 아버지의 아버지도…. 그런데 나의 존재는 아버지의 존재에 의존적이다. 즉, 아버지가 존재하지 않았다면 나는 존재할 가능성조차 없었을 것이다. 마찬가지로 아버지의 존재는 할아버지의 존재에 의존적이었다. 이와 같이 조상 의존적 존재성과 나의 조상들이 생산한 정자의 수를 생각해 볼 때, 내가 존재할 수 있는 확률은 제로에 가깝다는 것을 알 수 있다.

나는 제로에 가까운 확률 속에서 태어난 것이다. 내가 존재해야 할 필연성이 있었다면 나는 백 퍼센트의 확률 속에서 태어났을 것이다. 따라서 내가 존재할 필연성이 없었다는 결론이 나온다. 나는 우연한 존재인 셈이다. 이 우주 속에 내가 존재하게 되었다는 것은 대단할 것이 아무것도 없는 우연한 사건이라는 것이다.

내가 계속 존재한다는 것은 어떤가? 내가 계속 존재할 필요성이 있는가? 주관적인 시각에 의하면 나의 존재는 절대적인 가치를 가지게 된다. 그러나 객관적인 시각에 의하면 나의 존재 가치는 거의 없다. 내가 죽는다 해서 세상이 어떻게 되지 않는다. 내가 죽는다면, 내가 없는 나의 집에서 몇몇 사람이 나의 시체를 둘러싸고 눈물을 흘릴 것이다. 그리고 한동안 나에 대한 기억을 가지고 살 것이다. 그것뿐이다. 나의 몸이 한편으로는 구더기로 변하고, 다른 한편으로는 쥐에게 먹히며, 수분은 바다로, 그래도 남는 부분은 흙으로 변해 가는 동안, 도시엔 빌딩이 올라가고, 시장에선 거래가 이루어지고, 술집에선 천박한 유행가가 흘러나올 것이며, 사랑하고, 증오하고, 사기 치고, 혁명을 하고, 전쟁을 할 것이다. 달라질 게 아무것도 없다. 나 없이도 세상은 잘 돌아갈 뿐 아니라, 내가 없다는 것 자체가 전혀 문제가 되지 않는 것이다. 지금 죽으나 몇 십 년 더 살다 죽으나 경우는 마찬가지다. 내가 존재하지 않는다는 것이 문제되지 않는 것처럼, 다른 사람이 존재하지 않아도, 아니 인류 모두가 존재하지 않아도 우주 전체로 보면 문제될 것이 없다. 인간이 살지 않는 지구 위로 여전히 해가 뜨고, 바람이 불고, 눈보라가 치고, 봄엔 꽃이 필 것이다. 나라는 존재가 우주 속에서 갖는 뜻은 한 알 먼지가 가지고 있는 뜻 이상도 이하도 아닌 것이다.

이런 생각이 줄곧 나를 지배하였다. 이런 생각은 1960년대 초의 내가 가지고 있던 생각의 연속선상에 있음을 알 수 있다. 길 가다가도, 책을 읽다가도, 손톱을 깎다가도, 그리고 심지어는 잠을 자다가도 내가 존재한다는 것을 발견하고 놀라며 철학적 수수께끼 속으로 빠져들어 고민했던 것은, 다름 아닌 나의 존재를 객관적 시각 속에서 보는 데서 오는 충격으로 인한 것이었다.

객관화된 나의 삶은 허무하기 그지없었다. 그래, 그것뿐이란 말인가? 나의 삶이 그렇게 하찮은 것이란 말인가? 나뿐만 아니라 역사상 존재했던 모든 인간들의 삶이란 것이 결국 그토록 무의미한 것이란 말인가? 인간이 하는 모든 일들, 땀 흘려 땅을 파고, 죽도록 사랑하고, 아름다운 시를 쓰고, 슬픈 이야기를 짓고, 매스게임을 하고, 공부를 하고, 저축을 하고, 그림을 그리고, 실험실에서 곰팡이를 배양하고, 로켓을 쏘아 올리고, 다리를 놓고, 선거를 하고… 하는 일들이 모두 헛된 일이란 말인가?

그럴 수가 없는 것 같았다. 적어도 그 모든 것들이 우연한 일들이고 하찮은 일들이라고 선언해 버리는 것은 경솔한 일 같았다. 가부(可否)를 말할 수 있기에는 아는 것이 너무 없었다. 실로 답답한 노릇이었다. 한편으로는 허무감, 다른 한편으로는 무력감이 나를 질식시켜 가고 있었다. 매사에 즐거움을 발견하지 못할 것은 당연하였다.

그래서 나는 먼저 객관화의 충격을 무시하는 생활을 시도하였다. 쓸데없는 생각일랑 하지 말자. 기왕 무대 안에 던져진 이상 무대 안의 삶에 충실하는 거다. 무대 밖의 일에 대해서는 내가 관여할 수도 없고 관여할 일도 아니지 않은가. 깊은 기쁨이 아니고, 얕은 기쁨이면 어떠냐. 그렇게 살다가 죽는 것이다. 그럭저럭 살다가 죽는 것이다. 그래, 그럭저럭, 남들이 그러는 것처럼. 그러나 이런 허위의식이 나를 지탱해 줄 수 있기에는 너무 벅찬 시련이 닥치게 된다.

별로 계획에 없던 셋째 아이가 태어난다. 나는 새로 생긴 딸아이의 이름을 아람이라 지었다. 아름다운 사람이 되라는 뜻이었다. 그런데 불행히도 아람은 결함이 있는 아이로 태어났다. 처음에는 심장만 정상이 아닌 것으로 진단되었으나, 심한 경기를 해서 자세히 진단을 받아본 결과

뇌성마비도 겸해 있었다. 아람을 진단한 의사가 충고해 주었다. 대단히 안된 말이지만, 아람은 어차피 오래 살지도 못할 것이고 사는 동안 고통만 당할 것이니, 일찍 포기하는 것이 아람을 위해서도 좋겠다고. 의사인 동생도 마찬가지였다. 아람의 탄생 조건이 현대 의학이 시도해 볼 수 있는 한계를 훨씬 넘어섰다는 것이었다. 그때부터 나와 마누라는 그 한계를 극복하고자 하는 애절한 싸움을 하게 된다.

아람은 일주일이 멀다 하고 경기를 했다. 깜빡거리지 않는 눈이 허공을 응시한다. 1초에 한 번 정도씩 전신이 뒤틀리는 발작을 계속한다. 마치 작고 여윈 몸뚱이가 고통의 덩어리이고, 그래서 그것을 쥐어짜는 것처럼. 허겁지겁 아이를 안고 뛰쳐나간다. 택시를 잡으러 이리 뛰고 저리 뛴다. 날치기하듯 잡은 택시로 병원 응급실을 향해 질주한다. 병원 침대에 아람을 내려놓을 때쯤이면 아람은 기진맥진하여 발작도 약해지고 숨도 거의 쉬지 못하게 된다. 간호원은 다 죽은 애를 데려왔다고 투덜거린다. 주사를 한 대 놓는다. 바늘이 들어가도 울 줄을 모른다. 잠시 후 아람은 발작을 멈춘다. 그리고 깊은 잠에 떨어진다.

우리는 아람을 데리고 병원을 순례한다. 한 가닥 희망을 가지고, 어떤 용한 의사가 거짓말처럼 아람의 병을 낫게 해줄지 모른다는 희망을 가지고, 그러나 가는 데마다 똑같은 말만 되풀이해 들을 뿐이었다. 포기하라고. 소문난 침쟁이를 불러다 침을 놓는다. 뇌의 고장이 침으로 신경을 자극하여 고쳐질 리 없다. 예수쟁이라면 알레르기 반응을 보일 정도로 질겁을 하던 마누라가 앉은뱅이를 일어서 걷게 하고 사형선고 받은 말기 암 환자를 고친다는 여의도의 그 이름난 교회를 나가기 시작한다. 구역 회원들의 눈물 어린 기도 소리와 찬송가 소리가 집에서 끊이지 않는다. 병을 치료하는 은사를 받았다는 권사에게 안수기도를 받는다. 그런데 그 권사는 안수기도를 하다 말고 기도 제목을 바꾸라고 한다. (마누라는 그때 아람을 구할 수 없다는 것을 알았노라고 나중에 말했다.) 만나기가 하늘의 별 따기만큼 어렵다는 그 교회 목사의 안수기도를 받는다. (그는 기도의 제목을 바꾸라는 얘기를 하지 않았다고 한다.) 아무 소용이 없었다. 1979년 5월 11일 아침, 출근하자마자 나에게 전화가 걸려온다. 아람의 병간호를 돕던 조카의 울먹이는 목소리가 아람의 죽음을 알린다. 집에 오는 동안 메어지던 가슴이 아람을 보고 차분히 가라앉는다. 내가 본 가장 평화롭고 행복한 아람의 표정이었기 때문이었다. 3년 세월을 살고도 한 번 기어보지도, 아니 앉아보지도 못한 아람의 아직 따스한 입술에 입을 맞추었다. 교회를 결별한 지 오래인데, 아람을 위해서, 그리고 상처받은 모두를 위해서 기도하고 싶은 마음이 들었다. 나는 곧 펜을 들어 다음과 같이 써 허탈에 빠져 있는 마누라에게 주었다.

주여
이 작은 영혼이 가졌던
땅 위의 모든 고통이
천사의 은빛 날개를
얻기 위함이었던 것을
믿습니다.

아람의 죽음 후 나는 세 가지의 깨달음에 도달하였다. 첫째로, 내가 가졌던 철학적 물음들이 허위의식으로 덮어둘 수 없는 성질의 것이라는 것이었다. 인간은 왜 존재하는가? 인간이 존재한다는 것은 우연적인가, 필연적인가? 우연적이라면 이 무슨 싱거운 드라마인가? 아람에게는 너무 억울하지 않은가? 아니, 어차피 죽은 몸, 어찌됐거나 마찬가지인가? 반면에, 만일 인간의 삶이 필연적이라면, 필연적이어야 할 어떤 이유가 있었는가? 인간은 그 필연성의 희생물인가? 아람이 3년 동안 고통만 겪다가 죽어야 할 그런 잔인한 필연성은 어떻게 설명되어야 하는가? 삶이 필연성의 산물이라면 인간의 자유는 환상인가? 인간은 죽은 후 어떻게 되는가? 육체의 죽음과 함께 영혼(마음)도 죽는 것인가? 아니면 기독교에서 주장하는 것처럼 영혼은 살아남는가? 어떻게 살아야 가장 최선의 삶을 사는 것인가? 최선의 삶이라는 것이 도대체 있는 것인가? 없다면 아무렇게나 살아도 되는 것인가? … 이런 물음들이 나의 존재의 밑바닥에서 우러나오는, 그리고 그냥 덮어둘 수 없는 진정한 물음이라는 새삼스러운 깨달음이었다.

둘째로, 깊이 깨달은 바는, 내가 이런 물음들을 오래전부터 가지고 있었으면서도, 그 물음들을 풀기 위한 혼신의 노력을 하지 못하는 삶을 살아왔다는 것이었다. 무력하고 수동적인 방관자로서의 삶을 살아온 나였다. 내가 선택하지도 않은 삶이라는 무대에서, 내가 선택하지 않은 역할들에 질질 끌려만 다니며 살아온 나였다. 삶에 대한 철학적 물음들을 끈질기게 물고 늘어지는 대신, 가난을 모면해 보겠다는 핑계로 그 문제들을 외면하는 생활을 했다. 그 문제들은 나에게 가장 중요한 문제들이었다. 따라서 그런 문제들에 답하려고 하는 삶을 살았어야 했다. 그런데 나는 그러지 못했다. 진정한 의미에서 나는 나의 삶을 살지 못한 것이다. 나는 나의 삶에 대한 방관자였다.

셋째로, 나는 더 이상 나의 삶에 대한 방관자로서 살 수 없다는 것을 깨달았다. 지금까지는 바보스럽게 살았다. 그러나 자식의 묘비명까지 쓰는 쓰라림을 맛본 이젠 그런 삶은 그만이다. 그것으로 충분하다. 이제부터는 나의 삶을 사는 것이다.

나의 삶을 살기 위해서는 우선 직장을 옮겨야 한다고 생각했다. 직장에서 내가 하던 일은 번역 및 통역이었는데, 나의 삶이 아니라 타인의 삶을 산다는 생각을 불러일으키기에 충분한 성질의 것이었다. 번역하고 통역한다는 것이 내 말이 아니라 다른 사람의 말을 하루 종일 이리 옮기고 저리 옮기는 것이 아닌가. 어느 날 내가 미국인과 함께 출입하던 기관에서 파티를 열었는데, 아무리 봐도 파티석상에 내 이름을 붙인 자리가 없었다. 평소엔 나 없이는 서로들 벙어리요 귀머거리였기 때문에 내가 대단한 존재로 인식되는 줄 알았는데 그게 아니었다. 나는 한쪽 구석에서 운전기사들과 함께 적당히 해결하게 되어 있었다. 내가 살아온 대리 인생의 실상을 더 이상 노골적으로 까발려놓을 수는 없었을 것이다. 하루라도 빨리 다른 직장을 구해야 한다고 생각했다.

그러나 어떤 직장을 구해야 나의 삶을 살 수 있을지 알 수 없었다. 아무리 생각해도, 이거다 하고 떠오르는 것이 없었다. 마치 고등학교 3학년 때 대학에서 전공할 학과를 정하지 못해 쩔쩔매던 때 같았다. 그러던 중 번역 관계로 가까이 알고 지내던 미국인 선교사 박대인 교수를 만나 상의하고 싶은 생각이 들었다. 그가 새로운 직장을 구해 줄 수 있을지도 모른다는 생각을 했다. 다방에 마주 앉아 나는 그에게 나의 고민을 털어놓고 조언을 구했다. 그는 한동안 나를 바라보더니, 자기가 다섯을 세는 동안 내가 지금 당장 무엇을 하고 싶은지를 말하라는 것이었다. 그리고 생각할 여유도 주지 않고 세어나갔다. 하나, 둘, 셋까지 세었을 때, 나의 입에서는 나도 믿을 수 없는 말이 튀어나오고 있었다. "학교에 돌아가고 싶습니다"라고. "바로 그거요." 박 교수가 빙그레 웃고 있었다.

바로 그것이었다. 나의 문제들과 씨름하는 삶, 즉 나의 삶을 살기 위해서는 그럴 수 있는 곳으로 가는 수밖에 없다. 내 삶의 모든 시행착오는 바로 나의 본질적 현주소를 이탈한 데에 있었다. 따라서 내 삶을 되찾는 길은 지금이라도 내 현주소로 돌아가는 길뿐이다. 그것은 그동안 좌절되고 억제되어 왔지만, 오래전에 내 마음 깊이 간직된 소망이었다.

그것은 분명 도박치고는 큰 도박이었다. 승산도 없는 도박이었다. 따라서 내가 걸어야 하는 판돈만 모두 잃고 알거지가 될는지도 모른다. 그래도 좋다. 내가 언제 알거지가 아니었던가? 목판 장사, 구두닦이, 만화가게 등 화려한 경력을 가지고 있는 마당에 두려울 게 무언가? 문제들에 대한 답을 구하지 못할는지도 모른다. 그래도 상관없다. 친구 L박사를 보라. 내가 묻는 철학적 질문들에 대해서 답을 알 수 없다고 하면서도 당당한 모습을. 학위를 마친 후 지적 미신과 혼란으로부터 해방감을 맛보았노라고 하지 않던가. 모든 문제들에 대한 답을 얻지는 못하더라도, 어떤 문제가 바른 문제인지, 또 어떤 문제가 엉터리 문제인지를 가려낼 수 있고, 어떤 대답을 시도해도 그 타당성의 정도와 한계를 분명히 말할 수 있는 능력을 배워왔다고 했다. 그 정도면 더할 나위 없이 좋다. 나의 고질적 방황에 끝장을 낼 수 있을 것이다. 내 능력이 거기에 못 미쳐 그나마 할 수 없을는지도 모른다. 그럼 어떤가? 한 번 해보기라도 해야 할 거 아닌가. 그래야 한이라도 풀어질 거 아닌가. 최선을 다했노라, 그렇게 말할 수 있으면 떳떳하고 멋있지 않은가!

그리고 성공 가능성이 전혀 없는 무모한 짓이라고 할 수만은 없다. 무엇보다 나의 굳은 결의가 있다. 그리고 영어를 한다. 낭비된 삶이라 규정한, 영어를 팔아먹고 살아온 지난 세월이 낭비가 아니라, 미국 유학생활에 절대적인 역할을 할 수 있는 힘을 비축하는 준비 기간이었던 셈이다. 그렇다면 지금까지의 나의 삶에 새로운 의미를 부여할 수도 있을 것이다. 그리고 L박사의 반응이 고무적이다. 그는 나를 잘 알고 미국 유학이 어떤 것이라는 것도 잘 안다. 그런데 그는 적극적으로 말리지 않는다. 큰 욕심 내지 말고 일단은 석사학위만 목표로 하라고 한다. 내 계획이 전혀 황당무계한 것이라고 판단했다면 그런 말을 할 리가 없다. 석사학위만이라도 어떤가. 대학 은사인 K선생님은 석사학위만 따와도 100퍼센트는 아니더라도 95퍼센트까지는 직장을 구해 줄 수 있다고 하시지 않던가. 그렇다면 '나의 삶'을 살 수 있는 직업에의 전환이 가능해지는 것이다.

그렇게 해서 떠났다. 그리고 내 생애에서 가장 밀도 높은 순간들로 꽉 채워진 5년 세월이 흐른다. 주름살도 늘고, 뽑아내면 표가 나지 않던 흰 머리가 뽑기에는 너무 많아져버릴 정도로 나의 모습은 변해 있었다. 그러나 변한 것이 겉모습만은 아니었다. 나의 이름에 '박사'라는 묵직한 꼬리표가 달리게 되었다는 것도 중요한 변화였지만, 그것보다 더 중요한 변화는 나의 내부에 일어나 있었다. 이제 뭔가를 조금 알 수 있을 것 같았다. 알지 못하는 것도 적어도 어떻게 처리할 것인가를 알 것 같았다. 길고 긴 방황은 끝났다. 이젠 더 이상 어둡고 막막한 황야를 떠돌아다니지 않아도 된다. 어떻게 살아야 후회 없는 삶을 살 수 있는지 이제는 알 수 있는 것 같았다.

그럼 어떻게 해야 후회 없는 삶을 살 수 있을까? 내 개인적 삶보다는, 인간이라는 존재로서의 삶이 일반적으로 어떻게 경영되는 것이 바람직할까? 무리겠지만, 가능한 한 간단히 답해 보고자 한다.

1. 내가 어떤 연유로 존재하게 되었는지는 알 수 없다. 즉, 나의 존재에 대한 우주론적인 목적이나 뜻은, 만일 있다 해도, 알지 못한다. 무대에 던져졌지만 왜 던져졌는지 모른다. 어떤 역할을 해야 하는지, 무슨 대사를 외워야 하는지 모르는 채 무대 위에 서 있는 배우와 같다.

2. 그렇다고 해서 아무렇게나 살아도 된다는 것은 아니다. 나의 존재 의의에 대한 무대 외적인 주문을 알지 못한다는 것이 아무렇게 살아도 좋다는 것을 함축하지는 않는 것이다. 오히려 삶을 소중한 것으로 여기고 살 이유가 있다. 내가 이 우주의 한 구성요소가 되게 된 연유가 무엇인지 알지 못해도 이런 결론이 나온다. 나의 삶은 필연적이든지 우연적일 것이다. 만일 필연이라면 나의 삶은 굉장한 것이다. 내가 태어나지 않을 수도 있었던 것이 아니라, 우주의 모든 복잡 미묘한 운행이 내가 태어나지 않으면 안 되게 되어 있었다면, 나의 삶이 없이는 우주의 운행 자체가 불가능할 것이기 때문에, 나의 삶은 우주의 존재에 대한 필요조건이 될 정도로 중요한 것이다. 반면에 나의 삶이 우연적인 것이라면, 거의 제로에 가까운 확률 속에서 태어났다면, 이 또한 굉장한 일일 아닐 수 없다. 복권에 당첨되는 기쁨에 비할 수 없는, 현기증 나게 아슬아슬한 삶의 당

첨인 것이다. 따라서 나의 삶은 필연적이든 우연적이든 굉장한 사건인 것이다. 그런데 이러한 나의 삶은 유한하고 일회적이다. 죽으면 그만인 것이다. 우주론적인 삶의 뜻을 알지 못한다고 해서 아무렇게나 살 것이 아니라, 삶을 소중하게 여기고 보람되고 행복하게 살도록 해야 할 것이다.

3. 그러나 어떻게 해야 삶을 행복하게 살 수 있을까? 우주론적인 삶의 뜻을 알지 못하기 때문에, 이 물음에 대한 정답은 알 수 없다. 따라서 기껏해야 무대 내적인 답을 시도해 볼 수밖에 없다. 인간에게 있어서 무대 내적인 삶의 지표로 가장 중요한 것은 합리성이다.

4. 합리성은 주관적 인식체계의 산물이다. 즉 내가 올바른 것으로 받아들이는 전제들로부터 어떤 행위를 논리적으로 도출해 낼 때 그 행위는 합리적인 것이 된다. 따라서 전제가 다른 사람들 간의 합리적인 행위는 서로 다를 수 있다. 그래서 분쟁도 일어난다. 서로 옳다고 싸우다가 죽이기까지 한다. 합리성이 주관성을 벗어나지 않는 한 인간의 삶은 피곤하고, 답답하고, 위험함을 면치 못할 것이다.

5. 주관적 합리성을 극복하는 길은 무엇일까? 두 가지 길을 생각해 볼 수 있겠다. 첫째, 이상적으로는 모든 개인의 인식체계가 진리만으로 이루어져 있으면 된다. 그러나 불행히도 이런 상황은 현실적으로 기대할 수 없다. 둘째로 자신의 합리적 행위가 인식 주관적이라는 것을 인정하고, 자신의 인식체계를 언제라도 수정할 자세를 가지고 사는 것이다. 그래서 개인적으로는 자기의 분수와 능력에 맞는 일을 도모하고, 사회적으로는 분쟁의 근원이 되는 잘못된 전제를 찾아내어 고치고, 자신과 타인의 기쁨을 창출할 수 있는 전제들을 새로 받아들일 수 있어야 한다.

6. 합리적으로 삶의 주관성을 극복한다는 것이 우주론적인 객관성을 확보한다는 것은 아니다. 어디까지나 무대 위에서 정당화되는 것일 뿐이다. 따라서 아무리 무대 위의 '진리'를 터득하고 무대 위의 '객관적 합리성'을 이룩한다 하더라도, 운명적으로 무대 주관적이다. 그래서 기껏

해야 광대적 삶을 살 뿐이다. 장사치도, 군인도, 대통령도, 법관도, 의사도 모두 광대로서의 삶을 충실히 살 뿐이다. 많은 사람들에게는 광대로서의 삶이 최선이다.

7. 그러나 어떤 사람들은 가끔 시인이 된다. 시인은 우리의 삶이 광대로서의 삶이라는 것을 눈치 채고, 삶을 앓는 자이다. 매우 드문 일이지만, 어떤 사람들은 철인이 된다. 철인은 시인 중에서 특별한 눈을 가진 자이다. 땅을 밟고 걸으면서도, 우주 속을 걷는 자신을 보는 자이다. 서 있는 무대 장치들, 예컨대 63빌딩 같은 건물들을 보면서 모래가 서 있다는 것을 보는 자이다. 내가 사는 동안의 일뿐만 아니라 내가 존재하기 전과 후의 일에 대해서, 현실태뿐만 아니라 모든 가능태에 대해서 생각하는 자이다. 멋있는 광대가 되는 것은 어려운 일이다. 그러나 시인, 더 나아가 철인이 되는 것은 매우 어려운 일이고, 아무나 될 필요도 없을지 모른다. 그러나 허망한 광대적 삶을 살기에는 자신의 삶이 너무나 소중하다고 생각한다면, 무대로부터 쫓겨나게 되더라도 또 하나의 선악과를 먹을 수밖에 없는 것이다.

『철학과 현실』(1988년 봄)

김광수 계간 『철학과 현실』 편집자문위원. 한신대학교 철학과 교수, 철학연구회 회장, 전국철학교육자 연대회의 대표, 철학문화연구소 소장을 역임했다. 서울대학교 철학과를 졸업하고 미국 캘리포니아대학교(샌타바버라) 철학과에서 석사 및 박사 학위를 받았다. 저서로 『논리와 비판적 사고』, 『둥근 사각형의 꿈: 삶에 관한 철학적 성찰』, 『마음의 철학』 등이 있고, 논문으로 「유물론과 자유」, 「부조리 상황과 인간의 삶」, 「설명과 기술」, 「비판적 사고론」 등이 있다.

우생삼기

이 영 호

내가 아무리 어리석다 할지라도 나이 50밖에 안 되는 주제에 이른바 인생기(人生記)를 쓴다는 게 얼마나 나 자신을 만인들 앞에 우습게 만드는 것인지쯤은 잘 알고 있다. 그러나 이명현 동문의 요청만은 거역하기가 불가능하기에 나 자신을 진짜 어리석은 자로 만드는 이 일을 감히 각오하기에 이르렀다. 내가 이 글의 제목뿐 아니라 나의 호를 스스로 '우생(愚生)'이라 한 것은, 자신을 '우자(愚者)'라고 하여 자신의 현명성을 천하에 선전했던 저 교활한 소크라테스와는 정반대로 지난날의 나의 모든 삶이 진짜 어리석음투성이일 뿐 아니라 오늘날도 여전히 어리석음뿐이기 때문이다. 그 때문에 어리석은 나의 인생을 여기에 적어간다는 것이 실로 무의미한 것이 될 것이 뻔한 일이다. 그러나 여러 현명하신 독자분들이 어리석은 자의 잘못된 발자취를 보면서 자신의 인생을 흐뭇해할 수가 있다면 반면교사(反面敎師)의 효과를 얻을 수도 있으리라 생각하니 약간은 위안이 된다.

유아기의 폐쇄회로

그 무엇과의 적막한 통일이 깨어지고 그로부터 내가 분열되어 '나'를 알기 시작했던 것은 흐느끼고 있던 엄마의 무릎 위에서였다. 그 전까지 나는 '나'인 줄을 까마득히 몰랐다. 그러나 나는 슬픔 속에서 처음으로 '내가 있다'는 사실을 알았다.

그 후 여섯 살이 되자 나는 집안에서 너무 분탕을 떠는 바람에 당시 조부님이 세운 공민학교에 강제로 입학하게 되었는데 한 가지 사건이 발생했다. 어느 날 집에 돌아오니 내가 가장 사랑하던 동생이 이웃 아이들과 함께 물가엘 갔다가 '죽었다'는 것이었다. 나는 어른들로부터 그가 영영 말도 못하고 뛰어놀지도 못한다는 사실과 이 세상에서 없어지리라는 사실을 듣고 실로 놀랐다. 나는 그때까지는 죽음을 전혀 몰랐기 때문이다. 그 사건은 그 이후 오랜 세월 동안 말로써는 도저히 표현할 수 없는 그리움과 비애의 늪 속으로 어린 나를 빠트렸다. (여기서 공민학교 시절을 부기해 둘 것이 있다. 세상에 다시없는 개구쟁이였던 나는 옆자리에 앉아 있던 토끼같이 얌전했던 상급생을 못살게 집적대었기에 선생으로부터 어느 하루도 빠질세라 맨 앞에 불려 나가서 시간이 다 끝날 때까지 내내 두 손 들고 벌 서는 세월만 보냈던 것이다. 그러나 그 지긋지긋한 선생이란 자가 집에 와서는 할아버지와 아버지께는 나를 모범생이라고 칭찬하여 융숭한 술대접을 받곤 하는 것을 숨어서 지켜본 나는 분노가 치밀어 견딜 수 없었다. 그 이후부터 교사는 거짓말쟁이라는 인상을 오늘까지도 지우기 어렵게 되었던 것이다.)

그러나 숨 막히는 그리움과 슬픔 속에서도 나는 항상 벌거벗은 채로 이웃 아이들과 더불어 막대기를 갖고 전쟁놀이를 하거나 성적인 장난질을 치면서 놀았는데 그때까지 나는 불과 여남은 집밖에 안 되는 우리 마을 밖에 이 세상이 있을 줄은 까마득히 모르고 있었다. 그런데 그 문제의 공민학교 선생이 우리를 데리고 소풍을 가게 되었는데 소풍지는 마을에서 약 20리가량 떨어진 남해안에 있는 성산(星山)이란 곳이었다. 그런데 우리 마을을 벗어나자 실로 놀라 자빠질 뻔한 일이 생겨났으니, 또 하나의 마을이 나타나고 그 마을을 지나자 넓은 들이 나오고 또 마을이 나오곤 하더니 마침내 큰 언덕에 올라서자 가도 끝도 없는 푸른 물(그게 바다였던 것이다)이 나타났던 것이다. 나는 그만 기절하고 말았다. 이 기적과도 같은 사건, 곧 그 무한한 쪽빛 바다와의 만남은 어린 나의 심혼에는 커다란 충격이 아닐 수 없었다. 그것은 끝없는 동경과 감동으로 인한 전율과 격동 그것이었다. 그때부터 나는 방 안에 혼자 누워 그 바다의 끝은 대체 어디며 그 너머엔 무엇이 있을까라든가, 하늘을 뚫고 높이높이 올라가면 필경 막히는 곳이 나올 터인데 그 막힌 곳을 뚫고 나간다면 또 하늘이 나올 것이나 그렇게 끝까지 간다면 무엇이 나오게 될까 하는 어처구니없는 망상(妄想)에 사로잡히곤 하다 소스라치는 버릇이 생겨났다. 그런데 그 같은 망상은 필경 내가 '나' 속에 갇혀 있다는 사실의 각성과 함께 심한 고독과 불안으로 나를 에워싸는 것이었다.

위에서 이야기한 바와 같이 어린 시절의 '나'는 슬픔과 배신, 죽음으로 인한 한없는 그리움과 무한으로 인한 숨 막히는 고독으로 저주되었던 것이다. 반성컨대 그 모든 저주스러운 사건들은 자의식(自意識)으로 인한 존재와의 분열에서 비롯된 것이라고 하지 않을 수 없을 것이니 의식(意識)의 발생은 존재의 분열로서 그 자체가 곧 비극적인 것이라고 나는 믿게 되었다. 그로 인해서 나는 어리석은 유아주의적(唯我主義的)인 자아(自我) 속에 유폐되었으며, 그 유폐를 깨고 존재와의 통일을 이루기 위해 오늘에 이르기까지 살아서는 가망 없는 몸부림을 치지 않을 수 없게 되었기 때문이다.

시간은 기필코 나를 온갖 도깨비와 귀신들에 위협당하고 가위눌리던 저 환상적인 유년기의 어둡고 비좁던 기나긴 유아적(唯我的)인 폐쇄회로에서 상처투성이로 벗어나게 하였으니 어느덧 나는 여덟 살이 되어 국민학교에 들어가게 되었던 것이다. 그런데 이 시절에도 내게는 극복할 수 없는 두 가지 중대한 사건이 생겨났다. 우선 그 학교에서 처음 만난 담임 선생님이 요시다(福田美子)라는 여선생이었는데 그녀를 만나게 되자 어린 나의 전(全) 영혼은 표현키 어려운 정감에 사로잡히고 말았다. 그것을 굳이 표현한다면 아지랑이 넘실대는 민들레꽃 만발한 봄 언덕보다 더욱 포근한 그녀 속에 영원히 있고 싶은 심정이었다고 할 수가 있으리라. 그러나 1년도 채 못 가서 그 천녀(天女)는 정신적 고아였던 한 소년을 버려두고 자신의 나라로 돌아가버리고 말았다. 실로 그때부터 나의 나날은 또다시 숨 막히는 그리움으로 인해 지옥 같은 고통으로 변해 갔다. 상실(喪失)에서 온 그 같은 고통은 중학교 1학년에 현재의 나의 처를 만날 때까지 장장 6개월을 지속하였던 것이며 약화된 세력으로 오늘에 이르렀다. 향기로운 온갖 하늘 꽃들이 가득한 봄날의 대지 같은 여성적인 그 무엇이 저 유년 시절에 만났던 쪽빛 바다처럼 나에게 있어서는 모든 것을 지배하고 이끌어왔던 운명적인 것이었다. ─ 이것은 어쩌면 갓난애였을 때 한 해 뒤에 곧바로 태어난 동생에게 어머니의 품과 젖무덤을 빼앗긴 데서 생겨난 숙명적인 지향인지도 모를 일이다.

그러나 이 사건은 나의 생애에 있어 유아(唯我)의 벽을 넘어서려던 최초의 감성적인 몸부림이었는지도 모른다. 그러나 그 몸부림은 가망 없는 일이었으니 대상은 언제까지나 피안(彼岸)에 떠오른 나를 괴롭히는 신기루에 지나지 않았던 것이기 때문이다.

또 한 가지 사건은 이러했다. 우리 집은 갈대들이 바람결에 흔들리는 강변에 외따로 있었는데 강 건너 마을엔 교회가 있었던바 거기선 밤이면 훤한 가운데 많은 사람들이 이른바 '하나님' 앞에서 울면서 기도드리고 있었던 사건이다. 이 사건은 나의 마음속에 큰 의혹의 연기를 지펴 올렸다. 도대체 이 광명천지 아무 곳에서도 찾아볼 수 없는 '하나님'이라고 하는 허무맹랑한 관념 앞에 울면서 매달리는 사람들이 있다고 하는 그 수수께끼를 나는 풀지 않고서는 도무지 배길 수가 없게 되었다. 저 유아기에 있어서는 온갖 어두운 귀신들과 도깨비 떼들이 내 마음을 여지없이 어지럽히더니 이제부터 보다 위대하고 밝은 귀신인 하나님의 문제가 내 마음을 어지럽히기 시작했다. 어린 내 마음에도 하나님은 결코 존재하지 않는다는 것쯤은 확신하고 있었으나, 다만 다 큰 어른들이 어째서 그 허무맹랑한 관념에 현실적으로 연루되어 있는가라는 문제가 현안적인 것이었다.

이러한 고뇌와 호기심 속에서 나 '우생(愚生)'은 시작이 보이지 않는 유아기의 긴긴 회로를 천신만고 끝에 겨우겨우 벗어나기 시작했던 것이다.

죽음과 재생

마침내 소심해 빠진 촌놈 '우생(愚生)'은 동서남북을 분간할 수 없는 말할 수 없이 불안한 도성인 부산에 있는 고등학교로 유학을 가게 되었다. 이제 그 우생 앞에는 넓고 복잡한 세상, 곧 사회가 전개되고 있었던 것이다. 그런데 나의 눈앞에 나타난 사회라는 것은 매우 불평등하고 부조리한 것이었다. 왜냐하면 그 속엔 수많은 약자들이 법과 권력을 쥐고 있는 강자들에 의해서 압박받고 있다고 믿었기 때문이다. 나는 단호히 약자 편에 서리라고 결심했다. ─ 이러한 결심은 유년기의 약한 내가 강자들에 의해서 받았던 압박에 대한 적개심에서 유래된 지향인지도 모를 일이었다.

그래서 나는 이들과 아울러 지하 서클을 조직해서 마르크스와 레닌주의 서책들(6·25 이전 남로당에 의해서 출간된 좌익 문서들)을 탐독하기 시작했다. 그리하여 중학교 2학년 시절 6·25 전쟁 때 우익 집단의 테러에 참혹하게 파멸된 좌익 사람들의 악몽 같은 운명에 가위눌린 의식 속에서도 우리는 장차 기필코 이 민족사회를 사회주의화해야 하리라고 다짐하였던 것이다. 그런데 이러한 나의 기도는 비겁한 유아주의적(唯我主義的)인 자아 속에 갇혀 있는 '나'를 객관적으로 해방시켜 보려던 무모한 시도였는지도 모를 일이다.

그런데 이 시절 이미 할아버지의 사망으로 인해서 대주가(大酒家)였던 아버지가 정권을 승계받자 가세는 완전히 몰락하여 수업료조차 낼 수가 없게 되었던 것이니, 나의 수학(修學)의 앞길이 형로(荊路)라는 것은 명약관화지사(明若觀火之事)였다. 나는 2학년도 못 채우고 중퇴한 후 어느 허름한 고등학교의 졸업장을 사서 쥐고 기차표도 없이 차장 몰래 상경, 서울대학교 철학과에 입학했다. 그런데 아는 놈이라곤 개미 새끼 한 마리도 없던 낯선 서울 생활은 생활이 아니었다. 그러나 문전걸식의 고난이 나를 핍박해 오는 가운데서도 나는 '내'가 만든 원대한 나의 꿈을 실현하기 위해서 전진하지 않을 수가 없었다. 하지만 대학의 문턱에 들어서자마자 큰 실망이 나를 기다리고 있었다. 당시 철학과의 은사들의 강의 내용들이 내게 있어서는 하나같이 인간의 해방과는 무관한 뜬구름 같은 것들로서 유아주의적인 체계들의 소개뿐이었기 때문이다. 그래서 나는 그들의 애제자가 되는 길을 포기하고 마르크스레닌주의적인 유물론 철학에 전념하게 되었다.

절대적 궁핍과 신경쇠약 증세로 인해서 물경 7년 반에 걸쳐 학부를 나오는 동안 교수들로부터는 개밥에 도토리 신세가 되었던 것은 말할 것도 없거니와 시대는 날로 파쇼화되어 나의 앞길은 실로 암담하기 그지없었다. 내가 공부한 모든 것을 써먹을 곳이라곤 아무 데도 없는 것은 물론이요, 물질적 궁핍은 머나먼 나의 꿈의 실현을 어둡게 했기 때문이다. 그러나 그 같은 비관적인 세월 속에서도 나는 저 유아기에 내 마음을 여지없이 의혹으로 휘젓던 '하나님'의 문제를 반종교이론(反宗敎理論)으로 체계화한 큰(?) 성과를 얻어냈다. (그런데 이 반종교이론 때문에 뒷날 나는 기독교 신앙을 갖고 있던 학장에 의해서 모 교육대학으로부터 쫓겨났다.)

처자식과 동생들이 있는 나로서 대학을 나왔기에 더 이상 룸펜 학생 생활을 지속할 명분이나 현실을 붙잡을 수가 없게 되었기로 하는 수 없이 마음에 내키지 않는 취직을 결심했다. 그런데 이때 나는 다시는 돌이킬 수 없는, 내 생애에 있어 가장 후회스러운 실수를 범하고 말았다. 나는 독일어 교사 공채 시험에 응시하였는데 두어 시간 시험을 치르고 난 후에 뒤를 돌아본즉 놀랍게도 고등학교 시절의 은사님 한 분이 같이 응시하고 있었던 것이었다. 그분은 역사가 전공인지라 이 시험에 될 리가 만무했던 것은 사실이었다. 주로 독문과 출신들과 겨루는 한판 승부였으니까. 그래서 어리석은 나는 은사님은 아무래도 안될 터인즉 나 하나가 양보하는 것은 비현실적인 일이라고 스스로 '나'를 합리화하게 되었던 것이다. 결과는 내가 단독으로 합격되었다. 그런데 나는 세월이 지날수록 나 자신이 사람이 아닌 자라는 큰 자책감에서 벗어날 수가 없게 되었다. 그 당시 무조건 기권하지 못한 나의 비겁함을 생각하면 나는 내가 인간 이하라는 생각을 떨쳐버릴 수가 없게 되었기 때문이다. 나는 그 후부터는 굶어 죽는 한이 있더라도 그 같은 배은적(背恩的) 상황을 단연코 거부하여 내가 나를 경멸하는 짓을 다시는 하지 않으리라고 천 번 만 번 결심했다. 그 사건은 내가 어리석기 그지없는 자임을 두고두고 나 자신에게 일깨워주는 뼈아픈 교훈이 아닐 수 없는 것이었다. 나처럼 어리석고 추잡스런 인간은 세상에 다시 없으리라. 나는 나를 아는 모든 사람들이 이 사실을 알아서 나를 매도해 주었으면 한다. 나는 매도의 세례로써 나를 씻어서 기필코 기필코 새사람이 되리라.

이렇게 자기혐오감 속에서 시작된 교사 생활은 역시 불행했다. 부조리한 교육현장에 대한 환멸보다는 차라리 부조리한 나 자신의 상황이 문제였다. 빡빡한 교사 생활이 지나가면 갈수록 학문에 대한 대성의 꿈은 아마득한 곳으로 뒷걸음질치고 있었기 때문이다. 어리석은 나에게는 마침내 오지도 않는 미래가 귀중한 현재를 절망으로 무너뜨리는 것이었다. 지나가버린 과거로 현재의 삶을 파괴시키는 자가 어리석은 것처럼 오지도 아니 한 미래로 현재의 삶을 파괴시키는 자 역시 어리석은 자이리라. 나는 전자를 어리석다고 경멸하였지만 어리석기는 나도 매한가지였다. 과거에 눈 돌리지 않은 채 어떠한 현실적 조건도 고려하지 않고 그 미래라는 것에 저돌적으로 도전만 해온 나 돈키호테가 마침내 그 미래라는 우상(偶像)에 의해서 파멸의 심연 앞에 다다르게 되었기 때문이다. 이제까지 모든 문제를 어떤 악조건 속에서도 나 자신의 결단으로 자의적으로 풀면서 살아온 자부심이 서서히 허물어지자 모든 것이 무너지고 필경 나는 나와 그리고 모든 것을 상실하지 않을 수 없는 지경에 이르게 되었던 것이다. 악성 불면증과 정신적 고통은 시시각각 확대 재생산되어 나의 생(生)을 목 졸라 필경 나를 죽음의 문턱으로 몰고 갔다. 명색이 철학을 한다는 자가 이렇게 비참할 수가 있단 말인가. 자신의 명(命)조차 보전치 못하는 어리석은 자가 되었으니. 나는 절망 끝에 마침내 극약을 구해 가지고 처와 어린 자식들을 삭막한 서울에 팽개쳐두고 고향 쪽으로 떠내려갔다. 거기서 마지막으로 유서를 썼다. 그때 비로소 나는 처자식에 대한 지난날의 나의 사랑이 진정한 사랑이 아니라, 나 자신의 유아적인 만족과 애착에 지나지 않았다는 사실을 깨달았다. 지나온 세월 동안 나는 참다운 사랑이란 대상에게 나를 줌으로써 나를 해방시키는 실천이라는 사실을 까마득히 몰랐던 것이다. 이 사실을 깨달았을 때 나는 너무도 후회스러워 한 번만 다시 살고 싶었다. 그러나 사형대 위에서의 이 비원(悲願)은 나를 더욱 슬프게 했을 뿐 가망 없는 것이었다. 그런데 저승차사는 내 곁으로 왔다가 그 간절한 비원 때문인지 아니면 저승에서도 아무짝에도 쓸모없는 자라고 판단되었음인지 좌우지간 잠시 집행을 유예하고 이 세상 아니 죽음과 삶의 먼 경계선에 나를 버려둔 채 되돌아갔다. 그러나 그는 이 어리석은 자에게 사형이라는 형벌 대신에 긴 3년 세월 죽음보다 더한 고통의 가시밭길 위로 걸어야 하는 형을 선고했다. 그래서 그로부터 3년 만에 간신히 삶의 현장으로 풀려났던 것이다.

악몽 같은 그 고난의 3년 세월 동안 내가 다시금 살아났다고 하는 의식은 믿기 어려운 사실로서 이제부터의 나의 삶은 덤인 것이었다. 그 고난의 세월 속에서도 나는 죽을 판 살 판 지난날 대학 시절에 완결해 두었던 종교 문제를 정리하여 장차 햇볕에 내놓고자 했다. (그 후 약 20년이 지난 1988년에 와서야 한길사에서 그것을 『소외된 삶과 표상의 세계』라는 제목으로 『가치와 부정』과 함께 세상에 내놓았다.) 위와 같이 나는 37세에 죽었다가 나이 40세에 와서 크나큰 고통 속에서 다시 태어났다.

그 죽음과 재생 속에서 나는 한 가지 사실을 깨달았다. 가까운 사람들을 위해서 나를 주면서 사는 평범한 인간의 삶 속에 진리가 있다는 것말이다. 일개 초부라 할지라도 절로 알고 있을 그 평범한 진리를 어리석은 나는 죽음보다 더한 크나큰 고통을 지불한 뒤에서야 간신히 발견할수가 있었던 것이다. 어린 시절부터 원대한 꿈만 갖고 모든 현실적인 것을 무시한 철학 공부를 한답시고 미래만 향해 달려온 영웅이 40의 고갯마루에 와서야, 그것도 유서 앞에서야 어쭙잖은 범생(凡生) 속에서 삶의 진리를 발견하였다는 것은 어리석은 우생(愚生)만의 아이러니가 아닐수 없으리라. 좌우지간 연옥과도 같았던 그 큰 고통의 세월이 지나가면서 내가 깨달았던 것은 자의적으로 '내'가 세운 허망한 지표를 좇을 것이 아니라, 나를 둘러싼 모든 필연성, 우연성에 순응하면서 나를 과거와 미래의 압박에서 해방하고, 나아가서는 나를 둘러싼 나 밖의 사람들에게 나를 줌으로써 이기적인 '나'를 진정으로 해방시켜야 한다는 것이었다.

고구마 장사와 계란 장사와 국수장이

마침내 나는 새로운 지평(地平) 위를 걷기 시작했다. 작은 진실을 가슴에 품고서 험악한 사상공단에서 드디어 나는 가솔을 먹여 살리는 일을 기도했다. 살아갈 방도라곤 도무지 몰랐던 나였지만 새로 태어난 나로서는 두려울 것은 없었다. 우선 길거리에 나가서 고구마 장사부터 시작했다. 그러나 그 장사는 철저한 실패였다. 반이나 적자가 났기 때문이다. 하지만 나는 조금도 실망하지 않았다. 나의 것을 바쳐서 처자식에게 나를 주어야 한다는 진실을 철저히 체득하고 있었기 때문이다. 이번에는 자전거에 계란을 가득 싣고 부산의 앞골목 뒷골목을 샅샅이 누비기 시작했다. 새벽 여섯 시부터 밤 열두 시까지. 육신은 피로하였지만, 드디어 나는 나 자신에게 부끄럽지 않은 사람이 된 것이었다. 나를 아는 많은 인사들이 나를 돌아버린 비참한 녀석으로 동정하거나 비웃었을지라도 나에겐 그런 것은 아무런 문제가 아니었다. 나는 뭐니 뭐니 해도 나 자신에 대한 혐오감에서 벗어나 나 자신으로 돌아왔기 때문이었다. 그래서 이제야 나는 진정한 나 속에 자리 잡고 있었던 것이다. 세상의 기준에서 자신을 가늠하는 것을 나는 철저히 청산한 것이다. 그래서 이 세상의 맨 밑바닥에 섰을 때 비로소 나는 제왕(帝王) ― 오직 나에 대해서만 ― 이 되었던 것이다. 나는 더 이상 결코 비참한 인간이 아니었다. 나의 삶은 오히려 축복된 삶이었다. 어느 누구에게도 의존치 아니하고 오로지 나 자신의 노력으로써 획득된 것을 나 밖에 있는 사람들에게 주는 삶이 비로소 시작된 것이기 때문이다.

매연과 먼지가 자욱한 더러운 공단 거리, 고향의 인사들이 득실거리는 그 거리에서 3년의 계란 장수 생활을 끝낸 후 이번에 나는 국수를 만드는 국수장이가 되었다. 제작의 중노동과 판매와 수금을 두루 해야 하는 국수장이 생활은 이루 다 말로써 표현할 수 없는 애로와 고난 그 자체였지만 이미 나에겐 못해 낼 일은 없었다. 간교한 재주를 발휘하여 사업을 육성시킨 결과 사업은 마침내 대기업의 식당에 납품까지 할 만큼 번창해 갔다. 지금에 와서도 마찬가지지만 그 당시 나는 교육계나 공직 사회와 사업의 세계는 본질적으로 다른 것이라고 믿었다. 사람이 공직에 임해서 돈벌이를 생각하면 더러워지나 사업의 세계에서 돈을 버는 일은 차라리 깨끗한 것이라고 믿었기에 나는 마음 가뿐히 돈 버는 '현재'에 전념했다. 나는 난생처음으로 경쟁의 정글 속에서 온갖 여우와 늑대와 살쾡이들과 한판 대결을 벌이는 싸움에서 저 유아주의적(唯我主義的) 주관성(主觀性)을 상당히 극복할 수가 있었던 것이다. 그 세계에서는 자신을 객관화하고 사회화하지 않고서는 아무것도 이룰 수가 없기 때문이었다. 우선 기업체의 식당에 제품을 납품시키고자 하면 공장의 수위 앞에 90도로 허리를 굽히고 들어가야 한다. 그들에게 밉보였다간 생트집이 잡혀서 모든 싣고 간 제품이 반품되기 일쑤이기 때문이다. 어찌 그뿐이랴. 딸보다 나이 어린 식당의 영양사 아가씨는 물론이요, 심술궂은 종업원들을 깍듯이 섬겨야지 그렇게 못했다간 그네들이 무성의하게 삶아버린 국수가 죽이 되어 생난리가 나서 끝내는 납품 줄(곧 명줄)이 댕강 끊기고야 만다. 또 회사에는 식품 구매 담당 계원과 계장, 과장과 부장, 그리고 상무나 전무가 있다. 이들 모두가 우리에게는 우리의 명줄을 틀어 쥐고 있는 하나님과 같은 존재들이다. 그래서 어떠한 아니꼬운 처사라도 넘어서야 한다. 이 같은 현실적 상황 하에 사업을 밀고 나가는 과정에서 나는 외적으로는 나 자신을 객관화하고 내적으로는 인내와 초월을 연마하였던 것이다.

그런데 자유경쟁의 원리가 지배하고 있는 우리 대한민국의 상품 시장에 뛰어들어서 얻었던 나의 체험적인 결론은 진지한 노력과 간교성만 있으면 재산을 모으는 것은 쉬운 일이라는 사실이다. 그런데 이 사실이야 말로 자유경쟁의 원리가 지배하는 이 사회 민중들의 비극이 아닐 수 없는 것이니, 아무리 노력해도 우직한 그들로서는 결코 이 경쟁을 이겨낼 수가 없는 것이기 때문이다. 그래서 그들은 대개 내가 그들의 끼니꺼리를 납품하던 공장에서 자유라는 빛나는 멍에 밑에서 하나같이 쿤타 킨테의 신세가 되어 있는 것이다.

나는 타고난 교활성으로 서생원처럼 재벌들의 창고 속에서 도둑질을 하여 필경 재산을 모음으로 해서 그들 쿤타 킨테들을 앞서게 되었던 것이다. 그러나 빈곤의 수렁에서 부(富)의 언덕 위로 기어오르게 되자마자 나는 부(富)를 목적으로 재산을 무한정 모으는 일에는 싫증이 났다. 나는 애당초부터 먹고살고 인정 베푸는 데 필요한 재산 이상으로 부를 이루는 일을 삶의 목적으로 간주한 적이 한 번도 없었기 때문이었다. 그래서 나 정도만 해도 나는 우리 모두에게 죄를 짓고 있다는 생각이 일기 시작했다. (모두가 다 같은 생활수준에 와 있다면 내가 왜 죄의식을 가졌겠는가?) 그런데 그 죄의식은 경쟁에서 획득한 것은 필경 뺏어서 얻은 것이라는 사리에서 비롯된 것이리라. 그래서 요즈음에 와서 나는 저 스피노자와 칸트 같은 무재(無財)의 사상가들이나 자신의 일생을 모두 다 자신의 민족과 사회에다 주고 간 어느 민족 지도자를 부러워한다. 내가 뺏어서 얻은 이 재물이 어쩌면 장차 사회적 존재의 전체성으로부터 나를 고독하게 분리시키는 벽이 될지도 모를 일이기 때문이다. 지난날 아무것도 없었기에 큰 고민에 빠졌으나 이제 있어도 큰 고뇌에 처하게 되었으니 나의 신세는 실로 아이러니하다 하지 않을 수 없다. 대개의 사람들은 있는 것을 자랑삼고 있건만 우생은 이것도 저것도 고민이니 말이다.

좌우지간 나는 사업 7년에 종지부를 딱 찍고서 학문의 공덕이라곤 쥐뿔도 없는 주제에 교수로서 학원에 들어왔다. 하지만 이제부터 나는 후배들의 강의를 들으면서도 못다 배운 학문을 익혀가며 아직은 풀지 못한 진정한 나와 존재의 문제를 풀어보고자 한다. 그리하여 궁극적으로는 저 어린 시절부터 나를 괴롭히던 유아주의적인 '나'의 울을 허물고, 사회적 존재의 전체성과 통일함으로써 본질적으로 분열된 민족사회의 장벽에서 벽돌 한 개라도 허물어내는 일에 나를 주어야 하겠다고 나는 작심한다.

자신을 주는 것

이처럼 나의 일생은 그야말로 우생(愚生) 그것이었다. 그래서 '우생기(愚生記)'란 남들에게는 한마디로 난센스가 되리라. 우생기는 영웅이나 현자들의 그것처럼 빛나는 스토리도, 위대한 사상의 발전도 없는 바보스런 몸부림만 있을 뿐이기 때문이다. 그러나 이 속에는 현자의 삶을 동경하면서 유아주의적인 '나'를 지양하려는 끝없는 지향과 정열이 숨어 있다. 현자(賢者)의 삶이라는 말에서 나는 세상의 모든 것을 알고 있는 높은 학식이나 주관적으로 자신을 지양하여 그 어떤 존재와의 환상적인 통일을 이룩한 종교의 교주와 같은 삶을 의미하고 싶지는 않다. 진정한 현자란 유아적인 자신을 벗어나 사회적 존재의 전체성 속에서 자신을 통일시킨 자, 곧 자신의 모든 것을 모두에게 주는 실천자(實踐者)라고 나는 믿고 있다. 이런 사람이야말로 이 우생이 흠모해 마지않는 인간의 이상이다. 그러나 우생은 아직도 이러한 이상적 삶과 정반대의 극에서 '나' 속에 갇혀 몸부림치고 있는 것이다. 인간은 누구나 죽음을 통해서는 필경 자신을 지양하고 자신을 모두 전체성에다 환원하도록 운명지어져 있다. 그러나 죽음을 통한 자신의 지양과 존재와의 통일은 자연의 필연이요 숙명적인 것이어서 인간의 품위와는 상관이 없다. 인간의 품위는 그 인간의 삶의 실천 속에서 피어나는 향기로운 꽃인 것이다. 우생은 지난날의 어리석은 삶의 발자취를 거울삼아서 저 먼 곳에서 손짓하는 현자의 삶을 향하여 죽을 때까지 끊임없이 시행착오를 계속해 간다는 일념밖에 없다. 그러나 그 길은 결코 영웅이나 천재의 위업을 향한 길이 아니라 아주 평범한 진리, 곧 자신을 주는 것이라고 하는 한 작은 진리의 실현을 향한 길이라고 나는 믿고 있다.

'우생삼기(愚生三記)'가 내 인생의 종착점에서 완결된 것이 아니다. 나는 이제 겨우 50여 세에 불과하기 때문이다. 그래서 이 삼기(三記)는 지난날의 편린들을 소재로 하여 나의 정신적 상황을 소묘해 본 얼치기 수필 같은 것에 지나지 않는다는 것쯤은 여기서 부언할 필요조차 없을 것이다. 그래서 나는 이 우생삼기가 혹시나 진실보다는 차라리 '나'의 합리화나 미화로써 엮어진 허구가 아닐지 심히 두려운 것이다. 나는 이 글을 마치면서 현자는 결코 자신의 인생기를 스스로 쓰지 않는다는 것을 잘 알고 있는 나로서 나의 인생기를 쓰라고 사주한 사람들이 나를 얼마나 우습게 보고 있는지, 또 그 청에 못 이겨 그것을 쓰겠다고 나선 내가 얼마나 어리석은 자인지 다시 한 번 통감하게 되는 것이다.

『철학과 현실』(1990년 봄)

이영호 한양대학교 철학과 교수, 월간 『민족지평』 주간을 역임했다. 서울대학교 철학과와 동 대학원 철학과를 졸업했다. 저서로 『소외된 삶과 표상의 세계』, 『가치와 부정』, 『반유와 시간』, 『인식과 실천』, 『나는 누구인가』, 『영원한 푸른 꽃』 등이 있다.

신 앞에 홀로 서서

서 광 선

강요된 자서전

그해 여름은 몹시 무더웠다. 학생들의 격렬했던 시위가 평정을 찾는 다는 소문과 함께 계엄령이 확대되고 대학이 문을 닫고 선배들과 친구들이 수없이 잡혀가고, 군인들이 대학 캠퍼스를 지키고 서 있는 여름이었다. 나도 언제 잡혀갈지 모른다는 소문을 들으면서, 매일 학장실에 나가서 독일에서 오는 돈으로 종합과학관 세우는 일에 몰두하고 있었다. 자연과학계열 학과장들과 설계를 논의하고 있는데 합동수사본부라고 하면서 학교 앞 다방에 나오라는 것이었다. "지금 긴급한 회의 중이니 두 시간 후에 다시 전화하면 나가겠다"는 내 말에 순응하였다. 그러나 그럴 수가 없었던지 30분을 기다리지 않고 다시 전화가 왔다. 기다릴 수 없다는 것이었다.

다방에는 건장한 남자 두 사람이 앉아 있다가 나를 쳐다보고는 내가 누구라는 것을 확인하고 곧바로 가자는 것이었다. 김 아무개 씨의 참고

인으로 조사가 필요하다는 종잇조각을 내보이고 다시 주머니에 넣어버리고는 택시를 잡아탔다. 속으로 자가용도 없이 뛰는 사람들이 왜 이렇게 무서울까 막연한 생각을 하면서 서대문 근처의 구석진 콘크리트 건물 안으로 들어갔다.

7평은 넘을 것 같은 널찍한 방은 깨끗하고 잘 정돈되어 있었다. 한쪽 구석에는 아주 두터운 군대용 매트리스가 접혀 있었고 군대용 담요가 단정하게 접혀 그 위에 얹혀 있었다. 창문에는 창살이 꽂혀 있었고 창문 가까이에 철제 책상과 양쪽에 의자가 하나씩 놓여 있었다.

나를 연행한 사람이 땀을 닦으면서 들어오더니 내 소지품을 다 책상 위에 꺼내놓고 주소 성명을 적으라고 한다. 그리고 내 허리띠를 풀라고 한다. 곧 조사가 끝난다고 하더니 왜 허리띠를 풀라고 하느냐고 반문해 봤다. 그 사람은 대꾸하기가 귀찮은 듯이 쳐다보기만 하고 손을 내밀었다. 다시 한 번 물어볼까 하다가 쓸데없는 데 시간이나 보내는 것 같아서 허리띠를 풀어 주었다. 수사관이라는 사람은 고맙다는 듯이 받아들고 나가버렸다.

수사관이 종이와 볼펜을 들고 들어오더니 의자에 앉지도 않고 소리 지르다시피 이제부터 글을 쓰라는 것이었다. 할아버지, 아버지, 학교 선생, 나의 고향, 나의 인생관, 나의 철학, 나의 국가관…. 자서전을 쓰라는 것이었다. 흠, 나에게 자서전을 써라…. 그래서 어떻게 하겠다는 것일까? 내 인생, 내가 여태까지 살아온 인생 전체가 잘못되었으니까 군사 정권에 대해서 반대했다는 증거로 제시하기 위한 것일까? 아니면 이른바 정신적 고문의 한 방식일까?

나는 그때까지 50 평생을 살았지만 자서전이란 것을 써본 적이 없었다. 대학원 원서 같은 것을 쓸 때 간단한 자기소개 하는 것 정도는 쓴 일이 있었지만, 나의 소년 시절부터 할아버지 이야기에서부터 시작해서 내 인생을 개관해 본 일이 없었다. 내 나이 만 49세에 자서전을 쓰다니.

그것도 감방에 들어와 앉아 적의에 찬 수사관을 독자로 하고 평생 처음 쓰는 자서전을 쓰다니. 좀 황당하기도 했고, 억울하게까지 느껴졌다. 소련의 작가 옙투셴코가 서른을 좀 넘어서 쓴 『조숙한 자서전』이라는 이름의 책을 영문으로 읽은 기억이 있었고, 러셀 경의 그 긴 자서전을 읽고 감동을 받은 일이 기억나지만, 나와 같은 환경에서 쓴 것들이 아니었다. 나의 자서전은 합동수사본부 문서실 밖으로 나갈 리 만무하고 결국 내가 쓸 이 대작은 햇빛을 못 볼 것이라고 생각하니 퍽 섭섭해지기도 했다. 그러면서도 러셀이 나와 같은 상황에서 강제로 자서전을 썼다면 그만큼 대작이 될 수가 있었을까 생각하며 나는 오기에 차서 조서도 아니고 자서전도 채 못 되는 글을 써내려갔다.

열흘 동안 꼬박, 나는 밥 먹고 자고 그리고 글을 썼다. 나는 그때 쓴 그 '자서전'이 보고 싶다. 원고용지로 치면 300매는 넘는 분량이었던 것 같다. 나의 성실한 자서전과는 관계없이 대학에서 물러나겠다는 사직서를 쓰고 그곳으로부터 풀려났다. 그리고 나는 학교의 사무실을 정리하고 우리 집 지하실에 서재를 꾸미고 들어앉았다.

목사 아들 노릇

나는 플라톤의 대화록 가운데 『파이돈』을 가장 좋아한다. 플라톤의 영혼론에 찬동하기 때문에 그런 것보다는 소크라테스와 제자들과의 대화가 감옥에서 이루어지는 그 현장성이 마음에 든다. 소크라테스는 감옥에서 철학을 한 것이다. 독일의 신학자 본회퍼의 신학은 나치 감옥에서 쓴 『옥중서한』에서 성숙하고 있었다. 우리 김지하는 서대문 감옥에서 '신학적' 작품들을 써냈던 것이다. 철창이 둘러쳐져 있고 헌병들이 총을 들고 지키고 있고 밖으로 나가 다닐 수 있는 자유가 없고 하루 종일토록 혼자 있어야 한다는 그 상황, 나는 나 이외의 누구와도 말할 수 없는 상황은 철학하는 상황이 아닌가 싶다. 가장 자유가 없는 상황에서 가장 자유를 느끼는 상황—그것은 어쩌면 사치스러운 상황이었다.

나는 감방 안에서 자유롭게 시간과 공간을 넘어서 기억력과 상상의 세계를 넘나들었다. 나는 아버지와 제일 많이 대화를 했다. 나는 평양에서 목사 일을 보다가 6·25가 터지면서 이북 보안서원에게 끌려간 아버지를 대동강 초여름 얼어붙은 강기슭에서 찾았다. 아버지의 온몸에는 총알이 뚫고 지나간 자국이 있었고 아버지는 다른 다섯 명의 목사들과 밧줄로 꽁꽁 묶여 있었다. 아버지가 즐기시던 회중시계는 양복 주머니에 매달려 있었고 시곗바늘은 멎어 있었다. 나와 우리 교회 교인들은 아버지를 대동강이 내려다보이는 평양시 남쪽 산언덕에 장사를 지내고 나는 서울로 내려왔던 것이다.

아버지는 공산당이 싫다고 하셨다. 그러면서도 다른 목사들처럼 남으로 도망 나와야겠다고 노골적으로 말씀하신 적이 별로 없었다. 의지할 사람들이 아무도 없는 남쪽으로 내려와서 가족들을 고생시킬 일이 끔찍했던 것일까. 그러나 압록강 근처의 산속 깊은 고장에서 평양으로 내려온 이유는 역시 공산 치하에서 교회 일을 본다는 것이 어려우셨던 것 같다. 그러면서도 교회에 나오는 교인들을 그곳에 두고 혼자 자유를 찾아 나선다는 것에 대해서 항상 고민하시는 눈치였다. 결국 결단을 내리지 못하고 차일피일 월남을 미루다가 6·25가 터진 셈이다.

그러나 아버지는 보안서원의 감시를 끊임없이 받고 있었던 것 같다. 한 주일에 한 번 혹은 두 번씩 낯선 사람의 방문을 받기도 하고 어디엔가 다녀오기도 하였으나 항상 심기는 불편했던 것 같다. 설교를 할 적마다 출애굽을 말하고 자유와 해방을 말하고 희망을 잃지 말아야 한다는 위로의 말로 일관했던 것이 기억난다. 그는 전체주의 사회체제에 대해서 저항하고 있었던 것이다. 그는 이름 있는 목사가 아니었고 우리 교회는 이름난 큰 교회도 아니었다. 우리 교회는 지주가 많아서 땅을 빼앗긴 교인들이 많은 그런 교회도 아니었다. 아버지는 가난했고 우리 교회는 가난한 사람들이 많았다. 그러나 지주들을 때리고 땅을 뺏었다는 교인을 본 적이 없다. 가난하지만 성실하게 사는 사람들이 더 많았던 것 같다. 가난하지만 억압적인 삶은 살 수가 없다고 생각하는 사람들이 더 많았던 것 같다. 가난하지만 자유로운 세상에서 살고 싶다는 생각이 그때 그 교회에 나오는 사람들의 생각이었던 것 같다.

나는 대동강 하류 강기슭에서 아버지의 구멍 뚫린 시체를 부둥켜안고 아버지의 얼굴을 어루만졌다. 매 맞은 자국으로 얼룩진 얼굴은 내가 국민학교 때 보아왔던 얼굴과 다름없었다. 신사참배를 거부하고 일본 헌병대에 끌려가서 무참하게 맞고 나오신 날, 나는 교회당 땅바닥에 엎드려 밤새 울었다. 그리고 기도했다. 아버지는 죽도록 매 맞고 교회 일을 그만두고 장사를 하신 적이 있었다. 아버지가 압록강변 국경의 작은 도시에서 식품 잡화상을 경영할 때 나는 가장 행복한 소년 시절을 보냈다. 아버지는 훌륭한 교회 행정가였던 만큼 장사도 썩 잘하신 것이다. 나는 아버지가 교회 일을 볼 때보다 더 잘 먹었고 더 잘 입었고 더더욱 행복했다. 아버지는 너무 가난했고, 허약한 어머니를 너무 고생시켰고, 우리 형제들을 너무 굶주리게 했기 때문이다. 그래서 나는 절대로 목사가 되지 않겠다고 다짐했던 것이다.

그러나 아버지는 그 잘되는 장사를 계속하지 않았다. 아니 계속할 수 없었다는 것이 더 정확할 것이다. 하나님의 부르심을 받아 하나님의 일을 해야 할 사람이 장사를 하고 돈에 눈이 어두워 있다는 것은 도저히 용서받을 수 없다는 것이었다. 우리는 짐을 싸들고 만주행 기차를 타고 국경을 넘었다. 우리는 결국 망명을 한 셈이었다.

만주 땅에서 나는 많은 것을 배웠다. 허허벌판 지평선 너머에 해가 질 때면 그 황량한 대륙에 나 혼자 외롭게 서 있는 것을 느끼고 흐느껴 울었다. 나는 무한히 외로웠다. 그것은 막연한 외로움이었지만, 막연한 것만큼 그 외로움은 가슴을 에고 나를 사로잡고 있었다. 아버지는 그것을 나라 잃은 소년의 슬픔이라고 '정치적' 해석을 붙여주었다. '망명가의 외로움'…. 나는 한때 자못 긍지를 가지고 애국 망명가연했고, 아버지를 찾아오는 '애국 청년'들의 시중을 들면서 우쭐해 보기도 했다. 나라 잃은 자의 외로움, 그것이 나의 실존적인 외로움과 연결된다는 것을 모르고 있었다. 그리고 고독하게 가까운 친구 없이 혼자 아버지의 서재에서 책을 읽고 아버지의 설교에 감동을 받으면서 내면 깊숙이 새기고 되새기면서 말없이 공부하며 세월을 보냈다. 이광수, 김동인, 이태준의 소설을 읽으면서 소설의 주인공들이 외롭고 우울하고 폐병을 앓는 것을 나는 무한히도 부러워하였다. 나는 언제 폐병에 걸리고 아름다운 여성과 사랑에 빠져 농촌계몽운동을 하는 대학생이 될 것인가? 가난하고 폐병 걸린 애국 청년, 아버지처럼 일경에 쫓기고 주목받는 지성인, 상록수적 농촌운동가…. 그런 것을 꿈꾸면서 만주의 외로운 망명 소년 생활을 하고 있었다. 그래도 아버지처럼 목사는 안 될 것이라고 다짐하고 있었다.

우선 우리는 너무 가난했다. 나는 가난이 싫었다. 그러므로 가난한 목사가 되는 것이 싫었다. 우선 목사는 아내를 고생시킨다. 그리고 아이들까지도 고생시킨다. 가난하고 청빈하게 살려면 결혼도 하지 말고 아이도 가족도 없어야 할 것이다. 아내는 목사가 아니고 아이들은 목사가 아닌데 목사의 가난을 먹고 살아야 한다. 그래서 예수는 독신이었는지도 모른다. 천주교 신부들이 잘하는 일인지도 모른다. 목사 집안은 절대적인 빈곤에 허덕이고 있을 뿐만 아니라 그보다 더 싫은 것은 상대적 빈곤감이었다. 왜 우리보다 교육 수준이나 여러 가지 면에서 못하게 보이는 장로들 집안이 더 부유하고 우리 집안의 경제권을 쥐고 흔드느냐 하는 것이었다. 목사는 정직하게 살아서 그렇고 장로들은 정직하지 않아서 부자라는 생각을 하고 있었다. 그러니까 교회에 나오는 부자들은 사실 다 위선자 정도로 깔보고 있었다. 어머니는 항상 쌀 걱정을 하면서 살아야 했고, 나는 항상 학비 걱정을 하면서 학교에 다녀야 했다. 결코 목사가 되어서 아내와 아이들을 고생시키지 않을 것이다, 그것이었다.

내가 목사 아들 노릇 하기 싫은 것은 가난의 강요보다는 도덕의 강요였다. 목사 아들은 어떻든 훌륭한 아들이어야 한다는 것이었다. 공부도 1등, 품행도 1등, 무엇이든 잘해야 하고 사람들에게 칭찬을 받아야 한다는 것이다. 공부를 1등 하는 것은 노력을 하면 되는 일이었지만, 품행에 1등을 해야 하는 데는 딱 질색이었다. 나는 피나는 노력을 했다. 그것은 위선자가 되는 길이었다. 어린 소년의 위선은 자주 탄로가 나서 아버지의 호된 매를 감수해야만 했다. 나는 아버지의 각별한 사랑을 받았지만, 그만큼 매도 많이 맞았다. 나는 크게 잘못한 것이 없다고 생각했지만, 아버지는 대노하셨고 회초리로 다스리셨다. 나는 얌전하고 귀엽고 공부 잘하고 시간 잘 지키고 정돈 잘하고 만사에 완벽한 아이로 성장했다. 사람들의 칭찬을 받는 것은 좋았지만, 나는 자유롭지 못했다. 나의 의견을 피력하여 아버지의 비위를 거스르는 것이 싫어서 나의 생각을 발표하는 것을 삼가면서 살았다. 내가 내 마음에 드는 것보다 먼저 아버지의 마음, 어른들의 마음, 선생들의 마음에 들게 되기를 바랐다. 그러면서도 속으로는 내가 아버지가 되면 절대로 아이들을 매로 다스리지 않을 것이라고 혼자 결심하기도 했다. — 나는 우리 집 아이들을 한 번도 손찌검한 적이 없다. 앞으로도 그러지 않을 것이다. — 그리고 속으로 우리 집 아이들은 마음 놓고 자유롭게 길러보리라 마음먹었다. 그것이 무엇을 의미하고 어떤 모험인 줄도 모르면서 그렇게 결심하면서 아버지의 매를 맞으며 성장했다.

나는 아버지가 자랑스러웠다. 훌륭한 애국지사라고 생각했다. 그리고 훌륭한 종교인이고 솔직하고 이상이 있고 사상이 투철한, 그러면서도 고민하는 인간이라고 존경했다. 그러나 나는 아버지가 주변머리 없고 가난하고 참을성이 없고, 그래서 가족들을 고생시키고 폭력적이고 독재

자이고 격정을 쓰는 무서운 사람으로 싫어했다. 아버지는 회의하면서 장로들과 싸워서 내가 국민학교 다닐 때만도 다섯 번이나 이사를 했다. 인간이 자신의 신앙과 소신대로 살면서 핍박을 받고 희생을 감내하는 것은 훌륭한 것이라고 생각했다. 나는 아버지가 종교적 순교자의 이름으로 존경을 받고 있는 것을 자랑스럽게 생각한다. 그러나 내면생활에서 그 지조를 지키기 위한 영혼의 고통과 고독, 그 고통을 극복하기 위한 투쟁의 생활들을 지켜보면서 배타적이고 공격적이고 격정적이고 폐쇄적이 아닌 인생의 길이 없을까를 고뇌해 보기도 했다. 나의 내면적 갈등은 순교자의 길을 존경하고 동경하면서 동시에 그 삶이 싫었던 것이다. 그래서 나는 허약한 어머니를 사랑하는 충정에서 의사가 되어 가난한 병자들, 특히 목사 부인들을 고쳐주리라는 생각도 해보고, 때로는 은행원이 되어서 얌전하게 주판이나 튀기면서 살아가리라는 소시민적 의식에 사로잡혀 보기도 했고, 아이들 가르치는 국민학교 선생님이 되려고 결심한 적도 있었다.

"자네 관상은 무관의 상일세."

총알이 무수히 박힌 아버지의 시체를 장사 지내고, 나는 두꺼운 외투 주머니 오른쪽에 영어사전, 왼쪽에 성경책을 집어넣고 걷기도 하고 기차 꼭대기에 타기도 하면서 삼팔선을 넘어 서울로 피난했다. 그리고 곧 피난 열차를 얻어 타고 부산역에 떨어졌다. 부두에서 일도 하고 이리저리 헤매다가 해군 소년 통신병 모집 광고를 보고 응시했다. 그 당시 서울에서 피난 내려온 일류 고등학교 학생들이 많이 응시했다고 해서 합격을 포기한 상태였는데 붙어버린 것이다. 나는 소년 통신병이 되기 위해 또 매 맞는 신세가 되었다. 부산에서 진해로 가는 군용선을 타는 데 꼭 5분 늦었다는 이유로 입대 첫날 밤 나는 감당할 수 없을 정도로 쇠몽둥이 세

레를 받았다. 나는 이를 꽉 다물고 그 모진 매를 맞으면서 인내했다. 나는 매를 맞으면서 옛날 해적선의 수병들이 발가벗겨진 채 선장에게 매 맞던 광경을 떠올렸다. 나는 울지도 않고 소리도 안 질렀다. 울지도 않고 소리도 안 지른다고 또 맞았다. 나는 매를 견디어내고 말리라, 그리고 해군에서 성공하리라 굳게 마음먹고 있었다.

6·25 직후의 군대생활은 엄하기 그지없었다. 신병 훈련은 매 맞는 훈련이나 다름없었다. 우리는 매일같이 기합을 받았고, 매일같이 완전 무장하고 10킬로미터의 길을 아무렇지 않게 구보하였다. 총을 앞에 들고 진해 앞바다로 물이 허리에 찰 때까지 "앞으로 갓"의 구령에 맞추어 걸어 들어가기도 하였다. 영하의 추운 겨울의 훈련이었다. 나는 통신학교에서 백여 명의 생도들 중 최우수 졸업생으로 교관장교의 교육조교로 남게 되었다. 나는 군대생활에 훌륭하게 적응하고 있었다. 나는 우수한 교육자적 자질을 가지고 있다고 평가받았고 후임자들에게는 너그러운 선임자로 호감도 사고 있었다.

그러나 군대생활에 익숙해지고 자유로워지면 질수록 나는 제대해야 한다고 생각했다. 군대생활의 규율과 규칙에 준수하게 적응을 하는 모범적 군인이 되면 될수록 나는 군대가 싫어지는 것이었다. 동기들 중 서울의 명문 고등학교 출신들 중에는 졸병 생활을 견딜 수 없다고 사관학교에 응시해서 우수한 성적으로 합격한 친구들이 꽤 있었다. 그러나 나는 하사관이나 장교가 문제가 아니었다. 내가 남한으로 피난 내려온 것은 군인이 되려는 것이 아니지 않은가. 대학을 가고 공부를 하고 학자가 되려는 것이었다.

1953년 휴전의 바람이 부는 어느 날, 나는 한국 해군 졸병으로서는 처음으로 미 해군 하사관 학교의 유학 시험에 합격하여 군대 유학길에 올랐다. 특수 장비를 다루는 공부도 공부였지만 미 해군 친구들이 좋았다. 주말이면 해군 졸병 친구들과 워싱턴, 뉴욕 등 도시 관광을 즐길 수 있었고, 당시 한국에서 유학 중인 한국의 신학자들과 만날 수도 있었다. 나는 귀국했다가 다시 미국 대학에 유학 올 것을 결심했다.

미국 유학을 결심하고 한국 해군기지에 귀국한 나는 더 이상 군대에서 일할 생각이 없어졌다. 군대생활이 싫어진 것이다. 고급 하사관으로 특진한 나는 영외 생활을 할 수 있었지만, 내 집이 없는 혈혈단신으로 이 집 저 집 개인교수로 입주 생활을 하면서 외국 유학 시험 준비를 하고 있었다. 나는 무엇보다도 제대가 하고 싶었다. 빨리 제대를 해야 미국 유학도 곧 가게 될 수 있으리라는 생각 때문이었다. 그럴수록 군대생활이 싫어졌다. 군대생활이 싫어질수록 나는 장교들의 눈에 띄어서 매도 많이 맞았다. 그것은 실로 악순환이었다. 나를 때리는 장교들은 한결같이 내가 교만하고 건방지고 자기들을 깔본다는 것이었다. 내 태도가 그렇고 그런 냄새가 풍긴다는 것이었다. 나는 책을 많이 읽는다고 교만하다는 것이었다. 매를 때리면 빌든지 울든지 하지 않는다는 것이었다. 나는 처음부터 매를 당당하게 맞았기 때문에 더 얻어맞았던 것 같다. 순교자가 된 기분으로, 아버지가 일본 헌병에게 매 맞던 당당하던 모습을 그리며 매를 맞았으니 때리는 장교들의 비위를 어지간히 거슬렀던 것 같다. 나는 잘못한 것이 없다고 생각했기 때문에 빌지 않았다. 나를 때리는 장교가 저항하지 않는 하사관을 때리는 것은 비겁하고 군인답지 않다고 생각했기 때문에 사실 나는 그들을 경멸하고 있었다. 폭력으로 권위를 세우는 사람들을 나는 경멸했기 때문이다.

나는 결국 불명예제대라도 하고 싶어졌다. 나쁜 짓을 해서 영창에 가고 군사재판을 받고 군대에서 쫓겨나는 것 말이다. 하루는 친구들과 마실 줄 모르는 술을 마실 수 없을 정도까지 마시고 통행금지 시간이 훨씬 넘은 새벽 두 시까지 거리를 고래고래 소리 지르며 돌아다녔다. 생각했던 대로 헌병 지프차가 와서 나를 차에 태우고 헌병대 영창에 집어넣었다. 나는 소원 성취가 됐다고 내심 무서우면서도 쾌재를 부르고 영창 안에서도 고래고래 소리를 지르고 있었다. 당직 장교가 나타나서 큰 소리로 내 이름을 불러서 조사실로 끌려 들어갔다. 똑바른 자세로 앉으라는 명령에 그 장교를 쳐다보니 그는 웃고 있었다. 일요일마다 한 교회에 나가는 집사님이었다. "서 선생, 왜 이러십니까? 이러신다고 불명예제대가 되는 게 아닙니다." 커피 몇 잔을 마시며 밤새 이야기하다가 지프차 전송을 받고 말았다. 결국 나는 미 해군에서 사귄 친구 가족의 소개로 미국 시골의 아주 작은 기독교 대학의 장학금을 받아 유학길에 오르게 되었다. 당시 미국 유학생에게는 제대의 특전이 베풀어졌다. 불명예제대가 아니라 명예제대가 된 것이다. 1951년 1월에서 1956년 8월까지 5년 7개월의 군대생활을 끝낸 것이다. 무엇 때문에 받은 무슨 훈장인지는 기억이 안 나도 가슴에 훈장도 몇 개 달고 명예제대가 된 것이다. 나의 제대 발령 일자는 우연히도 8월 15일이었다.

나는 뛰는 가슴을 억누르면서 제대 수속을 마치고 서울에서 부산으로, 부산에서 진해로 긴 여행을 하고 있었다. 안개 짙은 부산진 길가에서 진해 가는 새벽 버스를 기다리고 있었다. 홀연히 내 옆에 하얀 수염의 할아버지가 나타나서 나에게 말을 건네는 것이었다.

"자네는 어디 가는 차를 기다리고 있는 건가?"

"진해로 가는 버습니다."

나는 내가 왜 지금 진해로 이렇게 급하게 가고 있는지 그 할아버지에게 말하지 않을 수 없었다.

"아니, 해군을 그만두고 미국에 공부하러 간단 말인가?"

할아버지의 태도는 탐탁하지 않은 것 같았다. 물론 칭찬도 않고 격려하는 눈치는 더욱 아니었다. 의아해하고 섭섭해하는 나에게 말했다.

"자네 관상은 무관의 상이네. 군인으로 그대로 있게. 훌륭한 군인이 될 걸세. 자네 같은 상을 가진 장군이 생기면 나라의 큰 재목이 될 걸세…"

나는 그 할아버지 때문에 내 일생을 망칠 것 같은 강박관념으로 허우적거렸다. 할아버지는 혀를 차며 서 있었고, 내가 기다리던 버스는 내 앞에 멎었다. 나는 그 할아버지로부터 도망하듯이 버스에 올랐다. 할아버지는 버스에 오르지 않았다. 버스 뒤로 할아버지의 모습을 찾았을 때는 안개로 아무것도 보이지 않았다.

나는 소년 시절부터 고독하게 생각하고 외롭게 살면서 초월적인 신비와의 접촉을 희구했다. 혼자서 깊은 산속에 들어가 밤을 새워가며 기도를 해보기도 하고, 부흥회가 있으면 쫓아다니면서 남들처럼 '성령'을 받아서 '방언'이라는 것도 하고, 병을 고치는 능력도 가지고 싶어서 갖은 애를 쓰고 금식도 해가면서 기도를 하기도 했다. 그러나 나는 아무런 영적 혹은 신비적 경험을 해본 적이 없다. 그런데 버스 기다리던 날 새벽의 할아버지와의 만남은 나에게 있어서 풀 수 없는 수수께끼의 하나이다. 나는 나의 유학을 조금도 의심해 본 일이 없었고, 거칠 것이 없었다. 군대생활이냐 유학이냐 고민한 일이라곤 더더욱 없었다. 나는 그날 새벽 선 채로 버스를 기다리고 있었다. 꿈을 꾸고 있는 것이 아니었다.

나는 오늘까지도 가끔 그 할아버지 생각을 하곤 한다. 나에게 무관의 상이 있다니…. 그럴 수도 있을 것이다. 우리 할아버지가 조선 말기에 무과에 급제했다는 말을 아버지에게서 자랑 삼아 들은 기억이 있다. 한일합방 당시 우리 할아버지는 의병 대장으로 함경도에서 일본 군경과 칼한 자루로 싸웠다는 전설을 듣고 자랐다. 결국 할아버지는 잡혀서 옥살이를 하게 되었고 할머니는 저항의 뜻과 과부된 설움으로 당신과 다섯 형제가 동반 자살을 했다는 것이다. 다섯 살배기 막내였던 아버지는 독약을 차마 먹이지 못해서 살아났다는 것이 우리 아버지의 이야기였다. 그 피가 아버지에게 흘렀고 또 그 피가 내게도 흐르고 있다면 그 길가의 할아버지의 말대로 내게는 무인의 피가 흐르고 있는 것이 틀림없을지도 모른다.

그러면 과연 그때 내가 그 할아버지의 말을 받아들여 미국 유학을 포기하고 군대에 머물기 위해서 사관학교에 입학해서 해군 장교로 평생을 군인으로 살았다면 지금 나는 무엇이 되었을까? 5·16 쿠데타에 가담했을까? 그리고 군사정권의 핵심 인물로서 모모한 사람들처럼 권좌를 누렸을까? 아니면 5·16 반대 세력에 가담해서 좌천되고 거세되어 한 맺힌 망명 생활을 하게 되었을까?

인간이기 위해서 내가 해야 할 일

부질없는 망상에 빠져 있다가 나는 합동수사본부의 무서워해야 할 조사관의 독촉을 받는다. "왜 학장님은 군사정권을 반대하는 이유를 안 쓰시는 겁니까?" "미국이란 나라에서 유학했기 때문이지요"라는 답변에 "미국 유학까지 하고 박사까지 되신 분이 어째서 유신정권을 반대하고 군사정권을 싫어하십니까? 왜 다른 미국 박사들처럼 살지 못하는 겁니까? 도대체 학장님은 뭐가 부족해서 그러는 겁니까? 여기 보십시오. 박사님이 서명하고 기초한 성명서마다 가난한 사람들, 노동자, 농민, 민중이 어쩌고 하고 있는데 왜 예수 믿는 신학자면 남들처럼 얌전하게 교회나 다니지 않고 시끄럽게 구는 겁니까? 노동자, 농민 하는 놈들은 다 빨갱이란 말입니다. 어떻게 당신 같은 빨갱이 교수에게 학생을 맡길 수 있단 말입니까?"

나의 미국 대학생활은 행복한 것이었다. 나는 줄곧 우등생 장학금으로 공부했다. 미국의 수많은 작은 사립대학이 그렇듯이 인문교육을 철저히 받았다. 학생 수가 천 명도 못 되는 대학의 교수진은 착실했다. 서부 카우보이들의 아이들이 오는 대학인데 교수들은 주로 동부의 명문대학에서 박사학위를 받고 교수를 하다가 온 사람들이 많았다. 나는 영문학 선생을 좋아하고 존경했다. 교양 영어 시간에 읽는 교과서만으로는 만족할 수 없다고 해서 그 교수의 독서회에 가입해서 몇 권의 책을 읽고 토론하고 평론을 쓰는 공부를 했다. 나는 교육학을 하겠다고 했던 생각을 버리고 철학을 전공하기로 하고 철학 서적에 재미를 붙였다. 졸업논문은 플라톤의 사회철학을 전체주의의 시효로 비판하는 칼 포퍼의 『열린사회의 적』을 썼다. 나는 어느덧 자유주의자가 되고 있었고, 종교학 과목에서는 자유주의 신학에 심취하고 있었다. 나는 미국 대학생활의 자유로운 분위기에서 나 자신을 찾고 있었다. 인간의 자유가 나에게 있어서 가장 소중한 것이 되어가고 있었다. 그것은 먼저 나의 근본주의적인 폐쇄적인 신앙으로부터의 자유였다. 그리고 그것은 나의 위선적인 도덕주의적 청교도 윤리로부터의 해방이었다. 나는 마음 놓고 나의 기독교를 비판하고 마음 놓고 전체주의적 이념들을 비판하였다. 그 비판의 도구는 철학이고 분석하는 논리였다. 종교의 우상들, 이념의 우상들, 권력의 우상들, 철학의 우상들, 인간을 억압하고 착취하고 인간을 비인간화하고 소외하는 모든 것들로부터의 해방. 그리고 인간이기 위해서 싸우는 일이 내가 해야 할 일이라고 생각했다. 그것은 날카로운 논리의 힘, 분석의 힘이라고 생각했다. 그리하여 인간을 억압하는 모든 세력으로부터 자유로워지는 일에 참여하리라는 생각을 했다.

나의 유학생활을 재정적으로 뒷받침해 준 미국 의사 내외는 내가 동부의 대학원에 가서 정치학 같은 공부를 계속해서 장차 외교관이 되기를 희망했다. 그러나 나는 철학의 길을 택했고, 철학의 길에서 사랑을 찾았다. 나는 열렬하게 연애를 했고, 사랑으로 나의 고독을 극복했다. 사랑을 찾으면서 나는 목사가 되겠다는 결심을 하고 신학을 시작하였다. 나의 신학 작업은 당시의 저명한 신학자 틸리히와 니버 등의 신학적 전통이 찬란한 곳에서 하였지만, 세속 신학, 신의 죽음의 신학 등 급진적인 신학에 몰두하던 때였다. 나는 신학을 하면서 미국사회를 알게 되었다. 그리고 신학의 문제는 신에 대한 질문이 아니라, 인간 사회와 역사의 문제라는 것을 배웠다. 미국 신학생들이 흑인 인권 운동에 투신하고 흑인 인권을 위한 행진과 집회를 조직하고 진행하고 구치소에 끌려가는 행동의 와중에서 신학의 의미를 되찾았다. 그리고 본회퍼의 『옥중서한』을 읽으면서 하염없이 울기도 하였다. 그것은 한국의 순교자의 아들의 눈물이었다. 몰트만의 '정치신학'을 본회퍼의 신학과 한국의 3·1운동과 신사참배 거부운동과 연결시켰다. 한국의 현실에서 신학을 한다는 것이 무엇인가? 그것은 낡은 근본주의 신앙 체계를 타파하는 것이다. 그것이 보수적이고 근본주의가 되어서라기보다는 그것이 비이성적이고 반지성적이기 때문이라고 생각했다. 그리고 그것은 인간과 사회를 망각하고 소외시키는 종교로 무의미한 것이라고 생각했던 것이다. "안식일은 사람을 위하여 있는 것이지 사람이 안식일을 위해서 있는 것이 아니다"라고 한 예수의 말은 기독교 신앙과 신학이 설 자리를 말하는 것으로 생각한다. 기독교가 오늘 우리 현대 한국사회에 어떤 의미가 있는가? 이 질문에 행동으로 대답하여야 한다고 생각한다. 한국 교회의 존재 이유와 그 권위는 반지성적으로 성립되지 않는다. 그리고 교회의 수적 팽창이나 비대화로 성립되거나 정립되는 것도 아니라고 생각한 것이다.

나는 아직도 나와 싸우고 있다

나는 합동수사본부에서 강요된 자서전을 쓰면서 목사 안수를 받기로 마음먹었다. 아버지의 교파인 장로교에서. 그러기 위해서 신학교를 1년 재수했다. 그리고 비 내리는 어느 가을 오후에 목사 안수를 받았다. 우리 집사람은 내가 처음 축도하는 순간 하염없이 울었다. 결국 목사가 되는 것을. 그러나 나는 아버지처럼 가난하지 않다. 그리고 아버지의 순교정신의 절반도 못 가지고 있다. 그러나 나는 아버지 같은 목사가 되고 싶어진 것이다. 나는 아직도 일요일 설교하고 장례식을 치르고 결혼식 주례를 한다. 진심으로 젊은 신혼부부들을 마음속 깊이 축복하고, 상가에서는 죽음 앞에 서서 하염없는 눈물을 흘리고, 주검을 땅 속에 파묻으며 "흙은 흙으로…" 성경을 외우면서 인생의 허무에 사로잡힌다. 나는 자유를 갈망하고 자유롭게 생각하고 자유롭게 살기 위해서 살아왔다. 그러나 나는 자유로운가? 나는 나의 고독 속에서 신과 신비와의 친교를 희구하며 살고 있다. 그러나 나는 인간의 사랑을 찾고 그 사랑에 충실해 보려고 애쓰고 있다. 나는 아직도 나와 싸우고 있다. 자유 속에서 고독과 소외를 아파한다. 신비의 세계를 희구하면서 정치와 사회의 부조리를 떠나지 못하고 있다. 나는 훌륭한 철학자인가? 나는 참으로 민중신학자의 삶을 살고 있는가? 나는 제대로 된 목사인가? 내가 좋아하는 철학자 흄은 "철학자가 되기 전에 인간이 되라"라는 좌우명을 남겼다. 나는 철학자이기 이전에, 신학자이기 이전에, 선생이기 이전에, 목사이기 이전에 인간이 되었는가? 인간이 된다는 것은 무엇인가?

『철학과 현실』(1990년 여름)

서광선 이화여자대학교, 홍콩중문대학교 명예교수. 미국 로키마운틴대학교에서 철학을 공부하고, 뉴욕 유니언 신학대학원에서 신학 석사학위를, 밴더빌트대학교에서 철학 박사학위를 받았다. 1980년 제5공화국이 출범하던 때 4년 동안 대학을 떠난 적이 있으며 이 시기에 목사 안수를 받았다. 세계 YMCA 회장(1994-1998)을 역임했고, 미국 뉴욕 유니언 신학대학원, 드류대학교 신학대학원 및 홍콩중문대학교의 초빙교수로 활동했으며, 홍콩 주재 아시아 기독교고등교육 연합재단의 이사 및 부회장을 역임했다. 저서로『종교와 인간』,『기독교 신앙과 신학의 반성』,『지성, 세속 신앙』,『악령의 시대』,『현대사회와 종교』(공편),『철학하는 방법』등이 있다.

죽어도 죽지 않는 삶

윤 명 로

　고대 로마의 서사시인 알비노바누스는 비명에 간 한 호민관(護民官)의 죽음을 추도하는 글에서, 우리의 인생을 "갚을 날짜는 정해 두지 않은 채 마음대로 쓰도록 우리에게 주어진 이자 없는 빚돈"에다 비유하고 있다. 우리는 이 비유를 통해서 인생이 간직하고 있는 야릇한 실존적 함축과 역설적인 함정을 볼 수 있음직하다. 미상불 인생이란 누구나 각자 자기 나름으로 살아갈 수 있고, 또 살아가고 있는, 바로 '나의' 인생임에 틀림없다. 그러나 우리는 주어진 인생을, 마치 이자 없는 빚돈을 쓰듯이, 반성이나 사려 없이 헤프게 살아가다가, 어느 날 홀연히 예고 없이 날아드는 상환 통고와 더불어 환수당하기 마련이다. 따라서 어떤 의미에서는 인생이란 '나의 것'이라고 할 수도 없는 하나의 비극적인 수수께끼가 아닐 수 없다.

　동서양을 불문하고 사람들이 이 인생의 비극을, 혹은 미지의 운명의 소치로 돌리기도 하고, 혹은 종교적인 믿음의 힘으로 초극해 보려고 고심하는 것도 바로 이 때문이 아니랴. 우리는 '인명재천'이라 하여 이 비극의 주재(主宰)를 하늘에다 돌리고 있다. 이에 대하여 그리스 신화에서는 운명을 준엄한 '필연성'의, 또는 캄캄한 '밤'의 세 딸들로 묘사하고 있다. 생명의 실을 자아내는 클로토와 이 실을 인간들에게 배급하는 라케시스, 그리고 배급된 실을 잘라버리는 아트로포스가 곧 그들이거니와, 이들 운명의 여신을 '밤' 혹은 '필연성'의 소생으로 보고 있음은 곧, 운명에 대하여는 아무도 그 까닭을 알 수 없고 또 그에 거역할 수 없음을 상징적으로 의미하는 것이라 하겠다. 이들 운명의 여신을 묘사한 근세 화가 폴 투만의 그림 속에서, 클로토와 라케시스는 우아하고 인자한 여성으로 묘사되고 있는 반면, 아트로포스는 험상궂은 마녀의 용모에다 시퍼런 가위를 들고 있는 모습이 자못 인상적이다. 이 신화는 곧 '인명재천'이라는 우리 전래의 사생관을 의인적(擬人的)으로 상징화한 형태라 할 수도 있다.

이처럼 인생의 비극을 운명의 소치로 돌리는 체념적인 소극적 시각과 달리, 오히려 이를 적극적으로 초극하려고 하는 길이 다름 아닌 종교의 세계라고 할 수 있다. 생사란 무실공체(無實空諦)의 한 조각 뜬구름이 생겼다가 사라지는 것과도 같은 한낱 환영(幻影)에 지나지 않는다고 보고 그로부터의 해탈을 지향하는 불교나, 죽음을 도리어 영생의 길로 보고 절대자에 의한 구원을 목표로 하는 기독교나, 인생의 비극적인 생사의 문제를 초극하려고 한다는 점에서는 다를 바 없다고 하겠다.

상환 기일도 이자도 없는 빚돈 인생

그러나 우리의 현실적인 인생은, 우리가 그것을 어떻게 해석하건, 그리고 그것에다가 어떠한 의의를 부여하건, 역설적인 함정을 숨겨놓은 하나의 수수께끼임에는 변함이 없다. 인생이란 두말할 필요도 없이 결코 다시 되풀이할 수 없는 일회적인 것이다. 그리고 이 때문에 인생은 그 한순간 한순간이 어떠한 것과도 대체될 수 없는 절대성을 띠는 동시에, 우리에게는 가장 소중한 절대적 가치를 지니는 것이요, 그 이외의 모든 가치는 아무리 그것이 고귀한 가치일지라도 바로 이 절대적인 인생의 가치를 전제로 하고서만 비로소 의미를 가질 수 있다.

그럼에도 불구하고, 이처럼 절대성을 지닌 일회적인 인생의 많은 세월을 우리는 부질없이 허비하기 쉬우며, 또 실지로 허송하여 버리는 것이 우리의 일상적인 생활 태도이기도 하다. 이는 어쩌면 인생 자체가 간직하고 있는 숨은 함정의 탓일는지도 모른다. 위에서 인생은 '갚아야 할 날짜의 약정'도 '이자'도 없는 빚돈에 비유되었다. 우리가 빚돈을 얻을 경우, 만일 이처럼 상환 기일의 약정도 이자도 없는 조건이라면 이보다 더 좋은 조건은 없을 성싶다. 그러나 바로 이 조건 속에는 사람을 현혹케 하는 교묘한 함정이 숨어 있다. 첫째로, '갚을 날짜의 약정이 없음'은 우리로 하여금 아전인수격으로 '갚을 날짜가 영구히 오지 않을 것'이라는 착각을 일으키게 하기 쉽다. 그러나 '날짜의 약정이 없다'는 바로 그 사실 속에는 당장에 상환 통고가 날아들 가능성도 동시에 함축되어 있지 않은가. 둘째로, '이자가 없다'는 조건은 우리로 하여금 마치 돈을 공으로 얻은 것처럼 착각하게 만들기 쉽다. 그러나 이자가 없기 때문에 도리어 우리는 빚에 대한 책무를 소홀히 하고 낭비에 흐를 가능성이 있다. 값싸게 얻은 것일수록 헛되이 소비되기 마련이기 때문이다.

이와 마찬가지로 인생의 경우에도, 죽음이라는 상환 날짜의 약정이 없기 때문에, 우리는 죽음을 남의 일로만 여기고 자신의 인생은 영구히 지속될 것 같은 환상에 사로잡히게 되며, 게다가 이자 없이 주어진 인생이기에 그 귀중함을 망각하고 소홀히 여기게 되어, 결국 헛되이 인생을 낭비하면서도 그 아쉬움을 절감하지 못하는 것이 보통이다. 그러나 '상환 날짜의 약정이 없다'는 바로 그 사실 때문에, 운명의 여신 아트로포스는 아무 때나 마음 내키는 대로 생명의 실을 잘라버릴 수 있는 것이요,

따라서 우리의 인생에 관해서는 오늘이 있기에 '내일'도, 지금 이 순간이 있기에 '다음 순간'도 있으리라는 보장은 없는 것이다. 동서양의 선인들이 '미래'를 혹은 '칠흑같이 어두운 것(暗似漆)', 혹은 '신에 의하여 감추어진 것'이라고 한 말들은, 널리 미래사(未來史) 일반에 관하여서는 물론이거니와, 일차적으로는 '내일의' 인생, '다음 순간의' 인생에 관하여 타당한 금언(金言)이 아닐 수 없다.

진정으로 보람 있는 인생

이처럼 인간의 입장에서 보면, 미래의 일은 칠흑과 같은 어둠 속에 감추어져 있기 때문에, 엄밀히 말하자면 우리의 인생에 있어 모든 '내일', 모든 '다음 순간'은 '인생의 빚돈을 갚아야 할 날짜'가 될 가능성이 있으며, 따라서 모든 '오늘', 모든 '이 순간'이 우리 인간에게는 인생을 끝맺는 '마지막 날', '마지막 순간'이 될 수가 있다.

과연 인간이란 세상에 태어나는 첫날부터 생자필멸의 철칙에 따라, 집행 날짜가 적혀 있지 않은 사형선고장을 받아 들고 죽음을 향하여 달려가고 있는 존재임에 틀림없다. 그러므로 우리의 인생을 회한(悔恨) 없는 인생이 되도록 하고자 할진대, 우리는 매 순간순간 옷깃을 여미고 반성하면서, 살아온 인생에 휘갑을 치는 숙연한 심경으로 살아가지 않을 수 없다. 그리고 이처럼 항시 인생의 최후를 맞이하는 숙연한 심경으로 인생을 살아갈 때, 자연히 우리의 생활은 진지하고 성실한 삶이 되지 않을 수 없을 것이다. 그 까닭은, "사람이 죽음에 임하였을 때는 그의 말은 선한 법이다(人之將死其言也善)"라고 한 공자의 말과도 같이, 우리가 순간순간 생의 최후에 임하는 심경으로 인생을 살아갈 경우, 우리의 마음은 본래의 순수한 마음으로 순화되기 마련이요, 부질없는 사악이나 기만, 허위 따위가 우리의 삶 속에 침입해 오는 일은 없겠기 때문이다. 하이데거가 우리의 실존을 '죽음에로의 존재'라고 규정하고 이른바 실존의 선구적 각오를 촉구한 소이도 바로 여기에 있다고 하겠다.

만일 우리가 이처럼 순간순간 다가오는 종말의 가능성을 숙연한 심경으로 앞질러 각오함이 없이, 자신의 인생은 영구히 지속되어 갈 수 있을 것 같은 상념에 빠질 경우, 우리는 진지하고 성실한 마음이 없이 인생을 헛되게 낭비하기가 쉽고, 심지어는 부질없이 사심(邪心)과 정념에 사로잡혀 스스로 인생을 그릇된 길로 오도해 가는 일도 없지 않다.

사람은 누구나 보람 있는 인생을 살아가기를 바라고 추구하며, 그것을 성취하고 실현하는 데서 행복을 찾기 마련이다. 물론 그 보람을 무엇에서 구하는가는 사람마다 한결같을 수가 없다. 혹은 부귀나 명예에서 보람을 찾기도 하고, 또 그것이 가장 일반적인 경우라고 할 수 있지만, 그 밖에도 혹은 예술적인 활동이나 학문의 탐구에서, 혹은 이타적인 봉사에서 보람을 구하는 사람도 있고, 심지어는 청빈무애(淸貧無碍)의 자유로운 삶에서 인생의 보람을 찾는 이도 있다. 물론 이것은 사람마다의 인생관의 차이에서 오는 결과로서, 그 어느 것을 보람 있는 것으로 여기건, 그것들 사이에 우열을 비교함은 무의미한 일이라 하겠다. 그러나 어떠한 인생을 살아가든지, 항시 "이 순간이 나의 인생의 종말일 수 있다"는 숙연한 마음으로 자신을 되돌아보며 양심에서 우러나는 성실성을 가지고 살아가지 않는다면, 거기에는 반드시 회한이 남게 될 것이요, 따라서 그러한 인생은 진정으로 보람 있는 인생이라고는 할 수 없을 것이다. 물론 자신의 인생에 대하여 아무 반성도 사려도 없이 살아갈 경우, 본인 자신은 자기가 살아온 길의 정사(正邪)를 자각하지 못할 수도 있다. 그러나 사람은 본래 사회적 존재인 만큼, 그가 살아온 인생의 자취는 그가 죽더라도 두고두고 평가의 대상이 되기 마련이다. 그렇기에 사람은, 종교적인 의미에서가 아니라도, 죽어도 죽는 것이 아니라고 할 수도 있다. 키케로의 말처럼 "죽은 사람은 산 사람의 기억 속에 살아 있기" 때문이다.

'오래오래 살고 싶다'는 소망

동서와 고금을 막론하고 사람들은 누구나 가장 강렬하고 애절한 소망을 품고 있다. 그것은 다름 아닌 '오래오래 살고 싶다'는 장생, 장수의 소망이다. 물론 스피노자의 말처럼 모든 존재는 자신의 존재를 유지, 보존하고자 하는 충동을 가지고 있다고 본다면, 이 불로장생에 대한 소망은 한갓 인간만이 품고 있는 허욕이라고 할 수는 없을는지도 모른다. 그러나 유독 인간은 예부터 온갖 지혜를 발휘하고 갖은 방법을 안출하여이 간절한 소망을 이루어보려고 발버둥을 쳐왔다는 데서, 우리는 인간의 애처롭고 안타까운 비극을 볼 수 있다. 아무리 그 소망이 강렬하고 애절하다고 할지라도, 성자필쇠(盛者必衰)요, 생자필멸(生者必滅)이라는 숙명적인 철칙 앞에서 이 소망을 성취하려고 한다는 것은 부질없는 망상일 수밖에 없기 때문이다.

그렇다면 주어진 시간을 보다 길게 늘여가면서 살아갈 수 있는 방도를 모색하여 볼 수밖에 없을 것도 같다. 이는, 우리가 주관적으로 느끼는 심리학적 시간이 객관적으로 잴 수 있는 물리학적 시간과 같지 않기 때문에, 어쩌면 가능하다고 여겨짐 직도 하다. 아닌 게 아니라, 시간의 장단(長短)에 대한 우리의 판단은 주관적 상태에 따라서 달라질 수 있다. 즉, 같은 길이의 시간이라도, 우리가 어떤 일에 골몰하고 있을 경우에는 그 시간이 순식간에 지나가버린 것처럼 짧게 느껴지며, 이에 반하여, 가령 아무 하는 일 없이 무료하게 사람을 기다리고 있는 경우처럼, 내용이 단조로운 시간일수록 시간의 경과에만 계속 주의가 향하여지기 때문에 그 시간은 길게 느껴지기 마련이다. 이런 경우에 느끼게 되는 시간을 우리는 적절하게도 일각여삼추(一刻如三秋)라고 하지 않던가.

그러므로 극단적으로 말하자면, 한평생 아무 일도 하지 않고 시곗바늘의 움직임만을 계속 응시하면서 살아가는 것이 장수의 최선의 비결이라고 할 수 있음직도 하다. 그러면 아마 십 년을 살아도 수백 년 산 것처럼 느껴질는지 모른다. 그러나 문제는, 그 시간이 경과하고 나서 회상하여 보면, 애초에 느꼈던 시간의 장단이 역전(逆轉)되어 버린다는 데에 있다. 즉, 우리의 기억 속에서는, 애초에 내용이 풍부하여 짧게 느껴졌던 시간은 도리어 길게 느껴지고, 반대로 내용이 단조로워서 길게 느꼈던 시간은 짧게 느껴지게 된다는 사실이다. 그러므로 만일 한평생 시곗바늘의 움직임만을 들여다보면서 살아간다면, 한순간 한순간이 여삼추인지라, 인생 전체로 보면 수천 년의 장수를 누리는 셈이 되겠지만, 하루하루 지나고 나서 회상할 때마다 그 하루하루는 도리어 한순간처럼 짧게 느껴질 것이요, 따라서 결국 한평생 살아온 것이 한순간을 산 셈밖에 되지 않을 것이다. 그러므로 무위도식하며 시곗바늘만 들여다보고 살아가는 것이 장수의 비결일 수는 없는 노릇이다.

그렇다면 장수의 비결은 오히려 항시 일에 열중함으로써 주어진 시간의 내용을 풍부하게 하는 데 있다고 보아야 할 것 같다. 일에 전념하고 있는 동안에는 어느 결에 지나갔는지 모를 정도로 짧게만 느껴졌던 시간이, 그때그때 지나고 나서 돌이켜보면 흐뭇할 만큼 길게 느껴지며, 따라서 한평생을 살아가는 것이 기나긴 세월을 살아가는 것으로 느껴지겠기 때문이다.

그러므로 이러한 의미에서도 우리는, 일의 성취감에서 오는 희열(喜悅) 같은 것은 차치하고, 일을 할 수 있다는 것 자체를 하나의 천복(天福)으로 여겨야 할 것 같다. 만약에 인간이 아무 할 일도 없이 그저 시간의 흐름만을 직시하고 살아가도록 마련되어 있다고 가정한다면, 아마도 인간은 더욱더 인생의 덧없음을 느끼게 되고, 세상은 온통 염세적인 허무주의에 휩싸이게 되지 않을까.

여하간 한가롭게 앉아서 인생무상이나 탄식하고, 머릿속에서 불로장생의 백일몽이나 꾸고 있다는 것은 부질없는 일이 아닐 수 없다. 쇼펜하우어는 인생을, 저 너머 반대편 기슭에 죽음이 도사리고 있는 산을 넘어가는 데에다 비유하고, 젊어서는 한창 산을 올라가는 중인지라 산 너머의 죽음이 보이지 않으므로 생기(生氣)에 차 있지만, 이미 산등성을 넘어선 노년에 이르러서는 기슭에 도사리고 있는 죽음이 빤히 보이기 때문에, 하루하루 지낼 때마다 받게 되는 느낌은 마치 사형대를 향하여 이끌려 가는 사형수가 한 걸음 한 걸음 걸음을 옮길 때마다 느끼게 되는 느낌과도 같다고 하였으며, 따라서 인생이 얼마나 짧은가를 알려면 오래 살아야 한다고 말하였다. 어떤 의미에서는 과연 공감이 가는 타당한 비유라고 생각됨 직도 하다. 그러나 위에서 말한 바와 같이, 오히려 우리가 주어진 인생을 항시 삶의 종말에 임하는 경건하고 숙연한 마음으로 성실하게 살아간다면, 그리고 인생의 어느 한 부분도 공백 상태로 허송해 버림이 없이 해야 할 일에 몰두함으로써 인생 전체를 풍부한 내용으로 채워간다면, 노년에 이르러 되돌아본다고 해서 인생이 반드시 짧게만 느껴지지는 않을 것이다.

우리가 '이자 없는 빚돈'을, 아무리 그것이 미미한 액수에 불과할지라도 이자가 없다고 하여 안이(安易)한 생각으로 낭비하는 일이 없이, 성실하게 운용하기만 한다면, 얼마든지 큰 재산으로 불릴 수 있지 않은가.

『철학과 현실』(1990년 가을)

윤명로 서울대학교 교수 및 인문과학연구소 소장, 원광대학교 초빙교수, 철학연구회 회장, 한국현상학회 회장, 한국철학회 회장, 대한민국학술원 회원, 대우재단 이사를 역임했다. 국민훈장모란장(1988)을 수상했다. 서울대학교 철학과 및 동 대학원을 졸업하고, 오스트리아 그라츠대학교에서 공부하였다. 저서로『현상학이란 무엇인가』,『현상학과 현대철학』,『무소사』등이 있다.

꿈, 어머니 그리고 탈바꿈

심 재 룡

꿈과 인생

나는 밤마다 여러 가지 꿈을 꾼다. 개꿈을 제외하면 대개 두 가지다. 한 가지는 신체적 조건을 반영하고, 또 한 가지는 심리적 상태를 표현한다. 아무튼 꿈을 꾸면 기분이 좋다. 꿈이 없는 밤은 싱겁기 짝이 없다. 어느 때는 꿈을 꾸자고 작정을 하고 잠자리에 들기도 한다.

훨훨 날아오르는 꿈은 아무리 꾸어도 기분이 좋다. 두 팔을 마치 날개처럼 휘저으면 몸이 공중으로 날아오른다. 빨리 저으면 빨리 가고, 아래를 누르듯 서너 번 휘적거리면 위로 치솟는다. 개미만큼 작은 집들이 저발치로 까마득히 보이고, 지나가는 새들을 따라잡을 적엔 그렇게 기분이 상쾌할 수가 없다. 요즘엔 이런 꿈이 적다. 오히려 발을 떼려 해도 꼼짝할 수 없거나 혹은 숨이 칵 막히는 꿈을 꾼다.

어릴 적에는 온 지구가 불덩어리처럼 달아오르다가 땅껍질이 식어서마치 가뭄에 논밭이 좍좍 갈라지듯 끝도 없는 낭떠러지로 떨어지는 꿈을 자주 꾸었다. 놀라서 깨면 키가 자라느라 그런다고 심상하게 받아넘기는 어머니가 야속하기조차 했다. 그런 꿈을 꾸고 난 다음에는 반드시 큰 병을 앓았다. 요즘에야 이런 꿈은 없다.

한편 20년을 넘게 같이 산 마누라가 옆에 누워 쿨쿨 잠을 자고 있는데, 안타깝게 그녀를 만나려고 군대 막사를 벗어나지 못해 애타는 꿈을 가끔 꾼다. 또 즐비하게 늘어선 자동차를 보며 아침녘에 어디에다 주차했는지 무지개 골짜기(하와이주립대학이 위치한 마노아 밸리[Manoa Valley])의 돌 스트리트(Dole Street)를 아래위로 누비며 애타게 폭스바겐 69년형을 찾는 꿈을 심심치 않게 꾼다. "소담 에미가 앉을 자리도 없는 술탄(Sultan) 보석 공장 밖 공터에서 기다릴라. 러시아워에 걸리면 저녁 늦게까지 아이를 보아주는 할머니의 역정을 들을 텐데…." 우람이의 이름을 빗대어 울다 만든 '울램이'라고 흉을 보는 입 걸쭉한 할머니는 고사하고, 우람이는 정작 오후 다섯 시만 되면 창틀에 이마를 짓누르고 에미 애비 오는 길을 내다보느라 창틀의 격자무늬가 앞이마에 줄줄이 새겨질 정도였다. 꿈을 꾸고 나면 등줄기에 흥건히 땀이 고인다. 어림없이 그날은 폭스바겐 방개차를 찾지 못해 꿈에서조차 애를 쓰다 깨는 날이다.

어려서는 지구 창생 이전의 열기에 덮인 땅껍질을 꿈속에서 보고 열병을 앓았다. 이제 40 장년의 나이에 20대 유학 시절의 안타까움을 되새김질하는 꿈을 꾼다. 이런 날은 아침부터 무슨 일이 고약하게 꼬인다. 꿈에서까지 즐거움을 찾으려 하고, 괴로운 꿈을 피하려고 한다. 그러나 억지로 즐거운 꿈이 만들어지지 않고, 괴로운 꿈이 피해지지 않는다. 깨어서는 즐거움과 괴로움이 오직 마음먹기에 달렸다고 마치 달관이나 한 듯이 지껄이다가, 한갓 꿈 하나로 하루를 잡치고 일이 꼬였다고 핑계를 댄다. 인생이 즐거움과 괴로움의 점철이라고, 남의 말 하듯 달관의 동양 불교 철학을 강의하다가, 정작 내 한 몸의 꿈 따위에 내 몸과 마음이 영향을 받는대서야, 어찌 인생은 한갓 꿈이려니 장자의 나비처럼, 나비의 장자처럼 훨훨 날아다니듯 소요유(逍遙遊)와 대자재(大自在)의 삶을 누릴까.

아무튼 꿈은 즐거운 꿈과 괴로운 꿈으로 나누는 것이 십상이다. 육체적 조건을 기연으로 하건, 심리적 상태를 나타내건 꿈은 일단 즐겁거나 괴롭거나 둘 중의 하나다. 아니 가끔 괴롭지도 즐겁지도 않은 꿈을 꾼다. 개꿈이다. 전혀 종잡을 수 없이 요상한 꿈이 있다. 그렇다면 꿈은 꿈일 뿐이다. 괴롭거나 즐겁거나 또는 괴롭지도 즐겁지도 아니한 꿈이 있다면, 무슨 기준이 있어서, 꿈을 꾼 다음에 그렇게 괴롭다거나 즐겁다는 또는 색깔 없이 개꿈이라는 중성적 색깔을 부여하는 것일까?

체험적 인생론을 이야기한다면서 나는 왜 꿈 이야기를 하는 것일까? 인생이 꿈이라고 우회적으로 돌려서 말하려는 것일까? 아니다. 인생이 꿈이라 해도 그 꿈은 괴롭고 즐겁고 그저 그런 한에서 여러 가지 요소가 들어 있다. 소름이 오싹 끼치는 두려운 꿈과, 짜릿하게 쾌감이 들어 있는 성적인 꿈까지 포함해서 사실 꿈은 현실처럼 생생하다. 꿈을 꾸는 내가 있고 그 속에서 상대하는 물건들과 사람들과 세상 일이 모두 '꿈처럼' 생생하다.

그러나 깨어 있는 의식 속의 살아 있는 생생함은 아니다. 꿈을 깨어나야 비로소 꿈이 꿈인 줄 안다. 모든 것이 꿈이라면 꿈이 꿈인 줄 알 수가 없다. 그래서 인생은 일장춘몽이라고 깨친 듯이 읊조리는 영탄의 소리가 나에게는 한갓 잠꼬대로 들린다. (불교는 브라만교의 마야바다[mayavada] 또는 비바르타[vivarta, 假現說]처럼 세상과 인생이 허깨비라고 가르치지 않는다. 현실의 괴로움과 불만족스러움을 직시하고 즐거움과 만족한 삶을 살자고 권유한다. 물론, 인생은 일장춘몽이라 "노세 노세, 젊어서 노세"의 순세파적 쾌락주의와, "헛되고 헛되도다, 하늘 아래 모든 것이 헛되다"는 허무주의 등 모든 비현실주의도 비판한다.) 꿈도 생생한데, 꿈이 아닌 현실은 얼마나 생생한가? 꿈에도 괴로움이 있는데, 이 현실의 괴로움은 얼마나 맵고 짜게 아프고 얼얼한가? 이 괴롭게 험난한 인생을 열어준 어머니와 아버지는 얼마나 나에게 인생의 현실을 가르쳐주었을까? 나는 얼마나 현실로서의 인생을 살고 있나?

우연히도 꿈은 나에게 철학으로 들어가는 길을 열어주었다. 생전 처음 논문이랍시고 써본 것이 프로이트의 꿈 이론이다. 아마 모두 웃을 것이다. 각주를 붙이고 잘 모르는 말을 새김질해서 이것저것 주워 모아 모자이크 식으로 소위 논문이라 해서 고등학교 교지에 실었다. 입시 공부에 한창 열을 올리는 고등학교 3학년 적이었다. 나는 왠지 프로이트의 심층 심리학에 빠져 잘 이해도 못하면서 광화문통에 늘어선 외서 전문점을 드나들며 영어로 번역된 프로이트의 책을 사다가 밤을 새워서 읽었다. 허무맹랑하다는 꿈이 인간의 심층 심리를 조리 있게 보여준다는 프로이트의 기계론적 설명이 아직 학문적 훈련이 덜 된 나를 흠뻑 미치게 했다. 마르크스의 책을 읽었다면 새파란 나이에 아마 극렬한 사회주의자가 되었을 것이다. 무슨 책이건 비판 없이 받아들이는 감수성 예민한 나이에 나는 우연히도 프로이트의 책에 경도되었다. 그렇게 나를 철학적 비의의 세계로 빠져들게 한 전생의 무슨 인연은 없었을까? 전생의 인연은 몰라도 현생의 인연은 이야기할 수 있을 것 같다. 지금 나로 하여금 동양철학 중에서도 불교 철학을 탐구하게 하는 동기와 기연을 설명할 수 있을 것 같다.

어머니와 현실

1943년 3월 3일 나는 지금의 인천시 중구 율목동 230번지에서 태어났다. 어려서부터 생각은 조숙하고 행동은 굼떠서 할아범이라는 별명이 붙어 다녔다. 네 살 먹던 해 아버지를 여의었다. 위로 형님, 가운데 누님과 끝으로 나 삼남매를 바느질로 먹여 살리는 억척스런 홀어머니 손에 이른바 결손 가정의 막내로 자라났다. 국민학교는 인천에서 다녔고, 중고등학교와 대학은 서울서 다녔다. 그리고 나의 학문적 훈련 과정인 대학원은 미국 하와이에서 10년을 다녔다. 나의 인생관이 대부분 교육에 의해서 영향을 받았음에 틀림없다. 그렇다고 나의 성장과정과 타고난 신체적 조건도 내가 인생을 살아가는 태도에 전혀 무관하다고 할 수는 없을 터이다. 이 가름에서 나를 둘러싼 물리적 환경을 점검해 보자.

현실의 인간은 물론 그를 둘러싼 환경의 산물이다. 그러나 환경은 꼭 물리적 환경만을 이야기하지 않는다. 나를 둘러싼 중요한 사람들의 훈도와 감화가 또한 나를 지금의 나로 만든 인간적 환경이라고 볼 수 있다. 저들은 나의 명색을 부여하는 피붙이(血緣)로서, 나를 키우고 가르친 땅붙이(地緣), 그리고 글붙이(學緣)로서, 애당초 '나'를 배태한 '우리'의 인과적 고리로서 나의 성장과 사람됨에 결정적 기여를 하였다. 저들은 단지 나에게 먹이를 주어 키웠을 뿐만 아니라, 나에게 의식과 생각의 실마리를 제공하거나 옹근 생각의 묶음을 선사하여 나로 하여금 지금 이렇게 살고 이렇게 생각하게 하고 있다. 다시 말하면 나는 나를 둘러싼 물리적-인간적(사회적)-의식적 환경의 소산이다. 동시에 나는 물리적-동물적 차원의 인간이며, 사회적-문화적 차원의 인간이며, 나아가 정신적-영적 차원의 인간이다. 그 세 차원은 중층적으로 나를 형성하는 껍데기들이다. 그렇다고 껍데기들 속에 무슨 특별한 알맹이가 따로 있는 것은 아닐 것이다. 적어도 지금의 생각은 그러하다. 나는 여러 차원들을 넘나들며 때로는 일차원적 동물로, 때로는 삼차원적 정신으로, 그러나 대부분의 경우는 옆에서 남들이 하는 대로 흉내를 내며 이차원적 사회의 일원으로 살아간다. 동물의 세계에 갈등이 있을 수 없다. 예쁜 그림과 좋은 음악을 보고 즐기며 남의 고통과 즐거움을 같이하고 고통과 즐거움을 벗어난 대자유를 향해 일로매진한다. 그러나 대부분의 시간은 한국사회의 일원으로서 살아가면서 그 환경과 차원들을 조금씩 바꾸어가는 과정 중에 어느 한 마디를 담당하며 때로는 괴로워하고 때로는 약간의 즐거움을 누리고 살고 있다.

환경도 고정불변일 수 없듯이 그런 삶의 과정의 하나인 나도 또한 고정불변일 수가 없다. 흔히 '나'라는 개체가 '우리'라는 사회와의 역동적 긴장관계를 운위하는 수가 많다. 나와 우리는 따지고 보면 한 사물의 여러 측면 가운데 단 두 가지 측면만을 따로 떼어 강조한 데 지나지 않는다. 나의 과거 반생의 회고와 그 속에서 추출한 인생론 비슷한 이 기록은 대부분의 한국 사람들인 우리에게 공통된 면이 있고, 나에게만 특유한 면이 있을 것이다. 흔히 전자를 우리라 하고 후자를 나라고 따로 떼어 보는 수가 많다. 이는 무슨 존재이든 그 스펙트럼 같은 원형을 무시한 채 극단적으로 두 끝자리만을 강조하여 갈라놓는 이분법으로 자리매김하는 못된 버릇에서 연유할 것이다. 이리저리 얽힌 인과의 실타래를 풀어 체험적 인생론을 기술하는 과정에서 우리로부터 나로 흘러드는 피동적 영향관계를 살핌과 동시에 내가 할 수 있는 어떤 능동적 변화의 가능성을 탐색해 보고 싶다.

불교 철학을 한다는 명색(名色) 철학교수의 인생관이 그의 명색과 분명 관계가 있을 법하다. 명은 한갓 이름만을 뜻하지 않는다. 내가 지닌 심리적 상관관계의 총체이다. 곧 우리말의 마음에 해당한다고 봄이 더욱 타당할 것이다. 색은 내 몸뚱이를 뜻한다. 언뜻 눈에 뜨이는 몸부터 생각한다. 이제부터 나의 신체적 조건을 결정지은 어린 시절의 집안 환경과 내 몸의 신체적 제약부터 살펴보자.

얼굴조차 기억할 수 없는 나의 아버지는 한학을 어느 정도 하셨으니까 중국 말 역관을 지냈을 터이다. 어머니는 언문을 겨우 해독하는 정도의 평범한 부인이었다. 어머니의 지극히 상식적인 가르침은 '질' 자 들어가는 짓을 하지 말라는 것이었다. 남이 손가락질하는 짓을 하지 말라는 도덕적 교훈이라기보다는, 그저 호래자식 애비 없이 버릇없는 놈이라는 소리나 손가락질은 못 참으시겠다는 말씀인 줄 알고 있다. 구체적으로 도적질과 화냥질을 예로 들으셨다. 굳이 무슨 종교를 지닌 적도 없는 분이 언젠가 형님네를 따라 가톨릭으로 개종한지라 평생의 잘못을 회개하는 마지막 고해성사의 자리에서 신부님에게 "아무 잘못도 없노라"는 회개 아닌 회개에 "네가 네 지은 짓을 알면 되었다"는 아리송한 대답을 하더라고 임종 달포 전에 자식들에게 우스개처럼 이렇게 이르시는 것이었다. "내가 첫 재풍이를 배고 시장에 나가서 오 푼짜리 수수팥단지를 파는 아주머니한테 오 푼을 주고 두 개를 집어먹었는데 뒤에서 막 손으로 내 뒷덜미를 끌어 잡아당기는 것 같더라. 하하…" 이런 분이시다.

중국 말 역관을 겸하다가 개성인 특유의 상재로 한때는 잘산다는 말을 들었다는데 어머니가 시집오실 적 아버지의 소유물이라곤 다 쓰러져가는 초가삼간에 서발 막대 둘러 걸릴 것이 없을 정도로 궁핍했었다고 한다. 옛날에는 밤나무골이라고 불리었을 터이다. 우리 집은 그 밤나무골에 산지기가 살던 움막 비슷한 토담집이었던 것 같다. 좀 과장해서 표현하면 기둥이 하나밖에 없는 집이라고 해야 할 듯하다. 눈에 뜨이게 번듯한 기둥은 건넛방 쪽마루 끝에 어린 손바닥으로 휘감을 수 있는 가느다란 서까래 정도의 소나무 기둥이 있을 뿐이었다. 오줌이 마려우면 저 아래 수챗구멍으로 그냥 서서 내뻗치는 재미에 그 기둥을 꼭 붙잡고 시원하게 소피를 보곤 했다. 비가 오는 날이면 그 기둥에 연이은 초가지붕 끝 추녀 자락을 타고 내리는 빗물 방울을 하나, 둘, 셋… 끝없이 헤아리는 잔재미를 즐겼다. 기둥이 하나라면 어떻게 집이 서 있을 수 있을까 의아해하는 분들이 있을 것이다. 그러니까 전면을 제외하고 좌우 후방 삼면은 흙을 볏짚과 섞어 이긴 것으로 한 자가웃 넉넉하게 두꺼운 흙담이 둘러쳐 있을 것이었다. 아무튼 봄이면 좌우 그리고 뒷면을 형성한 토담 틈틈이 땅벌들이 집을 짓고 윙윙거리며 꿀을 모아 날랐다. 가끔 그 벌집을 건드리면 성이 난 벌떼가 어린 나를 찾아 공격을 한다. 나는 그제야 움막처럼 어두컴컴한 방 안으로 기어든다.

퀴퀴한 냄새가 된장 내음처럼 속속들이 배인 방 안이다. 아랫목에는 어머니가 앉아 계신다. 늘 바느질거리를 손끝에서 놓지를 않으셨다. 처녀 적 열두 살 나이에 발로 돌리는 재봉틀에 올라앉아 세칭 가내 공업적 방법으로 한때 버선 가게를 차려 재미를 보았던 외할아버지를 도우셨단다. 그런 어머니에게 바느질은 평생을 두고 삶을 꾸려가는 크나큰 방편이었다. 서른다섯에 청상이 된 뒤로 우리 삼남매를 먹여 살리는 유일한 생계 수단이었다. 늘 흐트러진 옷감과 화로는 안방을 가득히 채우고도 남았다. 거의 다른 사람은 들어가 앉을 자리조차 없었다. 아랫목은 어머니가 미지근한 온돌의 남은 불기운을 타고 앉아 일하시는 자리였고, 좌우로 골이 다른 온돌은 그야말로 어디 엉덩이를 붙이고 앉을 엄을 낼 수 없을 정도로 차가운 냉돌이었다. 한때 염모라는 중늙은이가 청상 어머니에게 마음을 두고 며칠 동안 그 어두컴컴한 방을 들락날락하였던 모양인데, 아무 말도 없이 그저 윗목 냉돌에 앉혀 드렸더니 두세 번 오고서는 다시는 발걸음을 하지 않더라고 가가대소하며 자초지종을 이웃 부인네들에게 들으라고 말씀하시는 것을 본 적이 있다.

어머니는 인두를 화로에 담가놓았다가 저고리 동정을 달거나 반회장 끝동을 곱게 다듬을 적에 그 끝을 바느질 판에 꼭꼭 눌러 태를 내곤 하였다. 서너 살이 넘도록 나가 놀다가도 집에 들어오면 나는 어머니의 바느질하는 사이를 틈타 저고리 앞섶을 들추고 머리를 들이밀고는 젖을 빨았다. 어떻게 얻은 아들인가. 어머니는 그저 귀엽기만 한 막내아들인 나에게 네다섯 살이 넘도록 젖을 물리지 않을 수 없었을 것이다.

정말 나는 이 세상에 태어나는 순간부터 고통을 몸으로 알았을 터였다. 아기는 보통 머리부터 나오는 것이 순리인데 나는 거꾸로 왼쪽 발부터 내밀었다고 한다. 눈으로 구경하기보다는 발로 세상을 체험하자고 덤비었던 모양이다. 급한 성미는 지금도 여전하지만, 그 통에 세상을 구경조차 할 수 없었을지도 모른다. 아버지는 양의를 불러 네 번째 아기인 나를 없애고 산모나 구하자는 의견이셨다고 한다. 마침 경험이 많은 동네 조산원이 한 번 해보겠다고 다시 나를 들이밀고 감저로 돌려서 엿사엿사 힘을 주어서는 바로 뽑아내는데 어머니는 완전히 초주검이셨고, 서울서 산모 구완하려 오셨던 외할머니는 방 밖에서 두 죽음을 치르나 안절부절못하시다가 한 시간이 지나도록 아무 소리도 없자 방문을 열어젖혔더니 그제야 내가 삐이삐이 울음 같지도 않은 괴성을 지르더란다. 그 물건이 바로 꺼꾸리 나였다.

아마 임신 초기에 어머니가 꽈리 뿌리를 달여 먹고, 두부 만드는 데 쓰는 간수를 퍼마시고, 심지어 집 뒤의 일인 화장터 높은 언덕에서 뛰어내리는 등 나를 떼어버리느라 온갖 짓을 다했는데 나는 안 떨어지고 아득바득 살겠다고 이 세상을 나오자니 그렇게 서로 못할 짓을 했나 보다. 그러니 어머니가 어떤 자식이라고 나를 떼어버리려고 하셨겠는가. "한 씨 취처를 하면 삼형제를 둔다"는 숭인동의 어느 점쟁이 말을 곧이들은 아버지가 한 씨 부인인 어머니와 정말 세 번째 본 아들이 나였다. 첫 아들은 돌을 넘기지 못해 폐렴에 갔다. 둘째가 지금의 형, 그리고 연년생 누이를 보았다. 셋은 채웠겠다, 또 무슨 아이가 들었을라고? 다시는 일어나지 못할 병이 든 남편에게 어머니는 넌짓 물어보셨단다. "아무래도 애 같수. 당신 자식인감?" 그 근력에 그 가난 속에 또 애가 들다니…. 가슴이 철렁한 어머니는 같은 동네에 살던 바로 손아래 동생에게 간수를 부탁해 마시고는 며칠을 몸져누워 앓으셨다 한다. 아무튼 그렇게 세상에 나온 나였다. 출생을 기억하는 사람은 없다. 하도 외할머니와 어머니한테 꺼꾸리의 사연을 임진년 글강 외듯 말씀하시는 것을 들은 터라 마치 엄마 결혼식 기억한다는 아이처럼 나는 나의 출생을 이렇게 기록할 수 있다.

태어날 적부터 험난한 인생. 나의 몸은 그것을 기억한다. 다음 나의 의식은 무엇을 최초로 기억하나? 내 의식의 공책 첫 페이지에는 아버지의 죽음이 적혀 있다. 나의 기억 속에 지워지지 않는 최초의 사건. 아버지의 죽음. 그러나 아버지의 죽음은 타인의 죽음으로, 아니 죽음 그 자체로 기억될 뿐 '아버지의'라고 해서 별다른 의미가 있지는 않다. 세 살 적 일이다. 이상하게도 그 앞뒤는 전혀 기억에 없다. 그날 아버지의 임종 장면은 또렷하다. 고드름이 뎅겅뎅겅 얼어붙는 엄동설한이었다. 아버지의 얼굴은 기억나지 않는다. 안방의 동쪽 봉창으로 하얀 햇빛이 차갑게 흘러들어 오는 한겨울 대낮이었다. 눈치가 이상하자 어머니는 윗마을 이모한테 뛰어 올라간 사이였다. 삼남매는 의식이 혼미한 아버지의 입가에서 침과 가래가 끓어 넘치면서 손끝이 차갑게 식는 것을 지켜보고 있다. 저녁 무렵 동네 어른들과 작은아버지가 시신을 염하여 윗목에 휘장을 치고 거기 모셔놓은 다음 어머니는 하얀 소복으로 갈아입으시고 그 앞에서 목을 놓아 우신다. 영문을 모르는 나는 그 치마폭을 부여잡고 덩달아 운다. 그것뿐이다. 그러고는 또다시 내 기억은 깜빡한다.

　　겨울밤 찬바람이 매서우니 건넛방에서 밤샘을 하시는 동네 어른들과 삼촌은 화롯불을 피워 몸을 녹이고 계셨을 터이다. "앗, 뜨거. 애가 이렇게 극성스러워서야 어디 가서 잦힌 밥도 못 얻어먹겠다." 철모르는 나는 마침 화로에 담긴 부젓가락을 갖고 놀다 엎질러 재를 날린 모양이다. 작은아버지의 야멸찬 이 한마디를 어머니 귀에 전달한 형도 조숙했다. 아버지는 목관에 넣고 지게에 실려, 버젓이 선산을 두고도, 공동묘지 한 귀퉁이에 묻히셨다. 어머니는 그 뒤로 삼남매를 업고 끌며 서울 친정집엔 한 달이 멀다 하고 구걸 행각을 갈지언정 한 번도 작은집 신세를 진 적이 없다. 어떤 자식들인가. 내 몸이 부서지고 뼈가 가루가 되어도 애들을 천덕꾸러기로 만들 수 없지. 어머니의 결심은 무서웠다. 억척스레 바느질감과 빨랫감을 하루도 놓는 날이 없으셨다. 그 사이사이로 나는 대여섯 살이 되도록 젖까지 빨아먹는다. 이것도 기억에 없는 이야기이다. 나는 이가 나고서도 얼마나 모질게 엄마 젖을 빨아댔던지 젖꼭지가 벌겋게 짓물러서 처음엔 고추장을 발라보았단다. 웬걸 다 큰 나는 고추장쯤은 식은 죽 먹기로 쓱쓱 문질러버리고는 또 빨았다. 마침 이모부가 금계랍을 발라 그 쓴맛을 못 이겨 젖을 뗐다고 한다.

다시 기억이 돌아온다. 국민학교도 들어가기 전이다. 범이라는 계집 아이와 이상한 짓을 한 죄로 종일 나는 어머니한테 흠씬 두들겨 맞았다. 지금도 어머니의 일그러진 얼굴 모습이 생생히 떠오른다. 아버지를 일찍 여읜 탓에 도통 어디서 본 적도 들은 적도 없을 부부놀음을 뒷마당에서 그럴듯이 재연하는 나를 발견한 어머니의 심정은 가히 짐작하고도 남음이 있다. 나도 설명할 길이 없다. 본능도 아니다. 흉내도 아니다. 그러면 전생의 버릇인가? 지금까지도 나를 모르는 이유의 하나로 그 사건을 들 수 있다.

국민학교를 들어간 나는 심한 열등감에 시달린다. 등은 할아범처럼 굽고, 언제나 입가에 진물이 흐르거나 입속이 허는 '선병질'적 체질은 교장 선생님이 첫눈에 보고 판정을 내리며 선언한 말씀이다. 그뿐만 아니라 이마와 양미간에는 커다란 흉터가 있다. 어려서는 거의 이마의 전면을 덮은 흉터 때문에 나는 이제껏 거울을 보지 않고 면도를 적당히 하는 버릇이 있다. 거울을 들여다보아야 내 천(川) 자 양미간 흉터가 나를 노려보는걸. 덕분에 나는 육체적 이유로 인한 열등감을 겉으로는 드러내지 않으면서 다른 면에서 보상하려고 애를 쓴다. 여북하면 어머니에게 옷을 해다 입고 점심때면 선생님 몫으로 나오는 국수를 밀어 주던 국민학교 5학년 처녀 담임선생님께서 성적 통지표에 "지나친 우월감으로 급우들의 악감정을 살 우려가 있으니 주의하시오"라고 충고를 하셨을까. 열등감과 우월감은 똑같이 제 자신을 제대로 알지 못하는 병통이다. 아마도 신체적 열등감을 공부 잘하는 우월감으로 보상하는 꼴이 어른의 눈에 위험스레 보였을 터이라고 지금은 그리 해석한다. 그러나 이 대목도 아직 시원하게 나를 잘 모르는 이유의 한 사례로 들어둔다. 도대체 급우의 악감정을 살 만한 우월감의 표시를 나는 기억할 수 없으니까.

국민학교 5학년생이 무엇을 알랴, 지레 넘겨짚지 마시라. 아직 머리에 피도 안 마른 녀석이 인생의 절반을 결정지었다면 좀 지나친 표현인가? 그러나 지금의 내 아내는 5학년 때 같은 반의 부반장이다. 문당호대(門當戶對)의 전통으로부터 나는 이미 멀리 떨어진 아비 없는 자식이라 일찌감치 아내를 점찍었나? 그런 것은 아니다.

어머니의 바느질만으로는 우리 삼남매를 비롯한 네 식구의 입에 풀칠도 어려운 가난한 때였다. 어머니는 낮이면 빨래와 바느질, 밤이면 인천항구의 휘발유 '도라무' 하역장의 인부로 밤낮을 가리지 않고 정말 억척스레 일했다. 피골이 상접한 모습은 당시의 어머니 도민증 사진이 한 장 있어 증거한다. 형은 국민학교를 졸업하고 인천중공업이라는 공장에 '시다'로 들어가길 그렇게 원했는데 몸이 원체 허약해서 그나마 딱지를 먹고 겨우 야간 중학엘 들어갔다. 6·25를 만나 주간으로 슬쩍 편입되고, 내가 5학년 적에 형은 고등학생으로 저녁 신문 500부를 돌리고 있었다. 형이 마침 수원에서 열리는 학술경시대회 대표 선수로 뽑혀 나갈 예정이라 나는 그동안 형을 대신하여 송학동 일대에 신문을 돌리게 되었다. (아마 한 달 족히 넘었음 직하다. 형을 따라다니며 길을 익힌 수습 기간이 한 달, 정작 혼자 돌리는 일은 열흘쯤이었던가. 지금도 그 골목길들을 기억한다.) 지금의 아내는 마침 그 동네에 살았다. "신문요" 하는 앳된 목소리가 아무래도 "차렷 경례" 하는 반장인 내 목소리 같아서 문틈으로 어느 날 빼꼼히 내다보았더니 틀림없는 나였다고. 그 다음 비오는 날에 사탕 한 알을 갖고 있다가 내 손에 들려주고 쏜살같이 문안으로 달려 들어간다. 하루는 내 책상 안에 빈 공책이랑 연필을 넣어주었다. 그런 사연을 갖고 나는 대학교 1학년 적에 천연덕스럽게 신촌의 기숙사를 찾아 그녀를 확인한 뒤 다방도 안 가고 우유집에서 연애를 시작하고 수색 뒷산에서 등산을 핑계로 처음 손목을 잡고 백양로에서 처음 입술을 대고 군대에 가서는 스포크의 육아전서를 번역하여 결혼 자금을 만들어(신문사 견습 기자 시절의 월급은 점심값이 채 안 되었다) 미국 유학 전에 결혼까지 하여 거기서 두 아이를 낳고 이제는 모두 옛날이야기라고 웃는 사이이다. 중첩된 인연의 사슬은 한두 마디로 풀어질 리가 없다. 아내가 바가지를 잘 긁어야 내가 철학을 잘한다는 우스개를 곧이듣고 '아지'라는 별명을 좋아하는 지금의 아내다.

탈바꿈과 먹이

이야기가 옆길로 흘렀다. 문제는 현실감각이다. 10년을 같이 모시고 지내느라 막내며느리인 아내가 극성스런 시어머니의 현실감각을 배웠는지 나를 두고 꼭 물가에 내어놓은 어린아이같이 위태롭다고 한다. 며느리가 어머니의 나를 두고 말씀하시는 것과 똑같은 표현을 쓸 적엔 도무지 나는 언제나 아내와 어머니의 기준에 알맞게 현실을 알고 체체하게 사는 인간이라는 소리를 들을지 감감하기만 하다.

도무지 재미라는 것은 눈곱만치도 찾을 길 없는 어머니였다. 일밖에 모르는 어머니였다. 피가 나도록 절약하고 인색하다 싶도록 저축하는 버릇은 평생의 훈습 탓인가 한다. 늙마에도 치약을 아껴서 그 껍질을 째고 뒤집어 "그만 버리시지요"라는 아들 핀잔에 "아직 일주일 더 쓸걸… 너 그러면 돈 못 모은다"로 되레 야단이셨다. 나는 그런 현실감각은 없다. 오히려 손주의 친구를 보내놓고야 고구마를 따로 내어놓는 어머니의 지나친 인색이 야속하다. 같은 동기도 못 미덥다고 오직 자식만을 함함하시는 지나치게 좁은 혈정(血情)주의도 못마땅하다. 그런 어머니를 비판적으로 보는 나는 어떤가? 흉보면서 닮는다고 가난의 찌듦은 나에게도 불쑥불쑥 그 못난 모습을 드러낸다. 가을이다. 낙엽이 우수수 떨어진다. "얘야, 난 웬일인지 이렇게 나뭇잎이 지면 괜히 가슴이 우둔우둔 떨린다." 팔순을 넘기고서야 어머니는 고백하셨다. 그렇게 억척스런 어머니도 늘 가을만 되면 가슴을 떠셨다는 것이다. 가난해도 인색하지 않으려고 애를 쓰면서도 나 역시 하얀 목덜미의 학생이 소나타를 몰고 교정을 질주하는 모습에 벌컥 울화가 치민다. 가난의 훈습이다.

어머니의 교훈은 가난을 이기라는 것이지 가난에 찌들라는 것은 아니었다. 가난뿐이랴. 유년기, 소년기, 청소년기의 가난과 고통은 장년이 되어도 어둡고 짙게 나를 휘잡아 얽매어놓는다. 나를 궁상스런 철학자로 만든다.

지금의 나를 본다. 가난뱅이치고는 배가 너무(?) 나왔다. 가난뱅이치고는 너무 너른(?) 집에 산다. 너무 번듯한(?) 자동차를 몰고 다닌다. 세 끼니를 걱정하지 않는다. 나의 탈은 많이 바뀌었다. 고등학교 졸업식에 백 달러의 장학금을 받아 입학금 내고, 교복 해 입고, 청요릿집에서 온 식구가 배불리 먹을 수 있던 30년 전에 비하면 참으로 나도 대한민국도 지금은 너무 잘산다. 그런데 나는 어디로 갔는가? 아니, 그 탈바꿈의 먹이는 어디에 연유하는가? 밥으로 몸을 키운다. 입으로 먹는다. 입으로 말을 해서 나의 의사를 전달하고 남을 움직이게 한다. 입에서 나오는 먹이와 입으로 들어가는 먹이를 구분한다. 모두 나를 바꾸는 먹이들이다. 계속 우리는 먹이사슬 속에서 나를 만들고 나를 바꾸고 나를 완성해 간다. 그러나 그 모든 나는 모두 탈들일 뿐이다. 진정한 나는 어디에 있는가? 나는 누구인가? 그 의문은 계속 나를 철학하게 한다.

겨우 유년기와 소년기의 기억을 더듬어 이력서에 적히지 않는 나의 내면을 드러내고 나의 철학적 관견을 빗대어 피력해 보았다. 그러나 아직도 현재진행형이다. 나의 탈바꿈의 노정은 끝나지 않았다. 잠정적으로 이런 생각을 해본다.

우연이 모이면 필연이 된다. 필연이 따로 있다고 생각지 않는다. 내가 그 어느 틈에 철학자의 반열에 들어서 이 철학하는 고생을 사서 하고 있는지 그 이유를 나도 모른다. 내가 철학하는 것은 우연이기도 하고 필연이기도 하다. 그것이 우연이자 필연에 대한 나의 변명이다.

이제까지 개인적 우연을 나열하는 마지막 이 자리에서 나는 차라리 영원한 필연이 있기를 애타게 바라는 심정이다.

『철학과 현실』(1990년 겨울)

심재룡 계간『철학과 현실』편집위원, 서울대학교 철학과 교수를 역임했다. 서울대학교 철학과를 졸업하고 미국 하와이대학교에서 박사학위를 받았다. 저서로『끈기와 슬기의 사람들』,『한국 선불교의 철학적 기초』,『한국의 전통사상』,『한국에서 철학하는 자세들』,『부처님이 올 수 없는 땅』등이 있고, 역서로『연꽃 속의 보석이여: 티베트 불교 길잡이』,『아홉 마당으로 풀어 쓴 선』등이 있다.

비극적 인생의 의미

신 일 철

1.

중학생 때부터 철학이 무엇인지도 확실히 모르면서 철학을 꼭 공부해 보겠다고 마음먹었다. 철학을 공부하면 인생의 의미를 깨치게 된다고 믿었다. 철학에 입문하는 사람들의 동기는 대개가 인생관의 문제를 해결하려는 것이다.

철학 공부에서 처음으로 나에게 준 감명은 철학이 '지혜를 사랑하는 것'이라는 뜻의 필로소피아(Philosophia)였다. 여기서 지혜의 사랑이란 무엇인가? 그것은 육체적 사랑하고 다른 이론적 견지에서의 지적인 탐구 활동이라는 것이다. 보다 완전한 것, 보다 실재적인 것, 다시 말해서 진리를 끝없이 탐구해 가는 것이다.

플라톤의 『심포지엄』에는 이러한 '사랑'의 이야기가 나온다. 소크라테스를 좌장으로 해서 많은 사람에 의해 사랑에 대한 정의가 제안되었다. 마침내 소크라테스는 무녀 디오티마의 말을 인용해서 풍요의 신 포로스와 빈궁의 신 페니아의 사이에서 태어난 아들인 사랑의 신이 에로스라는 것이다. 그래서 에로스는 중간자적(中間者的) 존재이다.

에로스는 선과 악의 중간자요, 진리와 허위의 중간자요, 신과 동물의 중간자라고 풀이할 수 있다. 만일 에로스가 신의 위치에 있다면 상승하려는 노력을 할 필요가 없을 것이요, 동물이라면 상승하려는 노력이 생기지 않을 것이다. 에로스는 전지전능과 무지의 중간자이기 때문에 부단히 무지의 지각을 가지고 저 높은 진리를 향해 상승하려는 노력을 하게 된다.

내가 어렸을 때 강가에서 종달새 둥지를 발견한 일이 생각난다. 아지랑이 피어오르는 봄날, 강가 풀숲에서 퍼드덕하고 새 한 마리가 하늘로 날아오르는 것이 아닌가. 그것은 어미 종달새임을 알 수 있었다. 내 앞에서 둥지 속에서 갓난 새끼 종달새들이 이리저리 퍼드덕거리며 사람을 피한다. 어린 호기심에 나는 그중 한 마리를 손으로 덮쳤다. 그러나 날갯죽지를 손끝에 스치고 놓쳤다. 다시 손을 뻗어 1미터 앞의 종달새를 덮쳤다. 또 놓치고 새는 다시 2미터 앞으로 도망쳤다. 다시 뒤를 쫓아 덮쳐서 잡았다고 생각하는 순간 놓친 것을 알게 되었다. 그러기를 거듭해서 새를 쫓아 10리 길을 온 것이다. 벌써 해는 저물고 주위가 어두워졌다. 나는 아쉬운 마음으로 집으로 돌아갔다.

어떻게 나는 10리 길을 새를 쫓을 수 있었을까? 처음부터 새가 멀리 날아가 잡을 희망이 없었다면 아예 뒤쫓기 시작도 하지 않았을 것이다. 덮쳐서 잡았다 싶으면 놓치고 해서 나도 모르게 10리 길을 뒤쫓은 것이다.

인류의 철학사를 읽어보면 한 철학자가 진리를 붙잡았다고 하나 곧 놓치고, 다음 철학자가 그것을 뒤쫓아 덮친다. 그리고 또 놓친다. 이렇게 해서 20세기의 오늘에 이르기까지 온 것이다. 그래서 톨스토이는 철학사 책을 읽어보고 모두가 오류의 역사라고 단정했다. 톨스토이는 철학의 탐구과정이 비판정신의 전개과정임을 인정하지 못했다. 오랜 후에야 처음 그 새를 잡았다면 먼 10리 길을 뒤쫓지 않았을 것이란 사실을 깨달았다. 부단히 진리를 좇아 진리에 접근하려는 노력 그 자체가 귀하고, 탐구정신의 끝없는 전진이 소중한 것이다.

그래서 나는 인간은 "도상(途上)에 있는 존재(存在)"라는 칼 야스퍼스의 표현을 좋아한다. 인생에 있어서 안이한 자족은 금물이다. 진리의 탐구에 종착역이 없듯이 인생은 한평생 값있는 것을 성실하게 추구하는 과정에 있으면 그만이다. 이제 모든 것이 다 이룩된 최고의 행복한 상태란 한낱 착각이요, 자기기만에 불과하다. 우리말에 개같이 벌어서 정승처럼 산다는 말이 있다. 이는 인생에 있어서 수단과 목적을 분리시키는 태도이다. 인생의 목표가 없을 수는 없다. 그러나 그것은 인생의 그때그때 순간을 정신을 다해 사는 과정을 통해 목적이 실현되는 것이다.

2.

나는 어렸을 때부터 근심 걱정이 없는 편안한 인생을 원했다. 헬레니즘 시대의 철학자들은 아파테이아(apatheia), 즉 무감동의 상태를 그리워했다. 감성적 욕구는 끝이 없으므로 사람의 마음을 괴롭힌다. 욕심이 없이 살면 마음이 산란해지지 않고, 아파테이아의 자족적 상태에서 행복을 얻을 수 있다는 것이다. 이런 사상에는 현실도피의 난세적 세계관의 성격이 있다. 일제 침략의 민족 수난과 6·25 전란의 난세를 살아온 사람들에게는 모나지 않게 살고 그럭저럭 안빈낙도를 하자는 인생 태도가 생길 법한 일이다. 장만(張晩)의 다음과 같은 옛 시조는 우리 민족의 가슴 한구석에 뿌리 깊은 은둔적 인생 태도가 있었다는 데서 생각되는 바가 많다.

"풍파(風波)에 놀란 사공 배 팔아 말을 사니 / 구절양장(九折羊腸)이 물도곤 어려워라. / 이후란 배도 말도 말고 밭 갈기만 하리라."

한때는 만주 땅을 주름잡으며 달리던 고구려 기마민족의 억센 기상이 있었건만 어느덧 왕조 지배에 짓눌린 민중에 터 잡힌 은둔주의의 일단을 보게 된다. 그렇다고 해서 이런 사상을 은둔 자폐증으로까지 몰아붙일 수는 없고, 이 역시 험악한 현실에 대한 소극적 반항의 기미를 읽을 수 있다.

사람은 누구나 고난을 두려워한다. 그리고 고난에서의 도피를 궁리한다. 그러나 인생에서 고난의 최후 도피처란 없다. 대낮에 자기의 검은 그림자가 두려워 거기서 벗어나려 해도 그 그림자는 한 치의 거리도 주지 않고 달라붙는다. 그것은 자기의 그림자이기 때문이다. 인생의 생활이란 문제의 연속이다. 듀이의 말처럼 유기체는 항상 환경과의 상호작용 가운데 있다. 문제 상황 속에서 부단히 문제를 해결해 가는 과정이 인생이다. 그렇다고 해서 완전히 문제가 해결될 종점은 없다. 살아가는 동안 인간은 문제 해결을 위해 노력하지만 그것은 그때그때에 문제 상황에서 문제 해결로 가는 과정은 다만 불안정 상태에서 그보다는 상대적 안전 상태로 옮아간 데 불과하다. 이런 인생 태도는 인생을 보다 역동적으로 파악하고 끊임없는 모험의 과정으로 파악한다. 듀이의 목소리는 방관자적 태도에 대한 비판의 소리로 들렸다. 보다 좋은 사회, 보다 보람 있는 인생을 위해 퇴영적 태도를 버리고 보다 적극적으로 보다 참여적 태도로 살 것을 권하고 있다고 느껴진다.

실용주의(프래그머티즘)가 미국인의 생활방식, 사고방식을 대표한다면, 거기서도 도피적 은둔사상의 치료제로서 배울 점이 있는 것이다.

지식 이론과 관련하여 방관자적 태도에 대한 듀이의 비판에는 이론에 대한 실천의 우위가 자리하고 있다. 듀이는 "실천가는 불확실하고 위험한 것을 다룬다"라고 했다. 따라서 불변적 대상과 대상 간의 불변적 관계만을 다루는 이론가들에게는 불확정한 미래에 대한 불안이나 위험이 적다는 것이다. 프래그머티즘은 통속적으로 실용적인 것의 존중이라고 이해해서는 안 되겠다. 오히려 그 인간관은 불확정한 상황을 두려워하며 안이한 생활에만 안주하려는 소극적 인생 태도보다는 위험이 있는 가변적 상황 속에서 불확정한 미래를 향해 모험하고 적극적 인생 태도에서 진정한 이론과 실천의 종합을 파악하는 것이다.

3.

인생을 하나의 드라마라고 한다.

드라마에는 희극과 비극이 있듯이 인생관에도 낙관주의와 비관주의가 있다. 우리는 쇼펜하우어의 철학에서 비관주의의 전형을 본다. 인생은 결국 고뇌에 차 있다. 인간이 살려는 의지를 가지고 있는 한 고뇌는 불가피하므로 고뇌에서 벗어나려면 살려는 의지 그 자체를 부정할 수밖에 없다는 것이다. 생활고, 실연 등 수많은 인생고에 직면한 사람들 중에는 인생고에서 도피하는 방법으로 자살을 택하는 것을 본다. 비관주의는 염세관이 된다.

반면에 인생은 즐겁고 행복한 것이라고 낙관하는 낙관주의가 있다. 인생에 대해 낙관주의를 가지게 되는 이유는 여러 가지가 있다. 이 세상은 근본적으로 합리적으로 되어 있다는 이성주의에서 낙관주의적 인생관이 연유된다. 이 세상에는 빈곤도 있고 악도 있고 병도 있고 고통도 있으나 악은 선과 더불어 완전한 세상을 만들어놓았다는 것이다. 어둠이 있음으로써 광명이 빛나고, 악이 선을 더욱 돋보이게 해주는 바와 같이, 이 대립자들이 병존함으로써 전체적으로 조화로운 세계가 성립된다는 것이다. 그러나 이런 낙관적 인생 태도도 인생에 대한 피상적 관점에서 온 것이라는 것이다.

우리는 비관주의를 극복한 비극적 인생의 의미를 음미하게 된다. 고대 그리스의 비극에 대해 현대적 해석을 가한 니체의 비극론에서 많은 시사를 얻을 수 있다. 독일의 음악가 바그너의 음악을 예찬하던 니체는 음악으로부터의 『비극의 탄생』이란 처녀작을 발표했다. 니체야말로 비극이라는 텍스트를 그 나름의 빛나는 통찰력으로 독해한 해석학의 선구자에 속한다. 비극론을 위해 그가 마련한 미의 형이상학은 그리스 정신의 두 가지 원천인 아폴론적인 것과 디오니소스적인 것의 두 가지 정신의 조화에서 찾는다.

니체는 아폴론이 해맑은 합리적 이성으로 대표된다고 보았다. 이는 지적 사색, 논리적 질서, 철학적 고요를 존중하며 회화, 조각, 서사시에서 나타난다. 반면에 디오니소스는 바커스의 축제가 보여주듯이 술과 주정의 신이었고 따라서 행동에의 즐거움, 고양된 정서, 모험, 굽힘 없는 수난 등으로, 예술에서는 음악과 춤, 드라마로 나타난다. 그런데 아폴론적 요소가 과도해지면 지나치게 관조적인 주지주의가 되고 추상적 사고에 골몰한 나머지 힘찬 행동에의 의지가 결여된다. 그 반면에 디오니소스적 요소가 번성하면 세상은 난폭해지고 무법, 주정, 싸움의 세상이 된다. 그리스 시대에 대한 니체의 해석은 무엇이나 이성에 의해 합리적으로 처리하려 했던 소크라테스의 합리주의에서 디오니소스가 소실된 아폴론적인 세상이 되어 비극이 소멸하게 되었다는 것이다.

그리스 비극 정신에 대한 니체의 해석은 "그리스 드라마의 탁월한 특징은 예술을 통해 페시미즘을 디오니소스적으로 정복하는 것"이라고 듀란트는 풀이했다. 그리스 비극은 특히 코러스를 통해 현상의 세계에 안주하는 주인공에게 그 가상의 표면의 배후에 있는 근원적인 것을 자각케 함으로써 개체들의 파멸에도 불구하고 관객에게 영원한 생명과의 합일을 느끼게 해준다. 이것이 비극이 주는 '마음의 정화'로서의 카타르시스 효과이다.

따라서 비극은 통속적으로 이해되듯이 비참한 것도 아니고 가련한 것도 아니다. 비극에는 장엄미가 있다. 피닉스(Phoenix)의 신화가 보여주듯이 자기 몸을 불사른 잿더미 속에서 다시 살아나는 불사조(不死鳥)처럼 무대의 주인공의 파멸에도 불구하고 그 가운데서 관객의 마음속에 보다 근원적인 깨우침으로 되살아난다. 그러므로 비극은 현실의 부정에 그치는 페시미즘이 아니라 그 부정을 다시 부정하여 새로운 긍정으로 이끌어내고야 마는 데 비극의 변증법적 성격이 있는 것이다. 헤겔의 변증법의 연원을 그리스 비극에서 찾으려는 헤겔 철학 연구가도 있다.

헤겔의 변증법을 간단히 정-반-합으로 도식화하는 것은 아주 피상적이다. 교조적 마르크스주의는 변증법을 도식화한 나머지 그 본질을 왜곡한 것이 된다. 헤겔은 변증법을 즉자(卽自)와 대자(對自), 즉대자(卽對自)의 세계사적 정신의 자기화와 다시 그것을 부정함으로써 보다 고양된 자기로 되돌아오는 로고스의 자기확대의 운동으로 파악했다. 먼저 변증법에는 하강하며 몰락하는 측면이 있고, 그 밑바닥에서 다시 상승하여 새로운 긍정을 얻는 과정이 있다. 단순화시켜 표현하면 변증법은 개념이나 정신의 자기자각의 과정이라고 할 수 있다.

이러한 자기자각의 과정이 비극의 본질인 것이다. 인류 역사를 통해 인간의 정신이 이러한 정립과 반정립, 다시 종합의 자기자각의 과정을 되풀이해 왔고, 그 밑바닥에는 '관념의 모험' 과정이라 할 비극정신이 깔려 있는 것이 아닐까.

『비극론』의 저자 시월(Sewall)의 시사를 참조한다면 "나는 생각한다. 고로 나는 존재한다"라는 명제는 너무 이성적 사고만을 강조한 나머지 주지주의에 편향되고 인생을 전인적으로 파악하지 못했다. "나는 고난을 당한다"라는 명제로 대표되는 페시미즘도 인생고만을 보고 그것을 극복해 가는 인간의 의지는 보지 못했다. "나는 행동한다. 고로 나는 존재한다"라는 명제는 저돌적인 행동만을 강조한다.

비극적 인생의 의미는 "나는 고난을 당한다. 그러나 나는 그것을 극복해 나간다"라는 명제로 요약할 수 있다. 비극은 난관과 고난에 짓눌린 페시미즘이 아니라 그것을 극복하고 새로운 긍정을 이끌어내는 역동적 과정이므로 암야에 너무 환히 밝은 태양을 보고야 마는 '정오(正午)의 사상(思想)'이기도 하다.

그런데 우리나라 고전에서는 비극을 찾아보기 힘들다. 『춘향전』은 비극이 아니라 서정적, 시적인 희극에 속한다. 고난에 처한 애인 춘향을 보고도 속수무책이다가 암행어사의 권세를 가지고 남원으로 내려와 문제를 해결한다. 과거출세주의의 해피엔딩이니 희극이 아닐 수 없다. 옥에 갇힌 춘향의 소식을 듣고 적수공권으로 단숨에 남원까지 달려와 애인을 구하려다 사라지는 역동적 사랑이 그려졌다면 우리도 비극의 명작을 가질 수 있었을 것이다.

야스퍼스가 동양 문화에는 비극은 없고 클라게(Klage)만이 있었다는 지적에 귀를 기울이게 된다. 우리 독자들이 좋아하는 많은 작품은 눈물이 있고 페이소스가 있는 것들이다.

파리통 속에 파리가 들어갔다. 일단 들어간 파리는 출구를 찾지 못한다. 출구가 없는 곳을 여기저기 날아다니며 밖으로 나가려고 애를 쓰지만 결국은 빠져나가지 못한다. 자세히 보면 출구는 밑에 있음에도 불구하고 파리는 그 출구를 찾지 못한다.

비트겐슈타인은 오늘날까지 철학자들이 사용하는 언어가 병들어서 정신분석과 같은 치료가 필요하다는 뜻에서 이러한 예를 들었던 것이다. 그러나 이 삽화는 인생이 빠지는 미혹에도 그대로 들어맞는다.

철학은 우리가 사용하는 언어의 잘못된 사용, 불건전한 사용으로 인한 언어와 사고의 병을 치료하고 분석해야 한다는 것이다. 그러나 철학의 언어 자체가 파리통 속의 파리 신세가 되었다면 철학에도 언어의 명료화에 의한 문제의 해결을 기대할 수 없을 것이다.

철학은 좁은 생각, 빗나간 관점, 잘못된 판단을 시정하고 치료하는 데 기여해 왔다. 철학의 근본에 흐르는 비판 정신은 미혹에 빠진 생각을 깨우쳐주고 우상 파괴의 작용을 한다. 크게는 정치 이데올로기나 특정 종교의 맹신자가 되기도 하고, 작게는 편견이나 아집으로 특정한 사람을 미워하는 데 골몰하기도 한다. 팔방미인처럼 누구에게나 호감을 받는 것이 반드시 좋은 것은 아니지만 적을 많이 가진 사람은 마음이 좁거나 아집이 강한 경우가 많다.

세상을 크게 넓게 보다 근원에서 생각하는 태도를 길러주는 것이 철학이다. 우리는 살아가는 동안 결단하기 힘든 문제, 양자택일의 곤란에 많이 직면한다. 그리고 그것이 자기의 전 인격을 걸거나 생사를 건 중대 결단일 때도 있다. 이런 경우에는 마음의 눈을 크게 뜨고 근원적인 자리에 다시 돌아가 신중하게 생각할 필요가 있다.

인생은 부단한 선택의 과정이다. 선택은 많고 풍부한 정보와 지식에 기초해야 하지만 보다 중요한 것은 적확하고 건전한 판단력의 육성이다. 판단력은 지식의 학습과는 다르다. 베르그송은 수영하는 방법은 물속에 들어가지 않고서는 배우지 못한다고 했다. 직접 수영을 배우지 않고 수영에 관한 많은 지식만을 가지고 물에 들어가면 물속에 들어가자마자 익사 지경에 처할 것이다. 수영은 물속에 들어가 첨벙거리고 허우적거리고 물을 먹으면서 몸으로 배우는 것이다.

인생의 지혜라는 것도 매일매일 직면한 도덕적 갈등의 문제 앞에서 무엇이 도덕적인가를 진지하게 선택하고 결단하는 과정에서 얻어진 슬기로운 판단력이다. 진정한 인생 경험은 과보호의 부모 밑에서는 육성되지 않는다. 인생의 지혜는 수많은 난관과 역경 속에서 올바른 선택을 한 산 경험에서 습득된 진지한 인생 경험에서 얻어진다.

인생의 지혜나 도덕적 판단력은 폴라니의 암묵지(暗默知, tacit knowledge)와 같은 것인지도 모르겠다. 과학적 지식은 대개가 명시적(明示的) 지식이다. 과학적 탐구에 있어서 발견의 맥락에서 안다는 것은 명시적 지식이 아니라 암묵지이다. 우리는 사람의 얼굴을 보고 난 다음 사람의 코가 어떻다, 눈이 어떻게 생겼다, 귀가 어떻다, 입이 어떻다를 분석적으로 설명하라고 하면 그것은 하기가 힘들다. 그러나 많은 사람 가운데에서 한 번밖에 보지 않은 사람이라도 정확히 골라낼 수 있다. 이러한 지식이 암묵지이다. 폴라니는 이 암묵지를 명시적 지식과 달리 대상 속에 들어가 사는 것(dwelling)이라 했다. 암묵지는 몸으로 아는 것이라고 말할 수도 있을 것이다. 가족유사성을 주장한 비트겐슈타인의 일상 언어적 지식도 이러한 암묵지와 유사하다고 할 수 있다.

오늘날 현대사회의 교육은 정보의 홍수 속에서 많은 정보와 지식을 제공하고 있다. 그럼에도 불구하고 정보와 지식을 제 것으로 만드는 데 필요한 판단력은 가르치지 않는다. 과학기술적 지식은 명시적 지식의 영역에 속한다. 이제 진정 우리에게 필요한 인생을 어떻게 살아야 하는가에 대한 인생지와 같은 암묵지는 가르치지 않는다. 물론 암묵지로서 인생지는 과학적 지식의 교수법과는 다르다. 암묵지는 머리로 배우고 가르치는 것이 아니라 온몸으로 가르치고 배워야 한다.

현대를 살아가는 많은 사람들은 인생지를 얻지 못하고 파리통 속의 파리처럼 아집, 편협, 정신적 스트레스, 콤플렉스 등에 매여 마음의 병이 깊어 모두 불행하다. 다시 말해서 인생지의 빈곤에 허덕이고 있다. 철학은 다시금 그 사회적 기능을 회복해야 할 뿐만 아니라 슬기로운 인생지의 교사로서의 몫을 회복해야만 할 것이다.

『철학과 현실』(1991년 봄)

신일철 고려대학교 명예교수, 고려대 철학연구소장, 고려대 대학원장, 한국철학회 회장, 고려대 중앙도서관장, 『사상계』 편집국장을 역임했다. 고려대학교 철학과를 졸업하고 동 대학원에서 철학 박사학위를 받았다. 저서로 『현대사상의 모험』, 『신채호의 역사상 연구』, 『현대 철학사상의 새 흐름』 등이 있다.

다이몬의 행방: 유학 시절을 회상하며

엄 정 식

1.

나는 대학 시절에 소크라테스가 내면으로부터 들었다던 목소리의 주인공 '다이몬'을 애타게 부르며 진정한 자아가 무엇인지 알아보려고 온갖 노력을 다 기울였다. 나의 경우 그것은 한용운(韓龍雲)의 '님'이나 프로이트의 '초자아(Superego)' 같은 것이어서, 내 안에 있는 또 하나의 '나'였다고 할 수 있으며 주로 당위를 제시하거나 욕구를 억누르는 역할을 하는 존재였다. 나는 거의 매일 밤 단정하게 앉아서 다이몬에게 일기 형식의 편지를 썼는데, 주로 여러 가지 철학적 주제에 관한 논의를 전개시키는 것이었지만 때로는 고독과 절망을 호소하고 또 어떤 때는 불안한 시국과 조국의 운명을 안타까워하는 경우도 있었다. 여하튼 나에게는 다이몬이 있었기 때문에 정신적인 방황이 고달팠지만 외롭지는 않았고 지적인 탐구도 큰 성과는 없었지만 일관되고 집요하게 파고드는 맛이 있었다. 나는 그 시절의 그 고뇌에 찬 방황을 '다이몬과의 방황'이라고 부른다.

대학을 졸업한 다음 잠시나마 군 복무와 직장생활을 거쳐 무려 9년에 가까운 유학 기간에 그러한 식으로 방황을 계속한 것은 아니었으나 자주 다이몬을 의식한 것은 사실이었다. 나는 군 복무 기간 동안 많은 시간을 초소에서 보냈는데 거기서 나는 주로 다이몬과의 대화로 시간을 메꾸어 나갔다. 제대한 후 잠시 전쟁미망인들의 수공예품을 파는 상점에서 일한 기간에도 마찬가지였다. 고객들을 즐겁게 하고 상품을 많이 팔아보려고 애쓰기보다는 그들의 표정이며 태도 혹은 말투에서 나는 허겁지겁 다이몬을 찾고 있었다. 그러나 느지막하게나마 다시 학업에 몰두하게 되었을 때, 그것도 정작 자아의 문제에 관심을 갖고 유학길에 나서자마자 웬일인지 다이몬은 나의 내부 깊은 곳으로부터 아예 그 자취를 감추어버리는 것이었다. 그리하여 나의 그 기나긴 유학 시절은 결국 묘연해진 '다이몬의 행방'을 찾아보려는 고달픈 여정(旅程)이 되어버린 셈이다.

그러나 나 자신의 은밀한 정신적 방황과 내면적 경험을 구태여 이렇게 글로 써서 세상에 알릴 필요가 있는 것일까? 더구나 이것이 '철학적 인생론'이라는 제목을 달아서 기록으로 남길 만한 가치가 있을까? 나는 인생론을 쓸 정도로 삶에 대해서 깊은 통찰을 지닌 것도 아니고 더구나 그것을 철학적으로 체계화할 만큼 폭넓은 경험을 한 것도 아니다. 그러나 나는 여기서 너무 망설일 필요는 없다는 생각도 든다. 자기가 살아온 삶을, 그것도 어느 하나의 단락을 돌이켜보고 반성하며 그 의미를 찾아본다는 것은 그 누구에게도 소중하고 보람 있는 일임에는 틀림없다. 나의 경우 특히 유학 시절은 인생에서 매우 중요한 전환점을 마련한 시기여서 과연 그것이 바람직한 선택이었는지를 음미해 보는 것도 지금으로서는 중요한 일이 아닐 수 없다. 또한 그것은 지금 그 당시의 나와 비슷한 문제들을 안고 고민하는 후학들에게 좋은 소재를 마련할 수도 있을 것이다. 나는 오늘날의 젊은이들이 시간을 좀 더 효과적으로 활용하여 나의 그 고뇌와 번민을 거듭할 필요가 없도록, 그리하여 내가 도달한 바로 그 지점에서 출발할 수 있도록 돕고 싶은 것이다.

  사실 이렇게 나 자신의 유학 시절을 하나의 단락으로 정리하여 회상해 보고 싶은 충동을 느낀 것은 지난 1987년 가을 안식년 휴가를 받아 이제는 지적인 고향이 되어버린 미시간주립대학의 캠퍼스에 들어선 순간이었다. 나는 그 대학에서 학위를 마치고 귀국한 후 1년간 덕성여대 교양학부의 조교수로 있다가 1981년부터 모교인 서강대학교 철학과에서 봉직해 왔다. 이 학교에는 6년간 근속하면 1년간 유급 휴가를 주는 제도가 있는데 나는 마침 여기에 해당되어 그곳에 돌아가 볼 기회를 얻게 된 것이었다. 특히 내가 박사과정을 이수하던 5년간의 보금자리를 다시 찾아갔을 때, 비단처럼 잘 다듬어진 드넓은 잔디 벌판과 훨씬 더 무성해진 가로수 사이를 가르며 내가 머물던 바로 그 연립주택 앞으로 다가갔을 때, 갑자기 눈시울이 뜨거워지는 순간 그 시절이 이제는 확실히 과거 속에 묻혀 들어가 있다는 것을 실감할 수 있었다. 그것은 이제 여유를 갖고 회상해도 좋은 세월들임을 의미하는 것이다. 그렇다면 나는 지금 그 지나가버린 시간의 조각들을 긁어 모아서 무엇을 엮어내려는 것일까? 아직은 확실히 알 수 없다. 다만 그때의 그 갈팡질팡하던 나 자신의 모습을 통해서 지금의 나를 조명해 보고 싶을 뿐이다.

  나는 1971년 10월 3일 로스앤젤레스로 향하는 비행기를 타고 김포공항을 떠났다. 내 작은 여행용 가방에는 신탄진 담배 한 보루와 4홉들이 진로 한 병, 한 권의 영한사전과 『신동아(新東亞)』의 부록으로 나왔던 『세계를 움직인 100권의 책』, 그리고 당장 입을 옷 몇 가지뿐이었다. 언제 돌아올지 모르는 머나먼 유학길을 떠나면서 그렇게 단출한 꾸러미 한 개만을 들고 훌쩍 떠난 것은 내가 무슨 기인(奇人)이거나 호탕한 인물이 되어서 그런 것은 아니었다. 가장 중요한 이유는 짐을 꾸릴 시간이 없어서였다. 나는 그 전날 친구들과 어울려 시내 여러 술집을 돌아다니며 늦게까지 술을 퍼마셨는데, 그날은 마침 통행금지 강조기간의 마지막 날

이어서 겨우 택시를 잡아탔으나 미아리 고개를 넘자마자 검문에 걸려 밤새 철창신세를 지다가 겨우 새벽에 풀려 나왔기 때문이었다.

그 경황 중에도 영한사전을 챙긴 것은 영어에 자신이 없었기 때문이었음이 분명하지만, 명저들을 소개한 책을 움켜쥐고 간 것은 돌아올 때 세계를 움직일 또 한 권의 책을 써가지고 오겠다는 엉뚱한 야심의 표현이었다고 생각된다. 그런데 그 당시 전혀 인기가 없었던 우리나라의 술과 담배를 잔뜩 챙겨간 데에는 좀 더 복잡한 이유가 있었다. 나는 여권과 비자를 수속하는 기간에는 거의 매일 술과 담배로 시간을 보냈는데 수속이 순조롭지 못해서 짜증이 난 데에도 그 원인이 있었지만 그보다는 일반적으로 나는 모든 것을 잊어버리고 싶었기 때문이었다고 말해야 정확한 표현이 될 것이다. 무엇보다도 나는 '유신'이라는 이름의 독재와 이에 항거하는 학생들의 끊임없는 데모 사태, 야당의 구태의연한 정치 풍토, 부정과 부패, 무질서와 빈곤—만성화되어 가는 이러한 현상들을 더 이상 견딜 수가 없었다. 그러나 이보다 더 구체적인 이유는 나 자신에게 있었다. 나는 완전히 방향감각을 잃고 카뮈의 『이방인』에 나오는 뫼르소처럼 무의미한 나날을 보내고 있었다. 그러므로 그 당시 나에게 유학은 삶의 새로운 의미를 찾기 위한 나 자신으로부터의 '무조건 탈출' 같은 것이었다.

2.

서강대학교에서 철학도로서의 4년간은 비록 고뇌로 가득한 것이었으나 '다이몬'을 애타게 부르며 나는 의미 있고 또 열정적인 세월을 보낸 셈이었다. 그러나 학교를 졸업하자 나는 곧 아무것도 아닌 존재라는 사실이 드러났다. 다른 친구들은 유학을 가거나 취직을 하고 또 군대로 갔지만, 그 당시 나에게는 어떠한 선택도 허용되지 않았다. 유학을 가서 철학 공부를 더 하고 싶었던 것이 솔직한 심정이었으나 예순이 지난 홀어머니를 모신 6대 독자로서는 무책임한 것일 뿐만 아니라 재정적으로도 불가능한 일이었다. 더구나 군 복무도 면제되어 있었으므로 남은 것은 취직밖에 없었다. 그러나 잘 알려져 있지도 않은 대학의 철학과 첫 졸업생을 원하는 직장은 좀처럼 나타나지 않았다. 나는 그런 상태에서 이 책저 책 뒤지며 소일하고 있었는데, 그중 하나가 고미카와 준페이(五味川純平)의 『인간의 조건』이었다. 그것은 잘 알려져 있는 바와 같이 가지라는 지식층 청년이 제2차 세계대전 중 관동군에 참여하여 중국인들의 참상을 목격하고 인간의 기본적인 조건을 절규하다가 패망과 함께 비참하게 죽어간다는 내용의 전쟁 소설이다. 대학 시절 나는 검도에 심취하여 일본 문화에 많은 관심을 가지고 있었기 때문이었는지, 유달리 이 흔한 휴머니즘의 이야기에 큰 충격을 받았다.

나는 독자로 태어나 병역 의무 면제의 혜택을 받게 되었다고는 하지만 동족상잔의 비극을 치른 이른바 '분단의 시대'를 살면서 군 복무를 외면한다는 것은 어쨌든 바람직한 일이 아니라는 생각이 들었다. 먼 훗날 누군가가 내 전기를 쓸 때 아무래도 이 대목이 석연치 않다고 느끼게 될 것을 우려하는 젊은 날의 객기도 작용하여 불현듯 나는 입대를 결심하였다. 그것이 내가 한 달 동안 구청의 병무 담당 직원에게 매달려 입대를 졸라댄 이유의 전부였다. 그 직원은 처음에 내가 정신이 온전한 사람인지를 의심했으나 워낙 간청하는 바람에 최선을 다해 보겠다고 약속을 했고, 어떤 경로를 밟았는지 모르지만 정말 얼마 만에 영장이 발급된 것이었다. 그러나 그 직원은 소집 장소에 가봐야 입대가 확정된다고 일러주었기 때문에 나는 어머니께 약 일주일간 여행이나 하고 돌아오겠다고 말씀드린 후 아무 준비도 없이 수색에 있는 30사단으로 갔다. 간단한 신체검사와 점호가 끝난 후 논산으로 가는 열차에 몸을 실었다. 그렇게 해서 나는 국민의 한 사람으로서 병역의 의무를 이행하게 된 것이다.

나의 군대생활은 미처 1년이 못 되어서 끝을 맺었지만 나에게는 매우 의미 있고 또 자랑스러운 기간이기도 하였다. 그러나 나는 병역의 의무를 이행하려고 마지못해 입대한 것이 아니었기 때문에, 다시 말해서 가지의 흉내를 내어 '인간의 조건'을 몸소 확인하기 위한 거사라고 믿었기 때문에 무척 고달프고 힘겨운 나날이기도 하였다. 가령 나는 궂은일을 솔선해서 도맡아 하고자 했고, 부당하다고 판단되면 상관에게도 지체 없이 따지거나 대들기도 해서 미움을 자초하거나 모진 기합의 대상이 되기가 일쑤였다. 그러나 한 가지 다행스러운 것은 극도로 조직적이고 체계화된 군대의 단체생활을 통해서 '사회적 자아'의 의미를 어느 정도 체험한 것이었다. 그것은 분명히 다이몬과 방황하던 시절의 형이상학적 실체로서의 자아와는 다른 그 무엇임에 틀림없었다. 다이몬의 행방이 점차 묘연해지기 시작한 계기가 바로 거기에 있었다.

입대할 수가 없는 사람이 입대했으므로 제대할 도리도 없었던 것을 둘째누님의 끈질긴 노력과 주위 여러 사람들의 도움으로 1년 만에 군 복무를 마치자 나는 심한 무기력증에 빠져 있었다. 당장 취직을 해서 노모를 봉양해야 했으나 나를 필요로 하는 직장을 좀처럼 구하기가 어려웠다. 서강대학교 초대 학장이던 길로연 신부가 주선하여 마침내 하나 구한 것이 용산의 미 8군 영내에 있는 수공예품 상점의 '세일즈 매니저'였다. 이름은 그럴듯했으나 실제로 하는 일은 다른 여직원과 함께 온갖 아양을 떨어가며 '한국미망인협회(KWA)'의 회원들이 만들어 온 수공예품을 미군과 그 가족들에게 판매하는 일이었다. 더러 즐거운 일도 있었고 또 어떤 때는 바빠서 하루가 어떻게 지나갔는지 모를 지경이기도 했으나 대체로 그것은 나의 적성과는 거리가 먼 것이었고, 그래서 틈만 나면 나는 나 자신에게, "너는 누구이며, 도대체 여기서 무엇을 하고 있느냐?" 하고 짓궂게 묻는 것이었다. 나는 1년 정도 있다가 그 일을 그만둘 수밖에 없었다. 잠시 서강대학교로 돌아와서 조교로 일했으나 생계를 해결할 수 없었기 때문에 다시 직장을 구하러 다니지 않으면 안 되었다. 나는 그때 먹을 것이 있어야 꿈도 꿀 수 있다는 평범한 진리를 배우고 있었던 것이다.

그 당시 내가 지니고 있었던 자산은 어느 정도의 영어 실력과 철학과에서 터득한 수준급의 분별력과 검도로 단련된 작지만 다부진 체구뿐이었다. 그것을 가지고 나는 미국 대사관 인사과로 가서 일자리를 간청하였다. 그러나 반응은 냉담한 것이었다. 이력서를 내고 한 달이 지났는데도 아무런 반응이 없었다. 드디어 나는 인사과장실로 매일 아침 출근을 하기 시작했다. 30분 정도 미리 가서는 대기하고 있다가 막 문으로 들어서는 과장에게 반갑게 인사하는 것이 내 일과의 시작이었다. 그가 돌아가라고 강권할 때마다 "과장님은 저처럼 과도기를 겪은 적이 있으십니까? 이해하시겠죠? 정말 아무 일이나 하겠습니다." 하고 버티곤 하였다. 그 후 거의 한 달 만에 결국 그는 미국 공보원 도서실의 사서직을 나에게 맡겼다. 그곳에서 4년간의 직장생활이 그렇게 시작되었다. 그것은 선배도 없이 이름이 알려지지 않은 대학의 '쓸모없는' 학과를 졸업한 한 젊은이의 비애이기도 하지만, 한편 생각해 보면 누구나 젊은 시절에 한 번쯤 시도해 볼 만한 모험인 동시에 도전이라고 볼 수도 있을 것이다.

공보원에서 일하던 기간 동안에 일어났던 가장 큰 사건은 어머니의 별세였다. 아마 그것은 나의 일생을 통해서 일어났던 가장 큰 사건이 될지도 모른다. 누구에게나 자기 어머니는 항상 소중한 존재이겠지만 그 의미는 사람마다 조금씩 다를 수밖에 없을 것이다. 나의 경우에는 표면적인 조건으로만 볼 때에도 모자관계가 특유한 것일 수밖에 없었다. 나는 네 살 때 아버지를 여의었는데 나를 둘러싸고 있던 사람은 어머니와 여섯 누님 그리고 여동생, 말하자면 여덟 명의 여인들뿐이었다. 세월이 가면서 생계를 돕던 누님들이 한 분씩 배필을 만나 출가하게 되고 그럴 때마다 출가한 누님들에게 경제적으로나 정신적으로 의존하는 비중이 늘어났다. 특별한 생계수단을 마련할 수 없었던 어머니는 그 틈바구니 속에서 나를 길러내었던 것이다.

어머니의 존재는 나에게 너무도 막중한 것이어서 오히려 나는 그 중압감에서 벗어나려고 발버둥치지 않았나 하는 생각이 든다. 서강대학교에 다니던 어느 해에 나는 숨 막힐 듯이 엄습해 오는 허무와 염세를 이기지 못하여 거의 5층 높이의 굴뚝으로 한밤중에 올라가서 심각하게 죽음을 생각했던 적이 있었는데, 그것을 막은 구체적이고도 유일한 이유가 어머니의 존재였다. 그 후로 나는 어머니 중심의 삶을 설계했고 또 실제로 그렇게 살았다고 생각된다. 유학을 꿈꾸었으나 포기한 것도 어머니 때문이었고, 노구의 홀어머니를 봉양하라고 면제해 준 군 복무를 지원함으로써 어머니의 품으로부터 탈출을 감행한 것도 마찬가지 이유였다. 무엇이든지 하겠다고 간청하여 직장을 구하려 했을 뿐만 아니라, 정신적으로나 경제적으로 아직 준비가 안 되었음에도 불구하고 며느리를 구해 드리려고 했던 것도 모두 어머니 때문이었다. 무엇보다도 나는 사방팔방으로 뛰어다니며 빚을 얻어 어머니를 위해 삼양동 15평짜리 집을 한 채 마련하였다. 이제 비로소 누님들로부터 독립하여 독자적으로 효도할 준비를 갖춘 것이었다. 그런데 바로 거기서 겨우 6개월 정도 사신 어느 날, 연탄아궁이를 고치던 손에 흙을 잔뜩 묻힌 채 혈압으로 쓰러지신 것이다. 모든 가치의 척도였으며 삶의 구심점이기도 했던 어머니가 돌아가시자 나는 뿌리로부터 흔들리지 않을 수 없었다. 나는 거의 틈만 나면 산소로 가서 절을 하다가 그냥 엎드려 울었다. 다시 나 자신은 아무 데도 없었다. 다이몬의 행방이 아주 묘연해진 것이다.

나는 산산이 흩어진 나 자신을 다시 조립하기 위해서라도 무엇인가에 열중하지 않으면 안 되었다. 공보원 도서실에서의 일은 비교적 단조로운 것이기 때문에 그 젊은 시절의 열정을 집약적으로 쏟아부을 만한 대상이 못 되었다. 그 대신 나는 거기 산적해 있는 거의 모든 책을 샅샅이 뒤져가며 읽어대기 시작하였다. 그것은 직원이 아니라 방문객이 할 일이었지만 나는 내가 누구인지를 다시 찾고 있었으므로 그러한 구분은 전혀 문제가 되지 않았다. 그 도서실은 나를 위해서 존재한다고 착각하고 있었음에 틀림없다. 지금 생각해 보면 주로 사회과학 분야의 책을 많이 읽었던 것 같은데, 나중에 이것이 인연이 되어 서울대학교 신문대학원에서 학업을 계속할 수 있었다.

물론 나는 독서뿐만 아니라 사서로서의 일도 열심히 했고, 때로는 다른 부서의 일을 돕는 데도 적극성을 보였으므로 얼마 후 이것이 인정을 받아 공보원 필름을 운영하는 미디어 담당관으로 승진 발령되었다. 이 직책에는 여러 가지로 마음에 드는 점이 많이 있었는데, 어느 정도 창의력을 발휘할 수 있을 뿐 아니라 활동의 범위도 넓었고, 무엇보다 효과적으로 일을 하면 여가를 활용할 수가 있었다. 나는 이 기회를 적절히 이용하여 개설된 지 1년밖에 안 되는 신문대학원에 다닐 수 있었던 것이다. 특히 이 학교를 택한 데에는 몇 가지 이유가 있었는데, 우선 나의 직책과 간접적으로나마 관계가 있었고, 강의 시간에 융통성이 있어서 직장과 양립시키기가 쉬웠으며, 모처럼 폭넓은 독서를 통해서 생긴 사회과학 일반에 관한 지적 호기심을 충족시킬 수가 있었다. 더구나 고풍스러운 동숭동의 서울 법대 캠퍼스를 드나드는 것도 무척 즐거운 일이었다.

나는 공부를 아주 열심히 했다. 서강대학교에서는 나 자신과의 치열한 대결과 낭만적 차원에서의 처절한 방황에 떠밀려 학업에 열중할 수가 없었다. 그러나 여기서는 뚜렷한 문제의식이 있었고 교과 내용이 분명한 데다가 나는 오랫동안 지적인 탐구욕에 목말라 있었던 것이다. 주로 언론인들이었지만 나는 번뜩이는 기지와 날카로운 비판정신과 투철한 사명감으로 넘치는 친구들로 둘러싸여 있었다. 교수님들도 모두 자상하고 존경스러운 분들뿐이었다. 그중에서 원장이었던 고 김규환 박사의 은혜는 잊을 길이 없다. 그분은 1971년도 국제로터리 장학생 후보로 나를 추천해 주셨고, 그것이 계기가 되어 나는 유학의 문을 두드릴 수가 있었기 때문이다.

서울대학교 신문대학원에 다니는 동안 적어도 표면적으로 나는 무척 행복한 사람이었는데, 하고 싶은 것을 했고 또 그것을 비교적 잘했고 더구나 주위에서 여러 사람들이 그것을 인정해 주었기 때문이다. 이것 외에 더 무엇을 바란단 말인가. 그러나 사람은 결코 행복한 상태에 머물러 있고만 싶어 하는 존재는 아닌지도 모른다. 여하튼 나는 무엇인가 충족되지 않은 욕구로 불만에 가득 차 있었고 어디로인가 벽을 뚫고 뛰쳐나가고 싶은 심정이었다. 유진 오닐처럼 지평선 너머로, 헤밍웨이처럼 맹수를 찾아 밀림 속으로, 아니 생텍쥐페리처럼 돌아올 기약도 없이 창공을 향해 그냥 날아가고 싶을 뿐이었다. 공부하는 주제가 흥미는 있었지만 더 파고들고 싶지는 않았고 그 방법론에는 본질적으로 회의가 있었으며, 주위의 여러 사람들이 고맙고 존경스럽기는 하였지만 그중에 하나가 되고 싶은 마음은 없었다. 나는 또다시 방향감각을 잃고 있었다. 다이몬은 그 모습을 여전히 드러내 보이지 않는 것이었다. 나는 궁지에 빠진 이상한 나라의 앨리스처럼 두리번거리며 나 자신을 찾고 있었다. 바로 그때 나는 로터리 장학생으로 선발된 것이었다.

국제로터리클럽에서는 매년 각 지구에서 약간 명씩 선발하여 1년간 자기가 원하는 나라의 원하는 대학에서 공부할 기회를 주는 장학제도가 있었다. 왕복 여비는 물론 체재비와 학비를 비롯한 생활비 일체와 여행비까지 제공하는 특전을 마련하는 대신, 의무는 공부를 열심히 할 것과 기회가 있을 때마다 임지의 로터리 행사에 참여하여 민간 외교관으로서의 사명을 수행하는 것뿐이다. 그렇기 때문에 선발과정은 매우 까다롭고 또 엄정할 수밖에 없었다. 그 당시에는 한국의 365지구에서 단 한 사람만 선발되었는데 그것은 분명히 영광스러운 일이었다. 그리고 나는 지금도 그것을 어머니 덕분이라고 이해하고 있다.

이 장학생 선발에 응모한 후 거의 반년 동안 여러 가지 과정을 거쳐서 결국 어느 날 끝까지 남은 4명의 후보자를 면담한다는 통지가 왔다. 우리는 장학위원장인 이화재단의 신봉조 선생님 사무실에 모였다. 거기에는 오선환 총재를 비롯하여 3명의 외국인을 포함하여 7명의 심사위원이 우리를 대기하고 있었다. 각기 20여 분씩 여러 가지 질문을 받았는데, 나에게 가장 어려운 것은 무슨 공부를 하겠느냐 하는 물음이었다. 사실 나는 사회과학 일반에 관해서 어느 정도 공부를 해보았으니 이번에는 인문과학 일반에 관해서 연구하고 싶었고, 그것을 효과적으로 할 수 있는 과목은 아직 미국에서도 실험적인 단계에 있었던 '인문학(Humanities)'이라는 것이었다. 왜 그 공부를 하려는지는 사실 나 자신도 분명하지가 않았던 것이다. 그러나 오히려 다른 후보자들에게 어려웠던 질문은 나에게 아주 분명한 것이었다. 그것은 고국에 돌아올 이유가 무엇인지를 묻는 것이었는데, 경제 건설이라든가 막연한 조국의 발전을 위해 돌아오겠다는 것은 너무 상투적이어서 전혀 이유가 되지 않기 때문이었다. 나에게 그 질문이 던져지자 나는, "제가 외아들인데 만약 돌아오지 않는다면 누가 어머니 산소를 돌보겠습니까?" 하고 오히려 당연한 듯이 되물었던 것이다. 그 반응에 특히 외국인들이 무척 깊은 인상을 받아서 아무 이견 없이 나를 선발하게 되었다고 후에 총재께서 축하의 악수를 건네며 귀띔해 주셨다. 여하튼 이렇게 해서 그토록 갈망하던 유학길에 올랐던 것이다.

그러나 유학생활을 회고하기 전에 여기서 분명히 짚고 넘어가야 할 문제가 하나 있다. 로터리 장학생으로 선발되어 서서히 출국 준비를 하고 신문대학원에서 「대중사회에서의 자아문제(自我問題)」라는 제목으로 석사 논문을 마무리할 무렵, 후에 디트로이트에서 결혼식을 올리게 될 한 여인을 만나게 된 것이다. 정말 우리의 만남은 갑작스러운 것이었지만 역시 숙명적인 것임에 틀림없었다. 그것은 또한 적합한 시기에 이루어진 것은 아니었으나 무척 다행스러운 것이기도 하였다. 사실 그 당시 삶을 새롭게 시작해 보고 싶은 입장에서 한 여인에 대한 갈구는 매우 심각한 상태에 있었다. 그것은 좀처럼 지워지지 않는 어머니에 대한 그리움과 죄의식으로부터 헤어나기 위해서도 어느 정도 필요한 것이었다고 해석할 수도 있다. 유일하게 남아 있던 혈육인 여동생마저 결혼을 하자 나는 모든 것을 완전히 잊고 훌쩍 떠난다는 생각도 해보았으나 그것은 진정한 의미에서 하나의 선택은 아니었다. 이것저것 망설일 여지도 없이 운명처럼 그녀는 나를 압도해 왔기 때문이다. 우리는 이미 나이가 꽤든 상태였으므로 더 기다릴 필요도 없이 약혼식을 올리고 후일을 기약했던 것이다. 나는 홀로 남은 약혼녀의 쓸쓸한 모습을 뒤로하고, 그러나 어머니의 영상은 가슴속 깊이 간직한 채 서둘러서 트랩에 올랐다. 나는 햄릿처럼 심사숙고하지도 않았지만 돈키호테처럼 저돌적인 사람도 아니었다. 그리하여 이제 다이몬은 돌아가신 어머니와 그리운 연인 사이를 끊임없이 배회하게 된 것이다.

3.

나는 로스앤젤레스에 도착하여 그곳에서 3개월이나 머물러 있었다. 거기서는 마침 국제로터리클럽 총회가 열리고 있어서 각종 행사에 참석해야 했고 광범위한 여행을 통해 새로운 생활 태도와 사고방식에 적응하고자 애썼으며, 어학연수소에 등록하여 임무를 잘 수행할 수 있도록 계속 영어를 익히며 임지인 디트로이트의 웨인주립대학에서 학기가 시작되기를 기다렸다. 나는 1972년 1월 겨울 학기부터 학업을 시작하였다. 등록을 하기 위해 아직 연말 휴가 중이어서 한산한 인문학과 사무실에 들렀다. 학과장에게 인사를 하고 조교실에 나와 있던 대학원생들과도 만났다. 그중 한 학생이 흥미 있게 나를 훑어보더니, "로터리 장학생이면 더 좋은 학교도 갈 수 있는데 왜 하필 여기에 왔나?" 하고 물었다.

"여기가 어때서 그런가?" 내가 되물었다. "여기는 유명한 대학이 아니지 않나?" "그렇기 때문에 왔지." 내가 응수했다. "무슨 뜻이지?" "여기가 유명하지 않다기에 좀 유명하게 해주려고 왔다네." 주위의 학생들은 일시에 폭소를 터뜨렸고 우리는 단번에 친숙한 사이가 되어 자주 어울렸다. 나의 유학생활은 그렇게 시작되었다.

한번은 대여섯 명이 어울려 생맥주집에 갔는데 이런 일도 있었다. 자리에 둘러앉아 제각기 술을 자기 잔에 따라 마시면서 잡담을 즐기는 것이었다. 거의 30분이 지나도 그런 상태가 계속되었다. 그때서야 한 학생이 생각난 듯 팔짱을 끼고 우두커니 앉아만 있던 나를 의식하며, "자네는 술을 마실 줄 모르나?" 하고 묻는 것이었다. "물론 마실 줄 알지." "그럼 왜 안 마시나?" "우리나라에서는 여자가 술을 따라야 마시는 법이라네." 비로소 다른 학생들도 나에게 시선을 돌렸다. 그중에 여학생 둘이 있었는데 그들은 서로 멋쩍은 듯 바라보며 어깨를 움츠렸다. 나는 여전히 팔짱을 끼고 시치미를 떼고 있었다. 물론 그것은 짓궂은 장난에 불과한 것이었지만 사실 나에 대한 무관심 때문에 조금은 화가 나 있었다. '요즈음 우리나라에서는 미군 졸병만 어떻게 알게 되어도 영어 한 토막 배우려고 왕자 모시듯 하고 별의별 대접을 다하는데 나를 대하는 태도가 이게 뭐란 말인가!' 나는 그런 생각에 잠겨 있었던 것이다. 마침내 한 여학생이 쏟아붓듯 내 잔에 술을 따랐다. 다른 학생들은 손뼉을 울리며 환호성을 질렀다. 나는 그것을 쉬지 않고 단숨에 들이켰다. 모두들 눈을 크게 뜨고 놀라는 표정이었다. 이번에는 그 큰 잔에 술을 가득 채워서 그 여학생에게 권했더니 당황해하며 나에게 물었다. "이게 무슨 뜻이지요?" "우리나라에서는 받은 잔은 되돌려주는 것이 예의라오. 자, 받으시오." 그 여학생은 막무가내로 사양하였다. 다른 학생들은 다시 흥을 돋웠다. 그러자 한 남학생이 그것을 번쩍 들어 나한테 질세라 모두 마셨다. 그는 그것을 다른 학생에게 돌렸다. 그렇게 몇 순배 돌아가자 분위기가 와자지껄해지고 맥주홀의 다른 패거리들도 우리에게 관심을 쏟고 있었다. 그때 한 학생이 술잔을 높이 들고 한국말로 어떻게 축배를 하느냐고 물었다. 내가 가르쳐주자 일제히 잔을 들어 "촉패!" "촉패!"를 연발하였다. 조금 지나자 한쪽 구석에서 조용히 술을 마시고 있던 한 쌍의 젊은이가 다가와서 나에게 합석해도 좋으냐고 물었다. 허락을 받자 자리에 앉으며 자기소개를 하는데, 알고 보니 몇 년 전 평화봉사단 단원으로 우리나라에서 일했던 젊은 부부였다. 오래간만에 '축배'라는 한국어를 들었을 때 너무 반가워서 왔다는 것이다. 그렇게 해서라도 나는 우리 문화를 미국 땅에 심어놓아야 한다고 믿고 있었다. 그것은 로터리 장학생의 긍지이며 사명이기도 했던 것이다.

여하튼 나는 이러한 사건들 덕분에 기이한 동양 학생으로 알려져서 각종 파티에 불려 다녔고 마침내 방송국에 출연하여 한국 전통음악과 문화를 소개할 기회도 가졌다. 녹음해 간 당악을 해설할 때는 궁중의 전통적인 '챔버 뮤직'이라고 얼버무리기도 하였다.

아주 난잡한 파티에도 초대받아서 뭣도 모르고 마리화나를 피웠다가 겨우 몸을 가누고 빠져나온 적도 있었다. 또 어떤 때는 술 자랑을 하다가 진짜 술꾼을 만나서 동서양의 대결을 벌인 적도 있었다. 털북숭이 교수 한 분과 황혼녘에 캠퍼스를 거닐게 되었는데, 그가 지나가는 말처럼 이렇게 말을 건네는 것이었다.

"자네, 그거 알아?"

"뭔데요?"

"내가 서반구에서는 제일이야."

"뭐가요?"

"술 실력이…."

우리는 그대로 발길을 디트로이트 중심가 술집 거리로 향해 옮겼다. 술 내기를 하는데 한 집도 빼지 않고 들러서 한 잔씩 마시며 갈 때까지

가보자는 것이 우리의 약속이었다. 새벽 네 시경까지 그렇게 마시자 우리는 더 이상 견딜 수가 없어서 서로 악수를 하고 비틀거리며 집으로 돌아갔다. 이튿날 그 교수의 강의가 열 시에 있었는데 나는 부스스 일어나 겨우 시간에 맞춰 갔지만 휴강 공고가 붙어 있었다. 나중에 만났을 때 그는 "동반구가 이겼어…." 하며 실소를 금치 못하였다.

그렇게 해서 나는 사람들을 사귀며 미국의 사고방식과 생활 태도를 익혔고 또 미국 문화 속으로 빨려 들어가고 있었다. 이러한 생활을 통해서 한 가지 터득한 것이 있다면 나에게 미국은 낯선 외국이 아니라는 점이었다. 물론 나는 미국인 신부들이 설립한 서강대학교에서 교육받았고 카투사에서 군 복무한 적이 있으며 또 미군 부대에서 상점을 지키기도 했을 뿐만 아니라 미국 공보원에서 4년간이나 근무한 경력을 가지고 있다. 철들어서 거의 대부분을 미국 사람들과 살았기 때문에 미국이 특별히 낯선 나라일 것은 없었다. 그러나 이러한 개인적 이유를 제외하고도 미국은 다른 외국과 전혀 다른 데가 있었다. 세계에 존재하는 거의 모든 나라에서 미국을 찾아볼 수 있는 것처럼 미국에는 거의 모든 나라가 존재해 있었다. 또 미국에 사는 사람들은 모두 미국 사람이면서 또 어떤 때는 아무 데서도 미국인을 찾아볼 수가 없었다. 한번은 이런 일이 있었다.

주말에 어느 학생 숙소에서 파티가 있었는데, 초저녁에 서로 인사를 나누고 자유롭게 대화를 나누는 동안에는 나만 제외하고 대여섯 명이 모두 미국인이었다. 그러다가 술이 거나해지고 대화가 무르익자 한 사람씩 두 사람씩 자기에 관한 이야기를 하다가 가령, "나는 러시아계 미국인이다.", "나는 이태리계 미국인이다.", "유대계 미국인이다." 하며 형용사를 붙이며 조금씩 자기의 국적을 수정하는 것이었다. 그러다 자정이 넘자 흥이 나고 또 공연히 미국사회의 여러 가지 부정적인 요소들이 화제에 오르기 시작하면, 더구나 자기 종족에 대한 우월성이나 향수 같은 것이 느껴지면 아예 이번에는 형용사를 명사로 바꾸어 자기들을 러시아인이거나 이태리인 혹은 유대인으로 자처하는 것이었다. 아마 그 장소에 자칭 미국인은 아무 데도 없었다. 거기서 나만 외국인임을 자처하고 어색하게 행동하는 것은 전혀 어울리지도 않거니와 또 바람직한 일도 아니었다. 그때서야 나는 나 자신을 다시 소개하였다. "나는 한국인이다"라고. 그리고 바로 이렇게 스스럼없는 자세로 나는 학업에 임했던 것이다.

4.

역시 외국에서 공부할 때 제일 문제가 되는 것이 언어였다. 나는 물론 특별히 어학에 소질이 없는 사람임을 솔직하게 인정하지만 정작 과목들을 이수하려니 서투른 영어가 여간 큰 문제가 아니었다. 어쩌면 그것은 영어라는 어느 특정한 언어만의 문제가 아닐 수도 있다. 아마 나는 보수적인 성격과 관념론적인 취향 때문에 영어와 같은 세련되고 명료한 구조를 가진 외국어에 결코 적응할 수가 없었을지도 모른다. 그러나 나는 바로 이 언어로 잡담을 해야 하고 많은 사람들 앞에서 연설을 해야 했으며 강의를 들을 뿐만 아니라 그 숱한 보고서를 제출하지 않으면 안 되었다. 일단 이렇게 된 이상 몇 가지 요령이 필요하였다. 친구들과 잡담을 할 때는 별 문제가 없었지만 중요한 경우에, 말하자면 로터리클럽에 가서 연설을 할 때는 원고를 작성하여 달달 외워두었다가 상황에 따라서 단어만 몇 개 바꾸면 대체로 잘 넘어가곤 하였다. 그리고 그들은 대부분 은퇴한 부유층의 노인들이고 정신적으로나 경제적으로 여유가 있는 사람들이므로 조그만 실수가 있어도 모두 따뜻한 마음으로 감싸주는 것이었다.

그러나 공부에 임할 때는 사정이 전혀 달랐다. 우선 그것은 나 자신과의 투쟁이기도 했지만 미국 학생들과 대결을 벌이는 불리한 전투이기도 하였다. 처음에는 다른 학생들의 노트를 빌려서 강의록을 보완하기도 하고 그들의 설명을 통해서 알아듣지 못한 부분을 보충하기도 하였다.

또 예습을 열심히 하여 강의 내용을 미리 자습함으로써 언어적 장애를 많이 극복할 수가 있었다. 그러나 학기 말 성적이 나와서 내가 좋은 점수를 받은 사실이 알려지자 그들의 태도도 많이 달라지고 어떤 때는 특별한 이유를 대지 않은 채 노골적으로 도움을 거절하기도 하였다. 물론 이해할 수 있는 일이지만 성적이 낮으면 쫓겨나야 하는 절박한 상황에서 공부를 해야 하는 나로서는 무척 섭섭한 일이었다.

나는 이른바 '인문학'을 전공하고 있었기 때문에 언어의 문제는 더욱 큰 비중을 차지하기 마련이었다. 그것은 인문과학이 극도로 분화되고 또 전문화되어서 서로 단절된 상태가 되고 비효과적인 결과를 나타내자 교육계나 학계에서 반성의 분위기가 조성되어서 생긴 새로운 학문이었다. 여기서는 철학과 심리학, 역사학과 문학, 예술사 등이 서로 어우러져서 어떤 주제에 관하여 다각적으로 접근하는 것이 특징이었다. 가령 낭만주의를 다룰 때는 그 당시의 시대적 배경뿐만 아니라 낭만주의적 예술 작품들이 서로 장르가 다름에도 불구하고 어떻게 공통적인 요소를 지니게 되었는지를 검토하며 또 이것의 심리학적 분석과 철학적 함축 및 실존주의와의 관계 등을 살펴본다. 말하자면 어떤 주제에 관한 입체적인 접근을 시도하여 좀 더 명료하고 구체적으로 그러한 사조의 현대적 의미를 파악하는 학문이라고 할 수 있다. 이러한 접근은 언어 문제가 전혀 없다고 하더라도 폭넓은 지식과 깊은 문제의식이 없으면 매우 다루기가 어려울 수밖에 없다. 그러나 웬일인지 나에게는 그것이 재미있고 또 즐겁기만 하였다. 나는 이러한 주제를 원래 좋아했을 뿐만 아니라 동양학생으로서는 드물게 이 과목을 택하고 있었고 그래서 조금만 잘해도 칭찬을 많이 받았으므로 여간 신나는 일이 아니었다. 더구나 나는 성격상한 가지를 깊이 파고드는 체질이 못 되었다. 그러므로 그러한 접근 방법은 내 체질에 꼭 들어맞는 것이기도 하였다. 무엇보다도 나는 과거에 그렇게 좋아하는 주제를 아무 장애 요소가 없이 그토록 집중적으로 공부해

본 적이 없었다.

영어도 이미 큰 문제가 되지 않았다. 어느 정도 실력이 늘기도 했지만 사실은 한 가지 요령을 마침내 터득하였기 때문이었다. 논문을 쓸 때 나는 어떤 주제를 골라 며칠 동안 집중적으로 그 생각만을 하며 시간을 보낸다. 그 다음 이것에 관한 책들을 읽어가며 필요한 문단을 잔뜩 모아다가 내가 원하는 결론을 향하여 체계적으로 나열해 놓는다. 말하자면 내 입장을 다른 권위 있는 사람들의 입을 통해서 말하게 하는 것이다. 그 다음 필요한 설명을 덧붙이고 일단 얻은 결론을 강화하여 비판적이고도 어느 정도 독창적인 나 자신의 결론을 내놓는다. 이것이 말하자면 내가 창안한 방법이었다. 이렇게 하면 전거를 반드시 밝히기 때문에 표절의 위험을 벗어날 수가 있고 나 자신이 작문을 많이 할 필요가 없을 뿐만 아니라 많은 독서량을 과시할 수 있는 간접적인 효과도 있다. 교수들은 이러한 방식을 무척 좋아하였던지 택하는 과목마다 모두 A학점이었다. 어떤 미국 학생은 이 방법을 모방하여 성적을 올린 일도 있었다. 나는 한 과목을 제외하고 모두 A학점을 받고는 석사과정을 마쳤다. 그것은 나로서는 놀라운 일이 아닐 수 없었다. 나는 국민학교에 입학한 이래 한 번도 공부를 잘한다는 말을 들어본 적이 없거니와 또 그렇게 믿어본 적도 없었기 때문이다. 그러나 그러한 성적을 받아본 것은 그때가 처음이자 마지막이었다.

여하튼 나는 좋은 성적을 올렸기 때문에 나의 보호자이면서 디트로이트 로터리클럽 총재이던 애보트(Carl S. Abbott)로부터 격찬을 받았고, 그가 특별히 시카고에 있는 국제본부에 요청하여 장학금이 한 학기 동안 연장되도록 도와주었고, 그 덕분에 나는 무사히 석사학위를 마칠 수 있었다. 석사 논문은 「자크 루이 다빗과 안토니오 카노바의 작품에 나타난 자기승화로서의 나폴레옹」이라는 제목이었다. 여기서 나는 예술과 정치의 심리적 역학관계를 다뤄보고자 하였다. 다시 말해서 예술가들은 정치적 영웅을 소재로 삼아서 어떻게 자기승화를 시도하고 정치가는 예술적 천재를 어떠한 식으로 자기의 정치적 야심을 실현하는 데 있어서 정치적 소도구로 이용하는지를 주로 심리 분석을 통해 접근해 본 것이다. 이러한 주제와 접근 방법은 매우 흥미 있고 또 중요한 의미를 지니는 것이 사실이다. 그러나 나는 그것을 더 깊이 밀고 나갈 의도는 없었다. 그리고 애초에 의도했던 목적이 충분히 달성된 것 같았다. 원래 로터리 장학생으로서의 나는 학업에 열중하여 학위를 취득하는 것보다 여러 로터리클럽에 참석하여 그 회원들을 비롯한 여러 계층의 미국인들과 접촉함으로써 민간 외교의 임무를 수행하는 데 더 큰 목적이 있었다. 그리고 그 임기는 1년뿐이었다. 그러나 나는 운 좋게 6개월 연장하여 석사학위까지 받게 되었으니 여기서 또 무엇을 더 바란다는 말인가. 이제 돌아가면 될 것 아닌가. 나의 짓궂은 다이몬은 잠시 화려하게 레이스로 장식된 심미적 자아의 옷을 입고 나타났다가 다시 그 행방이 묘연해지고 있었다.

가장 중요한 것은 나에게 지적인 탐구의 능력에 대한 확신이 생겼다는 점이었다. 만약 그러한 확신이 없었다면 당장 귀국하여 직장을 얻어 결혼도 하고 어머니 산소를 돌보며 살아가면 될 것이었다. 그러나 나는 이제야 비로소 본격적으로 학문에 정진할 준비를 갖추었다는 생각을 하고 있었다. 여기서 학업을 중단한다는 것은 정말 바람직한 일이 아니라고 여겨졌다. 물론 나는 과거에 학자로서의 길을 걷겠다고 결심한 적이 없었고 또 그러한 능력이 있다고 믿어본 적도 없었다. 다만 자아에 관한 집요한 관심을 따라 여기까지 왔을 뿐이다. 그런데 이제는 사정이 달라졌다. 진정으로 공부를 더 하고 싶고 할 수 있으며 또 하지 않으면 안 된다고 나는 확신한 것이다. 이러한 결론에 도달하자 나는 애보트 씨에게 양해를 구하는 한편 서울의 로터리 지부에서 허락을 얻어낸 다음, 고향에 있는 약혼녀에게 이 결심을 전하고 될 수 있는 한 속히 도미해 줄 것을 당부하였다.

5.

내가 공부를 더 하고 싶다는 것은 지금부터야말로 철학을 시작하고 싶다는 것을 의미하는 것이었다. 그것은 또 어느 정도 준비가 되어 있다는 뜻이기도 하였다. 사실 나는 서강대학교 철학과를 졸업한 이래로 학문으로서의 철학과는 거의 상관없이 살아온 셈이었다. 물론 나는 인생과 사랑과 조국과 이념에 관하여, 그리고 특히 자아의 본질과 구조에 관하여 깊이 생각해 왔고 또 끊임없이 고민하기도 했으나 그것을 철학적으로 체계 있게 접근한 것은 아니었다. 더구나 신문대학원 재학 시에 김태길 교수의 '철학특강'이라는 강의를 들은 적도 있고 인문학 석사과정에서는 철학 과목인 '예술철학'을 이수하기도 하였으나 그것 때문에 특별히 철학적인 자극을 받은 것은 아니었다. 실제로 나는 철학으로부터 멀리 떨어져 있었는데, 그렇다고 해서 철학적 관심을 잃어버린 것은 결코 아니었다. 다만 철학을 다시 시작할 엄두가 나지 않았고 또 철학이 두려웠을 뿐이었다고 표현해야 할 것이었다. 그런데 이제 나는 진정으로 철학을 다시 공부하고 싶다는 것을 확인하게 되었고 감히 그것을 해낼 수 있다는 확신이 섰으며, 바로 내가 철학을 함으로써 철학적 차원에서 '자아에의 의지'를 실현할 뿐 아니라 내 조국과 철학 그 자체에 공헌하지 않으면 안 된다고 굳게 믿었다. 나는 우선 같은 건물 4층에 있는 철학과 석사과정에 등록하였다. 다른 학교도 생각해 보았지만 나에게 특별한 기호가 있었던 것도 아니고 분위기에 익숙하여 적응하기가 비교적 쉬울 것 같았기 때문이었다.

같은 해 5월에는 그토록 애타게 그리워하던 약혼녀와 재회하여 학교 교회인 뉴먼 채플에서 결혼식을 올렸다. 연세대 교목을 지냈던 김득력 목사가 주례를 서주었고 애보트 씨가 부친 대신 신부를 에스코트해 왔다. 결혼식은 의외로 성황을 이루었는데, 미국의 관례로는 아주 드물게 상당히 많은 축하객들이 몰려왔던 것으로 기억된다. 나는 그 당시 디트로이트 지역 한인회 문화부장과 유학생회 회장을 맡고 있었고 거의 40여 차례에 걸쳐서 로터리클럽을 방문하거나 그들의 개인 초청에 응했기 때문에 축하객이 그렇게 많이 와주었을 것이다. 마침 교정에서는 국제 민속놀이가 개최되고 있었으므로 축제 분위기가 더욱 고조되어 있었다. 가까이 지내던 친구가 차를 내주어 우리는 나이아가라 폭포로 여행을 다녀왔고 작지만 깨끗한 아파트 한 칸에 신혼살림을 차렸다. 어머니가 새삼스럽게 아프도록 그리웠으나 어쩔 수 없는 일이었다. 일단 이렇게 전열을 가다듬고 정말 오래간만에 다시 철학 공부를 시작하였다.

그러나 화려한 출발에 비해서 학업에는 별로 진척이 없었다. 우선 철학은 언론학이나 인문학이 아니었다. 더구나 게티어(E. L. Gettier)와 플란팅거(A. Plantinger)가 막 거쳐 갔고 매우 야심에 불타는 젊은 철학자들로 새롭게 진용을 갖춘 이 철학과에서의 철학은 내가 생각했던 것과는 아주 거리가 먼 것이었다. 그것은 차라리 수학이나 물리학이라고 해야 더 어울릴 것 같았다. 그러나 이렇게 형식적이고 추상적이며 계산적인 학문은 그동안 내가 애써 피해 왔던 분야가 아닌가. 사실 나는 구구법을 배우던 해에 전쟁이 나서 학교를 건너뛴 이래 수학에는 항상 자신이 없고 숫자나 기호가 많이 들어간 글을 보면 현기증이 날 정도였다. 그러던 내가 기호논리학은 들어본 적도 없는 상태로 분석철학과 과학철학, 심리철학과 언어철학, 수리철학 등을 이수하게 되었으니 그것은 마치 한 아름의 꽃다발을 안고 총탄이 비 오듯 쏟아지는 전쟁터에 뛰어든 형국이었다.

그러나 나는 쉽게 물러나지 않았다. 도스토예프스키의 『카라마조프의 형제들』에서 아버지는 맏아들 드미트리에게 "사나이라면 자가가 택한 전장에서 죽을 각오가 되어 있어야 한다"고 말한 적이 있다. 그것은 오래간만에 내부 깊숙한 곳에서 다이몬의 음성이 되어 우뢰처럼 울려오는 것이었다. 사실 돌이켜보면 나는 내가 하고 싶고 할 수 있는 것만 해온 것은 아니었다. 나는 어릴 때부터 그림을 잘 그려서 칭찬을 많이 받아왔지만 화가의 길을 택하지는 않았다. 어쩌면 내가 혼자서도 잘할 수 있다고 믿었기 때문에 그 길을 피했는지도 모른다. 언론학과 인문학도 내가 그것을 무척 좋아했고 또 제법 잘했기 때문에 중단했다고 해석할 수도 있을 것이다. 나는 이를 악물고 버티었다. 학부에서 논리학 강의를 듣고 밤을 새워서 문제들을 풀며 기호와 숫자에 익숙해지려고 노력하였다. 그러나 결코 좋은 결과는 나와주지 않았다. 이제 다이몬은 형식논리학이라는 회색빛 가운을 허술하게 몸에 걸치고 험악한 디트로이트의 밤거리를 헤매고 있었다.

더구나 나는 불필요할 정도로 사람들과의 교제를 넓혀놓았고 많은 단체에 관여하고 있었기 때문에 갑자기 은둔하여 학업에만 몰두하기가 어려운 형편이었다. 유학생회 회장으로서 각종 행사에 참여할 뿐 아니라 그런 것을 솔선하여 마련하지 않으면 안 되었고, 한인회 문화부장으로서 신문대학원에서 배운 실력으로 『한인회보』를 만들어 정기적으로 배포하였으며, '극동 축제' 같은 것을 준비할 뿐만 아니라 '한인 교회'의 일을 돕기도 해야 했다. 이것은 어느 모로 보나 구도자(求道者)의 자세라고 보기가 어려운 것이다. 우리의 신혼집에는 항상 사람들이 들끓고 있었고 나도 또한 사람들을 좋아하여 주말이면 술타령으로 밤을 지새우는 날이 많았다. 나를 아예 '디트로이트의 맹상군(孟嘗君)'이라고 부르는 사람도 있었다.

그러나 문제는 여기서 그치는 것이 아니었다. 성적이 시원치 않자 장학금 혜택의 길이 막혀버렸고 이듬해 첫아이를 갖게 되면서 경제적인 문제가 심각하게 대두되기 시작하였다. 어느 날 워낙 급해서 나는 농담 삼아 아내에게 이렇게 말했다.

"우리 결혼식 한 번 더 할까?"

재정이 넉넉한 로터리 회원들로부터 많은 부조를 받았기 때문이었다. 우리는 마주 보며 실소를 금치 못할 뿐이었다. 그렇다고 해서 고향으로부터 구원을 요청할 형편도 못 되었다. 도움을 구태여 청한다면 여러 매부들 중에서 비교적 형편이 괜찮았던 셋째 매부뿐이었는데 그도 몸담아 왔던 동아일보를 사직하고 출판사를 차렸다가 사기를 당하여 빚쟁이에게 쫓겨 다니던 신세였다. 그는 왕년에 「단상단하(壇上壇下)」라는 칼럼을 집필하여 "그 글이 능히 세상을 울린다(筆能鳴世)"는 명성을 자랑하던 백광하(白光河) 씨로서 내가 열 살 되던 해에 매부가 되어 경제적으로나 정신적으로 거의 양부(養父)의 역할을 해온 분이었다. 그러나 이제 폐인이나 다름없이 되어 내가 겨우 마련했던 그 초라한 집에 칩거해 있다고 하니 어떻게 다시 도움을 청할 것인가.

아내와 나는 마침내 생활비를 마련하기 위하여 일터로 뛰어들었다. 그 당시 한인 교포 사회에는 가발 상점이 매우 성업 중이었는데, 아내는 그중의 한 군데에 다니며 일을 도와 생활비를 마련하였고 나는 어느 알루미늄 유리창 공장에서 노동을 시작하였다. 그러나 돌발적인 사건들이 생겨서 우리는 이 일들을 오래 지탱할 수가 없었다. 나는 어셈블리 라인에서 유리가 다가오면 알루미늄 막대기를 망치로 쳐서 끼우는 일을 했는데 가까이 지내던 유학생 친구와 한 조가 되었다. 우리는 거대한 기계의 부속품처럼 규칙적으로 몸을 움직여 재빨리 그 작업을 해내야 했으며, 그것은 체력에 자신 있었던 나에게도 여간 벅찬 일이 아니었다. 어느 날이었다. 친구는 아침부터 몹시 피곤한 모습이었다. 그는 점심시간이 다가올 무렵 몸을 비틀거리다니 물을 한 모금 먹고 오겠다고 십장에게 허락을 구하였다. 그러나 그 독일계 미국인 사내는 눈을 부라리며 안 된다고 소리를 지르는 것이었다. 사실 한 조가 되어 일을 하다가 한 사람이 빠지면 지장이 있기 마련이다. 그러나 잠깐 동안에는 얼마든지 견뎌낼 수도 있는 일이었다.

나는 허락해 주도록 다시 한 번 호소하였다. 그러나 이번에는 나에게 인종적인 모욕까지 하며 달려드는 것이었다. 그 순간 나는 거의 무의식 중에 목검 대신 알루미늄 막대기를 높이 쳐들어 그를 향해 내리치려는 자세를 취하였다. 만약 옆에 있던 두 명의 흑인 노동자들이 몸을 날려 이것을 막지 않았다면 정말 무슨 일이 일어났을지도 모른다. 그 후로 나는 그 일을 더 이상 계속할 수가 없게 되었던 것이다.

한편 아내에게는 이런 일이 일어났다. 한동안 우리는 어느 잡화점 한 구석을 빌려 조그만 가발 가게를 차렸고 아내가 이것을 운영하고 있었는데, 어느 날 이민국 직원이 들이닥쳐서 당장 출국 명령이 떨어지게 된 것이었다. 그 당시 유학생의 부인이 불법적으로 취업을 하다가 발각되면 즉시 출국해야 하는 규정이 있었는데 그러한 일이 우리에게 벌어진 것이었다. 우리는 이튿날 이민국으로 출두하여 담당 직원과 다음과 같은 대화를 나누었다.

"당신은 유학생의 부인이 취업하면 불법인 줄 몰랐소?" 그가 물었다.

"알았지만 이것은 취업이 아니지 않소."

"아니, 그러면 그게 뭐란 말이오?" 그가 다그쳐 물었다.

"그것은 우리 가게니까 자기고용(self-employment)이지 취업이 아니란 말이오. 우리가 당신네 노동시장을 빼앗지 않은 이상 왜 그것이 불법이란 말이오?" 내가 대들었다.

"자기고용도 어쨌든 '고용(employment)'의 일종이라 불법이니 그런 줄 알아두시오." 그가 경고하였다.

"내 생각에 자기고용이란 '자기(self)'에 더 중요한 의미가 있으니까 불법이 아니오. 만약 당신이 옳다면 법적인 근거를 제시해 보시오!" 내가 오히려 언성을 높였다. 나는 어느새 철학과에 와서 배운 개념 분석을 응용하고 있었다. 더구나 그때 나는 자기정체성(self-identity)에 관한 철학적 논증의 문제로 논문을 준비하고 있었으므로 웬만한 것은 모두 자아에 관한 문제로 보였던 것이다. 그 직원은 몹시 난처해하다가 벌떡 일어나더니 한참만에야 돌아왔다. 자기의 상관과 이 문제로 의논을 하고 온 모양이었다. 그는 유학생 부인이 자기 사업을 하면 안 된다는 조문은 없으나 그것을 불법적인 것으로 해석하였으니 일단 중지해야 한다는 것, 그러나 시간은 충분히 주겠다는 것, 더구나 모르고 한 일이니 용서하겠다는 것 등을 차분하게 일러주었다. 나는 그 지시에 따르겠다고 말하고 나오면서 안도의 숨을 내쉬며 아기를 안고 있는 아내를 바라보았다. 철학이란 학문이 심오하고 난해할 뿐만 아니라 쓸모도 있다는 것을 보여 준 것이다.

가발 가게를 정리하여 얼마 동안은 버틸 수 있었으나 우리는 다시 가난에 쪼들릴 수밖에 없었다. 나는 여기저기 수소문 끝에 어느 고급 식당의 '버스 보이' 일을 얻게 되었다. 그것은 웨이터를 돕는 일로서 손님이 식사를 마치면 빈 그릇을 치우고 물을 주기도 하고 그 밖에 잠심부름을 하는 것이었다. 흰 와이셔츠에 까만 바지에다 까만 보타이를 매고 빨간 웃웃을 걸쳐 입은 내 모습을 어쩌다가 거울을 통해 들여다보면 무척 착잡한 생각이 들었다. 저녁 여섯 시에 출근하여 새벽 세 시에 모든 잡일을 마치고 돌아오면 몸이 물에 잠긴 거적처럼 늘어지는 것이었다. 어떤 때는 다리와 팔이 너무 아파서 차라리 이런 것들이 내 몸에서 없었으면 좋겠다는 생각이 들 정도였다.

언제인가는 이런 일도 있었다. 무너져 내릴 듯이 피곤한 몸을 이끌고 나와서 낡은 내 중고차에 막 들어서려고 했을 때 나는 깜짝 놀라지 않을 수 없었다. 짙게 화장을 한 웬 백인 여자가 조수석에 앉아서 나를 기다리고 있었기 때문이었다. 처음에는 내 눈을 의심했다. 그러나 그것은 분명히 현실이었다. 내가 바삐 가야 할 곳이 있으니 내리라고 하자 그 여자는 애처로운 표정을 지으며 피셔 빌딩까지만 태워달라고 사정을 하였다. 불과 5분 정도의 거리에 있는 구역이었다. 내가 내리라고 해도 그 여자는 내리지 않고 오히려 내게 기대어오면서 자기는 중국인이 좋다며 말을 건네는 것이었다. 내가 다시 내리라고 하자 이번에는 또 사정을 하며 어느 술집까지만 태워달라고 졸랐다. 나는 너무 피곤하고 짜증이 나서 핸들에 얼굴을 파묻고 잠시 생각에 잠겼다. 그 순간 불현듯 옛날에 읽었던 『삼국유사』의 이야기 한 토막이 떠올랐다. 두 청년이 각기 다른 암자에서 수도에 정진하고 있었다. 폭풍우가 심하게 몰아치던 어느 깊은 밤에 한 암자에 문을 두드리는 소리가 들렸다. 청년이 나가 보니 비에 흠뻑 젖은 채로 어떤 묘령의 여인이 도와달라고 애걸하는 것이었다. 그 청년은 거절하며 저 산 너머에 있는 암자에 가보라고 일러주었다. 그곳에 도착하여 다시 호소하자 뜻밖에도 이 청년은 여인을 반갑게 맞이하여 따뜻하게 환대할 뿐 아니라 손수 목욕을 돕기까지 하는 것이었다. 그 순간 그 여인은 자취를 감추었고 목욕물은 갑자기 금으로 변했다는 그런 이야기였다. "좋다! 나도 이렇게 몸을 사리고만 있을 것이 아니라 이 여자를 데리고 집으로 가서 목욕을 시켜보자. 혹시 물이 모두 금으로 변할지도 모른다. 그러면 학비고 뭐고 다 해결되는 것 아닌가!" 문득 그런 생각이 스쳐갔다. 나는 그 여자를 달래어 우리 아파트 주차장으로 데리고 갔다. 시계를 보니 새벽 세 시가 훨씬 넘었다. 나는 망설였다. 아내가 뭐라고 할 것인가. 나는 그 여자에게 차에서 잠시 기다리라고 부탁하고 3층에 있는 아파트로 뛰어 올라갔다. 아내는 이제 겨우 백 일이 지난 아기와 함께 곤히 잠들어 있었다. 나는 황급하게 아내를 흔들어 깨워서 사정을 설명하고 『삼국유사』 얘기까지 곁들였다. 내가 엉뚱한 짓을 자주 하는 데 익숙해져 있던 아내도 어이가 없다는 듯 한참 나를 바라보다가 별안간 폭소를 터뜨렸다. 이윽고 아내는 이렇게 말했다. "위험한 여자일지도 모르니 조금 기다렸다가 내려가 보는 게 어떨까요? 여전히 차에 있다면 도와주더라도…." 우리는 잠시 후 함께 주차장으로 가보았다. 앞문이 활짝 열린 채로 차는 텅 비어 있었다.

이 밖에도 어려운 일이 많이 많이 있었다. 시간이 갈수록 사정은 더욱 악화될 뿐이었다. 이러한 상태로 공부를 계속한다는 것은 불가능할 뿐 아니라 무의미한 일이기도 하였다. 역시 나는 학자가 될 사람은 아니라는 생각이 들었다. 더구나 손끝에 숫자나 튀기고 기호 놀이나 하는 철학은 잘 해낼 수도 없거니와 하고 싶지도 않은데 하필 그것을 왜 내가 해야 한단 말인가. 식당일을 끝내고 기진맥진해서 돌아온 어느 날 새벽 나는 땀이 뒤범벅이 된 채로 책상에 단정히 앉아서 셋째 매부에게 긴 편지를 썼다. 최선을 다했으나 여의치 않으니 학업을 포기하고 돌아가겠다는 내용이었다. 거의 한 달 만에 답장이 왔는데, 거기에는 간단한 안부의 내용 외에 다음과 같은 한시(漢詩) 한 구가 들어 있었다.

男兒立志出鄕關, 學不成名死不還
埋骨何須桑梓地, 人生無處不靑山

사나이가 모처럼 뜻을 세워 고향의 관문을 나섰으니 / 학문을 이루지 못하면 한사코 돌아올 수 없으리라. / 몸을 묻는 데 어찌 고향 땅을 기약하지 않으랴마는 / 사람 가는 데는 반드시 청산이 있느니.

나는 큰 충격을 받았다. 그 후 나는 주변의 잡다한 인간관계며 관심사들을 정리하고 학업에만 몰두하였다. 그렇게 하기 위해서 나는 우선 학교를 옮겼다. 여러 가지 형편을 고려하여 디트로이트에서 자동차로 두 시간 정도의 거리에 있는 미시간주립대학으로 전학하였다. 안타까운 일이었지만 사정이 여의치 않아서 가족은 그대로 남겨둔 채로 떠났다. 그러나 그것은 검도 용어로 '진검승부(眞劍勝負)'의 정신을 발휘하는 데 오히려 도움이 되었다. 진검승부에는 스포츠와 달리 승자와 패자가 없다. 오직 생자(生者)와 사자(死者)가 있을 뿐이다. 따라서 그것은 대결의 결과를 염두에 두는 결과주의가 아니라 동기의 의미만을 따지는 동기주의이다. 이제 다이몬은 완전히 그 행방을 감추었으므로 나는 심한 소외감과 모욕감을 견딜 수가 없어서 마침내 결투를 청한 것이다. 『인간의 조건』에서 만주 벌판에 몸을 눕힌 주인공 가지처럼 폭설이 휘몰아치던 그 광활한 미시간의 대지에서 나는 나 자신의 수호신에게 진검승부를 요구한 것이었다.

그 후 4년이 지나서 나는 철학에서의 박사학위를 받을 수 있었다. 학위 논문의 제목은 「자유의지와 결정론 논쟁에서의 신비적 자아 개념」이었다. 나의 관심은 여전히 자아의 문제에 모아져 있었다. 그러나 나의 경우 학위는 부산물에 지나지 않는 것이었다. 원래 나는 학자가 될 계획이 없었고 또 학위를 받으려고 도미한 것도 아니었기 때문이다. 더구나 진검승부에서는 모든 것이 부산물에 불과할 뿐이 아닌가. 그러나 이제 그 처절한 승부를 계속 벌일 이유도 없어지자 갑작스럽게 환경의 변화와 정신적 혼란이 찾아왔다. 우선 조교 수당이 끊어지자 다시 생활이 쪼들렸고 그러한 상태로 캠퍼스에 더 머물러 있을 필요가 없어졌다. 귀국할 여비라도 마련해 보려고 버릇처럼 건물에 페인트칠을 하는 노동판에 다시 뛰어들었으나 이제는 사다리 위에서 몸을 제대로 가누기가 어려워졌다. 이상한 일이었다. 나는 아무런 이유도 없이 칼을 빼앗긴 무사와도 같았다.

1980년 6월 8일 학위 수여식을 마치고 이것저것 정리한 다음 8월 1일 나 홀로 김포공항에 내렸다. 가까이 지내던 대학 동창생이 편도 비행기 표를 마련해 주어서 단독으로나마 겨우 귀국이 가능했던 것이다. 실로 9년 만의 '무조건 귀국'이었다. 내 트렁크에는 출국할 때와 달리 담배와 술 대신에 박사학위 가운과 사각 모자, 그리고 『세계를 움직인 100권의 책』 대신에 학위 논문이 담겨 있었고 입던 옷 몇 벌이 나머지 빈자리를 메꾸었을 뿐이었다. 짐을 검사하던 세관원이 믿을 수 없다는 듯 여권의 날짜를 다시 확인하더니, "이게 9년 만에 돌아오는 사람의 짐이오? 당신 같은 사람만 있으면 나라가 절로 잘되겠수다!" 하고 얼굴을 자세히 들여다보는 것이었다.

마침내 공항 청사를 빠져나오자 거기에는 양가의 친척과 친지 등 많은 사람들이 나와서 나를 기다리고 있었다. 특히 누님들과 매부들, 그리고 여러 조카들이 뛸 듯이 반가워하며 나를 에워쌌다. 감격에 못 이겨 흐느껴 우는 누님도 있었다. 처갓집 식구들도 무척 반가워했으나 너무 오랜 세월이 지났으므로 좀 어색한 분위기였고 나는 아내와 함께 오지 못한 것을 미안해하였다. 나는 '마침내 학업을 마치고 살아서 돌아왔음'을 보고하려고 셋째 매부를 찾았으나 보이지 않았다. 혈압으로 쓰러져서 요양하고 있다는 것이었다. 잠시 후 웅성웅성한 분위기가 가라앉자 처남은 처갓집으로 가서 점심을 함께하자고 청하였다. 그러나 누님들은 며칠 전부터 준비를 해왔다고 하며 신촌의 여섯째 누님 댁으로 가자고 졸랐다. 난처한 일이었다. 나는 한참 망설이다가 무겁게 입을 열었다.

"어머님 산소에 먼저 가봐야겠습니다."

나는 로터리 장학위원들에게 내가 조국으로 돌아오지 않는다면 누가 어머니 산소를 돌보겠느냐고 다그쳐 물었던 것이다. 아무도 이의를 제기하는 사람들이 없었다. 사정이 허락하는 사람들은 함께 파주군 용미리 공동묘지의 산자락 끝에 매달려 있는 어머니 묘소로 향하였다. 가는 동안 만약에 친척들이 곁에 없었다면 나는 다른 나라에 온 것으로 착각을 했을 것이다. 그냥 '많이 변했다'고 하기에 조국은 너무도 몰라보게 달라져 있었기 때문이었다.

누님들이 정성껏 돌봐온 작은 산소가 눈앞에 다가오자 나는 알 수 없는 서러움을 가누기가 어려웠다. 이윽고 준비해 온 간단한 음식과 학위 논문을 제상 위에 올려놓고 향을 피운 다음 큰절을 올렸다. 반절까지 마치자 나는 더 이상 참을 수가 없어서 그 자리에 엎드려 한참 동안 실컷 흐느껴 울었다. 누나들도 매부들도 조카들도, 아니 산천초목이 모두 어깨를 들먹이고 있는 것 같았다. 한참 만에 몸을 일으키자 나는 이상한 평안을 내부 깊은 곳으로부터 느낄 수가 있었다. 드디어 다이몬이 그 모습을 명료하게 드러내었기 때문이었다.

6.

귀국한 지 이제 11년이나 되었다. 안식년 휴가를 받아서 그곳에 다녀온 지도 벌써 3년이나 지났다. 세월이 참으로 빨리 지나가는 것을 실감하지 않을 수 없다. 그러나 이렇게 막상 그때를 회상하여 몇 자 적어보려니까 바로 엊그제 일어난 일들처럼 새롭게만 느껴진다. 도대체 그 길고도 긴 9년이란 세월은 나에게 무엇을 의미하는가? 그것은 과연 바람직한 선택이었는가? 아니, 그것은 정말 하나의 선택이었다고 말할 수 있겠는가? 나는 거대한 시간의 흐름에 표류하는 한 잎의 낙엽에 불과한 것이 아닐까? 도대체 나는 무엇인가? 유학생활은 나에 관해서, 그리고 존재와 인생과 조국에 관해서 나에게 무엇을 가르쳐주었는가?

유학생활을 통해서 나는 아무래도 나 자신에 관하여 많은 것을 배웠다고 할 수 있겠는데, 그것은 내가 온통 '은혜의 덩어리' 외에 아무것도 아니라는 사실을 깨닫게 하였기 때문이다. 부모님의 은혜는 말할 필요도 없지만 특히 나의 경우에는 일찍 부모님을 여의었기 때문인지 친척이나 친지, 은사, 로터리클럽 회원들, 그리고 무엇보다도 아내의 헌신적인 사랑이 구체적인 은혜의 형태로 무겁게 느껴진다. 이렇게 여러 가지 다른 종류의 은혜들을 나로부터 제거하면 결국 나에게서 남는 것이 무엇이겠는지 묻고 싶을 정도로 은혜는 나를 구성하는 중요한 요소가 아닐 수 없다. 나는 귀국한 지 얼마 후에 국제로터리클럽이 모임을 갖는 신라호텔 만찬에 초대되어 귀국 인사를 겸해서 연설을 한 적이 있었다. 거기서 나는, '나를 넘어선 봉사(Service above self)'를 모토로 하는 이 클럽의 정신을 찬양하고 유학생활을 통하여 그 당위를 실감할 수 있었다고 고백

했던 것이다.

그러나 막상 은혜의 고마움을 깨닫고 그것을 조금이라도 갚아보려면 여의치 않을 때가 많다. 예를 들어 이제 어느 정도 정착하여 효도를 해보려고 해도 부모님께서 계시지 않으니 어찌해 볼 도리가 없다. 그러나 좀더 깊이 생각해 보면 부모에게 효도하는 방법이 어디 하나뿐인가. 얼마 전 동창들 몇몇이 만나서 한가롭게 얘기를 나누다가 자연히 사춘기의 자식들이 속 썩이는 문제로 관심이 모아졌다. 서로 묘안을 내놓았으나 별로 신통치가 않았다. 결국 내가 결론을 내렸다. "그러지들 말구 효도하는 심정으로 자식들을 돌보자구…." 다들 공감하는 눈치였다. 나는 귀국한 후 은혜를 효과적으로 갚는 방법에 대해서 자주 생각해 보곤 한다.

한편 은혜의 소중함을 절감하면 할수록 더욱더 깊이 느껴지는 것은 나 자신의 중요성이다. 특히 유학 시절에 나는 그토록 애타게 나 자신을 찾아 헤매었고, 그것을 항상 굳게 지키고 맑게 닦아보려고 애썼다. 다른 사람들이 어떻게 보든 나는 그 누구와도 바꿀 수 없는 귀중한 존재이며, 바로 그렇기 때문에 소중하게 지키지 않으면 안 된다는 것을 나는 그때 배운 것이다. 몇 해 전에 경주에서 무슨 회의에 참석했다가 석굴암을 관람할 기회가 있었는데, 거기서 정작 나의 관심을 끈 것은 석굴 안에 깊숙이 자리 잡은 불상이 아니라 앞을 가로막은 유리벽에 비친 나 자신의 모습이었다. "여기에 비친 우리 모두의 존재야말로 한반도가 창출한 최대의 문화재들 아닌가!"

나 자신의 소중함이 직접 조국애로 연결되는 사유의 발상법은 유학 시절에 싹텄고 또 거기서 다져진 것이다. 로터리클럽이나 그 밖의 다른 모임에서 자주 나는 내 조국의 분단에 관한 질문을 받았다. 그때마다 나는 이렇게 역설하였다. "우리는 지난 반만 년 동안 함께 살았습니다. 모두 형제였기 때문입니다. 우리는 지금 서로 다릅니다. 형제이기 때문에. 우리는 곧 만나게 될 것입니다. 역시 형제이기 때문에." 흑백 인종의 문제가 본질적으로 해소되는 날을 꿈꾸었던 마틴 루터 킹처럼 나는 우리가 서로 사랑하기 때문에 미워할 수도 있는 형제임을 절규하였으며, 그때부터 조국의 궁극적 통일을 위한 이른바 '민족적 자아의 의지'라는 개념을 정립하고자 애써왔다.

내가 학위를 받을 무렵 공교롭게도 5 · 17 사태가 터져서 미국의 매스컴은 광주에서 벌어진 그 끔찍한 장면으로 뒤덮이다시피 하였다. 가장 당황했던 사람은 학위 논문을 지도한 원로 교수 저비(Lewis K. Zerby) 박사였다. 그는 나의 귀국을 극구 말리며 시골의 어느 조그만 학교에서라도 직장을 찾아서 정착해 볼 것을 권유하였다. 나에게 그것은 상상도 할 수 없는 일이었다. "어느 나라에나 불치의 환부가 있고, 그것은 내 조국의 환부이며, 나는 그것을 사랑하기 때문에 돌아가야 합니다." 하고 외치며 그 권유를 뿌리쳤다. 나중에 주임교수 댁에서 송별 파티가 있었는데, 그 분위기는 전쟁터로 죽으러 가는 청년을 떠나보내듯 숙연한 것이었고 어떤 여학생은 눈물을 글썽이며 내 팔을 움켜쥐기까지 했다. 나는 자기를 소중히 여기는 사람이라면 조국을 사랑하지 않을 수 없고 진정한 인류애도 조국애의 한 표현이어야 한다는 신념을 가지고 있는데 그것은 바로 그 무렵에 형성된 것이다.

또한 나는 오랜 유학생활을 지내면서 여러 가지 극한 상황과 다양한 경험을 겪는 동안 나 자신의 개성과 특징 같은 것을 많이 확인할 수가 있었다. 무엇보다도 나는 혈액형이 B형인 데다가 일찍 부모를 여의고 남의 은혜로만 뭉쳐진 사람이라서 그런지 비교적 외로움을 견디지 못하는 편이다. 나는 다른 사람들로부터 외면당한 채 혼자서 살아가기보다는 차라리 내가 참고 견디면서 어울려 지내는 쪽을 택한다. 이것은 철학자에게 치명적인 약점이 될 수도 있으나 다행히 철학은 매우 폭넓은 학문이어서 나는 그것을 내 방식대로 지금까지 해오고 있는 것이다.

남과 자주 어울리다 보면 내가 소중한 만큼 남도 소중한 존재라는 사실을 터득하게 된다. 그러나 남이란 한 사람이나 두 사람의 다른 개체만을 의미하는 것이 아니므로 어떤 문제에 관해 완전한 합일점이 있을 수 없다. 여기서 대화와 타협이 필요하고 결국 바람직한 것은 '중용(中庸)의 덕'이라는 사실을 깨닫게 되는 것이다. 그러나 이러한 기질이 있는 사람은 일관된 원칙과 그것을 지키려는 강한 의지력을 갖추지 못했을 때 기회주의자라는 낙인이 찍힐 수도 있으므로 각별한 노력이 필요한 것도 사실이다. 여하튼 이러한 기질이 갑자기 유학 시절에 생긴 것은 아니겠지만 그 당시에 더욱 굳어진 것이 아닌가 하고 생각해 본다.

나는 유학 시절에 로터리클럽의 재벌들과 어울려 화려한 생활을 간접적으로나마 체험해 보기도 했지만 육체적 노동을 비교적 많이 했던 사람이라고 할 수 있는데, 그러한 경험을 통해서 내가 얻은 것은 이른바 노동의 신성함이라고 할 수 있다. 식당이나 공장, 혹은 세탁소나 목공소 등 일일이 다 열거할 수 없을 정도로 많은 데서 노동을 했는데 여기서 중요한 것은 그것이 어떤 종류의 일인지가 아니라 얼마나 그것을 잘할 수 있는지의 여부였다. 그러한 점에서 내가 박사학위과정에 있든지 혹은 그것을 받았든지 하는 것은 문제가 되지 않는 것이었다. 그리고 이러한 분위기 속에서 오래 지내는 동안 내가 온몸으로 터득한 것은 이른바 '그래서 어쨌다는 거지(So what)?' 정신이었다. 그리고 나는 바로 그 정신이 지금까지 미국을 이끌어 왔고 계속 이끌어 가리라고 믿고 있다. 더구나 그것은 어떠한 종류의 전제나 단서를 거부하기 때문에 가장 핵심적인 철학의 정신이기도 한 것 아닌가.

끝으로 나는 유학생활을 마무리할 무렵에 나타난 나의 신비주의적 경향에 관해서 언급하지 않을 수 없다. 원래 철학에 관심이 있는 사람은 일반적으로 어느 정도는 관념론적이고 이것이 지나치면 신비주의적 경향을 띠기 마련이다. 말하자면 초월적인 신의 의지나 자연의 섭리를 적극적으로 믿고 따르며 행동하는 태도를 나타낸다는 것이다. 그러나 내가 말하는 '신비주의'는 이러한 입장과는 상당히 다르다. 그것은 학위 논문을 마무리하면서 구체화되었는데 전통적인 철학적 문제들을 분석하고 명료화하여 그 해답을 찾으려고 하면 할수록 더욱 미궁에 빠진다는 사실에 근거한다. 이러한 입장은 원래 금세기 최대의 철학자라고 불리는 비트겐슈타인(Ludwig Wittgenstein)의 초기 사상을 반영하는 것으로서 그것은 또한 칸트의 비판적 관념론을 언어 분석적 형식에 옮겨놓은 것이기도 하다. 그렇다면 이러한 입장은 실제로 인생을 살아가는 데 있어서 어떠한 형태로 나타나는가?

우리가 세상을 살아가는 데 있어서 모를 것이 많이 있다는 사실은 상식에 속한다. 그러나 실제로는 그것을 부정하여 아집에 빠지고 심지어 온갖 행태의 권위주의를 동원하여 독선적인 태도를 취하는 것도 또한 사실이다. 민족의 분열이나 지연(地緣) 혹은 학연(學緣)에 의한 갈등, 정치적인 파쟁이나 계급투쟁, 종교적 분쟁까지도 모두 이러한 태도의 반영이라고 볼 수 있다. 그러나 나의 신비주의는 우선 그러한 현상들이 우리가 실제로는 모르고 있는 것, 즉 신비의 영역에 대해서 알고 있다고 착각함으로써 비롯된다는 점을 지적한다. 그 다음에는 이러한 사실을 삶의 모든 과정에 실제로 반영함으로써 권위주의나 독선적인 태도로부터 헤어날 수 있음을 강조한다. 그렇다고 해서 그것은 인식론적 회의주의나 상대주의 혹은 인생에 대한 비관론 같은 것이 아니다. 물론 우리가 모든 것을 다 알 수는 없고 또 무엇이나 다 해낼 수 없다는 것을 인정한다는 점에서 어느 정도 그러한 요소를 담고 있는 것이 사실이나, 그것을 부정하거나 피하고자 하는 것이 아니라 낙관적이고 적극적인 자세로 받아들이는 점이 이 신비주의의 특징이다.

나 자신의 경우 그러한 경향은 오래전부터 자라왔고 실제로 유학 시절에 표면화되었으며 지금도 마찬가지라고 솔직히 고백할 수 있다. 나는 원래 인생의 목표 같은 것을 설정하지 않는다. 그러한 것을 설정하고 또 강하게 밀고 나가는 것은 자기가 인생이라는 것을 잘 알고 있다는 것을 전제로 하는데, 나는 그것을 받아들일 수가 없는 것이다. 그 대신 나는 주어진 상황에서, 내가 하고 싶은 것이 무엇이고 그것을 지금 할 수 있으며 또 해야 하는가를, 즉 나의 소망과 능력과 당위를 차분히 묻고 이것이 확인되면 그냥 최선을 다할 뿐이다. 그러므로 유학에 뜻을 두었을 때, 그리고 로터리 장학생으로 선발되어 유학의 장도에 올랐을 때도 철학을 전공하여 박사학위를 받아 오겠다는 것은 목표로서 설정되어 있지 않았다. 그것은 내가 처한 상황에서 나의 소망과 능력과 당위를 확인하고 최선을 다한 삶의 부산물에 불과했던 것이다. 그렇게 함으로써 나는 높이 치솟은 한 송이의 해바라기 꽃을 피우기보다는 가지마다에 맺힌 그 숱한 장미 송이들을 될 수 있는 한 아름답게 피워보려는 것이 삶에 대한 나의 기본적인 자세이다. 그것이 나의 기질에 맞고 따라서 나에게는 자연스러운 태도라고 생각되기 때문이다. 말하자면 끊임없이 다이몬의 행방을 추적하고 그 정체를 확인하는 것 그 자체에서 나는 삶의 의미를 찾아왔던 것이다.

『철학과 현실』(1991년 가을)

엄정식 계간 『철학과 현실』 편집인, 서강대학교 명예교수, 생명다양성재단 이사장, 세계시민기구(WCO) 철학종교분과 위원장. 한양대학교 석좌교수, 하버드대학교 풀브라이트 교환교수, 한국철학회 회장, 철학연구회 회장, 분석철학회 회장, 한국아메리카학회 회장, 철학문화연구소 소장을 역임했다. 미국 미시간주립대학교에서 철학 박사학위를 받았다. 저서로 『다이몬과의 방황』, 『격동의 시대와 자아의 인식』, 『소크라테스, 인생에 답하다』, 『비트겐슈타인의 사상』, 『확실성의 추구』, 『당진일기』, 『길을 묻는 철학자』 등이 있다.

방황, 과오, 노력

송 상 용

6·25 전쟁은 내 인생의 전환점이었다. 나는 부잣집 외아들에서 하루아침에 고아로 전락했다. 아버지는 빈농에서 태어나 소학교 3학년 때 무작정 상경, 자수성가한 분이다. 그는 30대에 서울서 손꼽는 전기업자로 올라섰고 처음으로 건전지 회사를 만들어 사장으로 있었다. 아버지가 내무서원에게 끌려가 정치보위부에 넘겨진 뒤 소식이 끊긴 것을 나는 9·28 수복 후 처음으로 알았다. 지병이 있었던 어머니는 피난지 대전에서 한을 품고 눈을 감았다. 고교 1학년 때였다.

눈앞이 캄캄했다. 사흘을 울고 난 뒤 정신을 가다듬었다. 일찍 혼자되어 우리 집 살림을 도맡아온 이모가 계셔서 다행이었다. 그러나 4남매와 이종형까지 여섯 식구의 생계가 막연했다. 서둘러 서울로 올라간 나는 복잡한 집안 재산 분쟁에 휘말렸다. 졸업반이 될 무렵까지는 힘겹게 부모의 유산을 확보할 수 있었다.

1955년 나는 서울대학교 문리대 화학과에 진학했다. 주위에서는 문과로 갈 줄 알았는데 뜻밖이라고 했다. 그러나 나는 어릴 적부터 과학자가 되겠다는 꿈에 부풀어 있었다. 중학교에 입학하자 과학부에 들어갔고 우연히 배치된 데가 화학반이었다. 고등학교에 올라가서는 화학반장이 되었고, 따라서 아무 고민 없이 화학과를 택했다. 한 해를 해보고 나는 수학, 물리학에는 적성이 아님을 알았다. 그래서 생화학을 하기로 결심하고 생물학과 강의를 다섯 강좌나 들었다.

당시 화학과는 문리대에서 가장 자리 잡힌 과로서 엄격한 미국식 훈련을 해서 악명 높았다. 밤을 새우며 해도 모자라 일요일에도 나가 실험을 했고 매주 시험을 치느라고 정신 차릴 수가 없었다. 다방에서 차 한 잔 마실 여유도 없을 정도였다. 자유분방한 문리대의 이방 지대였다. 가장 힘든 고비인 3학년을 마치고는 허탈감에 빠졌다. 특히 복잡한 구조식을 외워야 하는 유기화학을 공부하고 나서 화학에 흥미를 잃어버렸다. 이런 일을 하면서 일생을 실험실에서 보낼 생각을 하니 끔찍했다.

더구나 나는 가장으로서의 힘겨운 일까지 함께 해야만 했다. 직접 생활비를 벌어야 하는 것은 아니었지만 유산 관리가 쉽지 않았다. 점포 건물을 임대하면서 부동산소득세를 덜 내려고 세무서에 뇌물을 갖다주는 것이 고역이었다. 회사에는 취체역(이사) 대행으로서 가끔 들러 장부 검사 하는 게 고작이었는데 생활비도 넉넉히 갖다 쓰지 못했다. 그동안 누이와 형을 결혼시키고 대가족을 이루어 함께 살았다. 한국 가정 특유의 갈등이 일어났고 몇 차례 큰 폭발이 있었다. 안팎으로 시련을 겪는 나에게는 휴식처가 없었다. 이때의 착잡한 심경은 처음이자 마지막으로 써본 시 같지 않은 시에 나타난다.

「단편(斷片) 서정시를 위한 장편(掌篇) 서사시」

자욱한 담배연기와 이름 모를 양곡과 — 불은 또 왜 나가는가?
"나는 돈 벌게 됨 우선 영양을 섭취할래."

"거시기 우리게 사람이말여 이번이 계장으로 올라갔는디 워디 한번 안 찾아볼티여?"

"세금도덩부터 해놓고 보야디. 그치랑 야들시에 만나기로 했댔는데 안 오누만."

천기예보란 틀림없이 맞는 것이다.

"바이칼호수 부근에서 발생한 불연속선이 홍해 방면으로 이동하고 있어 한국은 전면적으로 비가 내리겠습니다."

"$-17°$, $-19.5°$… 그렇지! 절대영도는 $-273°$야. 맞았어."

칼빈과 샤를대제는 사촌쯤 되는지도 몰라.

진눈까비가 오면 교통순경은 300환이 더 생기고.

"협정가격을 엄수합시다! 독점은 구시대의 유물이라는 걸 당선은 모르시오?"

건방진 놈의 새끼!

사장은 울었다, 웃었다.

중국대사관 골목에는 공민선생이 거만하게 앉아 있는데 —

"산산이 부서진 희망이여! 찾다가 내가 죽을 희망이여!"

"잘되는 놈은 엎어져도 코가 안 깨지는 법이란다. 너 질경이를 알지? 그 악착같이 살아가는 것 말야."

시몬 드 보봐르는 사르트르와 드디어 이혼했다.

"닥쳐! 화이트헤드밖에 모르는 너까짓 놈이 토인비는 뭐고 발레리는 다 뭐야."

필트다운인의 두개골은 가짜라는 것이 판명되었다.

"에또, 게마인샤프트와 게젤샤프트는 본질적으로 동일한 개념입니다. 다만 전자는 독일에서 후자는 오스트리아에서 사용하는 것이 다를 뿐입니다."

학자적 양심이 있는가?

"여러분 동학란을 상기합시다. 3·1 정신만이 우리를 살리는 힘입니다. 현대철학은 불교적인 방향으로 가고 있음을 알려드립니다. 나는 여러분 젊은 크리스천들에게 큰 기대를 가지고 있습니다."

남태평양 XX에서 미야모토 특파원발! 일본 해양경비대는 타히티섬으로 사랑의 도피행을 떠난 톨스토이와 카추샤를 맹추격 중에 있다.

"칼을 받아라. 그렇지 않으면 마호메트를 받아라." 쿠란은 위협한다.

가만 있자. 마리아가 예수를 낳았다면 예수는 요셉을 낳을 수도 있을 것이 아닌가!

탐문한 바에 의하면 아담과 이라는 간통혐의로 춘천지검에서 불구속 취조를 받고 있다 한다.

베드로는 산신기도를 드리러 삼각산으로 들어갔다.

"예스 예스 베리 생큐 플리즈."

빌리 그레이엄의 통역은 씨부렁댔다.

"공자님이 나에게 악수를 청하신다? 거 모를 소린데."

교황 비오 성하께옵서는 신을 그 출발점으로 하지 않는 한, 생명의 신비는 절대로 해명할 수 없을 것이라고 과학자들에 훈시하셨다.

노아의 홍수는 마누의 홍수와 9년 홍수를 거쳐 낙동강 홍수로 변했다.

쇼펜하우어는 앙천대소하고 모라는 대성통곡했다.

"희망에다 철망을 애드하여 침전시키고 필터해서 이그나이트한 다음, 0.05N KCN 솔루션으로 디졸브해서 자살로 타이트레이션하라." 어느 화학도의 실험 노트에서 —

"군은 사형수와 약혼하겠다는 사람의 심정을 이해할 수 있으리라고 믿었는데 —"

"여러분 이제 탱고가 흘러나오겠습니다."

"키스 타임은 25시 08/15분이렷다. 시계를 돌려놓자."

긴자의 밤은 깊어가고 헝개리언 랩소디에 맞추어 지금 스트립쇼가 한창이다.

"제군! 소련군에게 짓밟힌 헝가리 여학생을 위하여" 곱슬머리는 잔을 높이 들었다.

명동 스탠드바에서는 샹송을 머금으며 창백한 인텔리겐차가 죽어갔다.

"여보세요. 저 있다 들어오시면 삼선교 미스 최가 전화 걸었다고 전해 주세요. 네? 그리고 시간 나면 모감보로 좀 나오시라고요."

"연애란 즐거운 것이지. 그러나 엘랑은 금물이네. 조심하게."

"미스터 정! 그런데 소위 플라토닉 러브란 사실상 불가능한 것이 아닐까요? 전 그렇게 생각하는데 어떠세요?"

나폴레옹–히틀러 동맹군은 드니에프르 강을 건너 모스크바에 배수의 진을 쳤다.

"그러면 결국 스탈린과 루즈벨트는 쌍둥이란 말씀입니까?"

이든은 수영을 하고 셰필로프는 빗을 찾고 아이크는 암소의 젖을 짰다.

제임스 B. 코넌트와 유기화학과 서독주재 미국 대사와…

닐스 보어와 원자모형과 컬럼비아대학과…

슈뢰딩거와 파동역학과 유전자와 톱니바퀴와…

우주는 한없이 팽창하고 인간은 한없이 수축하는 것이었다.

태양계 최후의 날 —

달이 뜨니까 해가 뜨고 해가 지니까 달이 지는 것이었다.

이것은 2학년 때 다방에서 사람을 기다리다 몽당연필을 꺼내 종이에 적어본 것이다. 김성한의 단편소설 「5분간」을 흉내 낸 것인데 당시의 내 주변과 세상을 풍자한 것이다. 이것은 두었다가 나중에 과거를 청산한 답시고 대학신문에 발표해 버렸다. 그래도 답답하기는 매한가지였다.

3학년이 끝나자 나는 고민에 빠졌다. 머리가 복잡해져 그대로 공부를 계속할 수 없었다. 신변을 정리한 다음에 다시 시작해야겠다고 생각해 휴학계를 냈다. 그러나 얽히고설킨 집안일은 단시일에 해결될 성질이 아니었다. 집에 있게 되니까 생활이 불규칙해져 건강도 나빠졌다. 안되겠다 싶어 한 학기 만에 복학했다. 나는 회사에 현무로 뛰어들기로 작정했다. 그러려면 학교를 빨리 마칠 필요가 있었다. 학교 다니면서 회사를 떠맡을 준비를 시작했다. 아버지의 뛰어난 상술을 이어받지 못했지만 열심히 하면 보통 수준은 되지 않을까 하는 생각이었다.

그런데 2학기가 끝나기 전에 회사에 위기가 닥쳤다. 협동이 안 되니까 누가 혼자 맡자는 얘기가 나왔다. 나는 그래도 염치가 있는 전무에게 넘어가도록 공작을 했으나 끝내 재력 있는 상무가 이겼고 전무와 나는 빈손으로 쫓겨났다. 졸업까지는 아직도 한 학기가 남았는데 살길이 막막했다. 방학 중 어느 날 점포가 있는 을지로 동네 사람들이 찾아왔다. 은행 융자를 얻어 함께 상가 주택을 지어보자는 것이었다. 나는 무일푼이었지만 다른 도리도 없어 대금을 완공 후에 지불한다는 조건을 붙여 참여하기로 했다.

9월 졸업을 한 나는 이미 화학은 하지 않기로 결정한 지 오래였다. 인문학으로 가야겠는데 과학이 싫은 것도 아닐 뿐더러 4년 동안 배운 것을 헛되이 하고 싶지는 않았다. 그래서 둘의 경계 영역인 과학사를 하기로 했다. 그렇게 결정하기까지는 폭넓은 독서의 영향이 컸지만 당시 외롭게 과학사, 과학철학을 개척하고 계셨던 박익수 선생과 인문학에 이해가 깊으신 화학과 은사 이종진 선생의 격려가 큰 힘이 되었다.

졸업 후에도 화학과, 철학과 강의를 청강하며 한 학기를 보내고 1960년 봄 철학과에 학사 편입했다. 유학 갈 형편은 안 되고 기초로서 철학이 필요하다고 생각했기 때문이다. 박종홍 선생을 찾아가 철학과를 마친 다음에 과학사, 과학철학, 과학 저널리즘 가운데 하나를 고르겠다고 포부를 밝혔다. 과학에 호감을 갖고 있던 박 선생은 몹시 반기셨다.

문학부는 구름다리 너머지만 딴 세상이었다. 모든 것이 새로웠다. 다시 학생이 된 기쁨에서 깨어나기도 전에 4 · 19가 터졌다. 그날 아침 문리대 학생들은 이양하 학장의 만류를 뿌리치고 거리로 뛰쳐나왔다. 종로 4가에서 경찰의 저지에 부딪치자 뒷골목으로 빠져 파고다공원 앞으로 진출했다. 나는 졸업생이랍시고 인도로 따라가다가 화신을 지나 대열에 뛰어들었다. 온 장안이 학생으로 뒤덮였다. 국회의사당 앞에서 구호를 외치던 시위대는 경무대로 향했다. 나는 집으로 발길을 돌렸지만 도착하기 전 요란한 총성을 들었다. 계엄령이 펼쳐지고 긴장 속에 한 주일이 갔다. 25일 밤 시내 중심가는 난동 데모로 다시 어수선해졌다. 나는 을지로 대로변 빌딩 옥상에서 밤새도록 내려다보며 큰 걱정에 잠겼다.

이튿날 이승만의 하야 성명이 발표되었다. 독재정권이 무너진 것이다. 잊을 수 없는 감격의 순간이었다. 나는 부산 정치 파동 때부터 국내 정치에 비상한 관심을 갖고 지켜보아온 터였다. 나는 조봉암의 대통령 후보 정견 발표를 들었고 신익희, 장면의 한강 백사장 강연에도 갔고 조병옥의 빈소를 찾아 애통해하기도 했었다. 그러니 내 기쁨은 각별할 수밖에 없었다.

단군 이래의 자유를 누리며 온 나라가 들끓었다. 대학도 소용돌이에 휘말렸다. 어용교수, 무능교수 물러가라는 운동이 일어났다. 나는 학생총회에서 시류에 편승한 경솔한 행동은 삼가야 한다고 발언했다. 양담배 안 피우기, 커피 안 마시기 등을 내세운 새생활운동이 시작되었다. 별장 마방에 앉아 음악만 듣던 고석원이 열혈청년으로 변해 이돈녕, 이순과 함께 농촌계몽대를 조직했다. 반민족적이라고 규탄을 받았으나 나는 거기 끼지 않았다. 나 자신의 계몽이 시급하다고 생각했기 때문이다. 정신없이 돌아가는 세상에서 사회과학에 판무식인 나는 공부를 해야겠다는 생각밖에 없었다. 그래서 '후진사회연구회'에 들어갔다.

나는 고교 때 청소년적십자운동을 하느라고 시간을 많이 뺏겨 대학 와서는 서클에는 일절 가담하지 않기로 작정하고 있었다. 그런데 이번 에는 무식을 면해 보자고 가입했다. 지도교수는 최문환, 박희범 선생이 었고 4학년에는 신용하, 김영모, 김금수 등이 있었으나 주역은 3학년이 었다. 강대형, 정상렬, 염길정, 이영일과 밤낮 어울려 다녔다. 4·19 이 전부터 문리대에는 좌익 지하 독서서클이 있었는데 '후사연'도 그 줄기 임을 처음으로 알았다. 나는 명색이 과학 담당이었지만 넉시, 돕의 후진 국 개발이론, 스위지의 마르크스주의 경제학 같은 것을 읽고 토론하고 쌍과부집에 몰려가 막걸리를 퍼마시며 기염을 토하곤 했다. 나는 순진 한 온건 우익으로 답답했겠지만 후배들이 퍽 따랐다.

이때 한쪽에서는 민족통일연맹이 싹트고 있었다. 주동은 정치학과 3 학년 윤식이었는데 그는 내가 고 3 때 경북중 청소년적십자단장으로 문 통이 있던 사이였다. 그가 찾아와 힘이 드는 일에 선배가 도와주어야겠 다고 간청했다. 그래서 민통련 결성 준비 단계에 참여하게 되었다. 나는 일종의 조정 역을 맡았다. 몇몇 극우파들이 모임 자체를 깨뜨리려 하는 것을 막았고 과격으로 치닫는 극좌를 견제했다. 비록 난산이었으나 민 통련은 출범했다. 나는 그 다음부터 발을 끊었다. 정치운동에 직접 뛰어 들 생각은 없었기 때문이다. 하루는 벽보를 보니 내가 민통련 대의원으 로 나와 있었다. 아니라고 나서는 것도 쑥스러워 안 나가면 없어지려니 하고 내버려두었다.

그때 맨스필드의 오스트리아식 중립화 통일안이 나왔다. 그전부터 미 국의 김용중, 일본의 김삼규 씨가 중립화 운동을 해왔지만 국내에서는 혁신정당들과 학생들이 이를 지지하고 나섰다. 나는 어릴 적부터 공산 주의를 싫어했고 라이트의 『들어라, 양키들아』를 읽고 미국의 정체도 알 게 되었다. 강대국을 몰아내고 같은 민족끼리 뭉쳐 우리의 길을 가는 것이 옳다고 믿었다. 그래서 김삼규 씨를 비롯해 통일문제 강연이라면 빠지지 않고 가서 들었다. 내 학생 시절의 영웅 버트런드 러셀에게 미 제국주의와 공산주의를 몰아내고 통일해야 한다는 편지를 보내 답장을 받은 것도 이때였다.

또 하나의 일이 나에게 생겼다. 한국휴머니스트회의 탄생이 그것이다. 나는 이종진 선생을 따라 4·19 직후 창립 총회에 참석했다. 계시종교와 전체주의를 거부하고 제3의 길로서 과학적, 윤리적 휴머니즘을 지향하는 국제운동이었다. 그리스도교와 공산주의를 다 싫어하는 나에게는 안성맞춤이었다. 처음에는 회지 원고 심부름을 하다가 간사를 맡게되었다.

알고 보니 이 회의 전신은 중견 교수들의 친목단체 상우회와 소장 교수들의 연구 모임이었고 4·26 교수 데모를 주도한 분들이었다. 4·19 직후 교수들이 사회참여를 하겠다고 모였으나 회의 운영은 뜻과 같이 쉽지는 않았다. 나는 초대 회장 이상은 선생, 2대 회장 최재희 선생을 5년 동안 모시고 일했다. 자유사회주의자를 자처한 최재희 선생은 집념이 대단했지만 세상 물정을 모르는 분이라 모시기가 어려웠다. 그래도 진보적 그리스도교도 한완상까지 끌어들여 열심히 뛰었다. 휴머니즘 운동의 뿌리에는 듀이, 훅, 레이몬트 등 구 좌익이 있어 당시의 내 경향과 잘 맞았다.

민주화는 되었으나 경제는 엉망이었고 사회의 혼란은 극에 달했다. 이돈녕이 후배들의 나아갈 방향을 잡아주기 위해 모임을 만들자고 제의했다. 이순과 나 셋이 발기인이 되어 '융회'를 만들었다. 독어로 젊다는 뜻도 있고 한자로 일어선다는 뜻도 있었다. 선배들을 포함해 모르는 사람들이 많이 모였다. 몇 번 모이다 보니 공산주의를 노골적으로 옹호하는 사람들이 있었다. 나는 공산주의를 한다면 더 얘기할 필요가 없다고 생각해 모임을 뛰쳐나왔다. 반동이라고 나를 욕한 회원들 가운데는 나중에 중앙정보부 간부가 된 사람도 있다.

1961년으로 접어들면서 민통련은 점점 과격해져 갔다. 끝내 남북학생회담을 하자고 판문점으로 달려갈 기세였다. 후배들을 말렸으나 막무가내였다. 사회불안이 한껏 고조되었다. 이러다 공산화되는 것이 아닌가 하는 생각도 들었다. 공산주의의 위협을 깨우쳐주어야겠다는 생각이 들었다. 러셀의 글 「나는 왜 공산주의자가 아닌가」를 번역해 대학신문에 주었다. 이 글은 5월 16일자에 실렸다.

5·16이 일어나자 나는 육사로 뛰어가 철학과 선배 임동원 대위를 찾아가 쿠데타의 성격을 들었다. 검거 선풍이 불었다. 민통련 대의원 명단에 올라 있는 나도 자동 케이스일 거라는 생각이 들었다. 대기하고 있다가 5월 22일 잡혀갔다. 종로서 유치장에 갇혔다. 완전히 빨갱이로 몰았다. 동대문서에 잡혔다면 내가 아무것도 한 일이 없음을 잘 알았을 텐데 종로서에서 나를 알 리가 없었다. 유치장은 초만원이었다. 학생은 나까지 셋이었고 대부분은 깡패, 사기꾼 등 잡범들이었고 혁신정당 간부들이 있었다. 내 방에는 임시정부 국무위원 김성숙, 통사당 재정위원장 구익균, 조선공산당 사건으로 7년 복역한 윤동명 세 분이 거물이었고 옆방에는 고정훈, 건너편에는 윤길중이 있었다.

며칠 공포 분위기가 지난 다음에는 감방생활은 즐겁기만 했다. 세 분이 들려준 사회주의 운동사는 흥미진진했다. 혁신정당의 내막도 속속들이 알게 되었다. 그 안에서도 사회주의자들은 싸웠다. 게다가 여자 얘기, 잡범들의 범죄 무용담까지 듣다 보면 시간 가는 줄 몰랐다. 정치범들은 차입도 안 되어 보리 주먹밥만 먹다가 드나드는 잡범들의 사식을 얻어먹고 가끔 담배도 필 수 있었다. 1차 훈방에 빠지고 다음까지 40일을 있어야 했다. 그동안 수갑 차고 치안국에 가 다시 조사를 받았다. 박종홍, 최재희 선생이 출두하여 보증인이 되었다는 사실을 알았다. 임동원 형과 친우 박택규도 큰 힘을 썼다. 6월 말 풀려나면서 나는 부끄러움을 느꼈다. 진짜도 아니면서 용공분자라는 낙인이 찍혔고 이상한 눈으로 보는 사람이 많았다. 후유증은 오래갔고 아직도 내 신원조회 카드에는 왜곡된 기록이 남아 있다.

1학기가 다 가고 있었다. 교수들을 순방, 리포트로 학점을 받았다. 2학기에는 객관식 학사고시를 치고 졸업했다. 국가 학사였다. 이렇게 해서 철학과 학사 편입은 실패로 끝났다. 4 · 19, 5 · 16 탓만은 아니다. 철저한 준비 없이 들어간 데다 독일 관념론이 지배적인 분위기가 안 맞았고 기대했던 과학철학은 러셀, 카르납을 조금 읽는 빈약한 수준이었기 때문이다. 강의는 박홍규 선생의 그리스 철학이 인상 깊었고 베르그송 강의까지 다 택했다. 박종홍 선생의 한국철학사를 처음부터 들었고 조가경 선생의 첫 강의도 들었다. 미국에서 갓 돌아오신 김태길 선생의 윤리학 강의는 신선했다. 나는 김 선생을 좋아하게 되었고 장동만과 함께 제일 먼저 가까운 제자가 되였다.

대학원에 진학할 생각은 별로 없었다. 1년 동안 화학과에 가서 책 읽고 번역도 하고 지내다 이듬해 들어갔다. 동시에 취업도 했다. 돈이 필요해서 단기간 하는 취직이라 외국 기관을 택했다. 미 육군부 극동공병단의 측량기사였다. 한미행정협정이 체결될 때 보상을 위해 유엔군이 징발해 쓰고 있는 땅을 한국 국방부와 공동으로 재고 있었다. 처음에는 계산만 한다고 수학 시험을 보아 들어갔는데 제도를 시키고 현장에까지 내보냈다. 용산 미 8군 기지에서 이태원 북쪽을 노스 포스트라고 하는데 그것을 나 혼자 배워가며 그렸다. 현장은 인천, 오산, 동두천, 운천의 유엔군 기지촌이었다. 삼각측량이라 데오도라이트를 지고 고지를 오르내리며 일했다. 양부인들과 어울리며 놀음으로 지새우는 험한 노가다판에서 용케 참고 일하다가 1년을 못 채우고 사표를 냈다.

석사과정을 수료한 1965년 나는 조교를 자원했다. 무급에다가 공문이 자주 내려와 사무조교나 다름없었다. 그동안 나는 윤리학 전공도 아니면서 김태길 선생의 연구실을 썼고 댁에 자주 드나들었다. 나는 모든 일을 김 선생께 의논 드렸고 김 선생도 사소한 집안 문제까지 내 의견을 물으시곤 했다. 2학기에 김준섭 선생이 학장이 되면서 당신이 하시던 외대 강의를 나에게 주셨다. 경력이 모자라는데도 대안이 없다고 우기셔서 벼락 강사가 된 것이다. 철학, 철학사, 논리학 세 강좌였다. 형식논리학은 강의를 들은 일도 없는데 열심히 준비해서 가르쳤다.

연말에 나는 휴머니즘 운동을 통해 사귄 인도 학자의 추천으로 뉴델리에서 열린 '자유학교'라는 청년 연수 프로그램에 갔다. 어릴 때 아버지 따라 만주를 여행했지만 철나고 처음 하는 외국 여행이었다. 파키스탄과의 전쟁 직후라 긴박한 상황이었다. 후사인 부통령을 예방하고 국회에 가서 샤스트리 총리와 간디 의원을 보았다. 홍콩과 도쿄도 들렀는데 한일국교 정상화 직후여서 감회가 깊었다.

1967년 수료한 지 2년 만에야 석사 논문을 냈다. 학부 졸업논문은 생명론을 썼는데 이번에는 진화론을 잡았다. 제목이 큰 데다가 준비가 부실해 졸작을 만들고 말았다. 지도교수이신 김준섭 선생께 미리미리 보여드리지 않고 혼자 쓴 게 그 꼴이 되고 말았다. 지금도 죄송하게 생각하고 있다. 석사 논문을 다시 써보겠다던 계획은 아직도 실천에 옮기지 못하고 있다.

그 사이 1963년에 결혼한 이야기를 해야겠다. 아내는 국민학교 동기 동창인데 고교 때 다시 만났다. 나는 5학년을 마치고 중학교에 갔고 아내는 부산 피난 때 묵어 2년이 벌어져 있었다. 우리는 친구로 9년을 사귀었다. 고교 때는 경진회라고 서울 '경' 자 드는 학교 학생들을 모아 친목 서클을 했고 내가 입시 준비를 도와주기도 했다. 대학은 건축과를 희망했는데 내가 이과인데 공과로 가면 어떻게 하느냐고 해 문리대 사학과에 들어갔다. 역사가 적성이 아니어서 대학생활은 행복하지 못했다. 한우근 선생의 눈에 들어 졸업논문이 『역사학보』에 실렸고 선생님이 연구실에 남으라 하셨으나 학자 될 생각이 없다고 공무원으로 갔다. 내가 연애와 결혼은 일생에 단 한 번이어야 한다는 고집을 해 우리는 다른 이성은 전혀 모르고 둘이만 사귀었다.

우리의 결혼생활은 행복했다. 정에 굶주렸던 나에게는 아내의 정성어린 보살핌이 구세주 같았다. 그러나 아내는 고생이 많았다. 조용한 집에서 자란 사람이 개성이 강한 시누이들을 상대해야 했고 생활이 안정되지 않아 고역을 겪었다. 나는 학생 신분에 100평 가까운 빌딩 주인이 되었지만 4·19로 차질이 생겨 빚더미에서 허덕여야 했다. 5년 만에 집을 팔고 직영으로 성북동에 살 집을 지었다. 대지 140평에 50평이 넘었으니까 당시로는 대단한 호화주택이었다. 남은 돈은 시청 도시계획과 직원을 앞세우고 나가 갈현동, 구산동에 논 몇 천 평을 샀다. 공부한다는 핑계로 장기 부동산 투자를 한 셈이다.

그런데 누이동생들이 새로운 문제로 떠올랐다. 내 생각만 하고 돈 대주어 대학만 마치게 하면 되는 줄 알았다. 밖으로 돌아다니느라고 따뜻한 아버지 대역을 해주지 못한 것이 실수였다. 오빠에 대한 불만은 결혼 후 더욱 심각해졌다. 궁리 끝에 큰 누이동생을 미국에 유학 보냈다.

그리고 나도 1967년에 유학길에 올랐다. 나이 서른에 두 딸의 아버지였다. 집안 안정시키고 가겠다고 7년을 허송한 뒤였다. 그해 봄 김태길 선생이 지방 C대학에 전임으로 추천해 주셨는데 한 학기 있다 갈 것을 어떻게 가느냐고 사절했다. 대학 성적이 좋아 인디애나대학에서 펠로십을 받았다. 여비는 풀브라이트 재단에서 얻었다.

같은 주에서 퍼듀는 알았어도 인디애나는 들어보지도 못한 대학이었는데 가보니 좋았다. 더구나 과학사, 과학철학은 미국에서 단연 수위급이었다. 과학사에는 세계적인 학자 웨스트폴과 그랜트가 있었고, 과학철학에는 핸슨, 스크리븐이 떠난 뒤였지만 새먼과 소장으로 기리가 있었다. 나는 신예 생물학사가 처칠 교수를 지도교수로 공부를 시작했다.

첫 학기는 지옥이었다. 준비 없이 전혀 새로운 공부를 시작한 데다 오랫동안 논 뒤에 다시 공부를 하려니 보통 힘든 것이 아니었다. 일생에 그렇게 열심히 공부해 본 일이 없건만 성과는 안 났다. 지도교수가 정치학과 교수로 있는 선배에게 찾아가 그렇게 잘 못하는 이유를 물어보는 수모를 당하기도 했다. 훌륭한 스승들이었다. 과의 방침은 과학사와 과학철학을 함께 하는 것이었고 나도 그것을 원했지만 부담이 커진다고 과학사에만 전력투구하게 했다.

속도는 느려도 상황은 차츰 나아갔다. 2학기에는 기숙사에서 나와 한국 친구와 자취를 하면서 24시간 가동하는 도서관에서 밤을 새우며 읽었다. 큰 주립대학이지만 대학원만 있는 작은 과여서 가족적 분위기였고 유럽 대학을 닮은 점이 많았다. 여유가 생기자 철학, 역사 강의도 청강하고 캠퍼스의 풍부한 문화행사도 즐겼다.

이듬해 아내가 혼자 들어와 학교 앞 건물의 큰 다락방을 헐값에 빌려 살림을 차렸다. 고달프기는 해도 처음 해보는 오붓한 신혼생활이었다. 2년째는 어시스턴트십을 받아 여름 학기까지 해서 2년 동안에 44학점을 땄다. 그런데 2학기 말 논문을 기일 안에 못 마치는 바람에 장학금 신청 마감을 넘겨버렸다. 더구나 J비자이기 때문에 일이 난처하게 되었다. 서울 집에도 문제가 생겼다. 은평에 사놓았던 땅을 오래 기다리지 않고 팔아 투자한 것이 날아갔다. 막냇누이가 도저히 용서할 수 없는 부정을 저질렀다. 내 머리는 터질 것 같았다. 고민 끝에 후일 다시 오기로 하고 알단 귀국을 결심했다. 공부는 시작하다 만 셈이었지만 짧은 기간 엄청난 것을 배웠다.

그뿐만 아니라 내가 있던 기간은 미국사에서 가장 재미있는 때였다. 내가 오리엔테이션을 받으러 미시간주립대학에 도착했을 때는 디트로이트 폭동이 일어난 지 일주일 뒤였다. 인종문제, 빈곤문제가 터져 나오고 베트남 전쟁까지 겹쳐 미국사회는 발칵 뒤집혀 있었다. 정치에 무관심했던 젊은이들이 체제를 거부하고 거센 반항을 하고 있었다. 대학 소요가 번져나갔다. 내가 있던 대학에서도 보수적인 주 의회의 압력으로 수업료가 올라가자 학생들이 수업을 거부하고 도서관에 불을 질러 연방군이 출동하는 소동이 일어났다.

민권운동의 기수 킹 목사가 암살되면서 흑백문제는 수습이 불가능할 정도로 꼬여갔다. 1968년 선거에는 존슨 대통령이 출마를 포기한 뒤 민주당 후보 지명전은 4파전으로 나타났다. 극우파 월러스 주지사, 보수로 전신한 험프리 부통령과 대결한 것은 흑인, 소수민족, 노동자에게 인기 있는 로버트 케네디 의원과 지식인, 학생의 지지를 받은 매카시 의원이었다. 케네디는 교정에서 유세하는 것을 본 지 며칠 만에 암살당했다. 매카시를 미는 젊은이들이 시카고 전당대회장을 둘러싸고 압력을 가했으나 험프리의 지명을 막지는 못했다. 결국 대통령은 험프리보다 보수적인 닉슨이 차지했다.

이 엄청난 일들을 지켜보면서 나는 많은 것을 느꼈다. 대학의 진보적인 친구들과 토론하는 데서 나는 미국을 알게 되었고 세계에 대해 눈을 뜨게 되었다. 베트남 전쟁이 더러운 전쟁임을 알게 된 것은 충격이었다. 1970년대 학생들이 『전환시대의 논리』를 읽고 받은 충격을 미리 맛본 것이다. 나는 한국에서 내가 우물 안 개구리였다는 것을 깨달았다. 미국에 가지 않았더라면 그런 것을 어떻게 알 수 있었을까. 미국에서 보고 듣고 느낀 것은 그 이후 내 인생행로를 결정했다.

돌아와 보니 3선 개헌이 막 끝난 뒤였다. 대학은 거의 개점휴업 상태였다. 미국서는 서울대에 교양과정부가 생기면서 나 같은 사람을 찾는다는 얘기를 듣고 기대를 했는데 와보니 문제는 간단치 않았다. 나 없는 동안에도 집안을 돌보아주신 김태길 선생은 교양과정부장 민석홍 선생께 인사 갈 때 선물까지 챙겨주셨다. 민 선생은 1학년 때 은사로서 나에게 호감을 갖고 계신 것 같았다.

1969년 2학기에는 사대의 박익수 선생 과학사 강의의 대강을 맡았고 교양과정부의 문화화학 한 강좌를 얻었다. 1970년 봄 교양과정부에 과학사와 자연과학개론이 생겨 맡았고, 공대에서는 과학철학, 고대에서는 화학을 강의했다. 아내는 유엔개발계획에 취직했는데 내 수입은 그 3분의 1도 안 되었다. 그새 이사한 상도동의 작은 집에서 여러 학교를 뛰어다니는 고달픈 강사생활이 시작되었다.

어느 대학이 될지 모르니까 부탁받는 강의는 다 했고 늘 주 20시간 이상을 강의했다. 강의 준비 하느라 밤을 새우기 일쑤였고 천 명 넘는 학생 채점을 하느라고 방학을 바쳐야만 했다. 나는 유능한 학자는 못 되어도 좋은 선생이 되리라 마음먹고 성심껏 가르쳤다. 학생을 몹시 들볶고 가혹하게 다루었으나 반응은 좋은 편이었다.

교양과정부 사정은 착잡했다. 민석홍 선생은 한때 나를 서양사로 쓰려고 했다가 단념하셨다는 얘기가 있다. 정명환, 나종일, 한전숙 선생이 많이 밀어주셨지만 효과가 없었다. 과 소속이 가장 큰 문제였는데 종합화를 전제로 양해해 주어야 하는 문리대가 움직이지를 않았다. 교양과정부에서 쓰려 하면 본부가 틀고 본부에서 압력을 넣으면 교양과정부가 반발했다. 서울대에서 차일피일하다가 김준섭 선생이 추천하려 했던 F대를 놓쳤고 몇 번 지방대학도 내 소극적 태도 때문에 진전을 보지 못했다.

박익수 선생의 충고를 받아 철학과를 멀리하고 과학계에서 논 것도 오산이었다. 나중에는 김태길 선생이 권하는 대로 하기 싫은 국민윤리 강의까지 여러 해 했다. 문화사 강의까지 했으니까 교양과목에 관한 한 전국에 소문난 전문가가 되었다. 미국서 온 지 4년 만에 인디애나로 돌아가려고 풀브라이트 장학금을 신청했다. 인터뷰를 양쪽에 시켰는데 인문사회는 잘 나왔으나 자연과학에서 점수를 안 주고 먼저 갔다 왔다고 감점까지 해 안되었다. 제자들 틈에 끼여 토플까지 보았는데 상처는 컸다.

1970년대 초부터 신문, 잡지에서 글을 쓰라는 부탁이 많이 들어왔다. 학계에서 받아주지 않는 데 대한 반감도 있어 못 쓰는 글을 엄청나게 썼다. 과학 자체에 관한 글은 거의 없었고 주로 과학론이었는데 과학기술처를 많이 도와주면서도 늘 삐딱한 글을 쓴다고 눈총을 받았다. 어쨌든 나는 분량으로는 몇째 안 가는 과학 저술인으로 확고한 자리를 잡았다.

1971년 서울대에서 마지막 기회가 있었다. 물리학과에서 받겠다는 뜻밖의 제의가 왔던 것이다. 그러나 후배들로 이루어진 본부 무슨 위원회에서 부결되었다. 이유는 과 소속이 마땅치 않고 나이가 많다는 것이었다. 이해에 나는 엉뚱하게도 성균관대에 자리를 잡았다. 이공대학장으로 계시던 은사 박상윤 선생이 현승종 총장, 이명구 교무처장과 나를 쓰기로 전격적으로 합의한 것이다. 화학과, 철학과에서 다 못 받겠다고 하니까 아무도 없는 낙농학과로 발령을 냈다. 내 나이 마흔 살이 다 되어서였다. 이렇게 해서 10년 강사가 구제되었다.

그러나 특혜라고 해서 후유증이 컸다. 낙농학과의 겸임과정은 연구실도 주지 않았다. 교양학부로 옮겼다가 기구가 없어지면서 총장의 압력으로 사학과에 들어갔다. 사학과 강의는 안 하며 학과 교수회의에도 참석하지 않는다는 굴욕적인 조건을 받아들이고서였다. 사학과에 간 지 한 학기도 안 되어 나는 대학에서 쫓겨났다.

이번에는 분명히 정치교수였다. 그 배경은 이렇다. 나는 5·16 후 첫 선거에서 박정희에게 투표했다. 그가 민족주의자라고 믿었기 때문이다. 그 다음에는 그것이 허구였음을 깨닫고 1967년, 1971년에는 야당을 찍었다. 유신이 선포되고 공화당 정권은 막가고 있었다. 1975년에 동아일보 광고탄압 사건이 일어났다. 웬만한 일에 좀처럼 동요하지 않는 내가 크게 흥분했다. 나는 격려 광고를 내러 달려갔고 달마다 광고를 한 자도 빼놓지 않고 열독했다. 그러고는 쫓겨난 기자들을 돕는 데도 한몫했다.

1970년대 내내 나는 민주화 운동에 뛰어들지 못한 죄책감을 지니고 살았다.

1979년 10월 25일 밤 나는 과기처 S국장과 술을 마셨다. S는 공무원 신분도 잊은 채 목청을 높여 김영삼을 찬양했다. 나는 보다 못해 영어로 얘기하자고 했다. 이튿날 아침 박정희가 피격되었다는 전화가 왔다. 이제 독재가 끝나는구나 했더니 12·12가 일어났다. 전두환의 집권이 확실시되는 절망적인 상황이었다. 1980년 5월 초 고대 김용준 선생이 부르셨다. 지식인들의 시국선언을 준비하고 있는데 과학자들을 모으자고 하셨다. 둘이 꼽아보니 서명할 만한 사람이 몇 안 되었다. 우선 후배 최동식을 찾아 같이 잡혀가자고 하면서 서명을 받았다. 다음에는 장회익의 서명을 얻었고 그의 추천으로 남천우 선생도 참여시켰다. 장회익의 부인 모혜정 교수도 들어왔고 김용준 선생이 매씨 숙희 씨를 넣어 일곱 사람이 들어갔다. 교수, 작가, 언론인으로 이루어진 134인 지식인 시국선언은 5월 15일 발표되었으나 장안이 시위 학생으로 뒤덮인 뒤라 신문에 보도되지 못한 채 5·17이 일어났다. 그때는 도처에서 민주화 성명이 나왔지만 이번에는 조직적으로 중견 지식인들이 모였으므로 군부가 주목할 만했다.

그해 7월 나는 치안국 특수수사대에 잡혀갔다. 몇몇 아는 교수들이 이미 와 있었다. 심문 내용은 간단했으나 몇 번이고 다시 쓰게 해 그들이 만족할 만한 조서가 나오게 했다. 닷새 뒤에 다른 교수들은 훈방하면서 나만은 사표를 쓰라고 했다. 별수 없이 썼더니, 나중에 사표는 대학으로 우송하겠다고 했다. 나가기 직전 수사관은 보아하니 나와 동갑인데 인생 헛산 것 같다고 하면서 실속 좀 차리라고 충고했다.

각오했던 일이지만 막상 당하고 보니 충격은 컸다. 며칠 집에서 조용히 살길을 생각하며 보냈다. 강의만 못할 뿐, 다른 활동은 괜찮은 모양이었다. 해직 기간 나는 잠깐 과학 잡지 『사이언스』의 주간을 했다. 출판사를 하고 싶었으나 신규 등록이 나지 않아 할 수 없었다. 나는 저술활동을 계속하면서 리프린트 책장사를 했다. 이럭저럭 전의 수입의 3분의 2는 벌었고 아내의 수입과 합해 생활에는 지장이 없었다. 그러나 괴로운 것은 세상의 무관심이었다. 타국의 은사들도 격려 편지를 보내왔는데 주변, 특히 동료들의 냉담은 놀라웠다. 이 때문에 나는 가까운 친구 몇을 잃고 말았다.

일은 손에 안 잡히고 많은 시간을 여행과 등산으로 보냈다. 신문사에서 주최하는 명산순례, 월요등산회에도 끼고 아내와 같이 전에 못 가본 제주도, 홍도, 울릉도 여행도 하면서 울분을 달랬다. 그동안 외국 여행도 네 번 했다. 1981년 여름 부쿠레슈티에서 국제과학사회의가 있었다. 공산국인데 여행을 허가할 리 없다고 생각했다. 그 몇 달 앞서 고교 다니는 큰딸을 그라츠의 걸스카우트 캠프에 보낸 뒤 시험 삼아 여권 신청을 했더니 뜻밖에 나왔다. 안 갈 수도 없어 다른 세 분은 여비 보조를 받았는데 나는 자비로 갔다. 나는 비자 없이 용감하게 들어가 공항에서 비자를 받아 입국하는 데 성공했다.

사회주의 국가의 첫 경험은 잊을 수 없는 것이었다. 북한 학자 세 사람을 만났는데 전두환 욕을 하면 어떻게 하나 고민했다. 무사히 귀국하자마자 경찰과 중앙정보부의 조사를 받았다. 미국 대사관에 비자 받으러 간 것이 망명으로 와전된 웃지 못할 사건이었다. 이 사건으로 약속되었던 D대학 취직이 좌절되었다.

1982년 나는 민영규 선생의 호의로 후쿠오카의 한일고대사 심포지엄에 아내와 함께 가서 강연을 하고 츠시마, 이키 여행을 즐겼다. 1983년에는 교토에서 한일과학사 세미나가 있어 아내와 함께 2주일 일본을 여행했다. 그해에 아시아의 그리스도교 대학들을 돕는 미국의 유나이티드 보드가 해직교수 해외연구비를 만들었다. 나는 신자도 아닌데 받고 싶지 않다고 사양했으나 김용준 선생의 간곡한 권유가 있어 친구가 있는 영국 리즈대학 철학과로 갔다. 두 달은 반과학운동에 관한 자료를 수집하고 마지막 한 달은 아내를 불러 대륙 여행을 했다.

영국으로 떠나는 날 성대 총장을 지내고 새로 생긴 한림대 대학발전 위원장으로 계신 현승종 선생이 전화를 하셨다. 한림대로 오라는 부탁이었다. 직전에 해직교수는 원 소속 대학 아닌 곳으로 갈 수 있다는 정부 발표가 있었던 것이다. 영국에 있는 동안에도 현 선생은 편지로 결심을 촉구하셨다. 해직 동료를 포함해 여러 사람에게 의견을 구했으나 답장이 없었고 성대의 김진경 선생은 한림으로 가라고 권하셨다. 대단한 반체제도 아닌데 본교에 돌아간다고 마냥 기다리는 게 무슨 의미가 있을까 회의가 들었다. 마지막 순간 한림행을 결심하고 편지로 통보했다. 귀국하자마자 성대 조좌호 총장을 찾아가 양해를 구하고 곧바로 춘천에 가 서류를 냈다. 이렇게 해서 3년 반의 해직은 끝났다. 나중에 들으니 S대와 I대에서도 나를 쓸 것을 생각했던 모양이고 강원대에서는 이상주 총장이 직접 나서 오라고 했다. 한림이 먼저 제의해 왔다고 이유를 댔지만 강원대에는 아직까지 마음의 부담을 갖고 있다. 다른 동료 해직교수들을 배신한 것 같아 괴로웠다. 그러나 나로서는 정부와 타협한 것도 아닌데 재야에서 민주인사 명부에 뺀 것이 섭섭하기도 하다. 반년 뒤 해직교수들은 전원 복직이 허용되었다. 성대에서도 오지 않겠느냐고 연락이 왔다. 간 지 한 학기 만에 어떻게 돌아가겠느냐고 사절했지만 종일 우울했다.

아직도 쓸 얘기가 많은데 시간이 없고 지면도 너무 많이 쓴 것 같다. 네 시간 뒤면 중국행 비행기를 타야 한다. 지난 8년 동안의 일을 몇 줄로 적는다면 한림대에 가서도 큰 파동을 겪었고 영국에 1년, 독일에 반년 연구차 가 있었으며 사회주의 국가 8개 나라를 대부분 무너지기 전에 여행했다는 것이다. 북한 사람들을 20여 명 접촉했고 일본의 조선대학교를 두 차례 공식 방문했다. 최근에는 철학연구회 회장과 한국과학사학회 회장을 지낸 것도 중요한 사건이다.

복잡한 반생을 정신없이 회고하다 보니 지적 편력에 대해서는 거의 쓰지 못했다. 나는 학자로서 실패했음을 자인한다. 그러나 내 나이의 많은 사람들처럼 후진 양성으로 만족하지는 않는다. 나는 아직도 학문적 야심을 버리지 않고 있다. 그래서 언제 정리할지 모르는 자료를 부지런히 모으고 있다. 내 학창 시절의 독서는 난독이었다. 지난 20년 동안은 강의하고 글쓰기 위한 쫓기는 독서였다. 이제부터는 본격적인 논문을 쓰기 위한 차분하고 철저한 독서를 하고 싶다.

내 업적이라야 별 것이 없다. 개설 교과서 몇 권, 번역서 몇 권, 그리고 논문도 몇 편 안 된다. 그동안 쓴 글을 책으로 낸다면 20권은 족히 넘을 것이다. 대부분 얄팍한 것이지만 준논문쯤 되는 것도 꽤 있다. 주위의 압력에도 불구하고 책으로 엮지 않은 것은 내 완전벽 탓이기도 하다. 그러나 조만간 건질 만한 것은 추려서 낼 것이다.

지금껏 내가 관심을 가지고 해온 일은 다양하다. 생명론, 진화론, 유물론, 연금술, 과학혁명, 후기 과학철학, 반과학론, 한국 현대과학 등을 조금씩 건드려보았다. 그러나 이 모든 것은 과학에 귀일된다. 요컨대 나의 궁극적 관심은 과학의 본질이 무엇인가에 있다. 여기에는 여러 가지 접근 방법이 있다. 요즘에는 과학사, 과학철학, 과학사회학을 하나로 통합하려는 움직임이 있고 그런 지향의 잡지도 나온다. 나도 그런 각도에서 문제에 접근해 보고 싶다.

과학을 보는 내 눈은 많은 변화를 겪었다. 학생 때 나는 천진난만한 과학주의자였다. 지금은 과학에 대해 회의적이고 비판적이다. 반과학주의라 할 만큼 새 좌익의 과학관에 호감을 갖고 있다. 앞으로 공부함에 따라 나의 과학관이 어떻게 변할지는 알 수 없다. 그러나 나는 어린이와 같은 호기심을 갖고 계속 탐구할 것이다.

나는 복잡한 삶을 살아왔다. 시행착오도 많았다. 한 가지 자신 있게 말할 수 있는 것은 내가 원칙을 세우고 거기에 충실하게 살아왔다는 것이다. 내가 좋아하는 『파우스트』의 구절이 있다. "인간은 노력하는 한 잘못을 저지른다(Es irrt der Mensch, solang' er strebt)." 나의 방황은 아직 끝나지 않았다. 그러니 계속 노력하는 길밖에 없다.

송상용 한림대학교 사학과 명예교수, 한국과학기술한림원 종신회원. 철학연구회 회장, 한국과학사학회 회장, 한양대학교 석좌교수, 유네스코 세계과학기술윤리위원회 부위원장, 철학아카데미 이사장을 역임했다. 서울대학교 화학과를 졸업하고, 서울대 철학과에 편입하여 학사학위를, 동 대학원에서 석사학위를 받았다. 미국 인디애나대학교에서 과학사 및 과학철학 전공으로 석사학위를 받았다. 저서로 『교양과학사』, 『서양 과학의 흐름』, 『한국 과학기술 30년사』 등이 있다.

합력하여 선을 이룬다

손 봉 호

여러 우물을 판 인생

나는 아직도 '나의 철학적 인생론'을 쓸 만큼 확고한 철학적 인생론을 갖고 있지 않다. 아직도 더 배우고, 경험하고, 생각해 봐야 한다. 주위의 많은 친구들은 비교적 젊어서 확실한 인생관과 구체적인 삶의 목적을 가지고 초지일관 그 목적을 달성하기 위하여 열심히 그리고 성실하게 노력하지만 나는 그렇지 못하다. 나는 헤매는 인생을 살았고, 지금도 계속 헤매고 있다. 사람들은 흔히 한 우물을 파야 성공한다고 하지만, 파보다가 물이 나오지 않으면 다른 곳에 옮겨서 파야지, 물이 나오지 않는 곳에 계속 파는 것은 어리석은 일이 아닌가 생각하면서 자신을 변명한다. 그래서 지금도 나의 생각이나 삶이 잘못임이 판명되면 고칠 준비가 되어 있다.

나는 남에게 자랑할 만하고 도움이 될 만한 삶을 살지도 못했다. 가끔 다른 사람들을 비판하기도 하지만, 그렇다고 하여 나처럼 살고 생각하라고 요구할 만큼 자신을 갖고 있지도 못하다. 자식들에게도 나를 본받으로라고 해본 일이 거의 없고 학생들에게도 그것을 요구하지 않는다. 이 글도 괜히 써서 독자들의 시간만 빼앗을까 걱정되기도 한다. 바쁜 분은 여기까지만 읽고 더 중요한 것에 시간을 보내면 좀 덜 미안하겠다.

계획 없이 하게 된 철학 공부

나는 대학에 들어갈 때까지 철학에 대해서 별로 생각해 본 적이 없다. 사실 철학이 무엇인지 들어보지도 못했다. 철학하는 사람이란 머리나 수염을 깎지 않고 옷은 남루하게 입으며 하늘이나 쳐다보고 사는 사람들이라는 통속적인 인상만 가지고 있었다. 어디서 읽은 디오게네스 이야기 때문이었는지도 모른다.

내가 태어난 경북 영일군 기계면 학야동은 도시와 문명, 그리고 철학으로부터의 거리가 매우 먼 시골이다. 첩첩산중은 아니지만 나라의 한쪽 구석에 박혀 있어 모든 중요한 도로에서 비껴 있는 곳이다. 명예 통정대부가 되신 고조께서 몸이 약하셔서 물이 좋은 마을이라 하여 종가(宗家)가 있는 양동(良洞)에서 그 마을로 옮기셨다 한다. 요즘처럼 식수문제가 심각한 시대에는 좀 빛을 볼지 모르나 아무 특징도 없는 시골이다. 국민학교를 졸업한 뒤에야 처음으로 기차를 구경하고, 온 마을에 시계 하나 없어서 창호 문에 드리워진 처마의 그림자를 보고 학교 갈 시간을 알았을 정도의 시골이었다.

어릴 때는 가지고 놀 장난감이 없어서 냇가의 돌멩이가 개도 되고 기차도 되고 했다. 읽을 책도 없고 구경할 것도 많지 않으니까 주로 공상하는 것으로 많은 시간을 보냈다. 그 덕으로 상상력 훈련은 단단했다. 그래서 '생각하는 것'으로 먹고사는 사람이 되고 말았는지 모르겠다.

국민학교 때 나는 무한운동(無限運動)에 대해서 공상해 본 적이 있다.

물론 무한운동이란 이름은 들어보지도 못했고, 그런 어처구니없는 생각으로 특허를 신청하는 사람들이 전 세계적으로 수백 명이 된다는 사실은 최근에야 알았다. 고무줄로 프로펠러를 돌리는 장난감 글라이더를 만들다가 고무줄이 풀리면서 돌아가는 프로펠러의 힘으로 고무줄을 다시 감을 수 있지 않을까 생각한 것이다. 그러면 감긴 고무줄이 풀리면서 프로펠러가 돌고, 돌아가는 프로펠러의 힘으로 다시 고무줄을 감으면 글라이더는 영원히 날 수 있겠다고 생각했다. 톱니바퀴 하나를 두 톱니바퀴 사이에 넣으면 돌아가는 방향이 거꾸로 되기 때문에 한쪽은 풀리고 다른 쪽은 감긴다는 사실도 생각해 냈다. 물론 마찰이 에너지를 앗아간다는 사실이나 공기저항 같은 것은 그때 몰랐다.

중학교에 다닐 때는 '온다'와 '간다'의 차이에 대해서 생각해 본 적이 있다. 자동차가 이리로 '오다가' 내 앞을 지나면 '간다'고 하는데 오는 것과 가는 것의 경계가 어디인가에 대해서 따져본 일이 있다. 물론 훨씬 뒤에야 아우구스티누스가 비슷한 방법으로 '지금'은 없다고 주장했다는 것을 알았다. 그리고 보면 그 산골 소년도 철학 같은 것을 좀 했다고 할 수도 있을 것 같다.

내가 철학을 전공하기까지는 많은 우여곡절이 있었다. 대학에는 영문과에 입학했는데, 뭐 특별한 이유가 있어서가 아니었다. 교회에 다니면서 신학자들의 강의와 설교를 듣고 인상을 받아 종교과에 갈까 생각했으나 비기독교인인 부모님들이 기어코 내가 싫어하는 법과대학에 가서 고등고시에 합격해야 한다고 주장하셔서 타협안으로 택한 것이 영문과였다. 물론 중고등학교에서 영어를 좋아하였고 신구약성경을 영어로 읽기도 했다. 그때는 영문과가 인기가 있어서 부모님을 어느 정도 만족시켜 드릴 수 있었다. 그러나 대학에서는 종교학을 부전공으로 택해서 주로 어학 강의를 많이 들었고, 철학은 김준섭 교수의 철학개론, 최재희 교수의 윤리학을 수강했고, 박종홍 교수의 헤겔 강독을 청강하였다. 그러나 영문학이나 언어학도 재미있어서 앞으로 영어학을 전공할까 하고 대학원의 영어영문과에 입학하여 영어학을 전공하기로 마음먹었다. 그래서 인천 인성여중에서 임시교사로 영어를 가르치면서 대학원에 한 학기 다녔다.

나로 하여금 영어학을 그만두게 하고, 비록 확고한 것은 아니지만 지금의 가치관과 인생관을 어느 정도 갖게 한 것은 육군 방위중대에서 졸병생활을 할 때였다. 후방이긴 하지만 보초만 서야 하는 방위중대라 주로 배경이 없는 사람들만 모였고, 대학을 졸업한 사람은 거의 없었다. 사람들이 거칠어 많이 얻어맞기도 했다. 그러나 그보다 더 괴로운 것은 군수물자를 관리하는 군인들과 그것을 지키는 우리 방위중대 군인들 가운데 뭣이라도 좀 훔치지 않는 사람은 거의 없었다는 사실이었다. 그때만 해도 순진한 기독교 신앙을 가졌던 나에게 그것은 견디기 어려운 일이었다. 같이 훔치지 않으면 고자질할까 봐 같이 하자고 유혹도 하고 협박도 했다. 나중에는 차라리 부대에 두지 않는 것이 편하다고 생각했는지, 비공식 휴가를 많이 보내주었다.

나는 거기서 영어학을 그만두기로 결심했다. 이렇게 부정직한 국민들을 위하여 영어학이 무슨 도움을 줄 수 있을지 회의가 생겼기 때문이었다. 가장 필요한 것은 교육이란 생각이 들어서 기독교 교육을 전공하기로 결심하고, 좀 더 충실히 기독교 교육학을 공부하기 위해서는 신학부터 해야 하겠다고 미국 필라델피아에 있는 웨스트민스터 신학교(Westminster Theological Seminary)에 지원했다. 나는 신학자가 되거나 목사가 될 생각은 없고 다만 기독교 교육학을 잘하기 위해서 신학을 공부하겠다고 솔직하게 편지했으나, 학교에서는 후한 장학금과 함께 입학허가를 해주었다.

나는 지금 그때 내가 필요하다고 생각했던 교육을 조금은 하고 있다고 생각한다. 대학에서 강의하는 이론적 교육 외에 대중매체를 통한 사회교육에 남다른 관심을 쏟는 것은 그런 경험과 결심 때문이고, 특히 도덕교육에 치중하는 것도 역시 군대생활에서 받은 충격의 영향이라 생각한다. 주위에서 여러 친구들, 특히 우리 집 아이들이 대중매체를 너무 탄다고 비판하기도 하지만, 나는 사회를 좀 더 질서 있고 정의롭게 만드는 데 도움이 된다면 무슨 일이라도 하려 한다. 몇 사람으로부터 욕먹는 것을 두려워해서 좋은 교육기회를 놓치는 것은 매우 이기적이라고 느껴지기 때문이다. 다만 그것이 독재자들에게 이용당하는 것이라 느꼈을 때는 거절해 왔다.

신학교에서 공부해 보니 그 나름대로 재미도 있고 의의도 있었다. 처음 의도했던 기독교 교육에 대해서는 그만 잊어버리고 이제는 신학의 여러 가지 이론적 문제에 대해서 흥미를 갖게 되었다. 역시 나는 한 우물을 못 파는 모양이었다. 그러나 신론(神論), 인간론(人間論) 등 조직신학(組織神學)을 공부하면서 너무 많은 철학적 문제를 발견하고 그것들에 대한 대답이 주어지지 않아서 많이 고민했다. 우리의 사고를 통해서 어떻게 하나님에 대해서 논할 수 있는지, 논리적 사고가 어느 정도 현실성이 있는지가 계속 문제되었다. 또다시 헤매게 된 것이다. 그래서 신학교에서 개설된 철학 과목에 흥미를 갖게 되었고, 철학책을 읽기 시작했다. 그때는 철학이 무엇인지 잘 몰라서 철학을 공부하면 그런 문제들은 모두 해결될 줄로 생각했다. 철학사를 읽고 키에르케고르의 책들을 탐독하였으며 논문도 여럿 썼다. 여기서 비로소 철학과의 본격적인 조우가 이루어진 것이다.

신학교를 졸업하고 네덜란드의 수도 암스테르담에 있는 자유대학(Vrije Universiteit te Amsterdam)에 가서 철학을 공부하게 된 것은 웨스트민스터 신학교에 네덜란드 출신 교수와 자유대학에서 공부하고 온 교수들이 많았기 때문이고, 그 대학에서 활발하게 논의되고 있었던 기독교 철학에 관심이 생겼기 때문이다. 그러나 그곳에 가서 공부해 보니 기독교 철학은 내가 기대했던 만큼 나의 문제를 해결해 주지는 못하는 것 같았다. 그래서 시야를 넓혀 칸트, 현상학, 문화철학, 윤리학을 열심히 공부했다. 마침 그 대학에서 현상학과 과학철학을 강의하던 반 퍼슨(C. A. van Peursen) 교수의 관심과 사랑을 받게 되어 그의 조교가 되었고, 나의 시야는 기독교 철학 바깥으로 확대되었다. 마침내 반 퍼슨 교수의 지도 밑에 칸트와 후설에 대해서 학위 논문을 쓰기에 이르렀다. 또 다른 우물을 판 것이다.

이렇게 많은 우물을 판 것은 줏대가 좀 없는 탓도 있겠지만, 호기심과 야심이 너무 많았기 때문이 아닌가 한다. 지금은 좀 철이 들어서 자신의 한계를 알았기 때문에 다소 숙명적이 되었지만 얼마 전까지만 해도 모든 것에 관심을 기울였다. 그래서 누가 왜 철학을 했느냐고 물으면 여러 분야에서 다 코를 내밀어보는 데 가장 편리한 학문이 철학이라고 대답한다. 사실 시간이 있으면 다른 분야를 또 공부했을는지 모르지만, 지금은 다른 것 더 해보았자 별수 없을 것이란 생각을 하게 되어 종착역에 다다른 것이 아닌가 한다. 철학 공부가 나에게 준 가장 큰 도움은 인간 인식의 한계를 깨닫게 한 것이다.

토론, 예술, 여행

네덜란드에서의 철학 공부는 매우 값진 것이었고, 위궤양으로 한 달이나 입원할 만큼 열심히 공부했다. 강의나 독서도 유익했지만, 그보다 더 나에게 도움을 준 것은 동료 학생들과의 수많은 토론회와 세미나, 그리고 대화였다. 대학에 등록한 지 3년이 채 되지 않아서 나는 철학과 조교가 되었고, 계속 진급하여 마침내 전임강사(네덜란드 말로는 wetenschappelijke medewerker, 즉 '학문적 동역자')가 되었다. 그것은 다른 조교들과의 친교와 대화를 즐길 좋은 기회를 제공하였다. 그때

조교란 일하기보다는 일종의 장학제도였기 때문에 학교를 위해서 하는 일은 그렇게 많지 않았다. 처음에는 도서관을 위하여 필요한 철학서적을 선정하는 일을 맡았고, 후에 논문을 쓰는 중에는 학부 학생들 인식론 강의와 대학원 학생들 세미나를 몇 인도했을 뿐 주로 공부하는 데 시간을 보냈다.

나는 근 7년 동안 헹크 케르세마(Henk Geertsema)란 친구와 연구실을 같이 썼다. 커다란 연구실 하나에 조교 둘이서 사용했는데, 그도 신학을 공부하고 난 다음 나와 같은 해에 철학을 시작했고, 같이 조교가 되어 함께 일하게 된 것이다. 지금은 그 대학에서 철학교수로 열심히 철학과 신앙운동을 하고 있다. 그와는 한 시간마다 마시는 커피 휴식, 점심시간, 그리고 방과 후에까지 철학, 신학, 신앙, 서양문화, 심지어 신상문제에 이르기까지 많이 의견을 교환할 기회가 있었다. 학교 근처 큰 백양목들이 줄을 서 있는 오솔길이 있었는데, 점심식사 후에는 거의 예외 없이 그 길을 걸으며 철학 이야기를 했다. 그는 그 뒤 한국을 두 번이나 방문했으며, 서울대학 철학과에서 강연한 바도 있다. 아직 독신이기 때문에 2년 전 여름휴가에는 마침 철학과에 입학한 우리 아이를 독일과 오스트리아로 데리고 다니기도 했다.

그 외에도 나는 몇몇 귀한 친구들을 사귈 수 있었다. 지금 자유대학에서 사회철학 교수로 있는 그리피운(S. Griffioen)과도 깊은 교제를 할 수 있었다. 같은 기숙사에 있으면서 뜻이 맞는 친구와 토론 클럽을 조직하여 철학, 경제학, 신학 등의 문제를 토론하였다. 그때 회원은 지금 거의 모두 교수가 되어 있으며, 한 사람은 네덜란드 수상의 물망에 오르기도 했다. 어느 여름방학에는 그의 부모 집 넓은 정원에서 역사철학 시험을 같이 준비했는데, 교수가 같이 준비했으니 같이 시험을 보라고 하면서 세 시간에 걸쳐 재미있는 토론을 벌이고 난 다음 둘이 다 최고의 평가를 받은 일도 있다. 그때는 박사과정의 모든 시험이 구두로 이루어졌다.

그들과의 수많은 대화와 인간적인 교제를 통하여 나는 서양인들의 사고방식을 느낄 수 있었고, 그것이 나로 하여금 서양철학을 이해하는 데 큰 도움이 되었다. 역시 신앙적 동질성 때문에 인간관계가 깊어질 수 있었고 그것은 나에게 큰 특권이 아닐 수 없었다.

유학 시절의 또 하나 특이한 경험은 서양의 음악과 미술과의 접촉이다. 나는 어릴 때부터 노래를 부를 줄 몰랐고 그림을 그릴 줄 몰라 그 분야에 열등의식을 갖고 있었다. 예술에 대한 감수성이 매우 둔해서 아예 관심을 기울이지 않았다. 그런데 네덜란드에 가니까 그런 태도로는 문화인 행세를 할 수 없음을 느꼈다. 예술에 대한 학생들과 지식인들의 관심과 조예가 상당히 깊었다. 친구 따라 강남 간다고 그런 분위기 속에서 나도 덩달아 음악회와 미술전시회에 부지런히 가지 않으면 안 되었다. 친구 가운데는 미술사 강사도 있었고, 미술사 교수는 우리 모두가 존경하는 신앙인이었기 때문에 접할 기회가 많았다. 암스테르담 콘서트홀에는 아예 연초에 1년 정기입장권을 구입하여 세계적으로 유명한 지휘자와 연주자를 감상할 수 있었다. 피아니스트 루빈스타인, 지휘자 올만디, 불레 등도 들을 수 있었고, 피카소, 보스, 달리, 베이컨 등의 특별전시회도 감상할 수 있었다. 사실 나의 귀와 눈 정도의 수준으로 감상하기에는 과분한 기회들이었지만, 나름대로 많은 것을 느끼고 배울 수 있었다. 언어로 표현된 서양인의 사상 외에 서양인들의 느낌을 좀 같이 느낄 수 있게 해준 기회였다.

영국, 독일, 이태리, 프랑스, 스위스, 벨기에 등 여러 나라의 미술관을 찾아다니면서 서양사상과 그림과의 관계를 살펴보는 것은 매우 유익하였다. 나는 그림과 음악을 예술작품으로 즐기기보다는 사상의 표현으로 분석해 보려는 버릇을 얻었다.

나는 여행을 좋아했고, 비교적 많이 돌아다닌 셈이다. 미국, 캐나다 등 북미, 네덜란드, 프랑스 등 유럽 국가들은 말할 것도 없고, 멕시코, 아르헨티나, 페루 등 남미, 태국, 싱가포르, 대만, 일본 등 아시아, 그리고 케냐, 잠비아, 남아프리카공화국 등 아프리카 국가들을 여행하였고, 최근에는 러시아와 폴란드도 방문할 수 있었다. 아직 오스트리아와 뉴질랜드에 가보지 못했고 스칸디나비아와 리비아 반도를 방문하지 못한 것이 아쉽다. 나는 여행이 우리의 생각을 풍부하게 하고 다른 사람과 자신에 대한 이해의 폭을 넓힐 뿐 아니라 비판적 사고를 자극해 준다고 믿는다. 그래서 젊은 사람들에게 어느 때라도 좋으니 외국에 많이 다녀오라고 권한다. 국내에서 열흘을 보내는 것보다 외국에서 하루를 보내는 것이 우리의 마음을 더 폭넓게 하고 비판적이 되게 한다고 생각한다.

나를 잘 아는 사람들은 가끔 어떻게 철학하면서 신앙생활을 병행할 수 있느냐고 묻는다. 근 20년간 교회에서 설교를 했고 새로운 교회를 셋이나 설립했으니, 철학하는 사람으로는 좀 특이하고 그런 질문이 나오는 것도 당연하다. 그러나 나는 철학과 신앙이 병존될 수 없다고 생각하지 않는다. 과거 여러 위대한 철학자들이 매우 신실한 신앙인이었다는 사실만 보아도 양자가 배타적일 필요가 없음을 알 수 있다. 나는 오히려 신앙이 철학에 많은 도움을 준다고 생각한다. 절대자에 대한 신앙은 그 어떤 인간의 이론도 상대화해 주기 때문에 항상 비판적일 수 있고 모든 철학적 도그마로부터 해방될 수 있다. 물론 인격적인 하나님의 존재, 사랑이란 가치의 절대성, 인간의 인격성 등에 대해서는 기독교 신앙의 영향을 받은 것이 분명하지만, 그것이 나로 하여금 비판적이고 창조적으로 철학하는 데 지장을 준다고 생각하지 않는다. 오히려 철학을 단순히 사색적인 것에 묶어두지 않고 좀 더 실천적이고 구체적인 것이 되게 하는 데 도움을 주었다고 믿는다.

나는 철학이 과학(Wissenschaft)이 될 수 없고 되어서도 안 된다고 생각한다. 그것이 나의 학위 논문 「과학과 인격(Science and Person. A Study on the Idea of Philosophy as Rigorous Science in Kant and

Husserl)」(1972)의 결론이다. 그 논문에서 나는 철학을 엄밀한 학으로 정립하려 했던 칸트와 후설의 철학 이념을 분석하고, 그것이 그들이 그렇게 중요시했던 인격성과 어떤 관계를 갖고 있는지를 알아보려 했다. 그런데 나는 엄밀한 학으로서의 철학만으로는 그들이 추구하는 목적을 달성할 수 없음을 제시하려 하였다. 그 생각에는 지금도 변함이 없다. 철학은 어느 정도 학문적이 되어야 하지만, 학문이 가지고 있는 한계성 때문에 철학이 엄밀한 학이 되면 인간의 인격성을 정확하게 표현할 수도 없고 그 존엄성을 확신시킬 수도 없다고 생각한다. 인간과 사회에 대한 학문적 이론의 무력성이 더욱더 분명해진 오늘에는 나의 주장이 더욱 옳다고 느껴진다. 철학을 과학과 같이 엄밀한 학으로 만들려는 여러 철학자들의 시도는 과학주의적 사고가 빚어낸 소외현상이 아닌가 한다.

인간의 고통을 줄이기 위한 활동

한국에서의 나의 철학 연구의 활동은 다른 철학도들에게 그렇게 추천할 만한 것이 못 된다. 최근 너무 많은 다른 일들에 시간과 관심을 쓰고 있다. 나도 위대한 사상들을 음미하고 창조적이고 비판적인 철학 논문을 쓰고 싶은 생각이 간절하다. 그런 환경이 되면 나는 아마 매우 행복할 것이다. 그런데 웬일인지 철학에만 몰두하는 것이 나에게는 사치처럼 느껴져서 고민이다. 우리 사회의 도덕성, 장애자들의 어려움, 한국 기독교의 부패 등이 더 심각한 문제인 것 같고, 철학에 내가 공헌할 수 있는 것보다 더 큰 공헌을 그쪽에 할 수 있을 것같이 느껴진다.

아주 우연한 기회로 수년 전부터 나는 인간의 고통문제에 대해서 생각하기 시작했는데, 이는 나를 철학적으로 흥분시키기에 충분하다. 이 문제에 대해서 일생 동안 생각하고 쓸 만한 가치가 있다고 생각하기에 이르렀다. 시간을 두고 이에 대한 다른 사상가들의 의견을 읽고 나 자신의 생각을 정리하고 싶다. 그러나 아직은 그만한 사치를 즐길 시간을 갖지 못해 안타깝다.

나는 한 우물만 파지 않고 여러 문제에 관심을 기울이고 있는데, 그 모든 관심은 궁극적으로 한 문제와 연결되어 있다는 것을 발견하고, 앞으로의 활동도 거기에 초점을 맞추려고 노력한다. 그것은 역시 인간의 고통문제이다. 인간의 고통은 너무 심각한 것이라서 어떤 다른 것도 이보다 더 중요한 문제는 없다는 결론에 이르렀다. 그래서 나는 어떤 방법이나 길이라도 인간의 고통을 줄이는 데 공헌한다면 그것은 보람된 것이라 생각한다. 만약 철학을 통하여 그것을 성취할 수 있다면 나는 철학에 매달려야 하지 않을까 한다. 물론 이런 결론에 도달하게 된 것은 철학적 사고를 통해서였기 때문에 이미 철학에 많은 도움을 받은 것이 사실이다. 그러나 문제의 발견이 철학을 통해서 이루어졌다 해서 그 해결조차도 철학을 통해서만 이루어지는 것은 아닐 것이다. 물론, 그런 결론도 철학적 사고를 통해서 얻어질 수 있다.

인간의 고통은 너무 심각하고 어떤 고통은 그 제거 혹은 감소가 너무 절박하게 필요하기 때문에 여유를 가지고 철학적 사고를 즐길 수 없다고 생각한다. 나는 가끔 회의하고 자신에게 질문한다. "내가 철학에만 몰두함으로써 우리나라, 세계의 철학계에 어느 정도 공헌할 수 있을까? 나아가서 그것이 인간의 고통을 감소시키는 데 직접 혹은 간접으로 어느 정도 도움을 줄 수 있을까? 지금 가지고 있는 능력과 주어진 기회를 이용하여 철학 논문이나 책을 통해서 사람들에게 더 큰 도움을 줄 수 있다면 그것을 포기하는 것이 정당한가?"

내가 장애자 문제에 10여 년간 관심을 기울이고 있는 것도 역시 그런 이유 때문이 아닌가 한다. 장애자들을 보면 불쌍하게 느껴질 만큼 나는 그렇게 정이 많은 사람이 아니다. 다만 구약성경을 읽으면서 그 사회에서 가장 불리한 입장에 있는 사람들을 돕는 것이 하나님의 사랑을 실천하는 것이란 확신을 얻었고, 그런 사랑은 참으로 가치 있는 것이라고 생각한다. 우리나라에서는 장애자들이 4백만 이상이 되는데 아직도 원시적인 고통을 받고 있고, 정부와 사회에 의하여 야만적인 대우를 받고 있다. 비록 직접 나서서 그들의 고통을 줄여주지는 못할지라도 내가 지금 서 있는 위치와 가지고 있는 능력으로 그렇게 하는 데 간접적으로라도 도움을 줄 수 있다면 그것을 거절해서는 안 되지 않을까 한다. 내가 이사장으로 있는 '밀알선교단'이란 장애자 복지단체에 최근 두 사람의 신실한 기독교인이 15억 원의 재산을 헌납해 주어서 매우 흥분되어 있다. 그 사람들은 장애자 문제에 대해서 내가 쓴 글과 강연에 감동을 받아 그 많은 재산을 내놓기로 했다 한다. 그 돈은 장애자들의 고통을 줄이는 데 효과적으로 쓰일 것이다.

나는 윤리도 고통과 연결시킨다. 고통이 없으면 윤리가 문제될 필요가 없고, 윤리적이라 함은 다른 사람에게 고통을 주지 않도록 행동하는 것이라고 믿는다. 그래서 내가 사회운동 혹은 윤리운동을 하는 것도 역시 사람의 고통을 줄이기 위한 것이라고 믿는다. 4·19 후 몇몇 친구들과 함께 '새생활운동'이란 것을 시작해서 야단을 일으킨 것이 나의 사회운동의 시작이었다. 수십 명의 학생들이 댄스홀을 습격해서 춤추는 사람들을 난처하게 만든다든지, 양담배와 밀수된 커피 퇴치운동을 벌였으며, 심지어는 국회의원들이 불법으로 타고 다니는 지프 200여 대를 붙잡는 데도 앞장섰다. 댄스홀에 들어가서는 춤추는 사람들을 앉혀놓고 일장 훈시를 하다가 너무 흥분해서 1분도 안 되어 목이 쉬어버린 것은 잊을 수 없는 경험 가운데 하나이다.

그 버릇이 남아서 그런지 지난 세 번의 선거에는 '공명선거실천시민운동협의회'를 조직하여 그 집행위원장으로 선거감시운동을 했다 4·19 때 부정선거를 항의하다가 경찰에 붙잡혀 실컷 두들겨 맞은 것이 무의식적으로 작용했는지도 모른다. 별로 많은 시간을 보낸 것은 아니었지만 우연히 갖게 된 몇 가지 유리한 조건을 이용하여 60여 개의 시민운동단체들을 하나로 묶는 데 어느 정도 성공했고, 상당한 액수의 운동자금을 마련하기도 했다. 비록 완벽하게 공명한 선거를 만드는 데는 실패했지만, 그래도 그런 운동이 어느 정도의 공헌은 했고 결과적으로는 새 정부의 정통성 확립에 기여했다고 생각하고 보람을 느낀다.

4·19 이후에 전개한 새생활운동의 경험이 오늘 나로 하여금 다시 각종 윤리운동을 하게 한 것이 아닌가 한다. 1987년 '기독교윤리실천운동'을 시작하여 전국에 8천여 명의 회원을 확보하고 그 실무 책임자로 검소 및 절제 운동, 청소년 유해환경 퇴치운동 등 각종 윤리운동을 벌이고 있고, '경제정의실천시민연합'의 창설에 가담하여 지금 중앙위원회 의장 노릇을 하고 있다. 그리고 최근에는 다시 '정의로운 사회를 위한 시민운동협의회'를 조직하기 위하여 그 준비위원장으로 뛰고 있고, 감사원의 '부정방지대책위원회'의 위원으로도 임명받았다. '한국간행물윤리위원회'의 도덕분과위원장인가 하면, 기독교계의 '교회갱신윤리위원회'의 간사이기도 하다. 그래서 사회에 윤리적 문제로 무슨 사건이 터지기만 하면 방송이니 신문이니 몰려와서 한마디 하라 한다. 마치 한국의 윤리문제는 나 혼자서 도맡아 처리하는 것처럼 돌아다니고 있으니 내가 봐도 가관이 아닐 수 없다. 어디 한국뿐인가. '세계복음주의협의회(World Evangelical Fellowship)' 소속 신학위원회의 도덕분과 책임자 역할까지 맡아서 세계의 윤리문제까지 걱정해야 할 판이다. 그래서 요즘 가끔 스스로를 비웃어보기도 한다. "지는 뭐 아주 윤리적인가? 지 앞이나 먼저 닦지!" 뭐 대단한 이상이나 열정이 있어서가 아니라 딱 부러지게 거절할 수 없는 우유부단한 성격 때문에 한 번 발을 들여놓으니 점점 깊이 빠져들어 가서 이제 벗어나올 수 없게 된 것이다.

사실 제 앞도 제대로 못 닦는 것이 사회니 기독교계니 다른 사람들의 윤리문제에 열을 올리는 것이 위선적인 것 같아 양심의 가책도 느낀다.

그러나 내 양심 때문에 사람이 사람에 의하여 억울함을 당하고 고통을 당하는 것을 그대로 보고 있을 수는 없지 않은가 하는 생각이 들기도 한다. 사람이 성자가 되어서 도덕운동을 할 수 있다면 오죽 좋겠는가마는 그런 사람이 나타나기를 기다리다간 이 사회의 약자들은 모두 강자의 밥이 되고 말 것이니 좀 부족하지만 뛰어야 하겠다 생각한다. 그래서 나는 다른 사람이나 나라야 어떻게 되든 자신의 고상한 처신과 절개에만 충실했던 조선시대의 선비들을 이기주의자들이라고 욕한다.

그러나 지나치게 위선자가 되어서야 윤리운동이 무슨 효과를 거둘 수 있겠는가. 다른 사람 보고 정직하라 해놓고 스스로 부정직할 수는 없지 않은가. 그래서 어떤 때는 윤리운동 같은 것에 가담한 것이나 대중매체를 통하여 거룩한 소리, 입바른 소리 많이 한 것이 후회될 때가 없지 않다. 도처에 감사히는 눈이 있으니 말 한마디 마음 놓고 할 수 없고, 좀 좋은 차, 좋은 옷도 즐기지 못하게 되었다. 사람들 사이에 푹 파묻혀서 좀 자유롭게 욕도 하고 세상 재미도 보았으면 할 때가 없지 않다.

감사하는 삶

나는 성격이 낙천적이라서 그런지, 기독교 신앙 때문인지, 과거의 삶을 별로 후회하지 않는다. 다른 사람들이 보면 실패한 삶이라고 평가할 근거들은 매우 많다. 한 우물을 파지 않은 것이 그 한 가지다. 그러나 나는 여러 우물을 파면서 많은 귀중한 파편들을 주웠고 그것들은 지금의 삶을 풍부하게 하고 의미 있게 하는 데 커다란 도움을 주었다고 믿는다. "모든 것이 합력하여 선을 이룬다"는 성경 구절은 나에게 적용된다고 생각하고 하나님과 주위의 여러분께 감사한다. 다른 사람들에 비해서 나는 다른 사람들의 신세를 매우 많이 지고 이제까지 살아왔다. 하나님의 은혜는 결코 하늘에서 바로 떨어지지 않는다. 부모형제, 처자, 친족, 친구, 은사 등 수많은 사람들을 통하여 나에게 미친 것이다. 그러므로 그분들에게 감사하고, 은혜를 갚아야 하는 것이다. 그러나 그동안 내가 터득한 것은 보은을 할 때도 꼭 나에게 은혜를 베푼 분들에게 해야 하는 것은 아니라는 사실이다. 나에게 큰 은혜를 베푼 분들 가운데 많은 분들은 이미 나의 가시적인 보은이 불가능하거나 필요 없는 상황에 있다. 사람이란 어차피 서로 빚지고 사는 것이니까, '갑'에게 진 빚을 '을'에게 갚아도 되지 않겠는가 하고 생각하는 것이다.

나는 또한 내가 이때 한국에서 활동할 수 있게 된 것을 감사하게 생각한다. 좀 불안정하고 미완된 사회이기 때문에 나 같은 사람도 바쁘게 돌아다닐 수 있고 공헌할 수조차 있다는 것은 복이 아닐 수 없다. 그래서 비교적 감사하는 삶을 살고 있다. 그리고 감사하는 삶은 다른 사람에게 손해를 끼치지 않으면서도 행복할 수 있는 삶이라고 생각한다.

『철학과 현실』(1993년 여름)

손봉호 고신대학교 석좌교수, 기아대책 이사장, 나눔국민운동본부 대표, 서울대학교 명예교수. 동덕여자대학교 총장, 한국외국어대학교 교수, 한국철학회 회장, 기독교윤리실천운동 대표, 경제정의실천시민연합 대표, 공명선거실천협의회 상임대표를 역임했다. 서울대학교 영문학과를 졸업하고 미국 웨스트민스터 신학교를 거쳐 네덜란드 자유대학교에서 박사학위를 받았다. 저서로 『고통 받는 인간』, 『나는 누구인가』, 『오늘을 위한 철학』, Science and Person 등이 있고, 논문으로 「후설에 있어서 태도(Einstellung)의 문제」, 「현대사상의 반형이상학적 경향과 칸트 철학」, 「합리적 인간관」, 「生活世界」, 「타자중심의 윤리」, "The Place of Ethics in Wittgenstein" 등이 있다.

철학의 길, 자유인의 길

이 초 식

　이 논제를 받고 나는 망설였다. 과연 나에게 내세울 만한 철학적 인생론이 있느냐고 자문해 볼 때 결코 긍정적인 해답을 얻을 수 없었기 때문이다. '나의 철학적 인생론'이라고 한다면 내가 그것을 붙들고 살아가고 있으며 그것을 위한 일이라면 심지어 목숨까지도 던질 수 있는 그 어떤 것으로 생각된다. 다시 말하면 '실제로 나의 삶 전체를 지배해 온 어떤 신념체계'와 같은 것을 연상하게 된다. 그런데 나는 그와 같은 확고한 신념체계를 갖추고 그에 따라 살아왔다고 할 수 없다. 그러므로 나는 그런 의미의 철학적 인생론을 논할 자격이 없다고 하겠다. 그러나 이 제목으로 글을 요구하는 분이 필자에게 제약 없이 자유롭게 써보라는 것이 편집위원들의 의도라고 하며 권유하기에 생각을 더듬어보기로 하였다.
　하여간 이 글은 다른 원고 청탁을 받았을 때와는 판이하게 다른 느낌에서 쓰게 된다. 무엇인가 색다른 분위기에 접하는 것 같다. 앞으로 나아가기만 하려던 나의 발걸음이 잠시 멈추어짐을 느낀다. 그동안 걸어온 길들을 되돌아보게 된다. 어쩔 수 없이 그런 나이가 되었다는 것일까?

나의 인생행로의 갈림길이 되었던 여러 대목들을 차례로 회고하며 반사실적 가정도 해본다. 그때 이렇게 되지 않고 저렇게 되었더라면 지금은 어떻게 되었을까? 상상에 상상을 더해 가니 많은 그리운 분들의 얼굴, 고마운 분들의 얼굴이 떠오른다. 어둡고 무서웠던 시대나 답답하고 괴로웠던 일들이 더욱더 선명하게 재생된다. 그러나 그들에 대한 오늘의 내 느낌은 다르다. 실존적 고민에서 벗어나 남의 일처럼 객관화되고 때로는 미화되기 때문일 것이다.

올해는 공교롭게도 내가 대학에서 철학 공부를 시작한 지 40년이 되는 해이고, 대학 강단에서 철학 강의를 해온 지도 32년이 된다. 그동안 강단생활을 하던 대학들의 이름이 떠오른다. 이화여대, 서울대, 연세대, 숭실대, 성균관대 등의 강사생활을 거쳐, 서울교육대학에서 12년, 건국대학에서 4년, 그리고 고려대학에서 현재까지 14년의 전임생활의 필름이 재생되는 것 같다. 특히 이화여대에서의 '철학개론' 강사생활 10년(1962-72)만을 꼽아보아도 내가 학점을 준 학생이 어림잡아 연 평균 천 명이라 해도 만 명 정도이다. 그처럼 많은 학생들에게 '철학적 인생론' 없이 철학을 강의해 왔다는 사실이 부끄럽고 미안하게 여겨진다.

그러나 그처럼 오랜 세월을 헛소리만 하면서 살아왔느냐고 되묻는다면 아마도 할 말은 있다. 그러면 그 대답의 근거는 무엇인가? 철학적 인생론을 체계적으로 갖추지는 못했다고 하더라도, 내가 철학하게 된 동기는 있고 철학에 대한 생각과 철학한답시고 해온 일들은 있다. 그것들은 나의 철학적 인생론과 결코 무관하지 않을 것이다. 젊은 날의 나에게 있어서 철학은 종교적 신앙의 대상처럼 우상화되기도 하고 애인에게 바치는 순결처럼 이상화되기도 했다. 철학 공부를 하여 대학 강단에 서게 된 것은 그 당시나 지금이나 행운에 속하는 특전임에는 틀림없다. 그러나 나 자신은 왜 그런지 자꾸 철학교수가 된 것이 서글프게 느껴졌다.

'철학으로 밥벌이'하는 소피스트 신세로 전락했다는 죄의식 때문이다. 그리하여 속죄하는 기분으로 학생들과 철학책을 읽어가다 보니, 오늘날까지도 나는 '서울교육대학 철학연구동문회'와 인연을 맺게 되었다.

그뿐 아니라 철학에 대한 나의 애정은 나의 맏딸의 이름에서도 나타난다. 집안 어른들과 협의 없이 내가 단독으로 철학을 뜻하는 '지애(智愛, philosophia)'라고 지어 산모가 병원에 있는 동안 이미 출생신고를 마쳤다가, 산모가 퇴원 후 딸의 이름을 무엇이라고 할 것인지 주위 어른들이 의논할 때 송구스럽게 여겨졌던 일이 기억된다.

인생론은 인생의 갈림길에서 스스로 생각하고 고민하며 어떤 길을 결단하고 선택하여 행동함으로써 형성되리라고 본다. 그러므로 나에게 있어서 인생론이라는 것이 있다면 내가 대학에서 철학 공부를 하기 이전으로 돌아가야 할 것 같다. 나의 인생론은 철학 이전이 철학 이후보다 더욱 '철학적'이었음을 고백하지 않을 수 없다. 내가 직면했던 갈림길, 철학적 결단이 요구되는 삶의 갈림길들은 대부분 내가 철학을 하기 이전에 전개되었기 때문이다. 물론 행위의 결단에는 행위자 내부의 심리적 구조 이외에 주어진 외부 여건들이 고려되어야 한다. 즉, 혈연관계를 비롯한 사회적 환경과 생존의 기반이 되는 자연적 환경 등의 주어진 것들이 결단에 있어서 움직이기 어려운 제약조건으로서 작용한다. 그러면 나에게 주어진 것들은 무엇이며, 그런 주어진 것들 중에서 내가 하였던 일들은 무엇이었는가? 주어진 것 안에서 내가 할 수 있었던 일들은 무엇이었으며, 내가 할 일은 무엇인가?

나는 1935년 평양의 중류 가정에서 태어나 그곳에서 어린 시절을 보냈으나 학교생활은 평양과 남포 사이에 있는 시골 외가에서 시작하였다. 나의 어린 시절은 산과 들을 마음껏 뛰어놀다가 밤이 되면 쏟아져 내릴 듯한 많은 별들을 바라보며 친구들과 '별 하나 나 하나'를 세어보며 매우 평화롭게 지내던 나날이었다. 그러나 철이 들면서 나의 평화를 깨트리는 커다란 두 가지 사실에 직면하게 되었다.

그 하나는 '다른 집들에는 아버지가 있는데 우리 집에는 아버지가 없다'는 사실이었다. 외할아버님이 나를 너무나 잘 보살펴주셨기 때문에 그런 느낌을 갖지 못했다가 어느 날 갑자기 이 사실이 충격적으로 받아들여졌다. 아마도 그 후 나는 아버지 있는 애들에 대해 공격적이었고 나처럼 아버지 없는 애들에게는 친근감을 느꼈던 것 같다. '나는 아버지가 없는데 너는 왜 있느냐' 식의 적대의식이 쌓이고 쌓인 것이다. '겡까도리'(일본말로 싸움꾼)라는 나의 별명에도 어울리게, 나의 몸에는 상처 마를 날이 없었다. 나에게 없는 것을 가진 모두에게 대한 나의 적대의식은 너무나 강렬하여 합리적 음미를 거칠 수 없었던 것이다.

다른 하나는 '우리는 조선 사람이고 일본 사람이 아니다'라는 사실이었다. 주변이 모두 조선 사람뿐이므로 어린 내가 이런 사실을 알 수 없었으나, 국민학교에 입학하고 나서부터는 이 사실이 점차로 슬프게 느껴졌다. 나의 학교생활은 도산 안창호 선생의 영향으로 1910년대에 동리 사람들의 힘으로 세워진 4년제 '육영학교'에서 시작되었다. 공립학교에서 못 가르치는 '조선어'를 우리는 그곳에서 배울 수 있었다. 그러면서 우리는 나라 잃은 백성이라는 사실도 어렴풋이 깨닫게 되었다. 이와 같은 사실은 그 후 면 소재 공립학교 2학년 편입시험 때 뚜렷이 드러났다. 다른 애들은 일본말을 아는데 나는 몰라 당황해야 했기 때문이다.

더욱이 어린 나이에 하고 싶은 우리 조선말을 하지 못하면서 지내야 했기에 한이 맺히지 않을 수 없었다. 공공기관에서 일본말만을 '국어'로 사용하는 데 그치지 않았다. 학교뿐만 아니라 동리에서 친구들과 이야기할 때도 조선말을 사용하지 못하도록 친구들끼리도 서로 감시를 하게 하는 체제 속에서 살아야 했기 때문이다. 즉, 조선 학생들 모두에게 '조선어 표'를 몇 장씩 나누어 주고 조선말을 할 때마다 표 한 장씩 뺏기로 하고, 표를 많이 빼앗은 학생은 상을 받고 모든 표를 다 잃은 학생은 벌을 받게 된다. 조선말로만 아는 표현을 하기 위해 상대방에게 사정사정해야 했던 일은 기억조차 하기 싫다.

국민학교 때부터 나는 상당히 오랫동안 '지질학'이나 '광산학'을 공부하고자 꿈꾸어왔다. 나는 문학보다 수학을 더 흥미 있어 했고 문과계보다는 이공계에 소질이 있다고 믿었기 때문만은 아니다. 그 무렵 언제인가 외할아버님이 동리 어른들과 하시는 대화를 우연히 엿듣게 된 것이 아마도 나에게 큰 충격을 주었기 때문인 것 같다. 그것은 평양의 대동강다리를 세우고자 계획할 때의 이야기였다. 일본 사람들이 많이 살고 있는 쪽으로 대동강 다리를 놓으려고 하기에, 조선 사람이 주로 그 다리를 이용할 것이니 조선 사람들이 많이 사는 쪽으로 다리를 놓아야 한다고 주민들이 항의했더니, "그쪽은 지질학적으로 안 된다"는 답변이었다고 한다. 그런데 지질학적으로 일본 사람과 상대할 사람이 없으니 아무 말도 못하고 당할 수밖에 없었다는 것이다. 그래서 '배워야 한다'는 것이 당시 그곳에 모였던 어른들의 결론이었다. 이 이야기는 나의 뇌리에서 떠나지 않았다.

아버지를 잃고 나라를 잃고 지낸 나의 어린 시절은 티 없이 맑게 보내지 못하고 언제나 무엇인가에 대한 증오와 분노의 마음이 나의 삶을 이끌게 되었다. 잃었던 나라와 잃었던 말과 글은 나의 생후 10년 만에 되찾았다. 1945년 8월 15일 열두 시 중대 방송이 있다 하여 모였던 동리 사람들에게 일본 천황이 눈물 섞인 목소리로 방송한 내용을 외할아버님께서 풀이하시던 모습은 지금도 보는 듯하다. 할아버님께서는 동리 사람들을 조금씩 비키게 하시고 창상에 엎드려 목을 옆으로 내미시고는, 일본 천황이 이렇게 연합군에게 "목을 베겠으면 베시고 허리를 자르시려면 자르십시오." 하고 지금 막 항복했다고 설명하셨다. '무조건 항복'에 대한 할아버님 식 해석이었다. 방학이라 때마침 모였던 사촌들이 '애국가'를 배워 밤새도록 불렀던 것이 어느덧 반세기 전의 일이다.

개학이 되자 조선어를 아는 학생은 우리 반에서 나뿐이었기 때문에, 나는 '가갸거겨' 한글을 가르치느라 신나했다. 그러나 그 기쁨도 잠시였다. 해방의 기쁨은 얼마 못 가서 고향 산천을 등지고 다정했던 외가의 품을 떠나야 하는 설움으로 다시 변했기 때문이다. 해방 후 38선으로 나라의 허리는 끊어졌고 서로 편을 갈라 사상 논쟁을 벌였다. 이러한 사상 논쟁은 우리 집안에도 밀려들어 왔다. 일본에서 대학을 다니다 징용생활을 마치고 돌아온 외삼촌은 대체로 북의 체제에 동조하는 편이었고 외할아버님과 어머님은 적극 반대하는 의견이었다. "악덕 지주들의 횡포는 없어져야 마땅하다"는 것과 "농민들도 평등하게 사람대접 받으며 잘 살 수 있게 된다"는 것이 외삼촌의 이야기의 줄거리인 것 같고, "쓰고 싶을 때 쓰지 않고 아끼고 모은 재산을 아무런 보상도 없이 빼앗는 것은 도둑놈 심보"이며 "이런 세상에는 열심히 일하려고 할 사람이 없을 것이기 때문에 결국 망한다"는 것이 외할아버님의 반박이었던 것으로 기억된다.

북의 정권이 "토지는 농민에게, 공장은 노동자에게"라는 슬로건을 내걸고 무상몰수 무상분배를 했을 때 지주들은 싫어했으나 땅 갖기를 평생 소원하던 소작농들은 한편 "이래도 되는 건가?" 하면서도 속으로는 무척 기뻐했다. 그러나 한 해를 지나고 난 후 사정은 달라져 갔다. '내 땅'이라는 개념이 생각했던 것과 크게 다르기 때문이었다. 과거에 내 땅이라고 하면 팥을 심으려면 팥, 콩을 심으려면 콩을 마음대로 심을 수 있고 내 땅에서 나온 수확은 내 마음대로 처분하는 것이었다. 그러나 농민에게 주었다고 하여 농민들이 '내 땅'이라고 믿게 된 그 땅에 무엇을 심을 것이며 그곳에서 나온 수확을 어떻게 처분하느냐는 문제는 전적으로 당의 지배를 받아야 한다. 그러므로 결국 땅 주인이 지주로부터 당의 실권자로 바뀐 데 불과한 것이다. 새로운 주인은 이전의 지주들과는 달리 사정을 할 수도 없고, 막강한 힘을 행사하기 때문에 새 주인의 억압과 횡포를 피할 길이 없다는 것을 깨닫게 됨에 따라, '속았다'는 반응이 번지기 시작했다. 나는 비록 어린 나이였으나 동리 사람들이 몰래 수군거리기에 이런 불평을 감지할 수 있었다.

그리고 북의 정권은 점차 감시제를 강화시켜 갔다. 그래서 하고 싶은 말들을 잘 하지 못하거나 몰래 해야 하는 분위기가 되었다. 과거 일정시대보다 더한 감시망으로 옭아매어짐을 느낄 수 있었다. 일정시대에는 일본 사람이나 몇 안 되는 알려진 친일파의 눈만 피하면 되었으나, 새로 등장한 감시자나 밀고자는 오래 사귄 이웃이나 친구가 될 수도 있고 심지어는 집안의 자녀가 될 수도 있다. 그뿐만 아니라 여러 가지 명목으로 동원되어 일을 하거나 집회에 참석해야 하고 동원에 불참하면 이른바 '자아비판'을 받아야 한다. 이리하여 '이거 못 살겠구나.' 하는 농민들과 노동자들이 늘어났다. 자유를 갈구하는 인간의 본성은 해방 후 6·25 사변을 거치면서 북한 주민의 3분의 1에 해당하는 5백만 명 가까이가 정든 고향 땅을 떠나 남하했다는 사실에서도 잘 입증되며, 그중 수백만 명의 월남 노동자와 농민들은 북한 정권이 선전하는 노동자와 농민들의 천국이라는 것이 허구임을 행동으로 보여주었다고 하겠다.

외할아버님께서는 자식들을 공부시키려면 남쪽으로 가야 한다고 어머님께 권유하였고 어머님께서는 공감하시어 나와 여동생을 데리고 남하할 것을 결단하셨다. 이 사실을 나에게만은 알려주셨다. 물론 나는 이미 외할아버님과 외삼촌이 벌이는 여러 가지의 사상 논쟁과 동리 사람들이 수군대는 말들을 내 나름대로 정리하고 결론을 얻었던 터라 기꺼이 따를 의사를 표시했다. 열두 살짜리 코흘리개가 이런 생각을 했다는 것이 지금 생각해도 믿어지지 않는 사실이다. 그러나 그것이 우리에게는 생사가 달린 문제로 여겨졌고, 아버지 없는 우리 집의 운명을 내가 결정해야 한다는 강박관념이 아마도 나를 '젊은 늙은이'로 만들었는지도 모른다. 우리가 남하하던 그날, 멀리 철로까지 나오셔서 다시는 못 보게 될 딸과 외손자 외손녀를 배웅하시며 좀처럼 보이신 일이 없었던 눈물을 닦으시던 외할아버님의 모습은 지금 와 생각해도 몸이 떨리고 가슴이 에이는 듯한 아픔을 느끼게 된다.

나는 평남 강서군 동진면 기양리에 있는 기양국민학교 6학년 때 월남해 오는 동안에 여러 가지 우여곡절을 거치면서 시간을 보냈기 때문에 한 해를 쉬고 서울 덕수국민학교에서 다시 한 해를 공부하게 되었다. 당시는 교사들 간에도 좌우익의 사상문제로 어수선하던 때인데 바로 그러한 영향을 받고 있던 6학년 3반에 편입된 것이다. 담임선생님을 모시지 못하여 방황하던 차에 새로 월남해 오신 오도석(吳道石) 선생님을 맞이하게 되었다. 오 선생님의 헌신적인 노력과 스파르타식 훈련의 덕택으로 가장 처져 있던 우리 반 학우들은 대체로 원하는 중학교에 갈 수 있었다. 오 선생님은 지금도 많은 동창들이 찾아뵙고 싶어 하지만 어디에 계신지 소식을 아는 사람이 없다.

내가 오 선생님을 괴롭혔던 일 한 가지가 기억난다. 장학사를 비롯한 많은 분들을 모시고 수업하는 시간이었다. '자유의 종'이라는 국어 과목 시간이었던 것 같다. 그 교재 내용에는 해방의 기쁨을 찬미하고 난 후에 "이때에 태어난 복된 우리"라는 구절이 있었다. 나는 이 대목을 읽는 순간 울화가 치밀어 견딜 수가 없었다. 일본 식민지로 말까지 잃었고 이제 다시 국토가 두 동강이로 잘려 사랑하는 사람들과 생이별을 해야 하는 이때에 태어난 것이 원망스럽기만 한데 이때에 태어난 것이 복되다니 말이나 되느냐고 선생님께 따졌던 것이다. 참관 수업에서 이런 질문을 받고 매우 당황했을 것인데도 불구하고 오 선생님께서는 나에게, 그런 측면만 생각하지 말고 이 땅에 태어난 것을 감사해할 수 있는 측면을 생각해 보라고 차분히 말씀해 주셨다.

중학교에 입학하자마자 나는 육상부에 들어갔다. 손기정 선수처럼 올림픽 마라톤에서 우승하여 월계관을 써보겠다는 내 나름대로의 꿈을 설계한 것이다. 그렇게 되면 이 사실은 이북에 계신 외할아버님에게도 알려질 것이다. 그리고 나의 처지에서 가장 빨리 출세할 수 있고 애국할 수 있는 길은 이 길뿐이라고 판단했던 것이다. 때마침 우리 학교 육상부 지도 선생님은 이 방면에서는 유능한 분이었다. 당시 우리에게 상업을 가르쳐 주면서 육상부를 맡고 계시던 김유택 선생님은 오랫동안 100미터 기록을 보유하고 계셨고 한때 전 일본의 올림픽 대표로 선발되셨던 분이다. 김 선생님의 지도를 잘 받으면 나의 꿈을 이룰 수 있을 것으로 확신했다.

그러나 김 선생님의 훈련은 참기 어려웠다. 매일 방과 후 한 시간 이상 준비운동을 해야 했다. 준비운동으로 지칠 대로 지친 상태에서 우리는 서울중학교 교문을 나와 서대문, 독립문, 사직공원 뒤쪽으로 인왕산 꼭대기까지 뛰어올라야 했다. 얼마 전 인왕산 등산로가 개방되어 올라가서 우리가 중학교 때 뛰어오르던 바로 그 코스를 기념이라도 하듯이 만든 계단을 밟으며 고인이 되신 김 선생님의 은덕을 생각해 보았다. 우리 육상부는 인왕산 코스가 아니면 남산에 있던 300여 개의 계단을 10여 회 오르내리며 빠른 동작을 익혔다. 이러한 강훈련에 못 이겨 우리의 입학 당시 60여 명 가입했던 동 학년 친구들이 모두 포기하고 2학년 올라갈 때는 나 혼자만 남았다. 우직하게도 나는 그것이 내가 반드시 참고 넘어야 할 길이라고 단정했던 것이다. 김 선생님께서는 기초훈련과 더불어 기권을 하지 못하게 했다. 뛰기 시작하면서부터 기권할 구실을 찾는 것이 육상 선수들의 공통 심리인 줄을 선생께서는 이미 알고 계시기 때문이었다. "배가 아프다고 할까?" "머리가 아프다고 할까?" 하며 기권할 구실만을 찾다 보면 어느새 목표 지점까지 뛰게도 된다. 그 무렵 우리 육상부 주장 선배님이 동아 마라톤에 출전해 광화문 동아일보사에서 오류동을 반환점으로 하여 삼각지까지 이르렀을 때였다. 나는 그곳에서부터 결승점까지 옆에서 같이 뛰어주면서 그분의 얼굴에 소금이 허옇게 붙은 것을 보았다. 그리고 '이거 못할 짓이구나.' 하고 속으로 외쳐보았다. 땀이 흐르다 말라 소금이 된 것이다. 당시 그분의 기록은 별로 좋지 못했으나 전 코스를 완주했다는 것만으로 우리의 신생 육상부로서는 큰 성과였다.

이런 훈련을 받기 시작한 지 3년째 되던 해에 6·25 사변을 당하여 나는 육상을 결국 중단하였다. 이미 마라톤은 내가 감당하기 힘들다는 한계를 느껴 종목을 중거리로 바꿀 생각도 하였기 때문에 마라토너의 꿈을 포기한 것이 큰 실망을 준 것은 아니다. 하지만 내가 태어나 내 나름대로 계획하고 꾸준히 실천했던 최초의 큰일이 어쨌든 실패한 것임에 틀림없었다. 그러나 그런 강훈련이 고생으로만 그친 것은 아닌 것 같다. 전란 때 남들은 걷기도 힘든 거리이지만 나는 뛰어다닐 수도 있으니 무엇보다도 피난 가기가 남들보다 훨씬 수월했다. 그때 받은 기초훈련은 40여 년간 나의 체력 기반을 튼튼히 해주어, 요사이 테니스를 할 때 내가 남보다 빠르다고 하는 평을 받게 된 것도 모두 중학교 시절 김유택 선생님으로부터 지도받은 덕택으로 생각된다.

나의 마라토너의 꿈은 몇 해 전 황영조 선수가 올림픽에서 일본 선수를 제치고 우승하는 순간 간접적으로 실현되었다. 그 순간 우리 국민이면 누구나 감격해하지 않을 사람이 없었을 줄 믿으나 한때 그 월계관의 꿈을 키우던 나에게는 더욱 흐뭇한 일이었다. 그런 감정은 육상을 하던 사람들에게 비슷한 것 같다. 우리 중학교 육상부의 중견이었던 선배로 현재는 미국 시카고에서 사업을 하고 계신 분이 있다. 그는 황영조 선수가 우승하는 바로 그 장면을 시카고 어느 음식점에서 텔레비전 화면을 통해 보고 너무나 기뻐서 그 음식점에 그때 있던 모든 손님에게 술 한 잔씩을 사주었다고 한다. 나는 지금도 역경에 처한 많은 젊은이들이 금메달의 꿈을 키우며 각종 운동을 하는 모습을 볼 때마다, 옛날의 '나'를 보는 듯하여 무심히 지나쳐버릴 수 없다.

인간은 자신을 만물의 영장이라고 하며 다른 동물보다 우위에 있다고 자랑해 왔다. 그러면서도 인간들은 편 갈라 서로가 서로를 죽이고 죽는 전쟁을 계속해 왔으며 20세기에는 온 세상이 미친 듯이 싸우는 세계대전을 두 차례나 치르더니 한반도와 같은 곳에서는 동물에게서도 좀처럼 찾아볼 수 없는 같은 핏줄끼리의 대학살을 자행했다. 사람들은 서로 욕할 때 '짐승만도 못한 놈'이라고 욕을 하지만, 6·25 사변과 같은 어리석은 일을 부끄러움 없이 자행하고 그것도 모자라 그 전범자를 영웅으로 찬양하는 사람들의 꼴을 보게 될 때, 아마도 짐승들은 서로가 '사람만도 못한 놈'이라고 욕을 해야 할 것이다.

현대에 있어서 대표적인 싸움터형 철학은 주지하는 바와 같이 마르크스주의 철학이며 이에 대한 찬반양론은 단순한 말로 하는 싸움에 그치지 않고 무력을 동원한 전쟁으로 번지고 냉전으로 이어져 지난 한 세기 동안 인류를 괴롭혀왔다. 특히 우리나라에서는 수많은 젊은이들이 그 찬반 싸움의 희생물로 죽어야 했고 한평생을 불구자의 몸으로 또는 어둠 속에서 억울하게 보내야 했던 사람들도 적지 않다. 그러한 마르크스주의의 망령은 국토의 분단과 6·25 사변의 빌미가 되었을 뿐 아니라 현시점에서도 우리 주변에서 끊임없는 충격파를 일으키고 있다.

사변이 나자 피난하지 못한 우리 가족은 서울에서 붉은 군대의 통치를 받아야 했다. 그 체제가 싫어서 떠나온 우리는 다시금 그 공포통치에 얽매이게 된 것이다. 유엔군 비행기가 오기만을 기대하지만, 막상 오게 되면 폭격으로 다칠까 무섭고 한 맺힌 인공 치하 3개월은 우리에게 생지옥 같았다. 그때를 생각하면 내가 지금까지 47년간 살아온 서울의 하늘과 땅은 나에게 있어 단순히 주어진 데 그치지 않고 내가 스스로 선택한 것임에 분명하다. 그렇기에 나는 직업군인이 되어 이 땅을 지키는 일에 목숨을 바쳐보겠다는 각오를 한 일이 있었다.

고등학교 2학년을 마칠 무렵 육군사관생도(13기) 모집에 응시원서를

낸 일이 있었으나, 나는 시험도 쳐보지 못하고 좌절당하게 되었다. 당시 공군 소령이었던 친구 형님 조영일 장군(소장 전역)이 응시할 때 필요한 추천서를 써주시고는 나의 동의 없이 응시원서를 회수한 사실을 그 후에 알게 되었다. 조 장군 동생은 자신도 독립해야 한다며 공군사관학교를 지 망했고 나는 뜻한 바 있어 육군사관학교에 지망했는데 양쪽 사관학교 원 서를 모두 회수했던 것이다. 형님은 우리가 철이 없어 그렇다며, 군인은 당신 혼자로 족하다는 말씀이었다. 그 뜻이 무엇인지 아직 잘 모르지만 하여간 이 일은 나에게 있어서는 나의 인생길을 좌우한 큰 사건이었다.

당시 나의 심정은 여러 가지로 착잡했다. 육사 지망을 하는 나의 대의 명분은 공산 학정으로부터 조국을 구출하고 자유사회를 실현해야 된다 는 거창한 사회적 사명이었다. 그때 나는 실상 그래야 한다고 믿었다. 그 렇기 때문에 우리 정부가 고등학교 학생들에게 1953년 휴전반대 데모를 하도록 했을 때 나는 적극 찬동하여 데모대 앞에서 연설한 일이 있었다. 데모대가 현 정부청사 옆 내자아파트 쪽을 지날 때 나는 뜻을 같이했던 학우 이문휘 군과 더불어 조그만 한옥 지붕에 올라가 다음과 같은 내용 으로 외쳤던 일이 있다.

"이대로 휴전이 되면 안 됩니다. 이제 휴전이 된다면 우리 조상들이 그토록 힘들여 지켜온 이 땅은 영원히 두 동강으로 갈라질 수밖에 없습 니다. 그리고 사변 때문에 그동안 우리가 흘린 피값은 어떻게 보상될 것 입니까? 우리는 이 기회에 반드시 북진 통일을 이루어 우리 자손들에게 온전한 조국을 물려주어야 합니다."

휴전반대 데모 자체는 관제였으나 이 연설은 그 어떤 사람의 권유도 받지 않고 나 스스로 결정하여 친구의 동의를 얻어 같이 했던 것이다. 나 는 어린 마음에도 이제 휴전이 되면 다시는 고향에 못 갈 것이라는 예감 때문이었고, 동행한 친구는 납북된 아버지를 다시 못 볼 것 같은 느낌 때 문이었다. 그러나 그 다음 날도 계속되는 데모 때 학교 당국에서 어제 연설이 좋았다고 하며 다시 해줄 것을 요청받았으나 나는 누구의 요청을 받아 그런 연설을 한다는 것이 마음이 내키지 않아 거절하고 내 친구만이 계속했다. 그때 북진 통일이 됐더라면 지금의 한국은 어떤 위치에 있을 것인가? 만약 그때 부산까지 밀려 적화통일이 되었다면 오늘의 이 나라는 어떤 처지에 놓이게 되었을 것인가?

내가 육사를 지원하게 된 동기 중에는 사회적 대의명분뿐만 아니라 우리 가정의 여건과 나의 개인적 야망도 크게 작용한 것으로 기억된다. 내가 대학에 갈 가정형편이 못 되니 육사에 가면 대학과정을 마칠 수 있다는 계산을 하였으며 비슷한 이유로 나의 여동생에게는 가고 싶어 하는 경기여중을 포기하고 서울사범학교(현 서울교육대학의 전신이나 고등학교 과정임)에 지원하도록 하였다. 그때도 국가고시를 보아 입학 성적이 공개되었는데 알고 보니 동생이 원하는 학교에 충분히 입학할 수 있는 성적이었다. 내 여동생이 이 문제를 갖고 나에게 항의한 일은 전혀 없으나 나는 평생 이 일이 동생에게 빚진 기분이다. 내 동생은 사범학교에 보내고 나는 결과적으로 육사에 가지 않았기 때문이다.

육사를 지망할 때 나에게는 혹종의 야망도 있었다. 때마침 미국 육사 출신인 아이젠하워 미국 대통령이 한국을 방문했던 시기이므로 잘하면 육사 출신도 저렇게 될 수도 있다는 희망이 보였다. 내가 선택한 이 나라가 썩을 대로 썩었으니 크게 수술해야겠다는 야심이 막연하게나마 작용하였다. 유전무죄(有錢無罪) 무전유죄(無錢有罪)의 부패를 없애야 한다. 일선에서 싸우는 장병들이 백 없이 죽는다고 죽을 때도 "백!" 한다고 하니 말이나 되는가? 고관의 자식들은 전선에 나가지 않았고 전사한 사람은 거의 없다고 한다. 그러나 당시 유엔군 사령관이었던 밴프리트 장군은 아들을 한국 전선에서 잃었고 아이젠하워 대통령의 아들도 한국 최전방에서 싸우고 있다고 하는데 정작 자기 나라를 지켜야 하는 이 나라 부유층과 고위층들의 정신자세가 한심하니 수술해야 한다는 것이 나의 야망이었다. 전선에서는 피 흘리며 싸우는 나라의 후방에서는 상상하기 어려운 사치 풍조가 망국적으로 난무했다. 더구나 나는 친구들이 부산 피난학교를 다니던 같은 부산에서 학교를 못 가고 장사를 해야 했다. 나의 육사 지망의 동기는 이렇게 받았던 나의 설움을 정당성 있는 공분(公憤)으로 미화시켰는지 모른다. 자, 그때 내가 육군사관학교 13기생으로 군인이었더라면 지금 어떤 모습이 되어 있을 것인가?

나의 인생길은 때때로 내가 의도했던 바와는 전혀 다른 방향으로 나아가는 것을 발견하게 됨에 따라 나는 나 자신의 의도를 초월한 분에 대한 관심을 갖게도 된다. 나에게 있어서 종교적 관심은 아주 어린 시절에 시작되었으며 지금까지 지내오며 종교는 많은 역경 속에서 희망을 잃지 않고 용기와 믿음을 갖게 하였다.

내가 살던 시골에는 전도사 한 분이 계셨다. 그분은 학생 때 기차에서 뛰어내리다 사고를 당하여 한쪽 다리를 절단하게 되어 동리에서 조그마한 가게를 경영하며 살아가는 분이었는데 수요일이면 동리 아이들을 모아 사탕도 주며 예배를 드리곤 했다. 처음에는 사탕 얻어먹는 맛에 나도 수요 예배에 참석했으나 점차 감화를 받아 싸움도 덜하고 세상의 다른 면을 볼 수 있었다. "집으로 돌아오는 길에 달을 밝게 해주시고 숲길에 범이 안 나오게 해주십사"라고 기도한 것이 내가 기억하는 나의 처음 기도였다. 아직까지 착실한 신자는 못 되면서도 자연의 주재자에 대한 외경의 심정을 잃지 않고 있는 것은 아마도 나의 첫 기도의 연장에서 이해될 수 있을 것 같다. 나 스스로 선택한 기독교적 환경은 사랑의 복음으로 나의 증오심을 어느 정도 순화시켜 갔다고 평가된다.

나는 어린 시절부터 때때로 밤하늘의 신비 세계에 빠져들곤 하였다. 그 수많은 별 중에서 태양계의 작은 별인 이 지구의 극동 지방에 우리가 살고 있다는 점을 상기하며, 우주에 대한 경외감을 익혔다. 우리의 존재론적 관심은 특히 6·25의 수난을 겪으면서 실존적 성향으로 깊어갔다. 6·25 사변을 치른 사람이면 누구나 실존에 바탕을 둔 소설거리 하나씩은 다 갖게 된 줄로 알고 있다. 더욱이 15세 전후의 청소년이었던 우리는 전쟁에 나가 직접 싸움은 하지 못했으나 전쟁 때문에 쫓겨 다니며 폭연 속에서 시체가 타는 냄새를 맡아가며 죽음을 음미해야 했고, 삶을 확인했으며, 살아남은 자들의 책무를 점검해야 했기 때문에 실존철학과 실존문학은 우리의 복음처럼 느껴졌다.

'살아 있다'는 것은 무엇이며, '죽어버렸다'는 것은 어떻게 된 것인가? 살아남은 자의 할 일은 무엇인가? 산 자는 죽은 자에 대해서 어떤 책임을 지고 있는 것인가? 살기 위해 이처럼 발버둥 쳐야 하는 것인가? 살아서 무얼 하려고 하기에 그처럼 악착같이 살려고들 하는가? 폭격이 휩쓸고 간 폐허 위에서 사람 타는 냄새에도 익숙해진 고요한 시간에는 으레 이런 물음들이 나를 어지럽혔다. 그러다가도 폭격을 만나면 본능처럼 엎드리는 나의 모습이 우습기도 했다. '왜 살아야 하느냐의 이유는 물을 것도 없이 하여간 살아야 한다'는 지상명령을 확인한 셈이다.

우리 사회에서는 다양한 종교가 크게 반목하지 않고 공존하듯이, 우리 집에서도 그런 종교의 관용성이 나타나고 있다. 우선 나의 할아버님과 아버님은 평양 근교 기독교 공동묘지에 안장되었으나, 할머님께서는 아버님의 위패를 서울 봉원사에 모셨기 때문에 나는 49재를 드린 바 있다. 할머님께서는 중국에서 전래한 민속신앙인 관우 장군의 의리를 섬기셨다. 나는 유년 주일학교 때부터 서울 남대문 장로교회에 다녔고, 어머니께서는 우리가 상도동에 살 때부터 40년 가까이 상도 성결교회에 나가시고, 아내와 자녀들은 현재 집에서 가까운 대신 감리교회에 다니고 있다.

내가 철학과를 지망하게 된 직접적인 동기는 이러한 나의 종교적 환경과 연결된다. 그것은 실존적, 종교적 관심에서였다. 나는 학교 종교반에서나 교회 중고등부에서 매우 열심을 보인 편이다. 그 때문에 학교 시절에는 연극을 해볼 수 있는 기회를 두 번이나 가진 일이 있다. 중학교 때 성탄기념 연극으로 '베니스의 상인'에서 별로 하는 일 없는 서기 역을 맡았고, 고등학교 때는 종교부를 책임져야 했던 사람 중의 한 사람이기에 경비 모금에서부터 전체적인 운영 계획을 맡아야 했다. 당시 연극은 성우로 유명한 구민(구교문) 학형의 지도로 준비되었으며 구 형네 집에서 10여 일 합숙 연습을 한 바 있다. 연극뿐 아니라 무용도 잘했던 구민 학형은 별도로 무용 프로그램을 마련해 '백조의 호수'를 멋지게 추었다. 그러나 나머지들은 모두 비슷비슷한 초보자들이었다. "연기를 멋지게 하려고들 하지 말고 대사를 또박또박 분명하게 전달하도록 노력하라"는 구 형의 지도는 적중했다. 우리가 준비했던 연극 내용은 1·4 후퇴 때 북한의 어느 교회를 무대로 하고 전개되었다. 모두 후퇴하고 난 일요일 저녁 교회의 종을 끝까지 치는 종지기 역을 맡았던 이시윤 학우는 몇 줄 안 되는 대사를 하기 위해 남들이 쉬고 있는 사이에도 뒤꼍에서 열심히 연습하던 모습이 인상적이었다. 그처럼 매사에 성실하게 열의를 보였기에 오늘날 이 나라의 종지기 역인 감사원을 맡게 되었는지도 모를 일이다. 우리의 연극은 별로 잘된 것 같지는 않았지만 모두들 합심하여 열심히 한 데서 큰 보람을 느낀다.

교회에서는 중고등부의 책임을 맡게 되고 교회 외의 종교 모임에도 자주 참석함에 따라 나는 성직자의 길을 생각하게 되었다. 그러던 어느 날 평소에 존경하던 신암교회 안병부 목사님께 나의 진로문제를 상의하게 되었다. 나는 목사가 되기 위해 신학교에 지망하고자 한다면서 안 목사님의 의견을 물었다. 나는 크게 환영하실 줄 믿었다. 그러나 목사님께서는 오랫동안 생각하시더니 "내 최대의 약점이 목사라는 직업이다"라고 하시고, "네가 정녕 목사 되기를 원한다면 대학의 철학과에 먼저 가 공부해라. 그리고 나서 그때에도 목사 될 생각이 있다면 그때 신학교에 가라"고 하셨다. 뜻밖의 대답이었으나 멋지게 느꼈다. 이런 분의 말씀은 우선 따를 만하다는 생각이 들어 그 후부터는 철학과 지망을 굳혔다. 이리하여 나는 신학을 하기 위한 예비학으로 철학과를 선택한 셈이다.

대학에서는 신사훈 교수님의 요한복음 주해를 수강한 일도 있고 김용배 교수님의 노자 도덕경 풀이도 즐겨 청강했다. 특히 함석헌 선생님이 세브란스 병원 내 에비슨관에서 열강하신 장자 강좌는 당시 많은 젊은이들의 혼을 일깨우는 듯하였다. 나는 그 밖에도 여러 모임에 참석하며 무엇인가 배워보려고 발버둥을 친 셈이다. 대학 1, 2학년 때는 동양철학과 실존철학에 흥미 있어 했으나, 이렇게 두 해를 보내고 나니, 이 사상들은 한두 해 공부한 사람이나 10년, 20년을 공부한 사람이나 별로 큰 차이가 있을 것 같지 않았다. 나로서는 좀 더 단계적으로 철학을 공부해 보고 싶었다. 이런 때에 박종홍 선생님께서 미국을 다녀오셔서 '논리경험주의' 강독을 하게 되었는데 그것이 계기가 되어 김준섭 교수님의 과학철학 관계 강의 모두를 수강하기 시작하였다. 논리와 과학철학 관계의 강좌는 흥분을 일으키지는 못했으나 차분한 합리적 사고를 통해 학문성을 추구하는 점이 마음에 들었다. 내가 육상 선수가 되려고 했을 때 기초훈련을 심하게 시켰던 김유택 선생님을 생각했다. 철학함에 있어서도 기초가 필요할 것으로 유추되었다. 결국 나의 학사학위 논문과 석사학위 논문이 각기 카르납의 의미론과 확률론을 다루게 된 것도 바로 그러한 기초를 다지기 위한 작업이었다.

내가 한평생 철학을 해보겠다고 최종적으로 결단하게 된 때는 4년 동안 공군 장교생활을 마치고 생활인으로서 구체적인 직업을 가져야 하는 시기였다. 때마침 안정된 직업을 구할 기회가 있었으나 그 길로 가면 철학을 계속하기 어렵다고 생각되어 거절하였다. 철학하며 생활도 할 수 있는 길은 대학교수가 되는 길밖에 없다고들 하나, 나는 그 길 아니고도 철학할 수 있는 길들을 점검해 보았다. 얼핏 떠오른 것은, 렌즈를 가는 직업을 갖고 철학했다는 스피노자와 오랫동안 가정교사를 했다는 칸트의 생활이었다. 나는 철학을 계속하기 위해 대학의 무급 조교를 택하면 서 몇 가지 구체적인 설계를 해보았다. 이미 6년 가까이 가정교사를 해 본 경험도 있고 렌즈를 갈아보지는 못했어도 장사를 한다면 먹고사는 데 지장이 없으리라는 자신도 있었다. 전쟁 때 여러 가지 유형의 장사를 해 본 경험이 있었기 때문이다. 다만 문제가 되는 것은 그런 장사를 하다 보 면 공부할 시간이 많지 않기 때문에 공부와 병행할 수 있는 그 어떤 자유 직업을 구해 보기로 하였다. 우선 학생들을 그룹으로 지도하는 것은 그 좋은 후보였다. 내가 한평생 대학 강사와 가정교사로 보낸다고 하더라 도, '하고 싶은 것'을 하며 살다 갈 수 있다면 무엇이 부럽겠는가. 하여 튼 철학한다는 것은 즐거운 일이며 하고 싶은 것이다. 사람들은 '철학하 면 배고프다'고들 한다. 그렇지만 '철학하다 굶어 죽었다'는 소식을 아직 은 듣지 못했다는 것을 유일의 위안으로 삼고 나는 철학에의 모험을 감 행하고자 했다. 그것이 자유인의 길임을 확신하게 된 것이다.

나는 지질학자나 기술자가 되려고도 했고 마라톤 선수, 군인, 정치인, 성직자도 되어보려고 했으나 종국에는 대학 철학교수로 30여 년을 보냈 다. 이것은 나에게 주어진 기대 이상의 행운이요 특혜이다. 나는, 나의 힘이 미치는 한, 나에게 주어진 특혜에 보답할 수 있는 일들을 찾아 계속 노력해 보고자 할 뿐이다.

『철학과 현실』(1994년 가을)

이초식 고려대학교 철학과 교수, 한국인지과학회 회장, 철학연구회 회장, 한국철 학교육아카데미 원장, 한국철학회 회장을 역임했다. 서울대학교 철학과를 졸업하 고 동 대학원에서 석사학위를 받았으며, 오스트리아 잘츠부르크대학교 철학과에 서 박사학위를 받았다. 저서로『논리교육』, 『인공지능의 철학』 등이 있고, 논문으 로「귀납논리학의 학적 기반에 관한 연구」, 「과학적 인식에 있어서 발견과 정당화 의 맥락에 관한 고찰」, 「과학의 윤리」 등이 있다.

자유도 운명도 아니더라

박 영 식

　나는 비교적 평탄한 인생을 살아왔다. 평탄했다기보다는 단조로운 삶을 살았다는 것이 바른 표현일지 모른다. 6 · 25 때 피난한 경험도 없고, 고픈 배를 움켜쥐고 세상을 원망해 보지도 않았으며, 못 믿을 건 여자라며 눈물지은 가슴 아픈 사연도 없고, 동료로부터 배신당하여 인간이 이럴 수 있느냐고 분개해 본 일도 없다. 나는 늘 말하곤 한다. 나의 인생은 극화(劇化)할 소재가 못 된다고. 그러나 격동의 한국 현대사 60년을 살아온 나에게 어찌 기억에 남을 사건들이 없을 것인가. 이제 그것들을 들춰보기로 한다.

1. 해방의 느낌

　나는 1941년에 국민학교에 입학했다. 아시아에 전운(戰雲)이 급박하게 감돌던 시기였다. 그해 12월 드디어 태평양전쟁이 발발했으니. 나의 바로 윗반 학생들은 학교에서 '조선어'를 배웠다는데 내가 입학했을 때는 '조선어' 과목은 교과에서 빠져 있었고, 역사도 일본 역사를 배웠으니 나는 완전히 민족혼이 빠진 학교교육을 시작한 셈이다. 집에서는 한국말을 쓰고 학교에서는 일본말을 사용해야 하고, 학교에는 한국인 교사도 있고 일본인 교사도 있었으며, 국민학교 1학년 때 통신표에 나타난 이름은 '朴熿植'인데 2학년부터의 이름은 일본 이름으로 개명되어 있었지만 나는 이것이 어찌된 영문인지를 명확히 깨닫지 못했었다. 아버지와 형님들이 조소 섞인 말들을 하는 것 같았지만 나는 그것을 의식할 나이에 이르지 못했던가 보다. 나의 국민학교 교육은 이렇게 시작되어 이러한 분위기에서 진행되고 있었다. 나는 나의 국적 정체성에 혼란을 겪고 있었으며, 한국의 산하(山河)도 이렇게 숨을 죽이고 있었던 것이다.

나는 국민학교 5학년 때 해방을 맞았다. 일본의 항복이 방송된 그날 동네 청년들과 어른들은 어디서 나왔는지 저마다 손에 태극기를 들고 '조선독립만세', '대한독립만세'를 외쳐대면서 길거리로 쏟아져 나오고 있었다. 나는 그 물결치는 행렬을 보고 당혹감에 젖어 있었다. 어린 마음에 저래도 되는 건지, 경찰에 붙잡혀 가는 건 아닌지 걱정이 되기도 했다. 나는 해방의 기쁨을 표출해도 되는 건지, 표출해선 안 되는 건지가 헷갈리는 상태로 해방을 맞았던 것이다. 나는 이렇게 조국의 해방을 부끄럽게 맞이했던 것이다. 나의 세대의 보통 아이들의 공통된 느낌이 아닐는지. 이러한 부끄러운 감정의 유산을 우리의 후대에겐 남기지 말아야 할 것이다.

해방이 되자 친일적 행위를 단죄하는 소문들이 들려왔다. 어느 면장은 청년들의 몰매에 맞아 죽었느니, 어느 경찰서 형사는 밤중에 어디론가 도망을 쳤다느니 하는 소문들이었다. 그러나 그것은 소문에 그친 것만은 아니었다. 어느 날 아침 아버지께서 사랑방 손님에게 세숫물을 떠다 드리라고 해서 들고 갔더니 그 사랑방에 우리 국민학교 교장선생님이 계시는 게 아닌가. 그 교장선생이 우리 집으로 피신해 온 사연은 이러했다. 그 교장은 일본말을 못하는 장모를 모시고 있었는데 장모께 이야기 할 때는 부인을 가운데 통역으로 놓고 교장이 일본말로 하면 그것을 그의 부인이 한국말로 옮겨 말했다는 것이다. 그는 교장의 지위를 지키기 위해 철저히 일본인으로 행세했던 것이다. 동네 청년들이 이 얼빠진 교장을 혼내주어야 한다면서 몽둥이를 들고 몰려갔던 모양이다. 나는 그 교장을 위해 며칠 동안 세숫물과 밥상 시중을 들었다. 그는 그 후 어디론가 자취를 감췄다. 내가 다시 그를 먼발치에서 보게 된 것은 그로부터 불과 1년 반 만의 일이었다. 부산 부민국민학교는 경남도청과 길 하나를 사이에 두고 있었다. 나는 그때 부민국민학교로 옮겨와 있었다. 2층 교실에서 도청 광장을 내려다보고 있노라니 그 교장이 도청 직원들을 앞에 세워놓고 훈련 호령을 하고 있는 것이 아닌가. 나는 놀라서 눈을 비비고 다시 보았으나 분명 그 사람임에 틀림없었다. 그는 그때 이미 경남도청 학무과장의 자리에 앉아 있었다. 그는 그 후 부산 시내의 고등학교 교장을 거쳐 부산시 교육감을 지냈으며 다시 서울로 옮겨와 고등학교 교장과 교육감의 자리를 누렸다. 나는 물론 그를 우리 집 사랑방에서 본 이후로는 그의 이름을 신문지상에서 보았을 뿐 그를 한 번도 찾아본 적은 없다. 나는 해방을 어리둥절한 감정으로 맞이했으며 그 교장선생의 행적은 나의 마음속에 늘 떫은 감정과 어두운 그림자로 남아 있다.

2. 나의 이력서

우리 집안은 해방의 기쁨을 만끽할 수 없었다. 해방된 지 다섯 달 만인 1946년 1월에 아버지가 오랜 투병 끝에 돌아가셨기 때문이다. 그때 아버지의 나이는 44세였고 어머니의 슬하에는 6남매가 남겨져 있었다. 여자는 돈을 알면 안 된다면서 아버지 혼자서 경제권을 행사하셨기 때문에 어머니로서는 해방 후의 급변하는 사회적 변화에 대처할 수 없었다.

1948년 정부 수립 후 단행된 토지개혁으로 백 석 남짓했던 소작농은 지가증권(地價證券)으로 바뀌어 휴지로 되고 말았으며, 마을 앞 농토에서 거둬들인 벼는 정부에 의하여 싼값으로 강제 수매되어 손에 쥐는 것이 거의 없었다. 설상가상으로 6·25 사변까지 터졌으니. 이때부터 우리 집안의 가난은 지루하고 오래 계속되었다. 중학 입학에서 대학 졸업까지의 나의 학창 시절, 나의 호주머니는 늘 텅 비어 있었고 돈을 버는 일은 나와는 거리가 먼 신비한 일로만 여겨졌다.

이러한 어려운 여건에서도 나는 국민학교를 세 번 옮겼다. 해방이 되면서 나는 읍내 국민학교로 옮겼고 국민학교 졸업을 불과 두 달 남짓 남기고 다시 부산의 국민학교로 옮겼던 것이다. 이것은 오로지 어머니의 결단에 의하여 이루어진 일이었다. 어머니는 학교교육을 받은 분이 아니었지만 자식들에 대한 교육열은 대단하셨다. 자식들의 교육을 당부한 아버지의 유언을 맹목적으로 실천한 것인지도 모른다. 나는 어머니의 교육적 열성 덕분으로 경남중학교에 입학할 수 있었고, 오늘날 내가 밥술깨나 먹는 것도 어머니의 열성 때문이라고 늘 생각하고 있다.

중학 시절 여름방학이면 소를 치는 일은 나의 몫이었다. 형님은 형이라는 이유로 이 일을 마다했고 동생은 동생임을 내세워 이 일을 기피했다. 소 치는 일은 오후 세 시경부터 산 그림자가 김해평야에 길게 뻗으면서 사방이 어둑어둑해지는 저녁 여덟 시경까지 하루에 다섯 시간씩 계속되었다. 어떤 때는 친구들과 함께 소를 치는 경우도 있지만 혼자서 소를 치는 일도 자주 있었다. 하루에 다섯 시간씩을 산에서 혼자 보내는 일은 결코 쉬운 일이 아니었다. 그것도 매일같이. 소설책을 읽기도 하고 시집을 낭송하기도 하지만 다섯 시간 내내 할 수 있는 일은 못 되었다. 그래서 나는 그 무료한 시간을 메우기 위해 주로 두 가지 공상에 젖어들곤 했다. 하나는 산 아래 펼쳐진 농토를 갖고 기와집을 짓는 것이다. 논들을 사들여 큰 농장을 만들고 그것을 바둑판으로 정지작업하고, 거기에 차가 다닐 수 있는 길을 내어 농업을 기계화하는 것이다. 농업의 대형화와 기계화를 꿈꾸었던 것이다. 그러나 나의 이러한 꿈은 내가 대학교육을 위해 서울로 올라온 후 다시 시골로 내려가지 않음으로써 한갓 무료한 시간을 때우기 위한 몽상에 그치고 말았다. 다른 하나는 나의 이력서를 쓰는 일이었다. 나의 미래를 설계하는 일이었던 것이다. 땅거미가 내려앉은 어둑한 산속에서 혼자서 내 마음대로 나의 미래를 화려하게 수놓는 것이다. 지금의 중학교를 마치고는 서울로 올라가 한국서 제일 좋은 고등학교로 진학하고 대학도 일류 명문대학으로, 그리고는 미국이나 영국의 이름난 대학원에 가서 박사학위를 받고 돌아와선 대학교수가 되고…. 나의 이력서는 이렇게 계속되고 있었다. 내가 나의 백일몽에서 깨어날 때면 어느덧 땅거미는 짙게 내리고 사방은 어둑해져 있었다. 소를 몰고 산을 내려오는 나의 얼굴은 상기되어 있었고 남에게 내 속을 드러낸 것 같은 부끄러움에 젖기도 했던 것으로 기억된다. 나는 여름방학이면 고향을 생각하고 소 치던 때를 생각하고 그때 꿈 많은 소년이 손바닥에 썼던 이력서를 되새겨보곤 한다. 그때로부터 45년이란 세월이 흐른 지금 나는 그때 내가 썼던 이력서에 얼마나 근접한 삶을 살았는지 되뇌면서 나 혼자 남모를 미소를 입가에 짓곤 한다. 나는 이제 환갑도 지나고 정년도 몇 년 남지 않았으니 나의 이력서는 사실상 끝난 셈이다. 나는 나의 이력서의 여백을 깨끗하게 지키고자 한다. 나는 이것이 내가 기울여야 할 마지막 노력이 되어야 할 것으로 다짐하고 있다.

3. 6 · 25의 아픔

우리 세대가 겪은 최대의 비극인 6 · 25를 나도 짚고 넘어가지 않을 수 없다. 6 · 25가 뿌린 아픈 상처와 깊은 불신이 오늘 통일을 방해하는 가장 큰 장애물이 되고 있음은 6 · 25가 얼마나 참담한 사건이었는가를 단적으로 말해 주고 있다.

6·25는 내가 고등학교 1학년 때 발발했다. 그해는 새로운 학제(學制) 시행으로 6월 1일에 1학기가 시작되었으니 학기가 시작된 지 한 달이 못되어 사변이 터진 것이다. 그날은 일요일이었고 나는 그 당시 경남도청 앞에서 하숙을 하고 있었기 때문에, 아침밥을 먹고선 도청 지하실로 가서 탁구를 치고 있었다. 오전 열 시 반쯤 되었을까. 갑자기 사이렌이 울리고 사람들이 웅성거려 밖으로 뛰어나왔더니 북한 공산군이 남침했다는 것이다. 이렇게 해서 3년여 이 강토를 피로 물들이고 남북을 적(敵)으로 만든 6·25 사변이 시작되었으며 부산에 있던 우리는 사변이 터진 지 여섯 시간이 지나서야 그 사실을 알게 된 셈이니 나는 지금도 그 연유를 알지 못하고 있다. 사변이 터진 지 3일도 못 되어 토성동의 학교 교사는 육군병원으로 개편되어 우리는 동신국민학교에서 수업을 받기로 되었으나 그곳으로 옮긴 하루 만에 그 학교도 육군병원으로 개편되는 통에 우리는 완전히 공부할 터전을 잃고 임시휴교에 들어갈 수밖에 없었던 것이다. 그때 나는 사변이 발생한 지 불과 2-3일 만에 부상병들이 들것에 실려 학교 교사로 들어오는 것을 목격하고 우리 측이 큰 상처를 입고 있음을 실감할 수 있었다.

9월이 되면서 우리는 정신을 수습하게 되고, 학교는 다시 문을 열게 되었다. 우리는 무작정 구덕산으로 올라가 나뭇가지에 흑판을 매달고 돌멩이를 깔고 앉아 수업을 받기 시작했다. 글자 그대로 노천 수업이 시작된 것이다. 비가 오는 날이면 학생들이 나무 밑에 옹기종기 서서 "수업 그만합시다"라고 소리 지르면 그 당시 젊은 교감이었던 이창갑 선생님이 걱정스러운 표정으로 교무실에서 나와 하늘을 쳐다보면서 "지금 구름이 이동하고 있으니 비가 곧 그칠 겁니다. 수업은 계속합니다"라고 하면 학생들이 "우우" 하고 소리치면서도 계속 수업을 받았고, 초겨울 바람막이 없는 노천 교실에서 손은 시리고 깔고 앉은 돌멩이가 차가워

엉덩이를 들썩인 기억들이 새롭다. 고등학교 1학년은 이렇게 노천 교실에서 보내고 2학년과 3학년은 천막 교실에서 수업을 받으면서 고등학교를 마쳤다. 나의 고등학교 3년은 이렇게 6·25로 멍들었고 한국 교육사에 남을 진기한 기록을 남기면서 마감했다. 그러나 그때 우리는 한마디 불평도 없이 열심히 공부했고, 우리 옆에 있던 부산여고는 교문(?)에 "여기는 우리의 싸움터"라는 간판을 내걸고 공부했던 것이다. 1993년은 고등학교 졸업 40주년이 되는 해라 동기동창 백여 명이 졸업 40년 만에 환갑의 나이에 반백의 머리를 하고 구덕산 기슭의 모교를 방문했다. 거기엔 노천 교실도 천막 교실의 흔적도 찾을 수 없고 잘 정돈된 고등학교 건물들이 들어서 있었다. 6·25 사변으로 경황없이 올라왔던 구덕산 기슭이 모교의 캠퍼스로 정착될 줄이야 그때 누가 알았겠는가. 세상일이란 계획되어 진행되기보다는 흘러가다 되는 것이 아닌가를 실감나게 했다.

6·25 사변 전 부산은 인구 50만 정도의 조용한 항구도시였다. 이러한 부산이 사변으로 임시수도로 되고 전국에서 피난민들이 몰려들자 포화 상태가 되고 말았다. 산비탈엔 판자촌이 형성되고 뒷골목엔 판잣집들이 들어서게 되었다. 길거리는 사람들로 북적대고 국제시장은 먹고살려는 사람들의 아우성으로 수라장이 되어 있었다. 사람들은 먹고살기 위해 모든 것을 벗어던지고 알몸으로 뛰고 있었다. 부산은 한계 상황에서 인간이 어떤 모습을 노정하는가를 전시하는 도시처럼 보였다. 그때 이후 한국은 시끄러워지기 시작했으며, 이 소란 속에서 전통적인 가치관이 무너지고 사람 사는 태도가 바뀌기 시작했던 것이다. 사변 때 부산 국제시장에서 시작된 시끄러움은 그 후 끊이지 않고 지속되었다. 군사 쿠데타로, 근대화, 산업화로, 반독재 민주화로, 새마을운동으로, 다시 정치적 혼란으로, 시끄러움은 끊일 줄을 몰랐다. 이제 우리는 6·25로 놀란 가슴을 달래고, 가난으로 맺힌 한(恨)을 씻고, 정치적 불안에서 벗어나서 경제적 부의 축적도 자제할 필요가 있다. 이제 우리는 안정된 마

음으로 차분한 자세로 이웃과 함께 걸어갈 여유를 되찾아야 할 때가 되었다고 본다. 우리의 가슴속에 깊이 잠복되어 있는 6·25의 상처에서 벗어날 때가 된 것이다.

6·25 때의 한국과 부산의 상황은 실존주의를 잉태시킨 제1차 세계대전과 제2차 세계대전 전후의 유럽과 비슷한 양상을 띠고 있었다. 전쟁의 와중에서 인간의 존엄성은 추락되고, 가난에 시달리고, 개인은 전쟁 수행을 위한 대치(代置) 가능한 존재로 전락되고, 자유는 제한되고, 희망은 보이지 않고. 실존주의를 낳은 유럽과 그때의 한국은 역사적 상황의 유사성으로 실존주의가 그대로 유입되어 우리 사상계를 풍미하고 있었다. 나도 그때의 사상적 유행에 따라 카뮈의『이방인』, 사르트르의『구토』,『실존주의는 휴머니즘이다』, 키에르케고르의『이것이냐 저것이냐』를 닥치는 대로 읽었다. 그리고 그 당시 고등학교 2, 3학년 교과과정에는 '논리학', '사회학', '윤리학'이 포함되어 있어 나는 이 과목들을 다른 과목들보다 흥미 있게 배웠고 수준 높은 과목으로 받아들였다. 요즈음 나는 때때로 철학을 전공하게 된 동기가 무엇이냐는 질문을 받게 된다. 교수로서 대학 강단에서 철학을 강의한 지도 35년에 접어들고 사회적으로 활동하다 보니 이러한 질문을 받게 되는가 보다고 생각하고 있다. 그러나 이 질문에 대한 대답은 쉬운 일이 아니다. 젊은이들에게 감명을 줄 만큼 미화시킬 수도 없고. 6·25라는 시대적 상황, 그때 불어 닥친 실존주의 풍조, 그리고 고등학교에서 배운 철학관계 교과목들, 이런 것들이 복합적으로 작용해서 나를 철학에 매료케 하고 철학의 길에 들어서게 한 것으로 생각하고 있다. 6·25가 나에게 다른 더 큰 상처를 남기지 않고 나를 철학의 길에 들어서게 한 계기가 된 것에서 나는 인생의 기묘한 우연성을 절감하게 된다.

4. 자유도 운명도 아니더라

나는 연세대학교 철학과에 입학하게 된다. 나는 이것이 연세대와의 긴 인연의 출발점이 될 줄은 전혀 예상치 못했다. 학생으로서 6년, 교수로서 35년, 이렇게 나는 연세대와 41년째의 길고 깊은 인연을 맺고 있다.

학생으로 입학했을 때 나는 연세대 교수가 되리라고는 생각지 못했으며, 교수로 임명되었을 때도 연세대학교 총장이 되리라고는 상상도 못 했던 일이다. 지금도 나는 연세대학교 입학부터가 나의 의지에 의한 것으로 보지 않는다. 그리고 그 후 연세대학교에서 교수가 되고 처장, 학장, 부총장을 거쳐 총장이 된 여러 가지 일들도 내가 만들었다고 보지 않는다. 그렇다고 그저 주어진 일인가? 감나무 아래서 입을 벌리고 누워서 된 일인가? 그렇게 한가하게 부동의 자세로 보낸 세월도 아니었다. 이러한 상념은 언제나 인생은 자유도 운명도 아니더라는 결론 아닌 결론에서 멈춰 서게 한다.

철학과에 입학하며 나는 정석해 교수님을 만나게 된다. 정석해 선생님과의 만남을 나는 연세대학교에 입학한 보람과 긍지로 삼고 있다. 정석해 선생님은 1917년 연희전문학교에 입학, 3학년 때인 1919년 3·1운동이 일어나자 독립선언서를 학교 지하실에서 등사하여 고향으로 갖고 가는 일을 시발로 독립운동에 참여하느라고 학업을 중단당하고 그 후 만주와 상해 등지에서 독립운동을 돕다가 유럽으로 건너갔다. 독일의 백림대학에서 수학과 경제학을 공부하고 프랑스의 파리대학에서 철학을 전공하면서 주로 프랑스에서 20여 년을 체류하다가 해방 5년 전에 귀국하여 해방될 때까지 연금생활을 하였으며, 1946년 연세대 철학과 교수로 부임하면서 연세대와 깊은 인연을 맺게 되신 분이다. 4·19 혁명 때는 4·19의 학생운동이 반전되려는 기미를 보이자 교수 데모의 의장으로서 "학생들의 피에 보답한다"는 플래카드를 내걸고 교수 데모대를 앞장서 선도함으로써 4·19 혁명을 마무리 짓는 데 결정적 역할을 하신 분이다. 정석해 교수님의 교육에 대한 열정, 나라에 대한 뜨거운 사랑, 그리고 사리(事理)에 대한 불같은 정의감은 많은 사람들의 귀감이 된다. 나는 정석해 선생님에 미치지 못하는 나를 늘 자책하곤 한다.

철학과에 입학하여 강의를 받고 보니 이것은 내가 기대했던 철학이 아니었다. 이것은 철학과에 입학하는 대부분의 학생들이 접하는 당혹감일 것이다. 철학을 통해 삶의 지혜를 얻을 수 있을 것으로 기대했으나 철학도 다른 학문과 다를 바 없는 하나의 이론이요 학문이었다. 과학을 응용할 때 기술이 나오듯이, 철학 지식을 쌓아 그것을 삶에 응용할 때 지혜가 된다는 것을 깨달은 것은 한참 후의 일이다. 나는 학문으로서의 철학에 절망하거나 좌절하지 않았다. 아니, 그럴 정신적, 경제적, 시간적 여유를 갖지 못했던 것이다. 나는 학부 2년과 대학원 2년 이렇게 4년 동안을 백부님 댁에서 보냈다. 큰아버지께서 나의 공부를 시켜주신 것이다. 숙식도 큰아버지 댁에서 했고 등록금도 큰아버지께서 도와주셨다. 나는 이 점에 대해서 늘 큰아버지께 감사하고 있다. 나의 학창생활 마지막에 큰 힘이 되어주신 분이 백부님이시기 때문이다. 나는 하루속히 학업을 마치고 독립해야 했기 때문에 대학에서의 철학의 성격으로 고민할 처지가 못 되었던 것이다. 내가 석사학위 과정을 2년에 끝내버린 것도 같은 사정에서였다. 더 좋은 논문을 쓴다면서 앉아 있을 처지가 아니었던 것이다. 3학기 동안에 학점 따고 1학기 동안에 석사학위 논문을 써내야만 했던 것이다.

늘 시간에 쫓기고 호주머니는 빈 상태로 나의 학창 시절은 고달프게 지나가고 있었다. 집에서는 동생의 공부를 돌보아주어야 했기 때문에 나는 가능하면 학교에 나가 강의실과 도서관에서 나의 시간을 가졌다. 나는 강의에 충실했으며 공부도 열심히 하느라고 했다. 그것밖엔 별달리 할 일도 없었고 할 여유도 없었다. 사회도 비교적 조용했던 시기였다고 할 수 있다. 6·25가 휴전으로 접어든 이후 4·19가 일어나기까지의 나의 대학 시절은 무이념, 무정치의 시대였다고 할 수 있다. 6·25로 폐허가 된 한국을 재건하는 일밖엔 여념이 없었고, 모두가 가난했고, 공산주의가 좋은 사람은 북으로, 민주주의가 좋은 사람은 남으로 갈라섰으니 이념 갈등의 소지도 없었고, 산업화가 시작되기 전이었기에 가진 자니 없는 자니 하는 이분법도 성립될 수 없는 상황이었다. 우리는 정치문제로 학원이 열병을 앓는 일 없이 비교적 안정된 사회적 분위기 속에서 대학교육을 받을 수 있었다. 비록 교육 여건은 부실했지만 교수님들의 열성과 학생들의 열정이 결합되어 대학은 그의 상아탑적 위용을 마지막으로 발휘하고 있었던 것이다.

그 당시 대학 졸업자가 나갈 곳은 크게 세 군데뿐이었다. 은행과 신문사와 고등학교가 그것이었다. 그때는 산업화 이전이었기 때문에 기업체란 것도 몇 없었고 그 규모도 초창기라 소규모였다. 내가 나갈 곳은 신문기자가 아니면 고등학교 교사였다. 나는 기자가 되어봤으면 하는 생각을 지녀보기도 했지만 그것이 쉬운 일도 아니었을 뿐 아니라 내가 쓰던 이력서에도 없는 직업이라, 나는 별다른 목표 없이, 더구나 대학교수가 되겠다는 포부도 없이 그냥 대학원에 진학하여 공부를 더 계속하기로 했다. 공부만은 하는 데까지 최고(?)로 해보자는 심산이었다. 나는 대학원에 입학했다는 사실을 백부님에게 말씀드리고 크게 꾸중을 들었다. 대학을 마쳤으면 직장을 얻어 나가야지 또 무슨 공부냐는 요지의 말씀이셨다. 그러나 백부님은 계속해서 나의 공부를 도와주셨다.

내가 대학원에 진학했을 때 정석해 교수님의 연세는 59세였고 오랫동안 맡아오신 학교에서의 여러 보직들, 교무처장, 학생처장, 문과대학장등을 모두 내어놓으시고 우리의 강의에만 열중하고 계셨다. 정석해 교수님은 학부에서나 대학원에서나 강의를 빠지는 법이 없었다. 세미나는 한 번에 한 논문을 다루는 방식으로 진행하셨는데, 그 논문에 대한 논의가 끝날 때까지 시간에 전혀 구애받지 않고 날이 어두워질 때까지 진행하곤 하셨다. 대학원 2학기 때 나는 정석해 교수님의 '과학철학' 세미나를 듣고 학기 논문으로 「공간의 상대성: 아인슈타인(A. Einstein)의 특수상대성이론이 칸트(I. Kant)의 시공에 대한 관념성설을 과연 시인하느냐」를 제출했는데, 정석해 교수님이 이를 『자유공론(自由公論)』(1959년 7월호)에 게재하게 하셨다. 그 당시는 글을 인쇄하는 일이 여간 어려운 일이 아니었으며 더구나 그 글이 정석해 교수님으로부터 인정받았다는 것은 나로서는 기쁨이요 새로운 자기발견이 아닐 수 없었다. 지나고 보니 그때 나의 학자로서의 길이 열리기 시작한 것이 아닌가 싶기도 하다.

나는 「플라톤의 이데아론」을 석사학위 논문으로 제출했다. 한 학기 만에 써버린 것이다. 그것은 한 학기 이상 붙들고 있을 여유도 형편도 못 되었다. 김하태 박사님이 주심이셨고 정석해 교수님과 조우현 교수님이 부심을 맡으셨다. 그 당시 김하태 박사님이 학부에서 플라톤 철학과 아리스토텔레스 철학을 강의하고 계셨기 때문이다. 논문 초고를 제출하고서 오라는 날짜에 찾아뵈었을 때 김하태 박사님은 "잘 썼어요. 그런데 좀 문학적이 아니에요." 이렇게 말씀하셨고, 정석해 선생님은 "됐수다. 인쇄하시오"라 하셨으며, 조우현 교수님은 "논문 심사 때 코멘트하겠어"라고 말씀하셨다. 나는 나의 석사학위 논문에 대해서 실질적으로 한 마디도 지적받지 않고 원고 그대로 인쇄에 부쳤던 것이다. 이때 논문이란 자기가 쓰는 것이라는 생각을 했고 이것은 미국 가서 박사학위 논문을 쓸 때도 대동소이했던 것으로 기억된다.

석사학위 논문은 통과되었는데 나의 진로는 정해지지 않았다. 그 당시 대학원엔 박사학위 과정이 없었기 때문에 더 진학할 곳도 없었다. 그렇다고 당장 외국으로 나갈 형편은 못 되었고, 그 당시 외국으로 유학을 간다는 것은 글자 그대로 하늘의 별따기요, 웬만한 사람은 꿈꿀 수도 없는 일이었다. 그때에 비하면 지금은 얼마나 좋아졌는지. 1960년 2월은 나로서는 허공에 뜬 시기였다. "어쩐다, 뭘 한다, 어디로 간다…." 막연할 뿐이었다. 그때 내 마음속 깊이에서는 학교에 남아 가르칠 수 있다면 얼마나 좋을까 하는 생각을 하고 있었는지 모른다. 그러나 나는 그것을 입 밖에 내어본 적이 없다. 나는 할 일 없이 학교에 들러보기도 하고 친구 하숙방을 기웃거리기도 했다. 그러던 어느 날 우연히 나에게 큰 행운이 떨어졌다. 나의 인생을 결정하는 사건이 일어난 것이다. 교정에서 정석해 선생님을 만나 가볍게 인사를 했더니 내 옆을 지나치면서 "박 군, 날 따라오우." 하시는 것이 아닌가. 선생님의 뒤를 따라가는데 선생님이 하도 빠른 걸음으로 걸어가시기에 내가 잘못 들었나 싶어 걸음을 멈추려니까 다시 "따라오우." 하시는 게 아닌가. 잘못 들은 것은 아니구나 싶어 연구실로 따라갔더니 이렇게 말씀하셨다. "박 군, 학교에 남아 계속 연구해 보도록 하오. 조교로 쓰기로 백 총장과 이야기가 됐수다." 이렇게 해서 나의 연세대학교와의 제2의 인연이 맺어지게 되고 나는 석사학위를 갖고 연세대 철학 강단에 서는 행운을 잡게 된 것이다. 벌써 35년 전의 일이요, 호랑이 담배 피울 때의 일로 들릴 것이다. 그러나 그때는 그때 나름대로 어려움이 있었다는 사실을 유념할 필요가 있을 것이다.

5. 강의 예행연습

나는 1960년 3월 18일 내 인생에서 처음으로 대학 교단에 섰다. 그때 3 · 15 부정선거가 마산에서 문제로 제기되긴 했지만 그것이 한 달 뒤 4 · 19로 연결되어 12년간의 이승만 정권이 붕괴되리라고는 예측하지 못했다. 나는 1959년 입학생인 철학과 2학년에게 '논리학'을 강의했다. 정석해 교수님이 "논리학을 강의하도록 하오. 논리학을 가르치면서 논리적 훈련을 쌓는 일은 앞으로의 철학 연구에 크게 도움이 될 것이외다." 하시면서 당신이 지난 15년 동안 강의하셨던 논리학 강의를 나에게 넘겨주신 것이다. 그 당시 교수들의 강의 방식은 크게 둘로 나뉘어 있었다. 대부분의 교수들은 '받아쓰기' 방식을 채택하고 있었다. 강의 내용을 불러주고 그것을 받아 적게 하고선 설명해 나가는 방식이다. 그 밖의 소수의 교수들만이 소위 프리토킹(free talking)으로 강의하였다. 나는 학생 때 '받아쓰기' 방식에 대해서 불만을 품고 있었다. 그럴 바에야 프린트해서 나누어 주고 설명만 할 것이지 팔 아프게 왜 받아쓰게 하는지가 이해되지 않았던 것이다. 그래서 나는 강의를 프리토킹으로 하기로 마음먹었다. 나이 27세밖에 안 된 젊은 사람으로서 대학 2학년에게 노트를 보지 않고 프리토킹으로 강의하기란 여간 마음에 부담이 되는 일이 아니다. 더구나 젊은 사람이라 강의를 잘못하면 실력 없는 선생으로 밀릴 수도 있었다. 나는 그럴 수는 없다고 생각했다. 그래서 강의시간 전에 다른 빈 교실에 들어가서 흑판에 판서를 해가면서 강의를 예행연습하곤 했다. 이것이 습관이 되어 나는 지금도 밤낮 하는 '철학개론'마저도 강의 시작 전 30분 동안은 생각을 정리하고 마음을 가다듬곤 한다. 강의를 거르지 않고 강의에 최선을 다하는 것을 나의 교육신조로 삼고 있다. 나의 이 신조가 오늘의 나를 지탱시킨 바탕이 되었다고 생각하고 있다.

나는 「플라톤의 이데아론」을 석사학위 논문으로 제출한 연고로 '고대철학강독' 과목을 맡아 학생들과 함께 영어로 된 플라톤의 대화편들, 『국가』, 『변론』, 『메논』, 『크리톤』, 『파이돈』 등을 읽어나갔다. 그러면서 나는 '플라톤의 이데아론' 이외에 '영혼의 문제', '에로스의 성격' 등을 논문으로 써나가고 있었다. 그러는 동안에 나의 마음속에 플라톤 철학에 대한 일말의 회의가 일기 시작했다. 플라톤의 작품들이 다분히 시적(詩的)인 데다 비유를 자주 사용하고 있어 논의의 전개가 불분명하다는 것이었다. 논의가 비유를 통해 어떤 결론에 이르긴 했으나 늘 무엇에 오도된 듯한 미심쩍음이 마음에 남곤 했다. 과학적 정확성이 결여되어 있다는 생각에 젖곤 했다. 그 위에 그리스어도 극복해야 하고, 철학과 교수의 분포상 조우현 교수님이 고대철학을 전공하고 계신데 두 사람이나 고대철학을 한다는 것도 문제가 아닐 수 없다고 판단되어 나의 전공 설정에 고심하고 있던 중에 나는 비트겐슈타인의『논리철학논고』, 에이어의『언어, 진리, 논리』, 팹(Pap)의 *Elements of Analytic Philosophy*, 파이글(Feigl)과 셀라스(Sellars)의 *Readings in Philosophical Analysis* 등의 책들에 접하면서 "이것이다. 분석철학을 전공해 보자"라고 결심하게 되었다. 분석철학은 내가 강의받지 못한 새로운 분야였으며 그것의 정확성, 간명성, 과학성에 매료되었던 것이다. 이때부터 나는 독학으로 이 방면의 글을 읽으면서 논문들을 쓰기 시작했으며 미국으로 유학 갈 기회가 있으면 이것을 전공하리라 마음먹었다. 지금 생각해 보면 그것은 매우 위험하고 성급한 판단이었다. 분석철학이 뿌리내려 있는 수학적, 논리적 심연의 깊이가 그 후 나를 계속 괴롭혀왔음을 고백하지 않을 수 없다. 분석철학의 표피적 성격을 그것의 전부로 이해한 나의 무지에 대한 죗값을 그 후 톡톡히 치러야만 했던 것이다.

나는 1960년 3월 철학 교단에 서면서도 나의 학업은 아직 끝나지 않았다고 생각하고 있었다. 박사학위를 받아야 형식상 대학교수의 자격이 갖추어진다고 생각하고 있었기 때문에 나는 늘 미완으로 생각했고 미완인 채 교단에 서 있는 나를 부끄럽게 생각하고 있었다. 그래서 나는 1960년대 중반부터 유학 준비를 시작했다. 학교 퇴근버스가 종로에 닿으면 교수들은 '양지' 다방이나 '낭만'이라는 맥주홀로 빠져들었지만 나는 코리아헤럴드학원이나 시사영어학원으로 가서 영어 공부를 했다. 영어 강사 중에는 연세대 영문과의 나의 동료들도 있었지만 나는 부끄럽게 생각지 않고 수강했다. 1960년대 중반쯤에 벌써 졸업생들 중에 유학의 길에 오르는 사람이 나와서 나의 마음을 조급하게 했고 박사학위를 하고 온 교수들이 마치 모든 것을 아는 척 거드름을 피우는 것이 못마땅하기도 해서 나의 마음은 굳어져갔다. 그러나 유학의 길은 쉽게 열리지 않았다. 남의 돈으로 가려니 쉬운 일일 수 없었다. 한 가지 길은 열려 있었다. 미국 뉴욕에 있는 연세대학교 후원단체인 연합재단(United Board for Higher Education in Asia)에서 연세대 전임교수 중 한 사람을 선발해서 미국 대학에서 석사과정을 밟으면서 학문을 재훈련하는 기회를 주고 있었다. 비록 한국의 석사 교수들을 다시 미국 와서 석사과정을 밟으라는 것이긴 했지만 그때로선 어쩌면 당연한 것이었고 큰 혜택이 아닐 수 없었다. 교수들은 그것을 따기 위해 경쟁적으로 줄을 서기 시작했다. 1968년부터 나도 그 줄의 꽁무니에 서 있었다. 그 U. B. 펠로십(fellowship)을 따려면 미시간 테스트나 토플을 쳐야만 했다. 인문사회계의 경우 토플 성적이 520점을 넘겨야 했다. 30대 후반의 우리에겐 그때로선 쉬운 일이 아니었다. 그런데 세상이란 묘한 것이었다. 처음에는 그 줄에 20여 명이 서 있었는데 1, 2년 세월이 흐르면서 그 수가 격감되어 1970년에 와서는 경쟁자가 두세 명밖에 남지 않게 되어 나는 드디어 1970년에 그 하늘의 별 같은 펠로십을 받아 1971년 7월 철학 교단에 선 지 11년 만에 박사학위 취득을 목표로 무거운 부담감을 지고 미국으로 유학의 길에 오르게 된 것이다. 그때 내 나이는 38세였고 학교에서의 직위는 전임조교 3년, 전임강사 3년, 조교수 4년을 거쳐 1971년 3월에 갓 부교수로 진급되어 있었다. 이때 내가 느낀 것은 이런 것이었다. "세상이란 내가 잘나서가 아니고 남들이 포기하기 때문에 앞서게 되는 것이구나. 인생은 마라톤이다. 꾸준히 뛰는 놈이 이기게 된다."

그때만 해도 비행기를 타고 외국 유학을 가는 일은 대단한 사건이었다. 나도 그때 처음으로 비행기를 타보았으니까. 그때 공항에서 찍은 사진의 환영 인파를 보면 엄청나다. 우리 집안의 대소가는 물론이고 문과대학은 학장님을 비롯해서 거의 모든 교수님들이 총동원되다시피 되어 있다. 줄잡아 50명은 될 것 같은 인파다. 그로부터 4년 뒤 1975년 7월에 내가 박사학위를 받아 금의환향(?)했을 때 학교에서는 박사학위를 했다고 2호봉을 특진시켜 주었고, 문과대학에서는 환영연을 열어 축하하면서 금지환을 선물로 주기도 했다. 그때 인심은 그러했다. 그러한 따뜻하고 인간적인 인심이 지금은 어디로 갔는지. 그때는 참 좋은 시절이었나 보다.

6. 에모리에서의 애환

1970년 12월 내가 U. B. 펠로로 결정될 즈음, 학교의 U. B. 펠로십 정책이 변화될 조짐을 보이고 있었다. 미국에 가서 석사학위를 받아오는 일에 별다른 의의를 찾을 수 없을 만큼 우리 사회가 성장하고 있었던 것이다. 그래서 펠로십 수혜 기간을 3년으로 늘려서 박사학위를 받아오게 하자는 것이었다. 나도 석사학위를 갖고 대학에서 10년이나 가르친 사람이 나이 40에 가까워 고생스레 유학 가서 다시 석사학위를 받아오는 일은 승복할 수 없었다. 그래서 나는 U. B. 펠로십 신청서에 있는 희망학위과정란(欄) 중 박사과정에 체크해 버렸다. 물론 박사과정으로 변경 확정되기 전의 일이다. 이 사실이 드러나게 된 것은 내가 U. B. 펠로로 확정되고 난 후의 일이었다. 나는 어느 날 그 당시 이 일을 맡고 있던 원일한 박사에게로 불려갔다. 그는 이것이 석사학위 과정 프로그램인 줄 알면서 어떻게 박사학위 과정에 체크했느냐고 다그쳤다. 나는 이 프로그램이 변화될 것이라는 말을 들었다는 것과 이미 석사학위를 갖고 있는데 또 석사학위를 받아 뭘 하겠냐는 요지의 말을 했던 것으로 기억된다. 이 일은 결국 2년 동안의 학업과정을 살펴보아서 그때 가서 석사과정으로 중단시키든지 1년 연장해서 박사과정으로 전환시키든지 하겠다는 선에서 결말이 났던 것으로 기억하고 있다. 이러한 곡절을 거쳐 나의 유학의 길은 마침내 열리게 되었던 것이다.

나는 연합재단의 배려로 로스앤젤레스에서 50일간 영어 훈련을 받고

서 샌프란시스코와 시카고 그리고 뉴욕을 거쳐 에모리(Emory)대학이 있는 애틀랜타로 가게 되었다. 나는 샌프란시스코에 가서 그 언덕 위의 다양하고 화려하게 채색된 아름다운 집들을 보고 지구상에 이렇게 아름다운 도시도 있었나 하고 감탄했다. 미국의 도시들은 모두 그 나름대로 아름답지만 미국에서 인공적으로 가장 아름다운 도시는 샌프란시스코이고, 자연적으로 가장 아름다운 도시는 애틀랜타라고들 한다. 나는 미국에서 자연적으로 가장 아름다운 도시에서 공부하게 된 것이다. 애틀랜타는 도심은 얼마 되지 않고 도시가 숲속으로 넓게 흩어져 있어 도시 전체가 하나의 커다란 공원으로 보인다. 그때 애틀랜타의 인구는 150만 명에 불과했는데 지금은 2백만 명을 넘어섰다고 하며, 1996년엔 제26회 올림픽대회가 열리게 된다니 그때 모교 에모리를 다시 한 번 방문할 기회를 가졌으면 하고 있다.

에모리에서의 나의 유학생활은 보람되고 유익하고 나의 시야를 넓혀 주고 그 후의 나의 삶에 큰 변화를 일으키는 계기가 되긴 했지만, 유학생활 그 자체는 고달프고 다람쥐 쳇바퀴 돌 듯 무미건조한 것이었다. 미국의 대학생들은 대부분이 기숙사 생활을 한다. 다른 지역에서 온 학생들은 물론이고 그 도시의 학생들도 부모 곁을 떠나 기숙사에 들어와서 학문 정보를 교환하고 서로 사귀면서 함께 생활한다. 이렇게 해서 하나의 독립적인 개체로 훈련받으면서 성장해 간다. 이것은 대학의 출발에서부터 그러했고 그 전통을 그대로 이어받고 있는 것이다. 나도 여느 학생들과 마찬가지로 매일같이 아침에 기숙사를 나와 우체국에 들러 우편물을 체크한다. 우편물을 체크할 때면 늘 한국에서 어떤 소식이 왔는가에 가슴 설레었다. 그리고 나는 그 옆에 있는 책방 겸 문방구에 들러 한 번 둘러보고는 세미나에 참석하고 캅스홀(식당)에 가서 식사하고 도서관에서 책 읽다 밤 열두 시에 도서관 불이 꺼지면 지친 몸을 이끌고 기숙사로 돌아온다. 나는 4년 동안 매일같이 이 일을 지치지 않고 밀고 나갔다. 나에게는 동기와 목표가 뚜렷했고 늘 시간에 제한받고 있었기 때문에 다른 생각을 할 여유가 없었던 것이다.

내가 에모리에 도착해서 며칠 안 되어서의 일이다. 칵스홀에서 혼자서 식사를 하고 있는데 주위에 있던 미국 학생들이 내 옆으로 와서 자리를 함께해도 괜찮겠냐고 했다. 좋다고 했더니 그중의 한 학생이 어디서 왔느냐고 한다. 한국에서 왔다니까 그러냐고 하면서 한국을 잘 안다고 한다. 자기 친구 중의 한 사람이 한국에 병사로 근무하고 돌아왔다고 한다.

다른 학생이 뭘 전공하느냐고 해서 철학을 전공한다니까, 그 어려운 철학을 전공하느냐면서 한 번 가볍게 놀라는 표정이었다. 다른 학생이 철학 중에서도 무엇을 전공하느냐고 묻기에 분석철학을 전공한다니까, 그 까다로운 분석철학을 그 영어로 어떻게 하겠느냐는 표정으로 다시 한 번 놀라는 것이었다. 그 다음 학생이 다시 "누가 너의 주요 사상가냐"고 물었다. 분석철학 중에서 누구를 주로 다룰 것이냐는 질문이었다. 나는 다시 간단명료하게 비트켄슈타인이라고 했더니 이들은 한꺼번에 모두 뒤로 나자빠지는 표정들이었다. 나는 이 불가능을 딛고 나와 함께 대학원에 입학한 10명의 미국 학생들을 제치고 유일하게 4년 만에 학위를 끝내고 돌아섰던 것이다.

내가 에모리에서 겪은 가장 큰 어려움은 물론 영어였다. 나는 "영어의 장벽만 아니면…"이라는 말을 늘 혼자서 입에서 뇌까리고 다녔다. 쓰는 영어는 시간이 걸리더라도 쓸 수 있었고, 말하는 영어는 내 나름대로 띄엄띄엄 말하면 되었지만, 문제는 듣는 영어였다. 사람들마다 발음이 달랐고 더구나 그곳은 미국의 남부 도시라 흑인 특유의 꼬이고 흐르는 발음이 섞여 도무지 알아들을 수 없었다. 세미나에 참석하면 교수와 학생들이 그 유창한 영어로 논의를 전개한다. 나는 그 논의의 대체적인 흐름은 간파할 수 있었지만 그것이 어떤 굽이를 어떻게 넘어 어디로 결론짓고 있는지 분명치 않았다. 갑자기 학생들이 웃기라도 하면 나는 뒤따라

웃는 척해야만 했다. 세미나에서의 결론이 어떻게 났는지는 늘 안개에 가려진 느낌이었다. 이것은 마치 공중에서 바닷가에 어떤 물건이 떨어졌는데 그것이 물속으로 내렸는지 모래사장에 떨어졌는지가 바닷가에서 다소 떨어진 거리에서는 분명하게 보이지 않는 것과 같은 것에 비유될 수 있을 것이다. 한편 나는 끝내 영어로 직접 글을 쓸 수 없었다. 습성 탓인지 고령(?) 때문인지 몰라도 나는 그렇게 하지 못했다. 우리말로 글을 써놓고 그것을 영어로 옮겨서 수동 타자기로 두꺼비 파리 잡아먹듯 뚝딱뚝딱 쳐서 학기 논문을 작성했던 것이다. 나는 이러한 영어로도 1년에 3학기, 한 학기에 3과목, 2년 동안에 18개의 학기 논문을 제출했으며 2년간의 교과과정이 끝났을 때 나에게는 미완결 논문(Incomplete)은 하나도 없었던 것이다.

에모리는 명문(?) 사립대학이다. 학부 학생 4천 명, 대학원 학생 3천 명, 도합 7천 명 규모의 대학이다. 이것은 미국 명문 사립대학들의 대체적인 규모이다. 대학의 재정 능력에 맞추어 대학 규모를 설정해 나가고 있기 때문이다. 우리나라의 대학들이 재정 능력은 고려하지 않고 대학을 양적으로만 팽창시키고 있는 현상을 접할 때마다 언제 어떻게 교육의 질을 심화시킬 수 있을는지 걱정이 앞서기만 한다. 대학의 규모가 그러하기 때문에 에모리 철학과도 규모가 크지 않았다. 학부 학생 120명, 대학원 학생 60명, 모두 180명 내외였고 교수의 수는 11명 정도였다. 그리고 학과 운영을 매우 규모 있게 하고 있었다. 그래서 대학원 학생들도 모두 학과에서 확정한 과목을 수강할 수 있을 뿐, 개인적 전공에 따른 선택의 여지를 거의 남기지 않고 있었다. 2년째에 가서야 자기 전공에 관련되는 과목을 한두 과목 택할 수 있는데, 그때도 어떤 교수를 지정해서 그 교수로부터 직접 지도(Directed Study)를 받는 길밖에 없었다. 나는 세미나에서 '비트겐슈타인의 철학'을 한 과목 택하긴 했지만 그것으로 부족하다고 생각되어 포션(Fotion) 교수로부터 직접 지도로 한 과목을 더 듣기로 했다. 직접 지도를 받는 시간은 매주 화요일 오후 한 시로 정했고 교재는 비트겐슈타인의 『논리철학논고』로 정했다. 나는 에모리에서 공부한 4년 동안 나의 정체성(identity)을 한국 학생으로 고정시켰다. 그 당시 미국에는 장발의 히피족이 유행하고 있었지만 나는 한국에서 떠날 때의 짧은 머리 모양을 그대로 유지했고, 옷도 한국에서 갖고 간 옷을 단정하게 입었으며, 교수님들을 만나면 고개를 깊이 숙여 정중하게 인사했다. 나는 이렇게 함으로써 내가 한국 명문대학의 부교수 신분임을 은근히 상기토록 했으며, 이를 통해 좀 봐달라고 위압적으로 간청하고 있었는지 모른다.

나는 매주 화요일 오후 한 시가 되기 10분 전에 포션 교수의 연구실 앞에 서 있다가 포션 교수가 나타나면 머리 숙여 정중하게 인사하고 뒤따라 방으로 들어가서 함께 『논리철학논고』를 읽어나갔다. 그러다가 어려운 문제에 부딪히면 포션 교수는 그것을 다음 시간까지 타자지 3매 정도로 해결해 오라고 했다. 매번 이런 식으로 진행되었기 때문에 나는 매주 타자지 3매에 『논리철학논고』의 난해한 문제들을 풀어나가야만 했다. 이 일은 결코 쉬운 일이 아니었지만 나는 이를 악물고 반쯤 울면서 밤을 새워가면서도 한 번도 거르지 않고 변명하는 일 없이 숙제를 손에 쥐고 매주 정확한 시간에 포션 교수의 연구실 앞에 서 있었다.

이렇게 한 학기가 끝날 무렵 포션 교수의 나를 보는 눈빛이 달라지기 시작했다. "이 친구 결심이 대단해. 괜찮은 놈이야. 도와줘야겠어." 하는 것 같았다. 그 이후 포션 교수의 나에 대한 태도는 완연히 달라졌으며 포션 교수의 적극적인 도움으로 그 후의 종합시험과 학위 논문 그리고 구두시험을 모두 무사히 마치고 1975년 6월 16일 대학본부 앞뜰에서 거행된 졸업식에서 총장 애트우드 박사와 축하의 악수를 나누면서 철학 박사학위를 받았던 것이다. 나는 박사학위 취득을 내 인생에서의 두 번째 사건으로 기록하고 있다. 물론 첫 번째 사건은 1960년 3월 연세대학교 전임조교로 임명되어 대학 교단에 서게 된 일이다. 나의 처와 나의 딸 형지 이렇게 우리 세 식구는 에모리에서의 애환을 가슴에 묻은 채, 미국의 수도 워싱턴을 둘러보고, 버팔로로 가서 나이아가라 폭포를 구경하고, 뉴욕에서 철학과 제자들로부터 축하연을 받고서, 로스앤젤레스를 거쳐 홀가분한 마음으로 한국으로 돌아왔던 것이다.

7. 교수와 보직

대학은 연구하고 교육하는 곳이다. 교수는 그것을 위해 존재하는 사람이다. 따라서 당연히 교수는 교육에 마음 쓰고 연구에 힘을 기울여야 한다. 교수는 연구 업적에 승부를 걸고 그것에서 기쁨과 보람을 느껴야 한다. 교수가 저서를 출간하면 그것을 화제로 삼고 관심을 표하고 축하해야 한다. 그런데 현재 대학의 분위기는 그렇지 못하다. 어떤 교수가 나에게 한탄스럽게 다음과 같이 실토한 일이 있다. "책을 출판했을 때는 아무 반응도 없더니, 학장이 되니 여러 곳에서 축전도 오고 화분도 오더군요." 나는 이것이 오늘날 대학의 병리현상을 축약한 말이라고 보고 있다. 하루속히 개선되어야 할 현상이 아닐 수 없다.

1960년 3월 내가 대학 교단에 서게 되었을 때, 나에게는 전혀 보직 같은 것은 염두에 없었다. 나에게 주어진 행운을 좋은 선생이 되고 큰 학자가 되어 보답하겠다는 일념뿐이었다. 지금 생각해도 1960년대 10년 동안 나는 좋은 선생이었고 학자의 길을 성실하게 걷고 있었다고 생각된다. 좋은 강의를 위해 열심히 준비했고 최소한 1년에 한 편의 논문은 써야 한다는 나의 원칙에 충실하려 하고 있었다. 나는 학생들에 대해서도 늘 관심을 갖고 대화의 상대도 되어주었으며, 봄이나 가을의 야유회에는 한 번도 빠지지 않고 따라가서 그들의 강권에 못 이기는 척 '번지 없는 주막'을 불러 흥을 돋우면서 그들과의 마음의 간격을 좁혀갔으며, 졸업여행 인솔교수의 일을 도맡아 학생들과 함께 설악산, 속리산, 가야산을 헤매면서 학교에서 드러나지 않던 개인적 재능, 인간적 고뇌, 장래 설계 등을 발견하고 동정하고 조언하면서 그들과 깊이 사귀곤 했다. 그래서 나는 아직도 1960년대 연세대 철학과를 거쳐간 졸업생들의 얼굴은 물론이고 그들의 이름도 대부분 기억하고 있다. 나는 그때 진실로 순수하고 열정적으로 나의 길을 지켜가고 있었던 것이다.

이러한 나에게 1960년대 후반부터 밖으로 표출할 수 없는 불순한(?) 생각이 내 마음 깊이에서 꿈틀거리기 시작하고 있었다. 3월 새 학기가 되어 수십 개의 보직이 바뀌면서 가을 낙엽처럼 쏟아지면서도 그중의 어느 하나도 내 머리나 어깨 위에 떨어지지 않을 때, 당연히 그럴 수밖에 없는 합리적 이유를 알면서도 어쩐지 허전한 느낌을 갖게 되었던 것이다. 나는 그 당시 전임조교, 전임강사를 거쳐 겨우 조교수에 진입한 상태에 있었을 뿐 아니라, 박사학위 없는 사람에게는 보직을 맡기지 않는다는 것이 그 당시 총장의 확고한 정책이었기 때문이다. 어쨌든 나는 1960년대 10년 동안 어떠한 보직도 맡지 않았다. 맡지 않았다기보다는 어떠한 보직도 나에게 주어지지 않았다. 그리고 뒤이어 나에게는 4년간의 유학생활이 시작되었던 것이다.

미국에서 돌아온 후 나에게 생긴 변화는 강의 과목의 변경이었다. 이전까지는 강의 과목이 주어졌는데 이제는 내가 강의 과목을 선택할 만큼 나의 위상이 높아진(?) 것이다. 나는 그동안 강의해 왔던 '형식논리학', '기호논리학', '서양고대철학강독', '서양근대철학사' 대신에 '분석철학', '언어철학', '미국철학', '비트겐슈타인의 철학' 등 분석철학에 연관된 과목들을 새로이 설정하고 이 과목들을 충실히 강의하기 위해 새로운 마음으로 강의 준비에 열중하고 있었다. 그러던 어느 날 백양로에서 나와 졸업동기인 사무과장을 만나 함께 걸어오던 중 그가 불쑥 이렇게 말하는 것이 아닌가. "박 박사 이제 큰 감투가 박 교수에게 떨어질 것이오.

학교에 근무한 지도 15년이 지났겠다, 나이도 40대 중반으로 접어들었겠다, 그 뒤에 미국 가서 박사학위도 따왔으니 두고 보시오. 누가 있나요?" 나는 그의 말에 "그런 일에 별 관심 없어요. 이제 좋은 강의로 학교에 보답해야지"라고 답하면서도 그의 말을 반신반의했던 것으로 기억하고 있다. 그의 말이 적중한 것일까? 나는 1977년 4월 연세대 교단에 선지 17년 만에 처음으로 '연세춘추 주간'에 임명되었다. 이 자리는 결코 높은 자리도 화려한 자리도 아니었고 나는 이런 자리 한두 자리를 맡으면서 학교를 위해 행정적으로 봉사하다 말겠거니 생각했다. 대개의 경우 교수들은 보직 한두 자리 받아 짧으면 2년, 길면 6년 정도 하다 끝내는 것이 관례였기 때문이다. 그런데 나에게는 연세춘추 주간의 자리가 학문으로부터 멀어지는 외도의 출발이 되고 연세대학교 총장에 이르는 긴 여정의 시발이 될 줄은 전혀 예상치 못했던 것이다. 나의 보직은 연세춘추 주간(6개월)에서 교무처장(2년 6개월), 학생처장(3년 3개월), 원주대학장(1년 4개월)으로 이어지고, 원주대학이 문리대학과 경법대학으로 분리, 개명되면서 두 대학 학장을 역임했으며(3년), 여기서 원주 부총장(6개월)으로 그리고 연세대 총장(4년)으로 '끊임없이' 15년간 이어져갔다. 나는 이 일이 예사롭게 여겨지지 않았다. 어떻게 이런 일이 가능할수 있을까? 이런 일을 두고 기독교인들은 '하늘의 뜻'이라는 용어를 곧잘 쓰곤 하지만, 나는 그런 거창한 개념을 나의 일에 낯 뜨거워 사용할수는 없다. 나는 결코 그 일을 내가 만들었다고는 생각지 않는다. 그렇다고 그것이 단순히 주어졌다고도 생각할 수 없다. 한마디로 그것은 자유도 운명도 아닌, 그 둘의 상승작용이었는지 모른다.

1988년 2월 6공화국이 출범하자 우리 사회는 오랫동안 억눌렸던 욕구의 분출과 민주화의 열기로 가득 차게 되었다. 노사분규가 사회를 뜨겁게 하고 민주화도 정치적 민주화에 그치지 않고 사회 전반으로 확산되어야 한다는 분위기였다. 6공 정부는 욕구의 사회적 분출을 조절, 제어

하지 못한 채 민주화의 수용이란 이름으로 떠밀려가기만 했던 것이다. 연세대학교도 이러한 사회적 분위기에서 예외일 수 없었다. 4월에 들어서면서 직원들은 직원노조의 결성을 선언하고, 교수들은 교수평의회 구성을 위해 움직이기 시작했다. 교수평의회는 3개월여의 길고 지루한 논의를 거쳐 '교수평의회 회칙'이 전체 교수들의 투표에 의하여 7월 6일 채택되고 그 회칙에 기초해서 7월 21일 창립총회가 개최되기에 이르렀다. 그런데 그 회칙에는 "총장 후보 2인을 교수총회에서 선출하여 이사회에 추천"하는 것이 중대한 골자로 담겨 있었다. 그러나 교수평의회가 구성되고 그 회칙이 통과되긴 했지만 과연 이사회가 이를 수용할 것인지는 미지수였기 때문에 사태는 급변하면서도 유동적으로 움직이고 있었다. 드디어 이사회는 교수평의회의 요구를 받아들여 총장에게 총장 후보 2인을 추천해 달라는 서한을 보냈고, 총장은 그것을 교무위원회에서 논의한 끝에 그 업무를 교수평의회에 맡기기로 의결함으로써 연세대 역사 103년 만에 총장 후보를 교수총회에서 선출하게 되어 사실상 교수들에 의한 직선 총장을 갖게 된 것이다. 총장 후보를 내기 위한 교수총회는 1988년 7월 30일(토요일) 오후 세 시에 열리게 되었으니, 이것은 교수평의회 창립총회가 열린 지 10일 만이요 총장 임기가 끝나기 하루 전의 일이었다.

그날의 교수총회에서 나는 총장 후보로 선출되었다. 처음 있는 일인데다 사태가 매우 유동적이었기 때문에 총장에 뜻을 둔 사람들도 소위 별다른 선거운동을 할 수 없었고 하지도 않았다. 모든 일은 대학다운 풍모를 지키면서 매우 순수하게 진행되었다. 이 사실은 2차 투표를 통해 선출된 5명의 예비 후보들의 소견 발표에서 잘 드러나고 있었다. 어떤 후보는 나는 "교수에 충실하려 했을 뿐 총장에는 뜻을 두지 않았는데 후보로 되었다"고 했으며, 다른 후보는 "여자의 치마 길이와 연설은 짧을수록 좋다기에 나는 연설을 짧게 하겠다"고 서두를 장식할 정도였다. 나는 '연구중심대학'을 대학 운영의 지표로 삼겠다면서 대학 재정을 하드웨어보다는 소프트웨어 쪽으로 투자하겠다고 했으며 중앙도서관의 전산화를 공약으로 내거는 등 제법 거창하게 포부를 피력했던 것으로 기억된다.

총장 선임을 위한 이사회는 교수총회에서 총장 후보를 선출한 그 다음 날인 7월 31일(일요일) 오후 세 시 알렌관에서 열렸다. 기독교 대학인 연세대학교의 이사회가 일요일에 개최된 것은 이를 제하고는 전무후무한 일일 것이다. 그날이 바로 총장의 임기가 끝나는 날이었기 때문이다. 나는 그 이사회에서 연세대학교 제11대 총장으로 선임되고 밤 여덟 시에 문과대학 교수 휴게실에서 "대학의 자율화를 위해 힘쓰겠으며 교수, 학생, 직원의 의견을 수렴하는 민주적 행정을 펴나가겠다"는 요지의 기자회견을 갖고 다음 날 8월 1일(월요일) 열 시 전에 총장과 사무 인수인계를 하고 바로 그날 총장의 직무에 착수했던 것이다. 언론은 교황 선출 방식에 의하여 선출된 '한국 최초의 민주총장'이라면서 대서특필하고 있었다. 그 순간에도 내 마음속에선 학문의 길에서 멀어지는 죄책감과 총장 직책에 따른 무거운 중압감이 어지럽게 교차하고 있었다.

『철학과 현실』(1994년 여름)

박영식 대한민국학술원 회장, 연세대학교 명예교수, 한국연구원 이사장, 정보통신윤리위원회 위원장, 광운대학교 총장, 방송문화진흥회 이사장, 교육부장관, 시민운동지원기금 이사장, 바른언론시민연합 공동대표, 정부공직자윤리위원회 위원장, 한국철학회 회장, 연세대학교 총장, 한국대학교육협의회 회장을 역임했다. 연세대학교 철학과와 동 대학원을 거쳐 미국 에모리대학교 철학과에서 박사학위를 받았다. 저서로『플라톤 철학의 이해』등이 있고, 역서로『비트겐슈타인의 철학』, 『논리철학논고』등이 있다.

인생이란 무엇인가: 인생-텍스트론

박 이 문

1. 인생에 대한 물음의 철학적 성격

인생은 무엇인가? 동서고금을 막론하고 종교적 및 철학적 사상가들이 던졌고 지금도 여전히 던지고 있는 물음이다. 수많은 종류의 종교적, 철학적 주장들은 이러한 물음에 대한 다양한 직접적 혹은 간접적 대답에 지나지 않는다. 철학자도 아니었던 화가 고갱은 가장 문화적으로 세련된 도시 파리에서 화려한 예술가의 생활은 물론 자신의 가족들마저 헌신 짝처럼 버리고 당시 프랑스의 식민지였던 타히티라는 미개지를 찾아가 그곳에서 그림을 그리며 여생을 마쳤다. 그의 유명한 그림의 제목이 웅변으로 말해 주듯 "우리는 어디서 왔는가? 우리는 무엇인가? 우리는 어디로 가는가?(D'où Venons Nous? Que Sommes Nous? Où Allons Nous?)"라는 철학적 물음을 가졌기 때문이며 그런 물음에 대한 대답을 찾기 위해서였다. 그러나 이 물음이나 대답은 직업적 종교인이나 철학가나 예술가의 전유물이 아니다. 인간이면 누구나 갖게 되는 물음이요 찾고자 하는 대답이다. 교육을 받았건 안 받았건 이런 물음을 한 번이라도 던지지 않은 이는 없을 것이다. 그러한 물음은 의식이 있는, 즉 생각하는 인간의 근본적 속성이기 때문이다.

인생이란 무엇인가? 이 물음에 어떤 대답이 있을 수 있는가? 아니 도대체 이 물음은 정확히 무엇에 대한 어떤 종류의 대답을 요구하고 있는 것인가? '인생은 무엇인가?'라는 물음은 '인간은 무엇인가?'라는 물음으로 풀이할 수 있고 이 물음이 요구하는 대답은 다른 동물과 구별되는 한 종(種)으로서의 인간에 대한 정의(定義)로 볼 수 있을 듯하다. 이 물음은 동물학적 물음이요, 동물학적 물음이 생물학적, 더 나아가서는 화학적 또는 물리학적으로 분석될 수 있다면, 동물학적으로 '두 다리로 서서 걷는 동물'이라든가, 생물학적으로 '두뇌가 가장 발달한 생물'이라든가, 화학적으로 'x, y, z' 등의 화학적 원소로 분석된다든가, 또는 물리학적으로 'x, y, z' 등의 물리적 입자로 설명된다는 대답이 나올 수 있을 것이다. 인간의 본질에 대한 이와 같은 문제의 접근과 대답은 다 같이 과학적이다. 인간의 본질을 물리적 원소로 환원시킴으로써 인간 고유의 본질을 부정하는 결론으로 밀고 가는 경향이 있다. 윤리철학자 윌리엄스가 인간의 삶을 '유전자의 운송차'로 정의했을 때, 그는 인간과 다른 생물이 근본적으로 구별이 안 되며 인간의 삶의 목적이 다른 생물들의 삶의 목적과 근원적으로 동일함을 뜻하고 있다.

'인생이란 무엇인가?' 혹은 '인간이란 무엇인가?' 하는 물음에 대한 과학적 접근과 과학적 대답은 그 결론이 어떻든 간에 결코 만족스럽지 않다. 어떠한 과학적 답을 얻었을 경우에도 종교인, 철학가, 고갱 그리고 우리 모두에게는 여전히 같은 물음이 떠나지 않기 때문이다. 이러한 사실은 우리의 문제와 물음이 과학적인 것이 아니라 철학적 성질을 띠고 있음을 말해 준다. 과학적 문제는 구체적 현상에 대한 경험과 논리의 두 가지 테두리 안의 문제요, 그에 대한 대답도 그러한 테두리 안에서 결정적으로 얻어낼 수 있다. 그러나 이러한 경험과 논리는 이미 그러한 경험을 서술하는 개념과 그러한 논리를 규제하는 규범을 전제한다. 그러므로 이러한 개념과 규범이 먼저 밝혀지지 않고는 경험과 논리의 틀 안에서만 의미를 갖는 문제와 해답은 불충분하다. 인간이란 것이 어떤 속성을 갖고 있는가를 검토하기에 앞서 '인간'이란 말은 도대체 무엇을 뜻하는가의 개념 문제가 있고, 인간의 본질을 결정하는 생물학적, 화학적 또는 물리학적 현상적 속성으로 설명된다면, 그러한 속성의 설명이 다시금 요청된다. 그러나 그러한 현상의 설명은 현상 아닌 형이상학적 무엇, 즉 과학의 영역을 벗어난 무엇에 의해서만 설명될 수 있다. 이와 같은 두가지 '인생은 무엇인가?' 혹은 '인간은 무엇인가?'라는 문제는 필연적으로 과학적 영역을 넘어 철학적 문제로 바뀐다.

2. 기존의 철학적 대답

'인생은 무엇인가?' 혹은 '인간은 무엇인가?' 혹은 '나는 무엇인가?'라는 물음은 항상 바로 위와 같은 철학적 관점에서 제기되어 왔고 그에 대한 대답이 제시되어 왔다. 장자(莊子)는 인생을 나비의 꿈으로 생각해 봤고, 고대 그리스 철인들은 '인간의 본질은 이성에 있다'고 믿었고, 공자(孔子)와 칸트는 윤리의식을 인간의 본질로 여겼고, 마르크스는 한 인간의 본질이 사회적 관계의 총체라고 주장했고, 서양 종교는 신(神)의 아들로 확신했고, 파스칼은 무한히 방대한 우주에 비해 무한히 작지만 무한히 작은 존재에 비해서는 무한히 큰 '중간적 존재'에 비유했다. 쇼펜하우어는 인생의 의미가 궁극적으로 허무함을 확신했고, 사르트르는 인생이 무용한 고통/수난이라는 결론을 내렸다. 힌두교에 의하면 인생의 궁극적 의미란 삶의 영원한 윤회의 고리로부터 해탈/해방(moksha)되어 다시 태어나지 않는 데 있고, 불교에 의하면 극락(極樂)에 가는 것이며,

기독교나 이슬람교에 의하면 천당(天堂)으로 감에 있다.

이처럼 다양한 인간/인생관들이 공통으로 갖고 있는 또 하나의 철학적 이념은 인간중심주의(anthropocentrism)이다. 그것은 인간이 만물지영장이요, 따라서 지구의 주인이라는 신념이다. 인간중심주의는 동서고금을 막론하고 대부분의 인간의 사고를 암암리에 지배해 왔다. 특히 서양의 종교사상에서 그렇다. 그것은 인간에게 긍지를 부여하고 만족을 모르는 인간의 자연 지배와 약탈 행위를 정당화해 왔다.

인간과 인생에 대한 이 같은 지배적 사상의 그늘에는 그것과 정반대되는 인간관이 전혀 없었던 것은 아니었다. 인간의 본질을 규정하는 '이성'은 물론 '나/자아'만이 아니라 모든 존재의 창조주라는 신이라는 존재, 더 나아가 어떠한 영원한 실체도 숫제 존재하지 않는다는 주장이 있었고, 근래에 들어와서는 인간이 우주의 주인이 아니라 생태계의 한 고리에 지나지 않는다는 것을 우리는 다 같이 의식하게 됐다. 프로이트는 '이성'이 욕망의 시녀에 불과함을 정신분석학적으로 밝혔고, 흄은 '자아'의 허구성을 주장했으며, 현대과학은 이러한 입장을 더욱 뒷받침한다. 니체는 '신의 죽음'을 선포했고, 세계 전체를 마야(maya)로 본 힌두교의 입장을 이어받아 '나/자아'만이 아니라 모든 이른바 실체들의 허구성을 '공(空)' 혹은 '무(無)'라는 말로 표현하고 있다. 인간이 지구의 주인으로서 자연을 무자비하게 도구화할 수 없음은 생태계 파괴를 직면하면서 최근 늦게나마 누구나 깨닫게 됐다.

위와 같은 크게 다른 두 종류의 입장 가운데 어떤 것을 선택하든 과연 우리는 그러한 철학적 인간/인생관에 만족할 수 있는가? 과연 이러한 철학적 인간/인생관들 가운데 어느 하나만이라도 '인생은 무엇인가?' 혹은 '인간은 무엇인가?'를 묻는 우리의 애타는 목마름을 축여줄 수 있겠는가? 이러한 물음 다음에도 어째서 그리고 어떻게라는 물음은 논리적으로 꼬리를 물고 계속될 것이다. 인간의 본질이 '이성'에 의해 규정되고 인생이 백치의 이야기에 지나지 않는다면 이성의 본질은 무엇이며 천당에서 영생의 의미는 무엇인가라는 물음이 뒤따라 튀어나온다. 인간과 인생에 대한 우리의 물음에 대한 지금까지 들어보았던 어떤 대답도 만족스럽지 못하다는 말이다.

이런 결과에 대한 두 가지 이유를 들 수 있다. 첫째 이유는 모든 사유가 부닥치는 '이성'의 한계에 있다. 어떠한 설명, 어떠한 정의도 항상 불완전하다. 인간이 가령 '이성'이란 속성에 의해 정의됐고, 인생의 의미가 천당 가는 데 있다고 가정해도, '이성'이 인간의 본질이라면 바로 그 '이성'의 본질은 무엇이며 천당 가기가 인생의 의미라면 그러한 의미의 의미는 무엇인가라는 물음이 논리적으로 가능하기 때문이다. 어떤 현상이나 사건의 원인/이유를 묻는 모든 물음은 무한 역행적, 즉 논리적으로 대답이 불가능한 물음이라는 것이다. '인생은 무엇인가?' 혹은 '인간은 무엇인가?'의 물음이 인간이라는 현상이나 인생이라는 사건으로서 접근될 때 그에 대한 대답은 논리적으로 불가능하며 따라서 문제조차 제기될 수 없다는 것이다. 둘째, 그럼에도 불구하고 이러한 물음이 우리를 떠날 수 없다면 우리는 두 번째, 더 중요한 이유를 생각해야 한다. 우리의 논지를 위해서 실제로나 논리적으로 다 같이 불가능하지만 인간과 인생에 대한 위와 같은 물음에 대한 대답이 완전했다고 인정하는 상황을 가정하고 그것이 무엇을 의미하며 어떤 결과를 낳게 되는지 상상해 보자. 인간이라는 존재나 인생이라는 과정에 대한 's는 p이다'라는 일반적 형식으로 기술될 수 있는 명제(proposition)의 옳음 즉 진리임을 인정한다는 사실, 즉 그것은 어떤 존재(existence) 혹은 사태(state of affairs)를 확인했다는 말이다. 그러나 한편으로 존재와 사태, 다른 한편으로 그 의미(meaning)는 논리적으로 다른 범주에 속한다. 전자가 서술적(敍述的, descriptive) 대상이며 따라서 서술적 대답을 가질 수 있는 데 반해, 후자는 오직 평가적(評價的, evaluative) 관점에서 평가적 대답만을 얻을 수 있다. 그러므로 인간 혹은 인생이라는 사실/대상에 대한 's는 p 혹은 q이다'라는 서술적 명제가 참이라고 인정했을 경우에는 그것의 의미가 어떻게 해석될 수 있는가라는 물음이 제기될 수 있다. 전자가 사실적 (factual) 문제인 데 대해 후자는 의미적(axiological) 영역에 속한다. 그 런데도 인간과 인생에 대한 지금까지의 철학적 문제 제기와 대답은, 인 간과 인생에 대한 우리의 물음이 사실적 문제가 아니라 가치에 대한 문 제임에도 불구하고 사실과 가치의 차이와 그 관계를 혼동한 나머지 사실 적 문제로 제기하고 사실적 대답을 제시하고 있다.

이러한 두 가지 이유에서 볼 수 있듯이 인간과 인생에 대한 물음이 사 실적으로 제기되고 그에 대한 대답을 사실적으로 찾으려 하는 한 우리의 문제는 결코 풀릴 수 없다. 어떠한 존재나 어떠한 사실 자체로부터 그것 의 의미는 절대로 도출되지 않는다. 허무주의는 모든 존재 특히 인간존 재와 인생의 궁극적 의미를 부정한다. 역사를 통해 위대한 사상가들 가 운데 허무주의자가 많았던 것은 우연이 아니다. 물론 더 많은 사상가들 이 허무주의를 거부한다. 그러나 우리는 그들의 반허무주의적 주장의 밑바닥에 허무주의가 숨겨져 있는 것을 지적해 낼 수 있다. 인간과 인생 에 대한 사물적 관점의 테두리 안에서 허무주의를 부정하는 태도는 이성 적 사유가 도달한 결론이 아니라 본능적 저항에 지나지 않는다. 허무주 의를 부정하게 되는 이유는 허무주의와 삶에 대한 본능이 양립할 수 없 기 때문이다. 동물로서의 인간에게 삶에 대한 동물적 욕망보다 더 강하 고 중요한 것이 있을 수 없기 때문이다. 그럼에도 불구하고 모든 현상을 사실적 관점에서 대하는 한 철학적으로 허무주의는 역시 옳다. 그것은 전통적인 기독교적 교리와 상충됨에도 불구하고 갈릴레오에게 지동설 은 역시 옳았던 것과 꼭 마찬가지다.

3. 목적으로서의 '의미'와 허무주의

인생의 의미에 대한 우리의 구체적 경험과 사유 및 그것으로부터 허무주의적 결론이 나오게 되는 사례를 들어 생각해 보자. 모든 인간의 행동 그리고 그러한 행동의 결과로 나타난 제품이 '의미'가 있다면 이때 '의미'라는 말은 각기 그것의 '목적'이라는 말과 같은 기능을 한다. 어떤 목적을 전제하지 않는 행동이나 제작은 상상할 수 없다. 수험 공부는 대학 입학이라는 목적을 위해 하는 것이고, 나사는 어떤 부속품을 만들 목적으로 제작된다. 한편 대학 입학은 학위를 따는 목적을 갖고 있으며, 학위는 취업이라는 목적을 갖는다. 다른 한편 부속품은 좀 더 큰 제품을 만들 목적을 갖고, 그 제품은 자동차라는 보다 더 복잡한 제품을 만들 목적으로 생산된다. 이처럼 '목적'은 인간의 모든 행동에 '의미'를 부여하고 이런 의미 부여를 통해서만 그런 것들이 이해된다. 인간의 행동만이 아니라, 인간의 존재 자체를 하나의 사건/과정으로 볼 수 있는 한 인간의 인생만이 아니라 모든 동물, 모든 자연현상, 모든 동물의 형태와 모든 자연현상의 생성과정을 이해하는 데도 같은 논리가 적용되어야 할 것 같다. 그리하여 인간이라는 존재, 인생이라는 과정, 개, 새, 꽃, 나무, 산, 바다도 각기 그것들의 생성과 성장 그리고 변화과정의 '목적'을 묻게 된다. 이런 시각에서 인생이 목적, 즉 의미가 있다고 대답할 수 있는가?

이 물음에 대답하기 위해서 먼저 '인생의 의미/목적(the meaning of life)'을 '인생에 있어서의 의미/목적(meanings in life)'과 구별할 필요가 있다. '인생에 있어서의 의미/목적'에 대한 물음은 인간 행동에 대한 물음이다. 삶은 부단한 행동의 총화이다. 모든 행동은 분명히 목적을 갖는다. 따라서 인생에 있어서 목적은 많다. 그러나 '인생의 의미/목적'을 물을 때 우리가 알고자 하는 것은 많은 목적으로 이어졌던 한 인간의 일생 자체가 가질 수 있는 총괄적 목적이다. '인생의 의미/목적'에 대한 물음을 이와 같이 해석할 때 우리의 대답은 필연적으로 부정적이다. '나'의 행동의 목적은 '나'라는 주체를 전제한다. 그러나 내 인생의 목적을 물을 때 나는 이미 나의 주체성의 부재를 전제하고 있다. 주체적으로 여러 목적을 갖고 살아온 주체자인 내가 목적을 갖고 있느냐를 묻고 있는 것이다. 그러나 이러한 물음은 논리적으로 불가능하다. 왜냐하면 그러한 물음을 던지는 자와 그 물음의 대상이 동일할 수 없기 때문이다. 따라서 이러한 물음은 끝없이 반복될 수밖에 없다. 그렇다면 '인생의 의미/목적'에 대한 만족스러운 대답은 있을 수 없다.

초인적 능력을 가진 원숭이 손오공이 아무리 재주를 부려도 그는 역시 부처님 손바닥에서 놀고 있었다. 인간과 자연의 관계도 마찬가지다. 인간이 다른 동물들보다 아무리 뛰어난 능력을 갖고 있더라도 그는 다른 동물들과 똑같이 자연의 일부이다. 단 하루밖에 살지 못하면서 조금이라도 더 살고자 애쓰는 하루살이의 모습, 며칠이면 메말라버릴 웅덩이에서 목을 내밀고 살고자 버티는 물고기들, 언젠가는 죽게 될 텐데 굶주린 사자에게 먹히지 않으려고 도망치는 어린 사슴의 삶을 애처로이 바라보면서 우리 인간은 그런 삶의 목적의 부재, 즉 허무함을 의식한다. 그러나 인간의 삶도 근본적으로 그들의 삶과 다름없다. 영웅들이나 명사들이 평범한 사람들과 함께 묻혀 있는 공동묘지를 거닐 때, 또는 옛 이집트의 파라오나 중국의 진시황(秦始皇)의 썩다 남은 유골이 인생의 허무를 입증해 주고, 그러면서도 보다 잘 살려고 서로 싸우고 죽이는 우리 스스로의 삶이 한없이 무의미함을 생각하게 된다. 우주에게 '나'의 존재는 물론 '인류'의 생존이 무슨 특별한 의미를 갖겠는가? 어떠한 삶을 살든 상관없이 인간의 삶은 다른 동물의 삶과 똑같이 근본적으로 허무하다. 즉 목적의 뜻으로는 의미가 없다는 결론을 피할 수 없다.

4. 언어적 의미와 텍스트로서의 인생

그러나 '의미(meaning)'라는 개념은 목적이라는 뜻 외에도 다른 수많은 뜻으로 사용된다. 그러나 편의상 여기서는 언어/텍스트적 (semantical) 의미와 '목적'이라는 의미를 포함한 그 밖의 다른 종류의 의미로 크게 양분하려고 한다. 언어적 의미는 언어에만 해당되는 의미이며 그러한 의미는 언어 자체에 내재한다. 무엇이고 상관없이 그것을 언어로 분류할 수 있다면 그것은 그 자체로서 갖는 '의미'이다. 이와는 달리 비언어적 의미는 그것이 경우에 따라 목적, 의도, 기능, 원인, 결과 등을 각기 지칭하지만 그러한 뜻의 '의미'는 어떤 경우이고 그러한 것들과 내재적 관계를 갖지 않은 욕망, 계획, 조직, 자연법칙 등에 비추어서만 그 뜻을 갖는다. 그러나 앞서 보았듯이 설사 인간이나 인생의 궁극적 의미가 '목적'이라는 비언어적 의미로는 절대로 존재할 수 없더라도, 만약 인간을 언어로, 인간의 삶을 언어적 기록 즉 텍스트로 볼 수 있다면, 인간과 인생에 대한 '의미'를 논할 수 있고 인생의 '궁극적 즉 절대적 의미'가 가능하다. 언어/텍스트는 그 자체 속에 이미 의미를 내포하고 있기 때문이다.

문제는 인간을 언어로, 인생을 텍스트로 볼 수 있느냐에 있다. 생물학적, 화학적 그리고 물리학적으로 인간은 다른 동물과 다를 바가 없다. 따라서 과학적 입장에서 인간과 그의 삶은 다른 동물의 경우와 마찬가지로 생물학적으로, 물리학적으로 물질적 속성과 구조에 의해서 또는 사회학적으로 사회적 기능에 비추어 정의되고 설명될 수 있고, 인간의 행동은 그렇게 정의되고 설명된 인간의 생물학적 존속과정의 서술로서 파악될 수 있다. 그렇다면 어떻게 인간을 언어로, 인생을 텍스트로 볼 수 있는 가? 보석 상인한테는 약간의 상품가치밖에 없는 금반지가 그것을 주고받은 부부한테는 둘도 없는 귀중한 의미를 갖고, 불교를 믿지 않는 사람한테는 한낱 돌조각에 지나지 않는 불상(佛像)이 불교 신자에게는 무한히 중요한 정신적 실체로 보일 수 있듯이, 물리적으로 동일한 것도 그것을 어떻게 보느냐에 따라 전혀 다른 존재로 나타날 수 있다. "(a) 山是山 水是水, (b) 山不是山 水不是水, (c) 山是水 水是山, (d) 山是山 水是水"라는 하나의 유명한 선시(禪詩)가 말하고자 하는 것도 바로 그런 것이었다. (a)의 명제와 (d)의 명제가 문자적으로 동일하지만 후자는 전자에서 나타난 실체와는 전혀 다른 실체를 나타내고 있다. 다 같이 똑같은 산(山)과 수(水)를 함께 보면서도 후자와 전자는 서로 전혀 달리 보고 있다는 것이다. 똑같은 인식 대상이 전자의 경우 지각적 존재로 파악된 데 반해서 후자의 경우 형이상학적 존재로 파악되고 있다. 소승불교에서 초월적 열반의 세계(nirvana)는 현상적 속세(samsara)와 구별되어 생각해 왔지만, 현상적 속세가 곧 초월적 열반세계라는 대승불교의 형이상학적 주장도 위와 같은 논리적 입장에서 이해된다. 똑같은 논리가 인간의 경우도 해당될 수 있다. 인간/인생이 지각적/과학적 인식 대상, 그리고 과학적 설명 대상이 되지만 그것은 언어/텍스트로 파악될 수 있다는 것이다. 그것은 그저 논리적 개연성이 아니라 당위성이다. 그렇지 않고는 우리가 관찰하고 체험할 수 있는 인간/인생은 설명되지 않는다.

인간은 자연의 물리적 자연법칙에 지배되는 동시에 규약적 규범에 묶여 있다. 규약은 언어를 전제한다. 따라서 인간존재는 필연적으로 언어적이다. 언어적으로 존재한다는 것은 의미적으로 존재한다는 말에 지나지 않으며, 거꾸로 인간이 의미적으로 존재한다는 말은 인간의 삶의 양식은 텍스트쓰기이며 그러한 인간의 삶은 텍스트로 볼 수밖에 없다는 것이다. 이러한 사실은 인간이 물리적으로만 존재하지 않음을 말해 준다. 파블로프의 개가 그에게 주어진 여건에 조건반사적으로 존재하는 것과는 달리 인간은 의미해석적으로 존재한다. "인간은 물리적으로 무한히 방대한 우주에 포함된 무한히 작은 존재이지만, 그러한 우주를 자신의 머릿속에 넣고 생각할 수 있다는 점에서 우주보다도 더 방대하다"고 했을 때 파스칼은 바로 위와 같은 인간의 특수한 존재양식을 지적해 준 것이다.

인간은 언어적인 존재로 그냥 있지 않다. 그가 접하는 모든 것을 언어화한다. 왜냐하면 인간과 의식 대상의 관계는 언제나 어떤 의미적이며 의미적인 것은 필연적으로 언어적이기 때문이다. 따라서 인간과 자연의 관계는 칸트의 코페르니쿠스적 인식론의 혁명이 보여주었듯이 인과적이 아니라 해석적이며, 자연중심적이 아니라 인간중심적이라는 것이다. 인간의 의식은 마이다스 왕의 손에 비유된다. 마이다스 왕의 손이 닿는 모든 것이 황금으로 바뀌듯이 인간의 의식이 닿는 모든 대상, 행위, 인간이 하는 모든 행위는 그저 있거나 생기지 않고 의미로 변하기 마련이다. 문화를 인간에 의한 자연의 인간화 즉 의미화로 정의할 수 있고 또한 인간의 의식이 닿는 모든 것이 의미화한다면 자연은 이미 존재하지 않는다. 모든 것은 문화적 즉 의미적 존재로 이미 전환됐기 때문이다.

언어적 존재로서의 인간이 모든 것을 문화화 즉 의미화할 수밖에 없고, 언어를 떠난 '의미'가 있을 수 없고, 언어적 작업이 글쓰기 즉 텍스트쓰기이고 그렇게 써놓은 글을 텍스트라 한다면, 인간의 삶의 과정은 텍스트쓰기에 지나지 않고 그의 일생은 그가 써서 남긴 더 이상 연속되지 않는 텍스트에 지나지 않으며, 바로 그러한 점에서 인간의 삶의 과정과 그의 일생은 필연적으로 '의미'를 갖기 마련이다. "시초에 말이 있었다"라는 성서의 말도 이런 점에서 그 뜻이 비로소 이해되고 그 말은 옳다. 그러나 성서에서 주장하고 있는 것과는 달리 말/언어는 우주의 시초에만 있었던 것이 아니라 그 생성과정에도 있었고 또 그 끝에도 있을 것이다.

모든 인간의 삶의 과정이 텍스트쓰기, 모든 인간의 일생이 각기 자기가 써서 남긴 텍스트라는 말은 모든 인간이 똑같은 글쓰기를 하며, 똑같은 내용의 텍스트를 쓴다는 말은 결코 아니다. 인간의 존재양식은 플라톤의 경우처럼 '이데아'라는 보편적 관념으로서가 아니라, 'p', 'q', 's', 't' 등의 이름이 붙은 개별적 실존자로만 존재한다. 구체적으로 존재하는 인간은 어떠한 경우에도 다른 인간과 완전히 동일할 수 없다. 모든 '나'는 각자 다르다. 따라서 모든 인간이 다 같이 텍스트를 쓰고 모든 텍스트가 다 같이 의미를 갖지만 그들의 텍스트쓰기의 스타일과 그들이 끝을 낸 텍스트는 각자 필연적으로 다르고 따라서 그 텍스트의 의미도 필연적으로 다르다. 그것은 마치 같은 언어를 사용하면서도 작가마다 다르고, 한 작가의 개별적 작품마다 반드시 서로 다르기 때문이다.

한 개인에 적용되는 위와 같은 논리는 집단에도 똑같이 적용된다. 각 개별적 인간의 삶이 개별적 텍스트라면 인간 집단으로서의 사회 및 그러한 사회의 변화를 지칭하는 역사는 무수히 작은 텍스트로 구성된 총괄적 거대 텍스트로 볼 수 있고, 따라서 한 개별적 인간 텍스트의 의미가 개별적으로 해석될 수 있다면, 총괄적 사회/역사 텍스트의 총괄적 의미도 같은 논리에 의해 해석될 수 있다. '인생이 무엇인가?'라는 물음을 던지는 것과 마찬가지로 '역사란 무엇인가?'라는 물음을 제기하는 것은 우연한 일이 아니다.

그러나 생물학적으로 똑같이 인간의 얼굴을 쓰고 있으면서도 모든 인간이 서로 똑같은 인간일 수 없으며, 다 같이 하나의 민족, 하나의 문화, 하나의 지역, 그리고 하나의 단체라는 점에서는 모두 동일할지라도 그 내용에 있어서는 서로 차이가 있을 수밖에 없다. 한 인간이 훌륭하다고 해서 모든 인간이 그럴 수는 없고 한 민족 혹은 한 문화가 위대하다고 해서 모든 민족 혹은 모든 문화가 다 같이 위대할 수 없다는 말이다.

이러한 사실에 비춰볼 때, '인생이 무엇인가?' 하는 물음에 대한 대답이 한 인간이 쓴 것으로 다른 어떠한 것들과도 구별되는 자신만의 고유한 텍스트적 의미로 대치될 수 있듯이, '역사란 무엇인가?' 하는 물음은 각기 서로 다른 공동체가 공동적으로 쓴 텍스트의 고유한 의미로 대치될 수 있다. 한 개인이나 한 공동체의 정체성/자아란 어떤 신비스러운 형이상학적 속성을 가리키는 것이 아니라 한 개인, 한 공동체가 남겨놓은 특유한 텍스트에 지나지 않고, 그러한 정체성은 각기 그들의 텍스트에 내재하는 의미의 해석으로 밝혀지기 때문이다. 따라서 한 개인 그리고 각기 공동체로서의 하나의 민족, 하나의 문화, 하나의 지역, 하나의 단체의 본질 즉 정체성은 각기 그들이 남긴 텍스트의 의미 해석에 의해 결정된다.

5. 인생-텍스트의 해석

텍스트는 여러 가지 다른 기능을 할 수 있다. 생존하기 위해서는 객관적 세계에 대한 정보가 필수적이다. 그러한 정보는 객관적 서술을 필요로 한다. 그렇다면 대부분의 텍스트가 표상적(representational)인 것은 당연하다. 언어 즉 텍스트는 정보의 전달 외에도 명령적(imperative) 혹은 수행적/의식적(performative/ritualistic) 기능을 담당하기 위해서 쓰인다. 이러한 언어, 이러한 테스트는 과학적, 철학적 그리고 일상생활적 맥락에서 일종의 도구로서 기능적으로 쓰이고 해석된다. 이와는 달리 언어/텍스트는 비도구/비기능적으로도 사용된다. 소설은 이러한 언어/텍스트의 가장 좋은 예이다. 소설의 목적은 어떤 정보를 전달한다든가 무엇을 누구에게 시키기 위해서든가 어떤 의식을 수행하기 위해서가 아니라, 아직 존재하지 않았다고 전제하는 이야기를 꾸미는 데 있으며, 쓰인 언어/텍스트 자체가 곧 그러한 이야기이다. 편의상 후자의 텍스트를 설화(說話)/이야기(narrative)적 텍스트의 범주에, 그리고 전자의 여러 경우의 텍스트를 함께 묶어 비설화(非說話)/비이야기(non-narrative)적 텍스트의 범주에 귀속시킬 수 있다면, 텍스트로서의 인생 즉 인생-

텍스트는 후자의 범주에 속한다. 인생이 텍스트라면 그것은 설화의 범주에 속한다. 인생이란 곧 소설임을 말하며, 각 인간의 삶이란 각자 다른 소설로 봐야 한다는 말이다. '인생이란 무엇인가?' 하는 물음을 나 자신에게 던질 때 그것은 '나는 누구냐?'의 물음으로 변하고, 이 물음은 정확히 '나의 정체는 무엇인가?'로 되며 이에 대한 물음은 결국 '나의 삶이 어떤 이야기가 될 수 있는가?'의 물음으로 바뀐다.

텍스트로서 다 같이 의미를 갖고 따라서 해석의 대상이 되지만, 두 가지 경우 그 의미의 성격은 사뭇 다르고 따라서 그 해석의 시각도 달라진다. 비설화적 텍스트의 의미는 그 텍스트 밖의 것 즉 텍스트가 지칭하는 대상, 텍스트가 요청하는 어떤 행위 등을 지칭하고 텍스트의 해석은 바로 그런 의미를 밝혀내는 작업이며, 그 텍스트는 그것의 진위성(眞僞性) 혹은 적절성(適切性)에 의해 결정된다. 설화적 텍스트의 경우는 다르다. 이 경우 텍스트의 의미는 텍스트 외부에 있지 않고 그 자체에 있다. 텍스트가 지칭하는 대상이 있고 없는 것과는 상관없이, 그리고 텍스트가 지칭하는 어떤 존재나 현상에 대한 텍스트 내의 명제(proposition)의 진위 또는 텍스트를 서술하는 어떤 행위의 적절성과는 상관없이 텍스트의 이야기의 흐름 자체에 있을 뿐이며, 그런 의미를 지닌 이야기/텍스트는 그것의 투명성, 폭과 깊이, 다양성, 총괄성 등의 척도에 의해 평가된다. 『임꺽정(林巨正)』이 『자유부인(自由婦人)』보다 높이 평가되든가 셰익스피어의 『맥베스』가 코르넬의 『신나』보다 뛰어난 텍스트라 한다면, 판단은 대개 위와 같은 이야기/텍스트 평가의 기준에 근거하는 것으로 볼 수 있다. 인생이 설화적 테스트라면 인생의 의미도 위와 같은 소설작품으로 해석되고 그것의 가치도 소설적 관점에서만 평가될 수 있다는 것이다.

부처, 예수, 공자나 네로, 진시황이나 히틀러가 살았던 인생을 각기 그들이 창작한 소설/이야기로 본다면 그것은 구체적으로 무엇을 지칭하는가? 그것은 보다 구체적으로 말해서 그들의 태도, 생각, 행동, 그리고 그것들을 둘러싼 모든 사실 및 사건들을 뜻한다. 그러나 모든 것들을 하나의 통일된 전체로서의, 즉 '나' 혹은 '예수' 혹은 '공자'의 시각에서 볼 때 각기 그들의 태도, 생각, 행동, 그리고 그것들을 둘러싼 모든 사실과 사건들이 논리적으로 더 연관성을 갖추어 하나의 통일된 의미를 더 보일 수도 있고 그렇지 못할 수 있다. 셰익스피어의 "인생은 한 백치(白痴)가 들려준 이야기이다"라는 말은 바로 인생에 대한 이러한 사실을 지적해 준다. 한 인간의 본질이 그의 주체성을 의미하고 한 인간의 주체성이 그 인간의 삶의 어떤 통일성을 지칭한다면 '백치가 한 이야기' 같은 인생에 서 '주체성'이란 찾을 수 없다는 말이다. 이러한 사실은 오직 인생 전체 를 통해서 어떤 통일된 이야기가 성립될 수 있는 인생일 경우에만 그의 삶은 비로소 정체성, '자기'가 있었다고 말할 수 있다. 그렇지만 한 인간 의 삶이 텍스트인 이상 어떤 텍스트이고 모두 최소한의 의미를 지니며 따라서 논리적 일관성을 띠며, 또한 어떤 텍스트일지라도 그것의 구성 요소들의 논리적 관계가 완전히 맞추어지기에는 인생이란 텍스트를 구 성하는 요소들은 너무나 많고 복잡하다. 이런 점에서 모든 인생의 텍스 트가 내포하는 이야기는 셰익스피어가 생각했던 것과는 달리 완전 백치 의 이야기도 아니며 그와 동시에 전지전능한 신(神)의 이야기도 아니다. 따라서 언제나 정도의 차이를 막론하고 다소 애매모호하고 그만큼 난해 하다. 그러므로 한 인간의 정체성 즉 한 인간의 삶의 의미에 대해 누구나 결정적인 결론을 내릴 수 있다는 주장은 지나친 독선/독단이다.

일관성이 있다고 해서 모든 인생-텍스트가 똑같이 평가되지 않는다. 오로지 황금을 위해서 일생을 살아간 샤일록이나 오로지 남을 위한 자비 를 위해 일생을 바친 부처는 일관성이라는 점에서 똑같고, 따라서 그들 의 인생/소설은 똑같은 의미/가치를 갖는다. 그러나 샤일록의 가치관, 행동, 태도, 생각과 행동의 깊이나 폭은 부처의 경우와 전혀 다르다. 후 자의 경우 고귀하고, 옳고, 우아하고, 깊고, 넓다고 서술할 수 있다면,

전자의 경우는 그와 정반대가 된다. 이러한 차이는 다 같이 그 줄거리가 명확한 소설이지만 하나의 베스트셀러가 천박하고 쓰레기 같은 데 반해 잘 팔리지 않는 하나의 소설이 장미꽃같이 아름답고, 학같이 우아하고, 바다같이 깊은 감동을 줄 수 있는 것과 마찬가지다. 인생이 다 같은 꽃이라도 어떤 꽃이냐에 따라, 어떻게 피었느냐에 따라 한 인간의 삶과 다른 인간의 삶의 차이는 진주와 쓰레기의 차이 이상으로 클 수 있다.

6. 어떤 텍스트를 쓸 것인가?

인생이 텍스트쓰기이며, 인생의 의미가 텍스트적으로만 해석되고, 인생의 가치가 텍스트적으로 평가될 수 있다면, 각자 인생의 의미는 그가 죽는 날에야 끝을 맺게 될 소설/텍스트에 의해 결정된다. 그러나 어떤 텍스트를 어떻게 서서 어떻게 끝을 맺을까의 문제는 각자 자신의 자유로운 결단에 따라 어떤 주제를 어떻게 선택하여 실천에 옮기느냐에 달려 있다.

이런 점에서 인간적 삶의 의미를 소설/텍스트로서 발견할 수 있고 이런 텍스트의 의미를 아름다운 꽃에 비교할 수 있어도, 텍스트쓰기로서의 인생은 꽃피는 과정과는 다르다. 한 꽃나무가 어떤 꽃을 피울 수 있는 가가 자연의 원리에 의해 이미 결정된 데 반해, 자신이 어떤 인생-텍스트를 쓰는가는 오로지 나의 자유로운 실존적 결단에 의존한다. 나 오직 나만이 내가 죽는 날 끝을 내야 하는 소설/텍스트의 책임자이며, 따라서 나의 인생의 의미 내용 즉 가치의 책임자이다. 그러므로 인생이란 텍스트쓰기는 죽을 때까지 창작자로서의 각자 '나'를 부단히 긴장케 한다. 그러나 바로 그러한 긴장에서만 나는 창작자로서의 자부심을 아울러 체험한다. '인생은 무엇인가?'라는 물음이 곧 '인생의 의미는 무엇인가?'의 물음이며, '인생의 의미는 무엇인가?'라는 물음이 '보다 가치 있는 소설/텍스트는 무엇인가?'라는 물음으로 풀이될 수 있다면, 어떤 소설을 어떻게 써서 어떻게 끝을 내야 하는가의 문제는 오로지 각자 자신의 텍스트쓰기가 자신의 자유로운 가치 선택 즉 어휘와 구성에 대한 자신의 선택 및 그것을 이행하려는 의지와 노력에 달려 있다.

다 똑같이 인간의 마스크를 썼더라도 어떤 인간을 개에 비교할 수 있는 반면에 다른 인간은 천사로 볼 수 있다. 인생 즉 한 인간의 삶은 아름답고 성스러운 것으로 충만될 수도 있고, 아니면 추하고 속되고 거칠고 혼돈하고 허망하고 허전한 것이 될 수도 있다. 그러나 어떤 인간으로 어떻게 살아야 하는가는 결국 각자 자신만의 자유로운 선택에 달려 있고, 따라서 자신만의 책임이다. 안중근(安重根)과 이완용(李完用), 테레사 수녀와 지존파들은 각기 다른 삶의 텍스트를 썼으며 따라서 그들의 삶의 의미와 가치는 전혀 다르다.

이러한 사실은 인간의 특수한 형이상학적 존재양식에 근거한다. 인간은 다른 동물과 똑같이 자연의 일부라는 점에서 자연에 내재(immanence), 자연 속에 폐쇄되어 갇혀 있지만 자신이 쓰는 텍스트 그리고 그것의 의미는 결국 각자 자신이 책임을 지고 창조해야 한다는 점에서 인간은 또한 자연을 초월(transcendence)하여 다른 사람, 다른 존재에 무한히 개방적으로 열려 있다. 즉 인간의 본질은 자율성에 있다는 말이다.

인간의 존재양식에 대한 이런 사실은 존재 일반에 대한 형이상학적 결론을 도출한다. 적어도 인간만은 물질적 존재로 환원될 수 없으며, 그러한 존재를 내포한 우주에 대한 총괄적 설명은 유물론적으로 불가능하다는 것이다. 이런 점에서 지구가 우주의 물리적 중심이 아니라는 코페르니쿠스의 지동설을 인정하면서도 "역시 지구는 우주의 형이상학적 중심이다"라고 한 헤겔, 언뜻 보아 모순된 헤겔의 명제는 옳다. 인간은 그냥 존재하지 않고 의미로서 존재하며, 그러한 인간에 의해 우주 전체도 그냥 존재하지 않고 무엇인가의 의미로서 존재한다. 이런 점에서 "물리적으로 인간은 우주 속에 포함되지만 자신의 머릿속에 우주를 넣고 생각할 수 있는 인간은 우주보다도 더 크다"는 파스칼의 역설적 주장은 말이 되고 또한 옳다.

『철학과 현실』(1995년 봄)

박이문 포항공과대학교 철학과 명예교수, 고려대학교 초빙교수, 연세대학교 초빙교수, 미국 시몬스대학교 명예교수, 일본 국제기독교대학교 초빙교수, 독일 마인츠대학교 객원교수, 하버드대학교 선임연구원을 역임했다. 서울대학교 불문과 및 동 대학원을 졸업하고 프랑스 소르본대학교에서 불문학 박사학위를 받았으며, 미국 남캘리포니아대학교에서 철학 박사학위를 받았다. 저서로『자비의 윤리학』등이 있다.

마음에 당겨오는 자유인의 인간상

이 광 세

나는 1934년 5월 30일에 서울에서 아버지 이인흥(李仁興)과 어머니 안희봉(安熙鳳)의 장남으로 태어났다. 나의 아버지는 목사님이셨던 나의 조부 이하영(李夏永) 씨가 당시 목회하시던 간도 용정에서 유년기를 보낸 후 열두 살 때 서울에 사시는 나의 증조부 이원필(李元弼) 씨에게 돌아와 소학교를 마치고 배재중학을 우등으로 졸업한 후 세브란스 의과전문에 무시험 합격했으나 폐가 나쁘다는 이유로 입학을 못하고 연희전문학교 상과에 입학한 후 1929년에 평균 98점이라는 우수한 성적으로 연희에서 일등으로 졸업했다. 그 후 일본 오사카 상과대학이나 미국 에모리(Emory)대학으로 가기로 되어 있었는데 집안 사정으로 뜻을 이루지 못했다. 그래서 서울 기독교청년회관(YMCA) 학교 영어 교사로 취직하여 1949년까지 그곳에 계셨다. 이 학교는 해방 후 6년제인 영창중학교가 되어 아버지가 교장이 되었다. 우리 어머니는 이화전문 문과에 1년 다니다가, 중앙보육으로 옮겨 그 학교를 졸업한 후 1933년에 우리 아버지와 결혼했다.

우리 집은 조선 양녕대군(세종대왕의 맏형)의 자손으로 나는 그의 18
대손이다. 외갓집은 유복한 서울 중인 가정으로 알고 있다. 당시로는 상
당한 고등교육을 받았던 부모로부터 탄생한 것이다. 재정적으로는 특별
히 혜택을 받지 못했지만 교육열이 강한 부모 밑에서 자랐다.

내가 만 네 살 때인 1938년에 야심가요 욕심이 많은 어머니(우리 형제
들은 아직도 엄마라 부른다)로부터 천자문(千字文)을 배우기 시작하여
만 다섯 살이 되던 생일인 1939년 5월 30일에 글을 떼었다. (완전히 읽
었다.) 그해 나는 당시 서울에서 제일 좋다는 명동에 있던 애국유치원에
입학했다. 그곳에는 조선인 반과 일본인 반이 분리되어 있었는데, 첫해
는 조선인 반인 미도리 구미(녹색반)에 있다가 2년째는 일본인 반인 아
오 구미(청색반)로 옮겼다. 그 시절에 내가 조선인 대표로 일본인 대표와
줄잡아당기기 경쟁을 할 때 찍은 사진을 아직도 켄트(Kent)의 우리 내외
가 사는 집에 갖고 있다.

1941년 4월에 나는 지금은 없어진 종로국민학교에 입학했다. 그때 우
리 집은 효자동 근처 통인동에 있었는데 원래 청운국민학교에 가는 것이
원칙이요 순리지만 일본인 학교인 종로국민학교에 가야 상급학교 진학하
기에 유리하다고 판단한 극성스러운 우리 어머니가 우겨서 그리로 가게
되었다. 그런데 그 학교를 다니면서 "인생은 투쟁이구나." 하고 어린이인
내가 깨닫게 되었다. 1학년 때 우리 반에서 내가 점수가 제일 높은데도,
결코 1등을 시키지 않고 3등까지 하는 우등도 시키지 않고 4등으로 밀어
내려서 우리 아버지가 교장에게 질문을 하러 가셨던 기억이 난다.

나는 국민학교 시절에 여러 가지 일본어 책을 많이 읽던 생각이 난다.
나는 그때에도 지금처럼 역사책이나 전기를 좋아했다. 그래서인지 지금
도 켄트에 수천 권의 책을 6개 국어로 갖고 있는데, 그중에는 적지 않은
수의 일본어 책들도 있다. 철학책뿐 아니라 역사책, 전기 그리고 소설 등.

우리나라가 해방되던 1945년에 나는 국민학교 5학년이었다. 그래서 민족차별로 우등도 못해 본 종로국민학교를 그만두고 수송국민학교로 전학을 했다. 그곳에서 마음대로 우리말을 하고, 민족차별로 늘 긴장하고 살던 생활에서 해방된 기쁨을 만끽했다. 수송국민학교에 전학해서 5학년 2반에 속하게 되었다. 5학년에 모두 다섯 반이 있었는데, 1, 2, 3은 남자 반이요, 4, 5는 여자 반이었다. 그런데 첫 학기(9월 시작)가 끝났을 때 받은 점수가 열두 과목에서 총 119점이었다. 10점 만점에서 음악만 9점이요 다른 것은 다 10점으로 5학년 전체에서 일등이었다. 어린 나에게는 이것이야말로 해방의 의미가 무엇인지 알려주는 일이었다.

그런데 또 늘 모험과 투기를 좋아하고 욕심 많은 우리 어머니가, 내가 5학년이 끝나기도 전에 검정고시를 치러 중학교에 들어가야 한다고 성화였다. 그래서 1946년 봄에 한 달 반 동안 새벽에 일어나 밤늦게까지 공부해서 경복중학교에 원서를 냈다. 해방 직후에 남자 공립중학교가 서울에 경복과 경기 둘이 있었는데, 서울시 학무과에서 한 학교만 1차로 하자고 해 추첨한 결과 경복이 1차요 경기가 2차가 되었다. 경복중학교 입학시험 전에 북악산 밑에 있는 교사에서 검정시험을 치렀는데, 75명이 응시해 5명이 합격했다. 본 시험에서 150명 모집에 2천 명이 훨씬 넘게 응시했다. 나는 청운국민학교에 가서 시험을 보았다. (응시자가 너무 많아서 경복중 교사 이외에 청운국민학교를 빌려서 입시를 치렀다.) 검정시험 합격자 다섯 중에서 두 명이 최종 합격자 중에 포함되어 우리 150명이 뽑혔다. 그 당시 전국에서 가장 우수했던 남자 중학교 1학년 학생들이었다. 그런데 이들의 거의 반이 6·25 동란 중에 서울에서 자취를 감추었다. 똑똑한 아이들 중에 좌익의 영향을 받고 이북으로 넘어간 급우들이다. 요새 러시아인 부인을 동반하고 가끔 서울에 온다는 장학수는 일찌감치 1948년 정부수립 전에 단독 월북한 사람이다.

나의 중학교 생활은 평범한 편이었다. 유달리 공부를 열심히 한 것도 아니고 김재윤(전 한국은행 부총재)처럼 98점을 늘 받는 것도 아니었다. 성적은 그저 상위권에서 돌 뿐 특출 난 것이 없었다. 역시 여러 가지 책은 많이 읽었다. 내 고모부 되시는 분인 김영기 씨가 책을 약 3천 권 갖고 계셨는데 그분의 책을 많이 빌려 보던 생각이 난다. (이분도 6·25 때 실종되었다.) 1940년대 후반에 중학교에 다녔기 때문에 좌익과 우익 간에 학원 내에서 갈등이 많았는데 그런 것에도 관여하지 않고 비록 소년이었지만 장자(莊子)처럼 소요유하며 지냈다고 할까. 문학작품으로는 이태준의 아름다운 산문과 정지용의 재치 있는 시 작품들, 그리고 금년에 53주기를 맞는 윤동주의 「서시」를 감격하며 읽던 생각이 난다. 학과목 중에서는 국어, 국사 그리고 외국어(영어와 독일어)에 가장 취미가 많았다. 그리고 대학에 가면 국사나 국문학을 공부할까 생각했지 대학교수가 된다고 생각한 적도 없었고 더구나 철학을 공부하게 되리라고는 꿈에도 생각하지 않았다. 직업을 무엇을 택할지 구체적으로 구상한 적도 없고 끝없이 소년의 생활이 계속되리라는 환상(幻像)을 가졌는지 모른다. 나는 미숙하면서도, 순진하고 행복한 중학생 시절을 보냈다. 그리고 그때도 지금처럼 산책하는 것을 좋아했는데, 내가 걷기를 제일 좋아하던 길은 효자동에서 중앙청 앞을 거쳐 원서동을 지나서 동숭동으로 가는 것이었다. 나는 어린 시절부터 일요일 아침 일찍이 효자동 전차 종점에 가서 서 있는 것이 좋았다. 여름이 한창일 때는 사람 하나 없는 길거리에서 매미 소리를 귀 기울여 듣곤 했다. 이제 나이 60이 되어 외국에 살면서 그때를 생각하며 지나간 날을 기억 속에서 찾아 그리워한다.

나는 이제 노년기를 눈앞에 두고 있지만, 어떤 의미에서 아직도 순진하고 옛날에 한때 친구였던 여자(여자 친구가 아니라)가 말한 것처럼 '순수'한 데가 있다. 그래서인지 작년(1994년) 4월 28일에 아버지를 묻고 돌아온 다음 날 책방에 가서 해금 후 새로 간행된 이태준(李泰俊) 전집을 보고 반가워 감격하며 4권과 5권을 사서 미국으로 들고 왔다. 상허 이태준의 『제이의 운명』과 『구원의 여상』을 거의 50년 만에 다시 만나듯, "언제든 어디에서 그 무엇이 되어, 다시 아버지를 만나리…."하며 소년적인 감상에 잠겼다.

6·25가 나던 1950년 6월에 나는 중학교 5학년(지금의 고 2)이었다. 1·4 후퇴 때 그 당시 아버지가 잠시 계시던 금융조합연합회 편으로 온 가족이 부산으로 갔다. 다행히 6·25 때 우리 직계가족에는 희생자가 없었다. 부산에서 1952년 봄에 대학에 들어갈 때까지 실질적으로 학교는 다니지 않았다. 그렇지만 책은 계속적으로 읽었고 부산 길거리에서 파는 영어 책들을 사다가 공부했으며, 밤에는 이휘영 선생이 주관하시던 프랑스어 강습소에 나갔다. 대학입시 준비를 위해 국어, 수학, 역사 등도 틈틈이 공부하였다. 그때 양주동 선생이 쓰신 고어(古語) 공부 책들을 읽던 생각이 난다.

1952년 봄에 나는 부산에서 서울대학교 문리과대학 정치학과에 입학하였다. 정치학자가 되려고 계획한 것도 아니요, 더군다나 정치가가 되겠다고 한 것은 더욱 아니었다. 다만 이과(理科)가 아니라 문과(文科) 지망인데 '커트라인'이 가장 높은 정치학과를 자동적으로 들어가게 된 것이다. (금년(1995년) 1월에 일시 귀국했을 때, 인터콘티넨탈 호텔에서 열린 서울대학교 정치학과 동창회에 갔더니 내 이름표가 준비되어 있어 놀랐다.) 부산 동대신동 뒷산에 친 천막 속에서 대학 공부를 시작했다. 여건이 좋지 않고 책이 부족했지만 열심히 공부를 했다.

그해 여름방학에는 서울로 돌아오신 조부모님도 뵐 겸 도강증(한강을 건너는 데 필요한 증명서)을 그때 아버지가 임시로 계시던 조선전업에서 얻어서 서울을 다시 찾았다. 폐허가 되고 사람이 별로 없는 길을 걷다가 고서점에 들러 책을 한 짐 사서 부산으로 돌아왔다. 주로 일본어로 된 정치학 책들이었다. 그중에는 철학책도 한 권 있었는데 이데 다까시(出隆)

의 『철학이전(哲學以前)』이라는 일본어 책이다. 아마 이것이 내가 읽은 첫 번째 철학책일 것이다. 그 책을 읽고 정치학과 친구 오명호(현 한양대학교 정치학과 교수)와 '파토스의 문제'에 대해서 담소하던 생각이 난다. 오명호와 나는 퍽 친했다. (그 무렵 잠바를 입고 찍은 나의 사진을 켄트에 갖고 있다.)

1학년 때 박종홍 교수의 철학개론을 들었는데 '과거와 미래가 긴장하는 현재'라는 것을 주제로 강의를 1년 하신 것 같은데, 끝끝내 그것이 무엇을 의미하는지 모르고 그 강의를 마쳤다. 내용을 잘 파악하지 못하면서도 막연히 명강의라는 인상을 받았다. 내가 제일 좋아했던 강의는 이용희 교수의 정치학개론이었다. 4학점인 과목을 일주일에 한 번씩 강의하는데도, 지루하지 않고 재미있게 들었다. 그때 그분이 퍽 박식하다는 인상을 받았다. 그분이 강의 중에 수많은 책들을 일본어, 영어, 독일어, 그리고 프랑스어로 열거하는데, 그중에 매키버(MacIver)의 『정부의 조직망(The Web of Government)』이라는 책이 꼭 읽고 싶었다. 그런데 우연히 당시 부산 대청동에 있던 미국문화공보원(GSIS) 도서실에 이 책이 있어 강의가 끝나면 그곳에 가서 일주일 동안 노트를 하며 읽던 생각이 난다. 당시 인상 깊던 교수님 중의 한 분이 영문학과의 권중휘 선생님이다. 1학년 때 그분의 셰익스피어(Shakespeare)를 청강했는데, 한 학기 동안 『줄리어스 시저(Julius Caesar)』 하나만 하셨다. 영어회화는 전혀 못하셨는데(그때 문리대에서는 영어회화를 안 하는 것을 일종의 프라이드로 여기는 풍조가 있었다) 문제를 다루는 양식이 철저하다고 느꼈고, 나는 그분의 그것이 좋았다.

우리가 지내던 부산에서의 대학생활은 퍽 비정상이었다. 우선 돈들이 별로 없었다. 전쟁 중이라 모든 상황이 불안했다. 그렇지만 우리 문리대 학생들 특히 정치학과 학생들은 선민의식 내지 특권의식이 강했다. 그리고 우리의 낭만이 있었다. (내가 25년 전에 미국에 온 지 17년 만에 일시 귀국했을 때 나의 경복고 동기이며 문리대 동기인 이태주(현 단국대학교 영문학과 교수)가 종로에 있는 '낭만'이라는 맥줏집에 나를 데리고 가 옛이야기를 하였다.)

내가 부산에서 대학 다닐 때 학우들 중에 특히 철학이나 문학을 하는 사람들 중에 '고민'을 하는 사람들이 있었다. 막연히 '인생의 뜻이 무엇이냐?' '종교란 무엇이냐?' 등등. 나는 이런 사람들을 잘 이해하지 못했다. 그때도 그랬지만 나는 지금도 막연히 고민을 한다든가 '인생이 무엇이냐?'라든가 하는 질문을 별로 안 한다. 구상적으로 어떤 일이 잘못되면 걱정이 되고 염려가 되지만, 그리고 그 일이 잘 풀리기를 바라고 노력하지만, 추상적으로 '인생의 의미'나 '인생의 목적'을 찾기 위해서 책을 읽어본 적은 없다. 나는 지금도 독서량이 비교적 많은데, 그것은 대개 책이 재미가 있어서 읽는 경우가 많다. 종교의 문제도 그렇다. 나는 한국의 기독교 가정에 태어나, 그 혹독한 일제의 핍박 속에서도 주일학교에 다녔다. 그렇지만 점점 자라면서, 내가 통속적으로 말하는 기독교인이 아닐 뿐 아니라, 어떠한 의미에서도, 특수한 의미에서의 종교인이 아니라고 느끼게 되었다.

내가 부산에서 문리대를 다닐 때 이교상이라는 철학과 학생이 있었는데 늘 종교의 문제, 신(神)의 문제로 고민을 했다. 나는 그가 왜 고민을 하는지 알 수가 없었다. 오히려 나는 그 무렵부터 전통적인 종교적 문제들이 이론이나 신앙의 문제이기보다는 선행(善行)이나 미(美)와 관계가 되는 것이 아닌가 생각한 듯하다. 그리고 지금도 그런 생각을 갖고 있다. 나이를 먹을수록 그리고 외국에서 40년 넘게 살면서도, 나는 종교보다는 전통적인 동양의 가치관 비슷한 것에 매력을 느끼게 되는 것이, 신을 의지하는 것보다는 자기수양을 통해서 자기완성을 기하는 유교의 입장이나, 무애인인 원효나 소요유를 하는 장자(莊子)식 자유인의 인간상이 마음에 당겨오기 때문이다. 나는 부활이나 재생 같은 것을 미적인 관조나 상징적으로는 느낄 수 있어도 목숨을 걸고 생각한 적은 없다. 문리대에 다닐 때 성경보다는 니시다 기타로(西田幾太郎)의 『선(善)의 연구』에 더 매력을 느낀 것도 이 때문이 아닐까? 그때부터 종교의 미학화에 기울어지고 있었다. 미국에 온 후 듣기에 김병로 선생(초대 대법원장)이 돌아가실 때 어떤 사람들이 기독교로 개종하기를 권했더니, "한 번 살았으면 되었지, 무슨 욕심을 부려." 하셨다는데, 그때 "참 점잖은 분이군." 하고 감명을 받았다. 그렇지만 선행을 함으로써 신에 대한 믿음을 현시(顯示)하는 종교인들을 나는 존경한다.

나는 문리대를 세 학기밖에 다니지 않고 미국에 왔지만, 내 인생에서 가장 귀중한 시기를 전시(戰時) 부산에서 보냈다. 그때 꾸던 꿈들을 아직도 간직하고 그때 생각했던 생각들을 다시 생각하며 살고 있다. 작년(1994년) 연말에 내가 중학교 때 제일 친했던 친구인 안충식(安忠植)이 내 아버지가 돌아가셨다는 소식을 듣고 전화를 걸었다. 그때 그가 "결국 우리는 근본적으로 안 변했어"라고 말했는데, 일리가 있다고 수긍이 간다.

나는 문리대 1학년 2학기 때 당시 문교부에서 약 20명 대학생을 선발해 미국의 작은 사립대학 여러 군데에 장학금을 주선해서 보낸다는 광고를 접했다. 전시라 공부하기에 여건도 좋지 않으니 미국에 가서 대학을 다니는 것도 괜찮을 것 같아, 그 시험에 응시해서 미국 아이다호 주 아이다호대학(College of Idaho)에 가게 되었다.

1953년 8월 3일 부산 제1부두에서 매그놀리아 스테이트(Magnolia State)라는 9,500톤짜리 화물선을 타고 샌프란시스코로 떠났다. 2주일간 태평양을 건너 8월 17일에 샌프란시스코에 도착하여 거기서 하루 자고, 그 다음 날 그레이하운드(Gray Hound) 버스를 타고 17시간이나 걸려서 아이다호 주 콜드웰(Caldwell)에 도착하였다. 콜드웰은 당시 인구 만 명 정도의 작은 도시로 아이다호대학 이외에 식품을 가공하는 작은 공장 몇 개가 있을 뿐 허허벌판이었다. 여기서 나는 2년 9개월 동안 생활하게 된다.

　이 대학의 정치학 교수로 조지 울프(George V. Wolfe)라는 오스트리아의 빈 출신인 유대인이 있었다. 이 교수의 '미국정부론'을 첫 학기에 수강하게 되었는데 가을 학기가 시작한 지 3주일 만에 처음 치른 시험에서 94점을 받았다. 그 반에서 최고 점수를 받은 것이다. 그때 그 교수가 나에게 관심을 갖게 되어 자기 집으로 초청을 했다. 울프 교수는 빈(Wien)대학에서 법학과 정치학으로 박사를 받은 후, 1930년대 말에 히틀러의 유대인 핍박을 피해서 미국으로 온 분이다. 그 부인도 빈대학에서 미술사로 박사를 받았다. 울프 교수는 미국에 건너와 예일(Yale)대학에서 4년간 공부한 후 아이다호대학으로 온 것이다. 울프 교수가 빈대학 출신이라 그 유명한 법학자인 한스 켈젠(Hans Kelsen) 말을 꺼냈더니 매우 반가워했다. 그래서 부산에서, 경성제국대학에서 법철학을 가르쳤던 일본인 교수 오다카 도모오(尾高朝雄)가 젊었을 때 빈에서 공부하고 돌아와 일본어로 번역한 켈젠의『순수법학(Reine Rechtslebre)』을 읽었다는 이야기를 했다. 그리고 오다카 교수가 집필한『국가구조론』이 켈젠의 영향을 많이 받은 것이라고 덧붙여 말했다. 영어를 어디서 배웠느냐고 묻기에, 전시에 자습하고 세계문학전집에 해당하는 책들(예를 들어, 톨스토이의『전쟁과 평화』, 도스토예프스키의『죄와 벌』등) 50권쯤을 영어로 읽었다고 했다. 미국 작가도 읽었으냐 묻기에, 워싱턴 어빙(Washington Irving)의『스케치 북(Sketch Book)』과 마거릿 미첼(Margaret Mitchell)의『바람과 함께 사라지다(Gone With the Wind)』를 읽었다고 했다. 어떤 작가를 제일 좋아하느냐고 해서, 외국 작가로는 토머스 하디(Thomas Hardy)를 제일 좋아한다고 했다. 어떤 정치학자에 제일 관심이 있느냐 묻기에 해럴드 라스키(Harold Laski)라고 했더니, 왜 그에게 흥미가 있느냐 다시 물어서 서울대학교 다닐 때 친구들과 가장 많이 이야기했기 때문이라고 답변했다. 전쟁 중에 어떻게 그 많은 책들을 구해서 읽었느냐고 하기에, "We Koreans are resourceful(우리 한국인들은 기량이 풍부하고 수단이 좋다)"이라고 했더니 울프 교수가 웃었다. 그리고 칼 마르크스(Karl Marx)에 대해서 이야기가 나와서, 중학생 때 마르크스의 『자본론』을 일본어 번역판으로 읽으려고 했으나 너무 어려워서 못 읽고(이 책의 영어 번역판을 아이다호에서 40여 년 전에 사놓고도 아직까지 완독하지 못했다), 그의 『공산당 선언(The Communist Manifesto)』을 부산에서 영어로 읽었다고 했다. 그랬더니 그가 놀라움을 표시하며, 전시에 반공사상으로 알려진 남한에서 그것이 가능했느냐 하기에 "We Koreans are resourceful"이라고 다시 말했다. 사실 전시 부산에서는 비교적 '사상적 자유'가 대학생 간에 있었다. 예를 들어, 월북한 문학비평가인 김동석(金東錫)의 문학비평 논문집도 문리대학으로부터 빌려 볼 수 있었다. 울프 교수는 나에게 일본 문화를 어떻게 생각하느냐고 마지막으로 묻기에, 나는 우리 대통령 이승만 박사의 반일정책을 절대 지지하지만 아쿠타가와 류노스게(芥川龍之介) 같은 작가나 이시가와 다꾸보꾸(石川啄木) 같은 시인을 좋아한다고 했다. 울프 교수는 나의 이야기를 듣고, 한국의 대학생들이 넓은 국제적인 감각을 갖고 공부하는 데 크게 인상을 받았다고 언급하기에, 한국은 전통적으로 유교문화에 젖어서 학문을 중요시한다고 했다. 울프 박사는 4년 전에 돌아갈 때까지 나를 자기 아들처럼 대해 주었다.

그해(1953년) 11월에 시애틀에서 미국정치학회 서부지부가 주최하는 회의가 열렸는데, 그곳에 같이 가서 전쟁 중에 어떻게 서울대학교에서 정치학을 공부했는지 발표하라고 울프 교수가 말하기에, 그 회의에 참석하여 약 30분간 이야기를 하였다. 미국에 처음 갔을 때 내가 쓴 영어는 자습한 영어라 특이한 표현이 많았다. 예를 들어 "나는 마르크스의 추종자가 아니다"라고 할 때 "I am not a votary of Marx"라고 그 회의에서 말했다. 또 한번은 토요일 밤에 기숙사에서 공부를 하는데 기숙사의 어떤 학생들이 너무 떠들기에, 아래층으로 내려가서 "Why are you so obstreperous?"라고 했더니, 무슨 소리냐는 식으로 학생들이 나를 쳐다보았다. 'votary'라든가 'obstreperous' 같은 단어는 흔히 쓰는 것이 아니다.

아이다호대학에서 공부하는 동안 많은 책을 읽었다. 1954년 3학년이 되면서(나는 아이다호대학 2학년으로 편입했다) 가을 학기에 일곱 과목을 택했는데 그중에서 '정치이론(Political Theory)'이 제일 흥미가 있었다. (나는 문리대 다닐 때부터 정치사상에 흥미가 제일 많았다.) 그런데 정치이론이라는 것이 철학과 관계가 깊은 것은 물론이다. 그래서 자연히 철학에 관해서 흥미가 늘었다. (4학년 때 빈학단에 대해 관심을 갖게 되었다.) 4학년 때 정치학 방법론 코스를 택하여 정치학이 방법론적으로 얼마나 엉성한지 깨닫게 되었다. 그래도 먼 외국까지 왔고 공부하는 여건도 좋으니, 이왕 온 김에 대학원까지 가고 싶었다. 그런데 여러 군데 대학원에 정치학으로 지원을 하면서 내적인 갈등이 생겼다. 방법론적인 문제를 해결하기 위해서도 우선 철학을 최소한 1, 2년 공부하고 정치학으로 돌아오자 마음먹었다.

그래서 당시 철학과로 미국에서 제일 평판이 좋았던 예일대학교에 지망을 했더니 입학이 되어 아이다호대학을 졸업한 후 코네티컷 주 뉴헤이븐(New Haven)에 있는 예일대학교로 떠났다. 그것이 1956년 9월이다. 그 후 근 40년 철학과 인연을 맺어 정치학으로 돌아가지 않고 살고 있다.

그때 예일대학교 교수진은 기라성처럼 늘어선 세계 정상급의 철학자들이었다. 블랜샤드(Brand Blanshard), 노드롭(F. S. C. Northrop), 헨델(Charles Hendel), 피치(F. Fitch), 와이스(Paul Weiss), 스미스(John E. Smith), 슈레이더(George Schrader), 브룸바(Robert

Brumbaugh), 팝(Arthur Pap), 앤더슨(Alan Anderson) 등. 첫해에 기호논리(I, II), 칸트(1년 코스), 흄(가을), 비교철학(1년 코스), 윤리(봄)를 택했는데, 철학에 배경이 별로 없었기 때문에, 그리고 같이 입학한 학우들이 일류 대학에서 철학을 전공하고 온 사람들이기 때문에, 위압감을 느끼면서도 젊은 패기로 도전에 맞섰다. 그때 내 나이 스물 둘이었다.

『동서의 만남(*The Meeting of East and West*)』의 저자로 유명한 노드롭 교수의 비교철학 세미나는 대단히 흥미로웠다. 광범하게 동서문화, 철학, 사회정치제도, 예술 등을 비교하는데 그 세미나의 참석자는 철학뿐 아니라 법학, 정치학 대학원 학생들이 있었다. 그때 예일 법과대학에서 박사학위 논문을 쓰고 있던 유기천 선생님(당시 서울대 법대 교수이며 후에 서울대 총장)이 그 세미나에 계셔서 같이 1년간 공부하며 모시게 되었다. 나는 이 세미나에서 1년 동안에 구두 발표를 4번 했고, 첫 학기에 스토아학파의 논리와 로마법에 대해서, 봄 학기에는 아인슈타인(Einstein)과 화이트헤드(Whitehead)에 있어서 상대성의 두 개념에 대해서 각 30페이지가 넘는 논문을 두 편 썼다. (1972년 봄에 노드롭 교수가 켄트주립대학교에 강연하러 왔을 때 그 스토아 논리(stoic logic)에 관한 논문을 발행했느냐고 묻기에 그 논문을 이사하며 잃어버렸다고 했더니, 아깝다고 그가 말했다.) 그로부터 20여 년이 지나 내가 처음 비교철학에 적극적으로 참여하게 되면서 노드롭의 비교철학의 방법론에 대해서 건설적으로 비판적인 논문을 한 편 썼다. 칸트 세미나는 스미스 교수가 담당했는데 늘 그는 흥분하고 있고 학생들을 격려하고, 재미가 있지만 1년 내내 그가 무슨 소리를 하는지 이해를 못하고 세미나를 마쳤다. 다만 개념의 문제를 이야기할 때, "function, function" 하면서 이것이 과연 무엇이냐 하고 역질문하던 생각이 난다. 그때부터 10여 년이 지난 후 나는 처음으로 칸트의 경험 개념과 이른바 'function'의 문제에 관해 처음으로 논문을 발표하고, 계속해서 이 제목에 대해 여기저기서 발표하고 발행하기도 했다. 이 세미나를 통해 칸트에 관심을 갖게 되었고, 결국은 박사논문은 칸트의 과학철학에 관해서 썼다.

헨델(당시 학과장) 교수가 맡았던 흄(David Hume)은 흄의 주요한 작품들을 4개월 동안에 거의 다 읽었다는 데 특징이 있었다. 이 세미나에서 나는 흄의 윤리이론이 유교에서 주장하는 점들과 유사점이 있다고 지적했더니, 헨델 교수가 그것으로 박사논문을 쓸 의향이 없느냐고 묻기에 "글쎄요(Well)"라고 애매하게 대답한 적이 있다.

기호논리 I을 팹 교수가 가르쳤는데 나는 후에 그와 깊은 인연을 맺게 된다. 그 과목 자체는 기계적으로 문제를 푸는 데 역점을 두고 있어 개념 문제들을 다루지 않았기 때문에 별로 흥미가 없었다.

봄 학기가 되어 블랜샤드 교수의 윤리학을 택했다. 나중에 분석철학에 관심이 커진 것은 이분과의 접촉에서 시작되었다. 내가 지금 사는 오하이오 주 출신의 고아로 자수성가한 분이다. 옥스퍼드(Oxford)대학에서 로즈 스칼라(Rhodes scholar)로 4년 지낸 탓인지, 영국 사람보다 더 영국적이었다. 내가 처음 이 세미나에서 칸트에 관해 구두 발표를 하고 난 후 나에게 번거로운 표현(circumlocutions)을 너무 쓴다는 것이었다. 좀 더 간결하고 명료하게 쓰는 연습을 하라고 권장하며 일주일에 한 번 무어(G. E. Moore)의 논문을 한 편씩 읽고 3-5페이지가량 평을 써서 자기에게 가지고 오면 자기가 그것에 대해서 평(comment)을 하겠다고 자청하고 나섰다. 그때 그는 학과장직까지 맡고 있어 바쁜 몸이었다. 그래서 일주일에 한 번씩 그와 단독으로 만났다. 몇 주일이 지난 후 그는 나에게 나의 장점이 분석력이란다. 그러니 젊고 유망한 분석철학자인 팹 교수의 과목을 앞으로 택하라고 권하였다.

1957년 가을 학기에 택한 네 과목 중에 팹 교수의 '논리경험주의의 고전적인 문제(Classical Problems of Logical Empiricism)'라는 것이 있었다. 1957년 여름방학 중에 예일대에서 내게 철학사 고전을 읽으라고 장학금을 별도로 주었다. 예일대학교는 늘 그러한 곳이었다. 당시 대학원 전체 학생 수가 1,500명 정도이며, 대학원장이 많은 대학원생들을 개인적으로 알 정도였다. 그 여름에 플라톤(Plato)과 더불어 팹 교수의 처녀작인『분석철학의 원소(Elements of Analytic Philosophy)』를 열심히 읽었다. 그리고 폴 에드워즈(Paul Edwards)와 공저인 그의『철학에의 근대적 입문(A Modern Introduction to Philosophy)』도 그해 여름에 읽었다. 그해 7월 하순으로 기억하는데 학교 캠퍼스를 산책하다가 팹 교수를 만나서 처음으로 단둘이 한 시간쯤 길에 서서 이야기했는데 그때 받은 그의 인상은 지적으로 결백하다는 것이다. 그는 1921년 10월 2일 스위스 취리히에서 유대인 부모로부터 태어났다. 그리고 1939년에 미국으로 왔다. 처음에는 피아니스트가 되려고 음악을 공부하다가 철학으로 돌았다. 처음에는 헤겔에 관심이 있었는데, 컬럼비아(Columbia)대학의 네이글(E. Nagel) 교수 영향으로 분석철학을 하게 되었다. 내가 그를 만났을 때 그는 30대의 젊은 철학자이며 여러 가지 논문 외에 책을 세 권 발행하고 있었다. 그 후 그가 1959년에 신장병으로 죽을 때까지 2년간 거의 매일같이 만나서 이야기하였다. 물론 늘 철학 이야기인데, 분석철학(특히 과학철학) 이야기뿐이었다. 나는 별로 영웅숭배 같은 것을 좋아하지 않는다. 그렇지만 나에게 처음이요 마지막인 영웅이 있었다면 그는 아서 팹이다. 그가 가르친 강좌는 다 들었다. 러셀(Bertrand Russell) 세미나에는 학생 둘과 팹 교수 우리 셋이서 러셀에 관해 4개월 동안 이야기하였다. 귀납법과 개연성(Induction and Probability) 세미나에도 학생이 나까지 둘이어서 라이헨바흐(Reichenbach)와 카르납(Carnap)을 위주로 논의하고 내가 한 번 팹이 카르납에 대해서 쓴 논문 중에 잘못이 있음을 지적했더니, 그날 당장 팹이 카르납에게 전보를 쳐서 사과를 했다. 그리고 팹의 역작인『의미론과 필연적 진리(Semantics and Necessary Truth)』가 1958년에 예일대학교 출판부에서 발행되었을 때 한 권을 얻어 두 달 동안 정독하며 그와 일일이 토론을 하였다. 그가 38세에 죽은 지 36년이 지난 지금 생각해 보면, 내가 그에게 끌렸던 것은 그의 위선이 없는 정직함이었다. 그래서 그가 죽고 난 후 내가 발견한 비트겐슈타인(Wittgenstein)을 좋아하게 된 것도 그의 지적인 결백성 때문이다. "죽는 날까지 하늘을 우러러 한 점 부끄럼이 없기를"을 읊으며 젊은 나이에 간 시인 윤동주를 내가 아직도 좋아하는 것과 일맥상통한다. 나 자신은 별로 결백하지 못하면서 나는 그런 사람들을 좋아한다. 그렇지만 형이상학과 전통적인 철학의 거성이었던 예일대학교 철학과의 주류에 그는 속하지 못했다. 그는 예일에서 영구교수직(tenure)을 못 받고 죽었다. 그가 죽을 무렵에 예일대학교 대학원에 온 나의 친구 이홍구(현 국무총리)는 그가 죽은 후 그를 가리켜 '광세의 형'이라 불렀다.

팹 교수가 죽을 때 내 박사논문 제목을 「가정적인 조건법(Subjunctive Conditional)」이라고 지었는데, 사회과학의 방법론의 일부 문제와 연결시켜 시작을 했다. 지도교수가 없어지고 분석철학 교수로는 별로 다른 사람이 없어서, 1년간 철학사 과목들을 청강하며 지냈다. 그리고 그 다음 해에 윌프리드 셀라스(Wilfrid Sellars) 교수가 나의 지도교수가 되었다. 그러나 가정적인 조건법의 문제는 자기가 해결했으니 쓸 게 없다는 것이다. 그래서 약 반년 동안 새 제목을 찾다가 칸트의 과학철학에 대해서 논문을 쓰기로 한 것이다.

내가 그때 관심사로 삼았던 것은 과연 칸트가 흄의 귀납법 문제를 해결했느냐는 것이다. 이것은 내 머리에 흄의 후예인 논리경험론자들의 입장이 그때 굳어 있었기 때문에 나로서는 다루기 힘든 문제였다. 그리고 셀라스 교수는 자기 학파를 구성하는 데 흥미가 많은 사람이라, 자기가 비판한 논리실증주의의 입장을 옹호하는 나의 태도를 달갑게 생각하지 않았다. (나는 나의 박사논문이 완성된 후 그리고 박사학위를 받은 후, 셀라스 교수의 논리경험주의 비판에 동의하고 나 자신이 박사논문에서 주장한 입장을 많이 수정하여, 그 후에 발표한 논문들에 이 입장 변화를 나타냈다.)

1962년에 펜실베이니아 주에 있는 버크넬대학(Bucknell University)에 1년간 전임강사 자리가 생겨서 가게 되었다. 논문이 다 안 끝났는데 한 학기에 네 과목씩 일주일에 모두 열두 시간을 가르치는 것은 매우 벅찬 일이다. 가을 학기에 철학입문, 논리, 현대철학 그리고 그리스 철학, 봄 학기에 철학입문, 기호논리, 근대철학 그리고 과학철학을 받았으니, 늙은 두 정교수는 놀라워했고 젊은 전임강사인 내가 학과 전체를 맡다시피 한 것이다. 그렇지만 젊은 기운으로 신이 나서 새벽 다섯 시부터 밤 여덟 시까지 열심히 일을 했다. 내 친구 이홍구(李洪九)가 10월 말에 자동차를 몰고 와서 나 사는 것을 보고 절간에 있는 중이 되었다고 말하고 웃으며 돌아갔던 생각이 난다. 어떤 때는 아침에 일어나면 눈에서 별이 번쩍 나고 현기증이 났지만 늘 기분 좋게 가르쳤다. 박사논문이 끝나면 짐을 싸고 집으로 돌아갈 생각을 하니 마음이 밝았다.

1963년 봄에 논문을 정리해 제출했는데, 논문 심사위원이 다섯이었다. 지도교수 이외에 나의 논문의 특수성(칸트에 관한 것이지만 분석철학이 주제임)을 고려해서 논리학자인 피치와 앤더슨 교수, 그리고 전통적인 칸트학자인 스미스와 슈레이더 교수가 심사했는데, 피치와 앤더슨은 "매우 좋다. 혁신적(innovative)이다." 하는데, 스미스와 슈레이더 교수는 막무가내였다. (나중에 이들과도 퍽 좋은 친구가 되었다.) 그해에 셀라스 교수는 피츠버그(Pittsburgh)대학으로 가버렸다. 앤더슨과 벨납(Belnap) 두 논리학자도 함께 갔다. 미네소타(Minnesota)대학에서는 왕처럼 군림하다 모든 교수들이 제각기 스타로 자처하는 예일 철학과에서 주류에도 못 끼고 변두리에서 빙빙 돌다가 가버린 것이다. (분석철학이나 과학철학을 잘 이해 못하고 싫어했던 스미스나 슈레이더는 셀라스가 잘 갔다고 좋아했다.)

후담이지만, 1987년 가을에 피츠버그대학에서 셀라스 교수 75세 기념 학회가 열려 그 제자들에게 초청장이 와서 나도 갔다. 그때 그 학회 중에 피츠버그대학 사람들이 진담 반 농담 반으로 셀라스가 예일에서 박해당했다고 이야기했다. 로티(Richard Rorty)가 발표하기 전 그의 소개자가, 로티가 예일리(Yalie, 예일 학생)인데 윌프리드(Wilfrid)가 예일에게 다시 당할 것이다(Wilfrid will be had by Yale again)라고 농담을 해 사람들이 웃었다. 그 소개자가 예일 출신이고 당시 피츠버그대학에 있던 벨납으로 기억한다.

셀라스가 떠난 후 스미스, 슈레이더 그리고 웰즈(Wells)가 공동 심사위원이 되어 칸트를 더 역사적으로 해석하라고 하였다. 그리고 1년 동안 장학금을 더 주겠다고 하였다. 벌써 5, 6년 예일 신세를 졌는데, 고맙다고 말하고 사절했다. 그런데 슈레이더 교수가 오하이오 주에 켄트주립대학교(Kent State University)가 있는데 연봉도 7천 달러니 아주 좋다는 것이다. (내 친구 팹 교수가 죽었을 때 그의 연봉이 8천 달러였고, 셀라스 교수가 예일대학교를 떠날 때 1만 3천 달러를 받았는데 피츠버그에서 2만 5천 달러를 받게 되었다고 좋아했다.) 그래서 논문이 끝날 때까지 1년간 있으려고 켄트에 온 것이 32년이 되었다. 임시적인 것처럼 항구적인 것은 없다고 볼테르(Voltaire)가 말했던가. 결국 1965년에 논문이 끝나고 학위를 받게 되었다. 9년 걸렸으니 오래 걸렸지만, 시카고대학교에서 18세에 학사학위를 받았던 저 유명한 로티도 예일에서 6년 있었고, 14년 걸려 철학 논문을 마친 사람을 최소 둘 알고 있으니, 그리 나쁜 것도 아니다.

우리가 1956년에 15명이 예일 철학과 대학원(박사과정. 석사과정은 따로 없다)에 들어갔는데 몇 사람은 여러 가지 사정으로 중간에서 그만두었다. 그래도 그중의 한 사람은 석사학위(중간에 여러 가지 사정으로 그만두면, 최소 2년 재학하고 코스 과정이 끝나면 받음)만 갖고 오리건 주의 유명한 사립대학인 리드대학(Reed College)에서 영구교수 (tenured professor)가 된 사람이 있다.

학위도 받았으니 이제 귀국하려고 생각하고 있는데 당시 서울대학교 총장이던 유기천 박사로부터 1966년에 연락이 왔다. 연락이 온 후 미국에 오신 김에 오하이오까지 들르셨다. 그때만 해도 미국이나 유럽에서 철학에서 박사를 한 한국인이 별로 없었다. (내가 박사학위를 받았을 때 『동아일보』에 기사로 실렸고, 그 바랜 신문기사를 켄트에 아직 갖고 있다.) 그때 내 졸업식에 참여할 겸 오래 보지 못한 아들을 볼 겸 어머니가 내 켄트 아파트에 1년 와 계셨다. 우리 어머니가 하나밖에 없는 내 남동생(여동생은 넷이다)이 미국 유학을 오고 싶어 하니 꼭 도와주라고 신신부탁이셨다. 그래서 서울대학교에 가는 것을 포기하고, 우리나라에 돌아갈 기회가 없어졌다. 지금도 가끔 생각하면 아쉬운 일이다. 유 박사께서 꼭 서울로 오라고 부탁하셨다. 그런데 못 가게 된 것이다. 내가 그렇게 좋아하는 서울에 갔었더라면 하고 가끔 생각한다.

그 후 켄트에서의 생활은 일상화되어 갔다. 1960년대 후반기에는 광범위하게 과목을 가르쳤다. 나의 전공 분야였던 과학철학을 비롯해, 형이상학, 논리, 논리이론, 칸트, 현대철학의 각 분야 등. (지금 생각하니, 약 20가지 과목을 지난 32년 동안에 켄트에서 가르친 셈이다.) 그리고 책을 많이 읽고, 그때 비트겐슈타인과 퍼스(Peirce)도 자세히 읽었다. 칸트의 과학적 법칙과 과학이론에 대한 해석에 비트겐슈타인과 퍼스를 섞어서 책을 하나 쓰고 싶었던 것이다. 1970년에 내 박사논문을 수정해 책을 하나 써서 옥스퍼드대학교 출판사에 접촉을 했는데, 그곳의 철학 편집자가 대단히 적극적으로 반응을 보였다. 그런데 다시 내 원고를 읽은 두 사람 중에서 한 사람은 찬성인데 다른 사람이 부정적이라는 것이다. 그 원고에서의 나의 요점은 칸트 철학에는 통일된 일관성이 있는 과학이론에 관한 견해가 없고, 기초주의(foundationalism)와 반기초주의(anti-foundarionalism) 간에 긴장이 있고, 이 두 견해는 상극된다는 것, 그렇지만 칸트는 흄의 귀납법의 문제를 해결했다는 것이다. 그때만 해도 칸트와 연관시켜 기초주의와 반기초주의를 이야기하는 사람은 없었다. 이것은 내가 박사논문을 끝내고 열심히 다시 읽은 셀라스의 영향이다. 셀라스에게도 원고 한 부(copy)를 보냈더니 대단히 흥미롭다는 것이다. 그때만 해도 칸트의 과학철학에 관한 책으로는 마틴(Gottfried Martin)의 *Immanuel Kant: Ontologie und Wissenschaftstheorie*와 뷔유망(Jules Vuillemin)의 *Physique et Metaphysique Kantiennes* 외에 별로 없었다. 마틴의 책은 현대철학을 많이 가미했지만 일반성을 띠었고 뷔유망의 책은 저자가 서문에서 말하듯 칸트의 자연과학의 형이상학적 원칙을 역사적으로 접근한 것이다. 그래서 새로운 각도에서 칸트의 과학철학에 관해서 책을 하나 써보려고 한 것이다. 내 원고를 읽은 사람들이 그 분야에서 얼마나 식견이 있었는지 알 수 없다. 여하튼 옥스퍼드대학 출판부에서 출판이 안 된 후 다른 발행사 몇 군데서 발행할 용의를 표시했지만 그만두기로 했다. 나중에 이 원고의 요점은 칸트 슈트디엔(Kant-Studien)에서 발행하게 된다.

1970년대에는 미국 내 여러 학회에서 주로 칸트에 관해 논문을 발표했다. 1970년에 뉴욕 주 로체스터(Rochester)에서 열린 국제칸트학회에 참석하였고, 그 후 1981년, 1985년 그리고 1990년에 걸쳐 전부 네 번 국제칸트학회에 참석하였다. 1970년대에 참석했던 칸트에 관한 학회 중에서 오하이오 주 남쪽 애선스(Athens)에 있는 오하이오대학교에서 1975년에 칸트 심포지엄(Ohio University Kant Symposium)이 개최

되었는데, 칸트 철학을 인식론, 도덕철학, 미학 세 분야로 분류하여, 각 분야마다 두 명씩 미국 전국에서 모두 여섯 명을 초청했다. 그때 예일대학교에서 가르치고 있던 어떤 사람과 함께 나는 인식론 분야의 발표자로 초정되었다. 그 당시 미국 칸트학자 중에서 제일 유명했던 로체스터대학의 루이스 화이트 벡(Lewis White Beck) 교수도 특별 연사로 초청되었다. 내 논문 발표가 끝난 후 질의 시간에 벡 교수가 논평하기를, 칸트에 관해서 기초주의와 반기초주의를 논하는 것은 처음 들었고 내가 발표한 논문을 완전히 이해할 수는 없어도 흥미 있다고 말했다. 수년 후 독일 마인츠(Mainz)에서 열린 국제칸트학회에서 내가 칸트의 상상력에 관해 발표했는데, 벡 교수가 맨 앞줄에 앉아 있다가 발표 후 나에게 와서 "아주 좋았다(Mighty fine, mighty fine)"고 하던 생각이 난다. 그때 내 논문 발표 때 사회자는 우연히 예일대학의 옛 스승 슈레이더 교수였다. 그날 저녁 회식 때 벡, 슈레이더 두 교수와 같은 테이블에서 보통 때 내가 잘 마시지 않는 백포도주를 마시며 담소하던 기억이 난다. 1981년까지만 해도 칸트국제학회에 참석한 비(非)백인은 나 하나였던 것으로 기억한다. 1981년 마인츠에서 열린 회의에는 일본 칸트학회 회원들이 전세기로 몰려와 사진을 유난히 찍던 기억이 난다. 그리고 동양 사람으로 나혼자 발표자라고 마인츠 힐튼호텔에서 그들이 파티를 해주었다. 그때만은 내가 일본말로 일본 사람들과 거리낌 없이 이야기했다. (나는 원칙적으로 일본 사람들과 이야기할 때 일본말을 쓰지 않는다.)

1979년 여름에 내 아내와 유럽 여행을 하는 김에 오스트리아 키르히베르크(Kirchberg)에서 열리는 비트겐슈타인 국제회의에 참석하여 칸트와 비트겐슈타인에 관해 발표하였다. 키르히베르크는 좋은 휴양지이다. 그래서 그 후에도 세 번 더 그곳에 가서, 한 번에 약 열흘씩 쉬면서 유럽 각국에서 온 철학자들과 담소하며 논문 하나 발표하고 즐겼던 생각이 난다. 거기 가본 지도 벌써 10년 가까이 된다. 며칠 전에도 내 아내가 언제 이태리 여행 겸 키르히베르크에 다시 한 번 가자고 제의하였다.

1983년에는 국제 중국철학회로부터 노드롭의 철학적 인류학(Philosophical Anthropology)에 관해서 논문을 발표해 달라는 청탁을 받았다. 그래서 캐나다 토론토에 일주일 묵으며 이 회의에 참석했는데, 그때부터 비교철학을 정식으로 하기 시작했다. 1984년에는 하와이에서 열린 동서 비교철학 국제회의에 가서 비교철학에 방법론이 있는가를 모색하는 패널에 초청되어 열띠게 토론을 했다. 회의도 회의려니와, 와이키키에 있는 힐튼호텔에 열흘간 유숙하며 아침에는 대한항공 호텔에서 한식(주로 된장찌개 백반), 점심은 회의장에서 양식, 그리고 저녁에는 맥주를 마시며 초밥 아니면 중국 음식(특히 생선 요리들이 좋았다)을 내 아내와 매일 '때려 먹었다.' (이것은 우리 중학생 시절의 표현이다.) 나는 음식을 먹는 것이 그렇게 즐겁다. 그래서 내 주위에 있는 사람들에게 좋은 음식과 진리 중에서 하나만 택하라면 음식을 택하겠다고 말한다. 이것은 농담이 아니다.

비교철학을 시작하며 우선 유교(儒敎)를 좀 자세히 공부하고 싶었다. 그래서 사서(四書: 『대학』, 『중용』, 『논어』, 『맹자』)를 원본과 영어 번역판으로 완독했다. 그리고 유교와 칸트를 비교하며 논문을 몇 편 썼다. 그 중에 넷은 미국 학보에 그리고 둘은 국내 학보에 모두 영문으로 실렸다. 그 후에 국어로 「유교를 다시 생각한다」라는 제목으로 한 편 써서 『철학과 현실』에 실었다. 국내 학보인 『철학』에 내 논문이 영문으로 나온 이유는, 1988년에 영국 브라이튼(Brighton)에서 열린 세계철학자대회에 참석해서 발표한 논문을 그때 한국철학회 회장이던 조요한 선생님께서 『철학』에 내자고 제의하셔서 조 선생님께 드린 것이다. 이것은 칸트와 유교의 정치사상을 비교한 것이다. 그리고 두 번째 영문 논문은 첫 번째 나온 것과 연관이 있어서 이명현 선생에게 부쳐서 『철학』에서 나왔다.

또 하나 세 번째로 칸트와 유교의 도덕철학을 비교하는 논문이 미국 학보에서 나오게 되었는데 정종 선생님께서 『공자 사상과 현대 II』에 내자고 하셔서 이 논문은 미국 학보와 이 책 양쪽에서 나왔다. 하나는 학보요 하나는 책이니 중복이 되어도 출판권 문제는 관계가 없다.

약 2년 전에 런던대학교 석좌교수인 테드 혼더릭(Ted Honderich)이 자기가 편집하는 Oxford Companion to Philosophy에 한국철학(Korean Philosophy)에 대해서 써달라는 청탁을 해 내 정성을 다하여 써서 보냈다. 한국철학의 특징으로 평화적 융합주의(irenic fusionism)라고 말하고, 풍류도는 모든 소외를 극복하고 양극의 조화를 이루고 여러 외래 사상을 융합하는 길이라고 하였다. 그 예로 원효의 화쟁론을 들었고, 그가 주창한 삼교화합을 소개했다. 그리고 현묘지도(玄妙之道)와 실내포함삼교(實乃包含三敎)가 평화적 융합주의의 현시(顯示)이며 정수임을 말했다. 그리고 퇴계와 율곡이 신유교(Neo-Confucianism)를 동부 아시아에서 완성한 사람들임을 강조했다. 혼더릭 교수가 나의 「한국철학(Korean Philosophy)」을 읽고 "마음을 사로잡는다(enthralling)"라고 논하고, 자기가 한국에 다녀온 적이 있는데 그 전에 내 글을 읽었으면 좋았을 것이라고 말했다. 이 책은 곧 나오게 되어 있다. 이와 같은 시기에 미국 하퍼(Harper/Collier) 출판사에서 나오게 될 『동양세계의 위대한 사상가들(Great Thinkers of the Eastern World)』이라는 책이 있는데, 거기에 주자나 다른 중국 철학자에 대해서 써달라는 청탁이 왔다. 그래서 내가 그 편집인에게 한국에 퇴계와 율곡 같은 위대한 철학자들이 있으니 그들에 대해 쓰겠다고 했더니 한국에 그런 철학자들이 있는지 몰랐다고 하며 매우 놀라워했다. 그리고 원효를 비롯한 우리나라의 고승들도 소개했다. 나는 퇴계와 율곡에 대해 각 한 편씩 써서 보냈는데(내가 알기로는 한국 불교에 관해 심재룡 선생에게 부탁한 것 같다) 이 책은 금년(1995년) 5월쯤 나올 예정이다. 나는 우리 한국에 대해서 쓸 때 여태까지 느끼지 못했던 희열을 체험했다. 칸트나 일반적인 비교철학에 관해 쓸 때는 재미가 있어 썼지만, 이번은 달랐다. 앞으로도 한국철학에 대해 더 쓰고 싶다. 그렇지만 순전히 역사적인 입장에서 다루는 것이 아니라 퇴계나 율곡 그리고 다른 한국철학자들을 이야기하며, 칸트, 흄, 비트겐슈타인 등 기타 서양철학자들도 같이 이야기하고 싶다. 퇴계나 율곡 같은 분들을 세계 철학자로 만들고 싶다.

나는 작년(1994년) 5월 30일에 내 회갑을 맞았다. 원래 그때 부모님을 모시고, 우리 내외가 서울에 가서 가족과 친지들과 더불어 자축하려 하였다. 그런데 나의 회갑을 한 달 앞두고 4월에 아버지가 불의(不意)의 의료사고로 돌아가셨다. 그래서 나는 회갑 때는 아무것도 아니 하고 죄인의 마음으로 지냈다. 아버지의 죽음을 마음의 준비 없이 갑자기 당하니 무기력한 어린애 같았다. 내가 60 평생에 읽은 그 수많은 책이 하나도 도움이 되지 않았다. 내가 한국으로 돌아가면 언제나 나를 반갑게 맞아주실 부모님이 계시겠지 하고 어린애처럼 순진하게 외국에서 살아왔다. 부모를 의지하고 생각하는 마음은 60이 된 지금이나 어릴 때나 전혀 달라진 것이 없음을 실감하였다. 언제나 부모님은 나를 위해서 계시려니 하는 환상 속에 살았다. 나 자신은 죽음을 두려워하거나 염려한 적이 없다. 인간이 태어나서 살다가 죽는 것은 자연스러운 일이다. 다만 나는 헤어진다는 것이 늘 슬펐다. 나는 죽을 때 부끄러운 마음 없이 갔으면 한다. 내가 앞으로 얼마 살지 모른다. 어디에서, 언제, 어떻게 죽을지 모른다. 퇴계 선생이 돌아갈 때 흰 눈 속의 매화를 관조하고 옷깃을 여미고 70 평생을 마치셨다고 하는데 나 같은 범부가 이런 성인(聖人)의 흉내를 내려 한다면 부질없고 사치스러운 망상일 따름일 것이나, 한 번쯤 바라는 욕심을 내면 누가 나를 책망할까?

나는 60 평생에 한 번도 어떤 여자와 가슴이 터질 듯한 사랑을 한 적이 없다. 이태준이 『문장강화』인가 하는 책에서 '사랑'이란 말은 '생각'이라는 뜻이라고 쓴 것을 기억한다. 그 책을 읽은 것이 1947년인가 1948년인데 소년의 마음에 무엇인지 울리어오던 것이 기억난다. 내가 일생 동안 여러 가지 뜻과 종류로 생각한 사람은 많다. 그런 의미에서는 사랑한 사람이 많다는 것이다. 이 중에는 나를 아는 사람도 있고 모르는 사람도 있다. 옷깃만 스치고 지나가도 인연이라는데, 내가 생각하고 사랑한 사람들은 나와 무슨 인연이 있을까? 이 모든 이들에게 내 생애에 유형으로 무형으로 나타났다가 지나간 것을 고맙게 생각한다.

나는 우리나라 말에서 '님'과 '그리움'이라는 낱말을 퍽 좋아했다. '님'은 사랑하는 소녀냐, 여인이냐, 나라냐, 부처냐, 환상이냐…. 참 조직적으로 애매하며, 아름다운 뜻을 가진 말이다. '님'은 이 모든 것이 개념적인 분별없이 융합되는 무(無)냐? 동양인인 내가 미적인 감각으로 '님'을 그리워하며 살아온 것은 어쩌면 당연한 일이다. 온 누리의 모든 것을 사랑하는 마음으로 살고 싶다.

나는 국적이 아직도 한국이다. 내 아내는 30년 전에 내 학생이었던 미국인이며 이름은 아일린(Eileen)이다. 40이 훨씬 넘어서 아일린과 결혼했다. 우리 내외는 몇 해 전에 작은 호숫가에 집을 짓고 개 두 마리와 고양이 하나를 데리고 살고 있다. 얼마 전에 내 아내에게 혹시 내가 먼저 죽으면 한국의 조부모님 산소 옆에 묻어달라고 당부했더니, 그러겠다고 했다. 요즈음은 아침에 일어나면 산책을 하고 책을 본다. 비교적 편안한 생활을 하며, 불평할 것이 별로 없다.

할 일도 매일 생긴다. 금년 12월에 뉴욕에서 열리는 미국철학회(동부지부) 연차 회합에서 가질 국제 중국철학회 패널도 조직하여야 하고(지금 7년째 미국철학회에서 국제 중국철학회의 단체 모임의 프로그램을

담당하고 있다), 또 1997년 서울서 개최될 예정인 국제 중국철학회 제10
차 대회에 세계 각국에서 학자들이 올 예정인데, 이 일도 급하다. 국내
각계 여러분들의 적극적인 협조를 기원하며 희구하고 있다.

그 외에 여러 가지 해결할 중요하고 사소한 일들이 계속 생기니 바쁜
생활이다. 물론 재미있는 문제와 제목이 생기면 논문도 쓰게 되고, 여든
이 되실 때까지 은퇴 후에도 인하대학교에 가셔서 영어를 강의하셨던 우
리 아버지처럼, 기쁜 마음으로 살아가려고 노력한다. 우리 아버지는 그
분의 일생 대부분을 희망차고 명랑하게, 그리고 인생을 적극적으로 보
시며 사셨다. 우리 아버지를 기리며 '나의 철학적 인생론'을 마친다.

『철학과 현실』(1995년 여름)

이광세 미국 켄트주립대학교 철학교수, 미국철학회(동부지부) 국제 중국철학회
프로그램 의장을 역임했다. 서울대학교 정치학과를 거쳐 미국 아이다호대학교에
서 정치학 학사학위를, 예일대학교에서 철학 박사학위를 받았다. 저서로『동서문
화와 철학』,『동양과 서양 두 지평선의 융합』 등이 있으며, 칸트, 비교철학 등에 관
한 여러 편의 논문이 있다.

고독한 집념

소 흥 렬

고민과 방황은 진리 탐구에 불가피하다.
철학의 길도 예술이나 종교의 길처럼
멀고 험하다.
온 생애를 걸어야 한다.
고비 고비를 넘기면서도 진리에 대한 집념과
방향감을 잃지 않아야 한다.

1. 건축학에서 철학으로

1957년 크리스마스 방학은 길고 외로운 시간이었다. 건축학 전공을
그만둘 것인가를 결정하기 위해 혼자서 지내기로 했다. 아무 데도 방문
하지 않고 아무에게도 내가 어디서 크리스마스 방학을 보낸다는 것을 알
리지 않았다. 화려하고 들뜬 성탄절의 분위기가 나와는 아무 상관도 없
다는 기분으로 길고 긴 결단의 생각에 잠겨 있었다. 누구와도 의논할 문

제가 아니었기 때문에 나 혼자서 결정하기로 했다.

건축학을 포기하기로 한 결정에 가장 큰 요인이 된 것은 나 자신에 대한 불만이었다. 나 자신이 창작 능력에 자신감이 없었다. 타고난 창작 능력이라기보다는 창작 작업에 필요한 노력과 시간을 바치지 못한다는 것이 스스로 불만스러웠다. 인내력이 부족한 탓이라고 생각했다. 창작 작업에 집중하면서 꾸준할 수 없었기 때문이라고 판단했다. 내 마음이 이미 건축학을 떠나버렸기 때문이다.

건축학을 전공하기로 하고서도 나의 관심은 철학이나 정치학을 떠나지 않았다. 훌륭한 정치가는 건축가로서도 우수해야 한다는 생각도 했다. 미국의 제3대 대통령 토머스 제퍼슨이 그 두 가지를 겸비한 분이라고 생각하면서 그런 사람이 되고자 했다. 히틀러도 건축학도였다는 사실을 알게 되었으며, 나치즘이 어떻게 독일 국민을 이념적으로 사로잡을 수 있었는지에 대해서도 관심을 갖게 되었다.

건축학에 관한 책보다는 나치즘에 관한 책이 더 재미있게 되었으며, 나의 시간을 차지하는 비중도 점점 더 정치사상에 관한 대화로 기울어져 갔다. 생각만은 건축학을 끝낸 후에 철학이나 정치학으로 다시 전공을 바꾸어 시작하겠다는 것이었다. 그러나 이미 건축학 작업에 집중할 수 없는 마음은 창작 작품에 영향을 주게 되었으며 인내력의 한계를 느끼게 하기도 했다. 건축학을 마치고 철학이나 정치학을 할 수 있도록 하는 시간적 여유와 경제적 여건이 나에게는 허용되지 않으리라는 판단을 했다.

나치즘에 대한 나의 관심은 왜 그것이 그처럼 파괴적인 이념으로 전락하게 되었는가를 문제시하게 했다. 독일 국가와 민족을 위한 이념이 어떻게 인류를 파멸로 몰아갈 수 있는 이념으로 변질될 수 있었을까가 궁금한 문제였다. 나의 결론은 히틀러의 철학적 바탕이 잘못되었거나 약하기 때문이었다는 것이었다. 오랜 전통의 독일 철학이 나치즘의 바탕이 되어주면서 견제할 수 있는 길을 막아버렸기 때문이라고 생각했다. 철학이 아니면 서양의 기독교가 그러한 견제의 기능을 할 수 있어야 했는데 히틀러는 스스로 절대권력자인 하느님이 된 것처럼 착각하게 된 것이 문제라고 생각했다.

정치학으로 전공을 바꾸라고 권유하는 선배도 있었지만 나는 철학을 택하기로 했다. 1955년 고등학교를 졸업하고 곧 미국으로 유학을 가지 않았다면 정치학과로 진학할 것을 작정하고 있었으므로 정치학이 다시 한 번 고려되었던 것이다.

철학으로 결정하고 나니 고등학교의 철학 선생님이 하신 말씀이 떠올랐다. 미국 유학을 가면 건축학을 전공하겠다는 나의 선택을 의아하게 여기는 사람들이 많았다. 6·25 전쟁을 치르면서 온 나라가 파괴되어 버렸으니 건축가가 필요할 것이라는 것이 나의 대답이었다. 그러나 그 철학 선생님은 나에게 철학 공부를 하고 오라고 권유하셨다. 철학을 위해서는 유럽을 가야지 미국에서 무슨 철학을 배우겠냐고 대답했다. 철학 선생님과의 토론은 유학 수속을 끝낸 뒤에 계속하기로 하고 서울을 다녀왔을 때 그 선생님은 뇌일혈로 세상을 떠났다는 충격적인 소식을 들었다.

그때는 대학의 철학과 교수로 있던 그 선생님이 요즈음의 이념 동아리 같은 것에 관련되었다는 이유로 연행되어 가 심한 고문을 당했다. 고문의 후유증 때문에 고생을 하다가 뇌일혈로 돌아가시게 된 것이다. 그때 그분의 나이가 겨우 27세 정도였다고 기억한다. 철학자의 길이 어렵다는 것을 처음으로 느끼게 한 사건이었다. 그분이 돌아가신 후에는 아무도 나에게 철학을 권유하는 사람이 없었다. 나의 유학생활은 건축학도로 시작되었다. 대학의 3학년 첫 학기까지 건축학도로 버티어온 것이다. 그런데 철학으로 방향 전환을 결심하게 되었으니 그 철학 선생님을 생각하지 않을 수 없었다.

1963년 미국 유학생활을 일단 끝내고 고향인 대구로 돌아왔을 때 사람들은 내가 그 철학 선생님을 꼭 닮았다고 했다. 그때 내 나이가 27세였다. 나는 내심으로 27세를 잘 넘겨야 할 텐데라고 염려했다. 계명대학의 철학과 전임강사로 부임한 첫 학기였다. 초가을 비가 부슬부슬 내리는 어느 날 밤 자정까지 원고를 쓰고 잠자리에 들어간 나는 그 다음 날 오후 동산병원 침대에서 깨어났다. 연탄가스로 죽을 뻔한 것이었다. 빗물이 연탄아궁이에 스며들어 불이 꺼졌기 때문에 살아날 수 있었다고 했다. 물론 아침 일찍 병원으로 옮겨져서 산소호흡을 했기 때문에 살아났다고 해야 할 것이다.

2. 철학에서 신학으로

계성고등학교에서 유학을 보내준 대학은 그 당시 2년제 대학이었던 워렌 윌슨 대학이었다. 그곳을 졸업하고 일리노이대학의 건축학과 3학년으로 편입하면서 학과 장학금을 받고 있었으므로 전공을 바꿈으로써 장학금의 혜택도 포기하게 되었다. 다시 장학금 혜택을 받을 수 있는 대학을 찾다가 미시간 주에 있는 알마대학으로 가게 된 것이다.

새로 시작한 철학 공부는 꿀맛처럼 재미가 있었다. 논리학과 플라톤 철학과 헤겔 철학을 세 분 교수들께 들었다. 실존철학과 서양철학사도 재미있었다. 그러나 실존철학은 한계가 있다고 생각했다. 실존주의 작가로는 카뮈를 좋아했는데 그 무렵 그의 사망 소식이 보도되었다. 그의 죽음이 자살이었는가 사고였는가를 논쟁한 기억이 난다. 나는 그것이 자살이라고 주장했다. 카뮈의 작품이 만년에 이르면서 종교로 돌아가는 경향을 보였는데, 그것은 불가피한 귀결이라고 여겼지만, 카뮈 자신으로서는 그것을 받아들일 수 없으리라 생각했다. 종교적 실존주의는 이미 실존주의가 아니라고 생각했기 때문이다. 나 자신은 플라톤과 헤겔

같은 전체주의적 성향의 철학자가 마음에 들었다. 나의 정치학적 관심이 살아 있었기 때문인지도 모른다.

졸업논문을 위해서는 중국철학을 혼자서 공부하기로 했다. 미시간대학의 도서관으로부터 영어로 번역된 중국철학 책들을 대출해서 혼자 읽은 후 지도교수에게 그 내용과 나의 생각을 보고하는 방식으로 공부해 갔다. 이때의 중국철학 학습에서 찾은 것이 노장철학의 깊은 매력이었다. 그 이후에도 나는 도가사상에 대한 관심을 버린 적이 없었다. 한때는 중국의 모택동과 그의 사상에 관심을 쏟은 적이 있었는데 그 관심의 중요한 부분은 도가사상이 모택동 사상에 어떤 영향을 주었을까를 알아보고자 하는 것이었다.

얼마 전『자연주의적 유신론』이란 책을 출판하면서 스스로 아호를 하나 지어야겠다는 생각이 들어 '노반(老盤)'이라고 정했다. '반포에서 늙은 이'라는 해설을 붙였다. 또 어떤 때는 '노반'을 '노는 것이 반'이라고 해석하기도 한다. 그러나 또 한 가지 숨은 뜻은 '노자에게 반했다'라는 것이다. '노자의 반이라도 됐으면'이라고 설명하기도 한다.

알마대학에서의 생활은 나치즘에 관한 나의 이해를 넓히는 데도 도움이 되었다. 독일 태생 친구를 만난 것이 계기가 되었다. 11세 때 온 가족이 오스트리아에서 미국으로 이민 왔다고 했다. 나치스 독일을 생생하게 기억하고 있었으며 히틀러를 위대한 독일 민족의 지도자로 인정하고 있었다. 제2차 세계대전이 끝나고 나치스 독일의 유대인 대학살이 온 세계를 경악하게 하고 있던 때였는데도 그는 여전히 히틀러를 옹호하고 유대인 학살의 정당한 의미를 설득시키고자 했다. 해박한 그의 역사적 지식은 참으로 놀라운 수준이었다. 모든 것은 역사적으로 설명하고 이해하지 않으면 안 된다는 사실을 그 친구와의 대화에서 깊이 느끼고 배우게 된 것이다.

서양철학도 서양역사와 함께 배우지 않으면 안 된다는 것을 깨달았다. 특히 서양역사를 지배해 온 기독교와 서양철학의 관계를 이해하지 않으면 안 된다는 생각이 들었다. 철학을 계속하기 전에 신학을 거치기로 결심한 것이다. 그 당시 유행하던 철학적 신학을 하겠다고 마음먹고 프린스턴 신학교로 진학했다. 신학 과정을 3년간 수학한 후에 적어도 3년을 철학에서 학위를 위해 바치기로 한 것이었다.

알마대학에서는 전공 외에 2개의 부전공을 필수로 했는데, 나는 건축학을 하면서 취득한 수학 과목의 학점수가 충분해서 부전공을 하나만 택하면 되었다. 두 번째 부전공으로는 경제학을 택하기로 했다. 이념이나 사상의 문제를 철학적으로 다루는 데 있어서도 경제학적 이해가 꼭 필요하리라고 느꼈기 때문이다. 경제학 과목들을 택하면서 특히 흥미로웠던 것은 노동운동에 관한 것이었다. 미시간 주의 디트로이트는 자동차공업의 중심지이므로 노동운동이 활발하게 진행되었던 지역 중의 하나였다. 노동운동에 관한 연구로 학위를 마친 경제학 교수의 강의는 노동 현장의 이야기를 듣는 것처럼 우리의 관심을 집중하게 했다. 이론과 실천의 관계가 잘 드러나는 흥미진진한 강의실의 분위기였다. 나는 미국의 노동운동이 왜 공산주의화 내지는 사회주의화되지 않을 수 있었는지가 궁금했다.

지금도 그렇지만 대학 학부에서 철학을 전공했다는 것만으로는 철학도라고 자처하기에 너무 부족했다. 그것은 또 하나의 시작일 뿐이었다. 그러나 나는 그것도 중단하고 우선 신학의 길로 들어가보기로 한 것이었다. 철학을 떠날 생각은 한 번도 해본 적이 없었다. 신학 공부를 마치고 성직자가 된다고 하더라도 철학으로 돌아와서 학위과정을 마칠 각오가 되어 있었다. 철학을 하는 건축가를 꿈꾸어보았듯이 철학을 하는 성직자를 꿈꾸어보았다.

알마대학을 졸업할 때의 내 마음은 정치사상 문제와 철학적 이념문제로 가득 차 있었다. 모택동의 공산주의가 어떤 방향으로 발전해 갈 것인가가 가장 큰 관심 문제였다. 구소련의 공산주의는 서구의 문제라고 생각되었으므로 아시아의 사상문제와는 직접적인 관계가 없다는 생각이었다. 북한이 구소련의 영향을 더 많이, 또는 전적으로 받고 있다는 생각을 하면서도 결국은 중국과의 관계가 지배하리라는 생각을 하게 되었다. 따라서 우리의 통일문제와 우리의 이념문제에 관해서도 중국 대륙의 사상적 방향을 가장 중요한 요인으로 고려하지 않으면 안 되리라고 판단했다.

이러한 우리의 사상문제에 우리의 전통종교는 어떻게 기여할 수 있을까? 역사는 짧지만 이제는 중요한 우리의 종교가 되어버린 기독교는 우리의 사상문제에 어떻게 영향을 줄 수 있을 것인가? 기독교는 서구의 자본주의 사상을 지원하는 정신적 지주 역할만을 하게 될 것인가? 서구사회와 역사에서의 기독교와 사회주의의 관계는 어떻게 변화할 것인가? 아시아를 포함한 제 세계에서의 자본주의와 공산주의의 대결 상황에서 기독교는 어떤 역할을 하고 있는가? 바람직한 역할을 하고 있는 것일까?

이러한 문제들을 가슴 가득히 품고서 프린스턴 신학교로 갔다. 1959년 가을이었으므로 미국의 대학생들이 아직 풍요한 사회의 깊은 잠에서 깨어나기 전이었다. 신학교와 길 하나를 사이에 두고 있는 프린스턴대학교는 캠퍼스가 아름답기로 유명한 곳이다.

그 다음 해 어느 봄날 이른 저녁이었다. 저녁식사를 하고 교정에서 어슬렁거리던 시간이었다. 갑자기 폭동이 일어났다는 소문이 퍼졌다. 단 하나밖에 없는 프린스턴 시의 중앙로를 빽빽하게 메운 학생들이 소리를 지르며 길가에 세워둔 자동차를 뒤집고 닥치는 대로 부수며 지나가고 있었다. 성난 군중의 파괴 행위였다. 중앙로의 서쪽 끝에서 시작된 폭동의 행진은 동쪽 끝까지 가서는 저절로 흩어져버렸다. 학생들은 제각기 기숙사로 돌아갔다.

다음 날 아침 신문에는 기이한 설명이 나왔다. 저녁식사를 끝낸 몇몇 학생들이 문득 시위를 하고픈 생각이 나서 학생들을 모았다는 것이다. 많은 학생들은 영문도 모르고 그냥 따라나서기도 했다는 것이다. 군중심리가 작용했다는 설명이었다. 봄날의 권태로움 때문이었다고 했다. 심리학자들의 설명을 받아들인 학교 당국과 프린스턴 시는 단순한 우발적 사건으로 보고 아무도 징계하지 않았다. 파괴된 자동차와 기물의 보상은 학교 당국과 시 당국이 합의해서 해결하기로 했다는 것이다.

이러한 대학 캠퍼스의 분위기가 신학 캠퍼스에도 그대로 지배하고 있었다. 남미 어느 나라에 선교사로 가 있던 목사가 돌아와서 그곳의 천주교회가 여전히 인민을 착취하는 권력의 시녀 노릇을 하고 있다는 보고강연을 했지만 신학생들의 반응은 없었다.

그때 나는 윌밍턴 시의 중심가에 있는 교회로 배정되어 주말마다 목회실습을 나가게 되었다. 그 교회의 목사님은 나의 뜻을 이해해 주었다. 말이 통하는 분이었다. 그러나 교인들은 나의 설교에 냉담했다. 흑인 지역에 가까운 중심가에 있으면서도 흑인 교인은 한 사람도 없었다. 교회 건물 바닥에 깔려 있는 흰 대리석만큼이나 차가운 분위기였다. 누구를 위한 교회인가? 무엇을 위한 기독교인가? 엄연히 존재하는 현실문제인 흑인차별의 문제를 미국의 백인 기독교는 언제까지 외면할 수 있을 것인가?

신학교로 돌아와서도 답답한 나의 마음을 풀 길이 없었다. 프린스턴 신학교는 훌륭한 설교자와 목회자를 기르는 곳이었다. 지금도 학생들이 나의 강의하는 목소리가 좋다고 말해 줄 때가 있는데, 아마 그것이 사실이라면 그것은 프린스턴 신학교에서 배운 설교학의 실습 덕택일 것이다. 연극배우를 가르쳤다는 교수가 발성법에서부터 설교 내용의 구성과 표현법에 이르기까지 자상하게 실습교육을 시켜주었다.

훌륭한 설교자가 되는 것은 나의 목표가 아니었다. 나는 기독교의 역사적 책임문제에 관심이 있었다. 철학과 더불어 기독교가 우리 시대의 이념문제에 어떤 도움을 줄 수 있을 것인가를 묻고자 했다. 프린스턴 신학교에서 한 해의 과정을 끝내고 나는 다시 철학으로 돌아갈 것을 결심했다. 긴 여름방학이 있었기 때문에 생각해 볼 시간이 충분했다. 1960년 여름방학엔 디트로이트 시내에서 일을 했으므로 가까이 있는 미시간대학교 철학과를 찾아가보기로 했다. 철학과 학과장이신 프랑케나 교수님이 반갑게 맞아주셨다. 나의 사연을 들어보시더니 환영한다고 했다. 나는 그의 날카로우면서도 부드러운 인상에 혹하고 말았다.

3. 신학에서 다시 철학으로

프린스턴에서의 한 해는 나에게 많은 것을 남겨주었다. 신학적인 기초는 지금까지도 철학과 종교의 관계를 이해하고 탐구하는 데 도움이 된다. 또한 기독교 개신교의 목사들은 어떤 성품의 사람이 적합한가도 이해할 수 있게 되었다. 목회자와 수도자의 인간형이 왜 다를 수밖에 없는가를 알게 되었다. 나 자신은 목회자형이 아니라는 것도 확인할 수 있었다.

월례 철학 세미나에 참가할 수 있었던 것도 나에게는 새로운 경험이었다. 프린스턴 철학과의 한 노교수의 연구실에서 모이는 세미나였다. 작은 연구실이므로 대부분의 대학원생들은 방바닥에 앉게 되었다. 20여 명이 연구실을 꽉 차게 했다. 한 사람이 논문을 발표하고 난 후 두어 시간을 토론하는 형식으로 진행되었다. 노교수의 연구실에서 세미나를 한다는 것이 너무 인상적이었으므로 그때의 기억이 강하게 남아 있었던 것 같다.

1992년에 이화여자대학교 인문대 교수연구관이 세워지면서 30년의 교수생활에 처음으로 나에게 세미나를 할 수 있는 연구실이 주어졌다. 그 전해부터 나는 남녀 대학원생 20여 명이 매주 금요일 저녁에 모여서 하는 '인지과학 세미나'를 주도하고 있었으므로, 즉시 나의 연구실을 세미나실로 꾸몄다. 그때까지는 이화여대 대학원 교수휴게실을 사용하면서 대학원 자체의 모임이 있을 때는 다른 세미나실로 쫓겨 다녀야만 했다. 나의 연구실이 매주 금요일마다 아담하고 편리한 세미나실로 변할 수 있게 된 것은 그때 프린스턴에서의 교수연구실 세미나에서 받은 인상 때문이었을 것이다

금요일 저녁의 '인지과학 세미나'는 5년째 계속하고 있다. 지난 4년간의 결과는 3권의 보고서로 엮어졌는데 수록된 논문의 총 편수는 90편이나 된다. 나 자신에게도 이 기간은 가장 생산적인 시기가 되었으며, 참여하는 대학원생들이 학문적으로 성장해 가는 모습을 보는 것은 내 생애에서 기억할 만한 가장 중요한 기쁨의 하나가 되었다.

프린스턴 생활에서 얻은 철학적인 체험에는 김재권 선배와의 만남도 있다. 철학과 대학원생이었던 김 선배와 신학대 학생이었던 내가 만나 토론을 하면서 나는 처음으로 철학적 관심과 문제의식이 나와는 전혀 다를 수 있는 철학도를 이해하게 되었다. 특히 그는 내가 존경하는 선배였기 때문에 그것은 하나의 작은 충격으로 와 닿았다.

신학교의 강의 중에서는 존 힉 교수의 종교철학 강의가 인상적이었다. 힉 교수는 신학교를 졸업한 후에 옥스퍼드에서 철학을 한 것으로 기억하는데 그 순서에 대해서는 자신이 없다. 요는 신학과 철학을 겸비한 교수라는 것만으로도 나에게는 하나의 모형이 될 수 있었던 것이다. 그의 강의는 차분하고 명석했다. 논리 정연한 분석은 반론의 여지는 물론 질문의 여유도 남기지 않았다. 면담을 청해서 나의 관심 문제를 이야기했으나 별 반응이 없었다. 나는 '비트겐슈타인'이라는 이름을 그의 강의에서 처음 들었으며, '헴펠'이란 이름도 김재권 형과의 만남에서 처음 알게 된 미숙한 철학도였으므로 나의 이야기가 그의 관심을 끌 수 없었던 것이다. 힉 교수의 강의 내용은 나중에 『종교철학』이란 제목의 책으로 출판되었으며, 우리말로 번역되기도 했다. 그 책을 읽을 때의 느낌은

힉 교수를 다시 보는 것과 같은 것이었다. 그에게서 받은 인상이 그의 책에서 느끼는 바와 너무 잘 일치한다는 뜻이다. 그러나 나는 그런 식으로 종교철학을 할 생각은 없었다. 종교에 대한 나의 관심은 개념 분석에서 머물 수 있는 것이 아니었다. 논리적으로 언어적 혼란을 정리하는 것으로 종교철학이 그 임무를 다했다고 할 수는 없는 것이다. 나는 좀 더 심각해야 한다는 생각이었다. 차분한 철학은 그것대로의 매력이 있기는 하지만 화끈한 철학이 주는 심각성을 찾아볼 수 없는 것이 문제이다.

프린스턴에서의 단편적인 체험은 미시간에서 일어날 '대참사'의 경보였지만 나는 그것을 전혀 감지하지 못했다. 신학을 떠나서 다시 철학으로 돌아간다는 귀향의 기쁨과 기대감으로 흥분해 있었을 뿐이었다. 그러나 그것은 고양이가 집을 찾아간다고 하면서 호랑이굴을 찾아가는 격이 되고 말았다.

프랑케나 교수의 날카로움과 부드러움이 섞인 인상을 말했지만, 그의 철학은 날카로움만을 필요로 하는 것이었다. 처음 제출한 나의 '논문'은 '칼질'의 핏자국처럼 온통 빨갛게 물들어 돌아왔다. 그것은 논문이라고 할 수 없는 글이었다. 어휘 선택이 정확하지 않다, 무엇을 의미하는지 명확하지 않다, 논리적인 비약이 있다, 충분하게 분석 비판되지 않았다, … 이런 지적들을 다 모아서 생각하면 도대체 무엇을 쓴 글인지 의심이 갔다. 그래도 무언가를 말하고자 한 것인데 그것에 대한 언급은 전혀 없었다. 그런 내용 문제에 들어가기 이전에 글의 전달 기능이 중요하다는 뜻이었다. 글 쓰는 기술적 문제, 특히 철학적인 분석과 논리 전개의 기술이 우선 문제가 되어야 한다는 뜻이다.

존경하는 프랑케나 교수에게 당한 그대로 나는 수많은 나의 학생들에게 '보복'했다. 얼마나 많은 학생들의 가슴을 멍들게 했을까 생각해 보게 된다. 철학적 분석 또는 철학적 언어분석의 칼날은 날카로울수록 좋은 것이다. 미시간에서의 철학 수업은 각자 자기 칼날을 날카롭게 하는 작업이었다. 그곳은 철학적 분석의 날카로움을 견주어보는 경기장이었다. 프랑케나 교수와 다른 몇몇 교수는 부드러운 인간미 때문에 그나마 견딜 수 있었다. 그곳을 지나가면서 논문 발표를 하는 영미철학의 세계적 거장들도 모두 자신의 날카로움을 과시하고 있었다. 그들 중에는 더 날카로운 칼에 맞아 발표한 논문을 아예 포기해 버리는 사람도 있었다. 조그마한 틈도 남기지 않고 철저하게 스스로의 작품을 갈고 닦아야 하는 것이 철학적 분석의 작업 기준이었다.

나는 미시간에서 만 2년을 보냈지만 친구가 될 만한 대학원생을 한 사람도 만날 수 없었다. 좀 인간미가 있어 보이는 학생은 예외 없이 중도하차를 당하는 것 같았다. 날카롭지 못한 사람은 버티어낼 수 없는 싸움터였기 때문이다. 나는 2년을 견디면서 기본적인 훈련과정을 성공적으로 끝낼 수 있었다. 철학적 분석의 대가로 인정받는 한 노교수로부터 "자네는 철학을 할 수 있겠네"라는 말을 들었을 때 나는 나의 수업이 끝난 것으로 자신했다. 그런 다음에는 그곳에 대한 관심과 미련이 없어진 것이다. 윤리학이나 사회철학으로 논문을 쓸 생각을 해보았지만 분석적 윤리학과 분석적 사회철학은 내가 원하는 바의 철학이 아니었다. 나는 그런 철학에 더 이상 몸담아두고 싶지 않았다.

1962년 여름 나는 귀국할 것을 결심했다. 철학도 제대로 못했으며, 신학도 건축학도 제대로 못했다. 고국에 돌아가서 무엇을 내놓을 수 있을 것인가? 무엇을 할 수 있을 것인가? 이런 생각을 해보면 아무것도 잡히는 것이 없었다. 그렇기 때문에 무엇이든 할 수 있는 것이 아닌가? 무엇이든 해보겠다는 생각을 했다. 할 일이 많은 고국인데 무엇인들 못하겠는가? 그저 이것저것 해보고 여기저기 돌아다니다가 왔다고 할 것인가?

건축학이나 신학이나 철학을 떠날 때도 나는 그것이 싫어서 떠나거나 그것을 해낼 수 없어서 떠난다는 생각은 하지 않았다. 내가 찾는 것이 거기에 없었기 때문에 떠난다는 생각을 했다. 나는 나대로의 무엇을 찾고 있었다. 찾고자 하는 집념을 잃지 않았다. 잘못 찾아간 곳은 있었지만 그런 시행착오를 통해서 방향감각도 더 뚜렷해졌다. 남이 닦아놓은 길을 따라가지 않겠다고 하면 시행착오의 방황은 불가피하다. 무엇보다 미국의 교육제도는 그러한 방황을 허용한다는 것이 고마운 일이었다. 넓은 미국 땅을 내 마음대로 옮겨 다닐 수 있었던 것이 나에게는 가장 소중한 체험이며 혜택이었다.

4. 실천철학에서 분석철학으로

귀국 준비를 하면서 마음의 정리를 하고 있었는데 우연한 인연으로 '도덕재무장운동' 본부에서 개최하는 캠프에 초대받게 되었다. 언론계로 들어가서 철학적 글을 쓸 것인가, 정당의 이론가가 될 것인가, 사회운동의 사상가가 될 것인가, 대학 강단에서 철학을 강의할 것인가, 이런저런 가능성을 생각하던 중이었으므로 초청에 응하기로 했다. '도덕재무장'이란 이름이 마음에 들지 않았다. 우리에게 필요한 것은 도덕재무장이 아니라 이념적인 무장이라고 믿었기 때문이다. 도덕문제는 전통적인 도덕질서가 아직은 우리 사회를 지켜주고 있으므로 염려할 바가 못 된다는 생각이었다. 그것은 1962년의 생각이었다. 지금은 도덕문제가 우리 사회에서 심각하다고 생각한다. 이념적 문제와 도덕적 문제가 함께 심각한 상태에 있다고 생각한다.

사회주의를 이념으로 하는 동구사회가 체제 붕괴의 경험을 하게 된 것은 사회주의적 도덕 또는 윤리에 대한 신중한 고려를 하지 않았기 때문이라 생각한다. 전쟁의 상황에서 또는 이념적 혁명전쟁의 상황에서는 도덕문제가 유보될 수도 있다. 하지만 전쟁의 상태가 오래 지속되면 도덕문제가 승패를 결정하는 요인이 될 수도 있다. 사회주의 혁명을 성공시킨 것과 사회주의 체제를 유지하고 발전시켜 나가는 것은 도덕문제의 관점에서 볼 때 서로 다른 차원에 속하는 문제를 제기한다.

미국 유학생활에서 내가 본 것은 그 사회의 도덕적 문제였다. 도덕재무장이 필요한 것은 미국사회라고 믿었다. 인종차별에 대한 흑인들의 분노가 사회문제로 폭발하기 직전에 이른 것을 느낄 수 있었다. '세계의 경찰' 역할을 하고자 하는 미국사회의 도덕성이 제3세계에서는 가장 큰 문제로 지적되리라는 생각을 했다. '부패한 경찰'이 얼마나 악랄한 짓을 할 수 있는가는 할리우드의 영화들이 잘 그려주고 있다. 도덕적으로 무장되지 않은 경찰의 사회적 위험성을 느끼지 않을 수 없었다. 제3세계로 파견되는 '세계의 경찰'이 염려스러웠다.

도덕재무장운동이 제3세계에 관심을 갖는다는 것은 어떤 가능성을 보여줄 것인지가 궁금했다. 캠프장에는 중요한 인물들이 많이 모였다. 소개된 인물들 중에는 간디의 손자라는 젊은이도 있었다. 영국에서 경제학을 공부했다는 사람인데 나이가 나와 비슷한 것 같았다. 우리가 캠프에서 하는 일이라고는 식사 때마다 자리를 바꾸어가면서 이야기를 나누는 것뿐이었다. 이야기는 식사 후에도 계속될 수 있으나 그것은 개인의 자유의사에 맡겨졌다.

간디의 손자와 함께 식사를 하면서 나는 도덕재무장운동이 과연 인도사회를 위해서 필요한 것인지를 캐물었다. 대화는 결국 찬란한 인도의 정신문화적 전통 이야기로 이어졌으며, 도덕재무장에 관한 언급조차 필요 없게 되어버렸다. '간디의 손자'라는 그의 호칭이 도덕재무장운동에 이용되고 있을 뿐이라고 판단했다.

또 한 사람의 주요 인사는 남아메리카 어느 나라의 공산당 창당에 참여한 군인 출신 정치가였다. 지금은 전향해서 반공주의자가 되었으며 도덕재무장운동의 지지자가 되었다는 소개였다. 식탁에 함께한 사람들은 으레 자신이 어떻게 도덕재무장운동에 참가하게 되었는가를 신앙 간증식으로 이야기하게 되어 있었다. 나는 아직 그런 간증을 할 전향의 체험을 못했으므로 할 말이 없었다. 나의 관심은 남의 말을 듣는 것이었다. 그러나 반복적인 간증 이야기는 곧 싫증을 느끼게 했다.

남미 출신의 그 주요 인사와 식탁을 같이했을 때 나는 공산주의자 시절의 그의 체험담을 물어보았다. 스탈린과 식사를 해보았으며 모택동과도 식사를 해보았다는 것을 자랑스럽게 이야기했다. 도덕재무장운동에 관한 이야기를 할 때보다는 훨씬 진지하고 열렬한 태도였다. 그의 마음 깊은 곳에는 공산주의자 시절의 추억이 살아 있음을 엿볼 수 있었다. 어떻게 그러한 마음의 고향을 떠나서 이런 자리에까지 '팔려오게' 되었는지가 궁금했다.

나에게 아무런 간증의 이야기가 나오지 않으니까 드디어 지도급의 사람이 식탁을 같이했다. 다른 사람을 동석시키지 않은 것으로 보아 중요한 이야기가 있을 것으로 짐작했다. 그는 단도직입적으로 나에게 간증할 사실이 없느냐고 물었다. 무엇에 관한 간증을 말하느냐고 반문했다. 부도덕한 짓을 한 것이 있으면 고백해도 좋다는 것이었다. 특별히 생각나는 것이 없다고 했다. 좀 어색한 표정을 짓더니, 구체적인 질문을 했다. 미국 유학생활 중에 백인 여자와 성관계를 가진 적이 없느냐고 추궁했다. 그런 적은 없다고 답했다. 믿기지 않는다는 표정을 지었다. 나만이 아니라 내 주위에는 나 같은 친구들이 더러 있다고 말해 주었다. 우리의 대화는 그것으로 끝나버렸다.

나는 도덕주의자가 아니다. 도덕주의적인 잣대로 남을 평가하고 비판하는 것을 싫어한다. 그러나 그들이 나의 말을 믿었다면 나는 도덕주의자처럼 보였을 것이다. 나는 그것이 유교적인 우리 문화의 전통 때문이라고 생각하지 않았다. 물론 기독교 윤리의 영향도 있었을 것이다. 동방예의지국으로 주입된 교육의 영향도 있었을 것이다. 하지만 나를 지켜준 것은 민족주의였다. 그것만으로 충분했다. 유치한 생각 같지만, 미국 여자와는 결혼할 수 없고, 다른 동양 여자와도 결혼할 수 없으며, 내가 하는 행위는 우리 민족에 대한 인상을 심어주는 것이므로 함부로 행동할 수 없다는 기준으로 살아왔던 것이다.

우리 세대의 사람들은 민족주의자가 될 수밖에 없다. 일제식민지 하에서 국민학교를 다니면서 우리말을 쓴다고 매 맞은 기억이 있다. 한국인 담임선생님은 우리를 학교 밖 야산으로 데려가 우리말로 토론할 수 있게 해주었다. 해방 직후에는 좌우익 싸움에 사람이 죽는 것을 보았으며, 지성으로 우리를 가르쳐주시던 선생님들이 갑자기 사라지는 체험도 했다. 6·25 전쟁 때는 우리를 도와주러 왔다는 외국 군인들에게 짓밟히는 순결과 도덕적 자존심을 무수히 목격했다.

나는 철저하게 민족주의로 무장된 마음을 품고 태평양을 건너갔다. 그 민족주의는 8년간의 유학생활을 지켜주기에 충분한 정신력이 되었다. 귀국을 준비하면서도 나는 제3세계의 민족주의에 관한 책들을 읽기 시작했다. 히틀러의 민족주의와 제국주의 일본의 민족주의가 비난의 대상이 되고 있을 때였으므로 제3세계의 민족주의를 제국주의적 민족주의와 구별하는 이론에 관심을 두었다. 그러한 사상적 입장에서 무엇이든 할 수 있으리라는 생각을 했다. 철학으로 말하자면 실천철학자가 되겠다는 것이었다. 사상적 입장을 분명히 하면서 현실문제의 해결에 참여하는 철학자가 되겠다는 뜻이었다.

1963년 가을 학기에 계명대학교 철학과 강사로 교수생활을 시작하게 되었을 때 칸트학회라는 철학회가 발족했다. 한강 이남의 모든 대학들이 모인 철학회였다. 미국 유학을 마치고 돌아온 나에게는 분석철학을 소개하라는 지시가 내렸다. '분석철학'이란 말을 그때 처음 들었다. 대전, 전주, 광주, 부산 등을 돌아다니면서 학회가 있을 때마다 나는 분석철학을 소개했다. 우리 철학계는 나를 분석철학자로 만들어버린 것이다. 어느새 나는 분석철학의 호랑이로 변신해 있었다. 또 분석철학자라는 이름으로 1968년에는 연세대학교 철학과 교수로 자리를 옮길 수 있었다.

5. 분석철학에서 심리철학으로

비트겐슈타인의 말처럼 나도 분석철학의 사다리를 버리고 싶었다. 분석철학의 사다리가 나를 성숙하게 한 것은 사실이지만 나의 관심은 새로운 종합에 있었다. 내용이 있는 철학을 하고 싶었다. 분석철학의 한계를 넘어서면서도 분석철학적인 바탕을 이용할 수 있게 하는 철학의 영역이 필요했다. 그것이 심리철학이었다. 마음의 문제로부터 사회의 문제, 역사의 문제, 종교의 문제 등으로 나의 철학적 관심의 폭을 넓혀갈 수 있으리라고 믿었다.

1971년 두 번째 미국 유학을 결심했을 때 미시간대학교의 철학과 교수 중에서 9년 전 학생이었던 나를 기억한 사람은 프랑케나 교수뿐이었다. 그의 말 한마디로 나는 다시 미시간으로 돌아올 수 있었다. 코넬대학교로 나가 있던 김재권 교수도 마침 그해 가을 학기에 돌아와서 프린스턴 시절 이야기를 나눌 수 있었다.

헴펠의 과학철학을 김재권 교수에게서 들을 수 있었으며, 그의 지도로 심리철학의 학위 논문도 무사히 마칠 수 있었다. 좋은 학생이 되기에는 내 나이가 너무 많았으며 내 마음도 너무 주체적이었으므로 우리의 관계도 사무적이고 형식적인 수준에서 적당히 지켜졌다. 그러나 그의 도움과 배려가 아니었더라면 예정했던 기간 안에 학위 논문을 끝낼 수 없었으리라는 생각을 한다.

1974년 여름 두 번째 유학에서 돌아오면서 이화여대 철학과로 옮기게 되었다. 새로 탄생한 철학과를 맡아서 마음대로 키워볼 수 있다는 것이 가장 큰 매력이었다.

이화여대 철학과에서 강의를 시작한 지 두 해가 될 무렵에 나는 이상한 꿈을 꾸었다. 아침에 이화교를 건너서 학교로 들어가는데 운동장인 것 같기도 하고 이화광장인 것 같기도 한 오른편 공간에 흰 도포를 입은 사람들이 서성거리고 있었다. 가까이 가보니 노자와 그의 제자들이었다. 반갑게 인사를 하고는 "이렇게 우리 학교를 찾아주셔서 감사합니다"라고 했다. 몇 마디 대화를 나누면서 학교 안으로 안내를 하려는데 노자의 모습이 나의 모습으로 변해 있었다. 너무 놀랍고 감격스러운 기분으로 꿈에서 깨어났다. 이화여대에서 정년퇴임 때까지 30년 가까이 봉직하게 되리라는 것은 상상도 할 수 없던 때였다. 또한 이 교정을 드나들면서 나의 철학이 결실을 맺게 되리라는 것도 기대할 수 없었던 때였다. 여자대학에서 무슨 철학을 하겠느냐는 조소의 말만 듣고 있던 때였다.

철학적으로는 과학철학과 심리철학이 나의 전공으로 된 것이 큰 변화였다. 과학철학을 분석철학과 혼동하는 경우도 있었으나 나에게는 그 차이가 명확했다. 나 자신은 건축학을 하면서 닦아둔 기초과학의 바탕이 과학철학에의 접근을 쉽게 해주었다. 그러나 과학철학에 머물고 싶은 생각은 처음부터 없었다. 물리학이나 생물학을 전공하고서 과학철학으로 방향을 바꾼 젊은 과학철학자들이 나오기를 기다리고 있었다.

과학철학에 대한 관심과 심리철학적 탐구는 자연스럽게 인지과학으로 이어지게 되었다. '마음의 과학'이라고 하는 인지과학은 전산과학 내에서의 인공지능학과 두뇌과학이라고 할 신경과학이 끊임없이 새로운 자료를 제공하는 학제적 분야이다. 언어학이나 심리학처럼 철학도 함께 참여하면서 도움을 주고 도움을 받는 관계를 맺고 있다. 그런데 인지과학이 '과학'으로서 마음의 문제를 해결하고자 한다면 철학이 어떤 도움을 줄 수 있는지 문제가 된다. 마음의 문제가 과학적으로 해결되어 버린다면 심리철학이 그 존재의미를 상실할 수밖에 없다. 그 반면, 심리철학은 과학적인 방법이 아닌 철학적 방법으로 마음의 문제를 해결하고자 한다면 구태여 철학이 인지과학에 참여할 이유가 없는 것 같다.

이것은 심리철학이 '자연화', 즉 '과학화'되느냐, 아니면 인지과학과는 무관한 철학으로 남아 있느냐라는 양자택일의 문제처럼 보인다. 하지만 과학과 철학의 관계는 그처럼 단순하지 않다. 어떤 철학도 과학화될 수는 없다. 환원주의를 허용할 수 없는 것이다. 그렇지만 마음의 과학은 마음의 철학을 위한 자료를 제공해 줄 수 있다. 과학과 철학은 연속적이면서 불연속적인 변증법적 관계를 지켜가지 않을 수 없다.

인지과학적 관심은 심리철학에서의 반환원주의적 근거를 더욱 명확하게 해주는 데 도움이 되었다. 물리주의적 환원주의로써는 설명할 수 없는 마음의 영역이나 심리현상을 밝혀주는 데 인공지능이나 신경과학적 탐구의 결과가 중요한 자료 제공을 한다는 뜻이다. 그뿐만 아니라, 자연지능인 마음과, 두뇌현상이 아닌 심리현상이 어떤 구조와 기능적 특징으로 모형화될 수 있는지도 인지과학이 시사해 줄 수 있다.

마음의 과학과 마음의 철학을 함께 서로 관련시켜서 탐구하고자 하는 데는 특히 종교나 예술에서의 마음에 관한 내용을 자유롭게 다루어볼 수 있어야 한다. 이를테면, 모든 예술작품은 마음에 관한 것으로 생각할 수 있다. 모든 종교도 그렇다. 우리의 전통종교 중에서는 불교가 마음의 문제를 가장 깊이 다루고 있다는 것은 주지의 사실이다. 심리철학은 불교 철학의 한 분야로 생각해도 좋을지 모른다. 아마 앞으로는 불교 철학의 바탕이 없이는 아무도 심리철학을 할 수 없다는 인식이 보편화될 것이다. 그러나 나 자신은 이러한 인식을 하면서도 불교 철학을 시작할 수 없다는 사실이 안타깝기만 했다.

내가 불교를 접할 수 있는 길은 몇몇 스님들과 대화를 나누고 그들의 글을 읽는 방법밖에 없었다. 그것도 우연한 기회에 중앙승가대학의 논리학 강의를 부탁받으면서 주어진 인연 때문이었다. 그들은 실천불교 쪽의 스님들이었으므로 나의 실천철학적 관심과도 통하는 바가 있었다. 하지만 불교 철학 그 자체에 대해서는 아무런 대화도 할 수 없었다. 나는 내 멋대로 독백을 해볼 수밖에 없었다. 불교의 경전을 모르고 불교 철학에 입문도 해보지 못한 처지이므로 내 마음대로 불교의 존재론도 말해

보고 불교의 역사관도 말해 볼 수밖에 없었다.

이와 같은 나대로의 독백과 사색에서 나온 것이 「자연주의적 유신론」이란 논문이다. 초월주의를 배제하는 자연주의적 존재론을 받아들이면서 역사의 의미를 부여할 수 있는 '우주의 마음'을 가정해 보자는 것이었다. 불교와 도가적인 존재론에 기독교적인 역사관을 접목시키는 종합을 시도해 본 것이다. 나는 이것을 자연주의적 신관이라고 생각했다. 스피노자의 신관과 아주 비슷한 것이지만 동양적인 신관이라고 말하고 싶었다. 이것은 기독교의 하느님을 동양사상인 불교나 도가적인 관점에서 새롭게 이해한 것이다.

「자연주의적 유신론」을 쓰고 난 후 나는 지난 30년간 고민해 온 하나의 과제를 풀었다는 환희를 느낄 수 있었다. 그것은 신학을 포기하던 때부터 내 마음의 짐이 된 과제였다. 기독교 개신교가 가르치는 하느님 대신 나 자신의 하느님을 찾겠다고 약속을 했기 때문이다. 하느님이 계시다면 그는 기독교적인 하느님으로만 이해되어야 할 이유가 없다고 생각했다. 초월주의적인 하느님이 필요한 시대와 문화권이었기에 그런 하느님으로 나타났을 것이다. 초월주의가 필요 없는 동양의 문화권에서는 내재주의적 하느님으로 나타나야 한다. 하느님이 없는 동양의 자연주의에 하느님이 들어올 수 있다면 그는 '우주의 마음'이란 의미로 이해될 수 있어야 한다는 것이다.

6. 심리철학에서 문화철학으로

처음 미국 유학을 떠나면서 내가 생각했던 건축학은 공학이었다. 기술로서의 건축학을 배우면 된다는 생각이었다. 그러나 건축학을 하면서 나는 내가 진정으로 원하는 것은 건축예술이라는 것을 알게 되었다. 건축학을 포기하게 된 이유도 나 자신의 창작 작업이 불만스러웠기 때문이라는 말을 했다. 그 이후도 나는 창작예술로서의 건축에 관한 관심을 잃지 않고 있었다. 언젠가는 건축으로 돌아가 창작 작업을 할 수 있으리라는 꿈을 간직해 왔다.

건축학으로 돌아가지는 못했지만 건축가를 만나서 건축에 대한 나의 갈증을 풀어줄 수 있는 기회가 왔다. 1960년대 말이었다고 기억하는데, 건축가 김수근 선생이 철학자로서 건축을 이해하는 사람을 찾다가 나와 인연을 맺게 되었다. 그 당시의 나로서는 사실상 별 도움이 될 수 있는 사람이 아니었다. 건축학과 철학을 연결시킬 수 있는 능력은 없었다. 그러면서 나는 기회가 주어질 때마다 김수근 선생을 중심으로 한 건축가들의 모임에 참가했다. 그뿐만 아니라, 그의 주변에는 예술가, 음악가, 무용가 등 온갖 예술인들이 모이고 있었으므로 나는 열심히 그들의 틈에서 예술 일반에 대한 호기심을 충족시켜 갔다.

창작예술을 하는 사람들의 태도와 관심이 무엇인가를 볼 수 있었다. 창작에 집념하는 예술가와 예술을 상품화하는 데 관심이 있는 가짜 예술가의 차이를 볼 수 있는 안목도 생겼다. 예술가들이야말로 진짜와 가짜를 구별하는 데 가장 민감하다는 것도 알게 되었다. 예술가의 눈으로 보면 종교인들 중에서도 진짜와 가짜가 잘 구별된다는 것을 알 수 있었다. 진짜 철학자와 가짜 철학자의 구별도 예술가에게는 쉽게 보이리라고 생각했다.

진짜 예술가가 창작에 몰두하는 사람이듯이, 진짜 종교인은 수도자의 길을 포기하지 않는 사람이다. 진짜 과학자는 진리 탐구를 위한 작업을 포기하지 않는 사람이며, 진짜 철학자도 철학적 사색을 포기하지 않으면서 진리 탐구를 추구해 가는 사람이다. 이들에게서 공통되는 것은 인간의 창조 능력을 최대한 발휘해 보고자 하는 집념이다. 창조적 성취를 지향하는 정신력이다.

나는 종교, 예술, 과학, 그리고 철학을 인류문화의 창조를 이끌어가는 중심 영역이라고 생각하기 시작했다. 이러한 문화적 창조를 이끌어가는 힘은 문화적 지향성이라고 생각했다. 자연의 역사에서 우리 인류가 등장하게 된 것은 자연적 지향성의 결과라고 할 수 있다. 자연의 창조성이라고 할 수도 있고 진화의 창조성이라고 할 수도 있다. 따라서 우리 인간의 문화적 지향성은 자연의 진화과정에서 나온 것이므로 자연적 지향성과 연속적이면서도, 자연의 창조성과는 다른 인간 특유의 창조성을 가능하게 하므로 불연속적인 측면도 드러내고 있는 것이다.

「문화적 자연주의」는 자연적 지향성과 인간의 문화적 지향성을 하나의 자연주의적 틀 속에서 연결시켜 보려는 시도이다. 종교, 예술, 철학 및 과학에서의 창조적 작업을 자연주의적으로 이해하고자 한 것이다. 그리고 그런 시도 자체는 철학적 작업이어야 하므로 철학에서의 존재론, 인식론, 방법론, 그리고 가치론을 자연주의적으로 정립해 보아야 했던 것이다. 이것은 곧 철학적 창조 작업을 뜻하는 것이며 철학의 집을 건축하는 작업을 뜻하는 것이다.

「문화적 자연주의」는 나의 철학적 건축이다. 아직은 세부구조에까지 작업이 미치지는 못했지만 중요한 부분들이 제자리를 차지하면서 전체적인 균형과 조화를 지켜주는 건축물이다. 이 논문을 발표하면서 나는 또 한 번 내가 한평생 추구해 오던 무엇을 성취하게 되었다는 만족감에 사로잡힐 수 있었다. 건축을 하고 싶었던 창작의지가 철학의 집을 짓는 작업으로 이루어진 것이다.

우주의 마음에 대한 우리 인간의 마음은 작은 우주의 마음이다. 우주의 마음을 지향하면서 지칠 줄 모르는 창작의지를 보여주는 것이 인간의 마음이다. 종교의 길, 예술의 길, 과학의 길, 그리고 철학의 길이 그런 것이다. 그것은 고독한 길이다.

나는 그런 고독을 태평양을 건너가면서 처음 느껴보았다. 망망한 바다를 바라보면서 배의 갑판 위에 앉아 있으면 갑자기 소름이 끼치게 하는 고독감이 엄습해 오는 것이었다. 배는 열심히 달리고 있었지만 아무데도 갈 수 없을 것처럼 느꼈다. 그 넓은 바다 위에 한 점으로 머물러 있는 것 같았다. 고독한 한 점으로 축소되어 버리는 것 같았다.

그러한 고독감을 나는 텅 빈 버스 정류장에서 외로이 버스를 기다리면서도 느껴보았다. 해가 지고 으슥해진 날씨에 주말의 목회 실습을 마치고 신학교로 돌아가는 길이었다. 버스를 기다리고 있었지만 그 버스가 데려다줄 곳은 또 하나의 정류장일 뿐이라는 생각이 들었다.

그런데 그러한 고독을 씹고 있으면 그것이 이상한 힘으로 변한다는 것을 체험했다. 돋보기가 햇빛을 모아주듯이 모든 것이 나에게 집중되는 느낌을 갖게 되었다. 돋보기가 모아준 햇빛이 강한 빛과 열을 느끼게 하듯 엄청난 힘이 나에게 모이는 것을 느낄 수 있었다. 고독감을 넘어서 오는 이 힘이 무엇인지는 잘 알 수 없지만 끊임없이 창작을 추구하는 사람에게는 이런 힘이 있어야 하리라는 생각을 한다.

종교, 예술, 철학, 과학을 한데 묶어서 문화적 지향성으로 이해하고자 하는 나의 관심을 나는 문화철학적 관심이라고 한다. 철학에서의 분석을 넘어서 종합으로 나아가고자 한 나의 지향성이 데려다준 또 하나의 철학적 정류장이다. 얼마 동안 나를 머물게 할 정류장인지는 모른다. 다음은 어느 정류장으로 나를 옮겨가게 할 것인지 알 수 없다.

지금은 나의 문화철학이 '자연주의'라는 이름을 갖게 된 것이 좋다. '자연주의'라는 철학의 집 안에서는 내가 좋아하는 노자도 만날 수 있고, 스피노자도 만날 수 있어서 좋다. 붓다도 그 이름을 좋아하리라 믿는다. 예수도 '자연주의'를 거부하지는 않으리라 생각한다.

내가 처음 유학 간 워렌 윌슨 대학은 자연 속에 묻혀 있는 아주 작은 대학이다. 그때는 학생이 200명 정도밖에 되지 않았으며, 학교 주변에는 마을도 없었다. 깊은 산속에 숨어 있는 수도원과 같은 곳이었다. 모든 학생들이 일을 하면서 학업을 하도록 되어 있었다. 식탁의 음식도 학생들이 농사짓는 것이었다. 학생들이 빨래도 하고, 청소도 하고, 집수리도 하고, 집을 짓기도 했다. 학생들은 대부분 가난했기 때문에 그런 대학에 와 있었다. 그러나 교수들은 그렇지 않았다. 능력 있는 교수들이 그런 산골 학교에 묻혀 있는 것이 이상했다. 패배주의자들일까? 염세주의자들일까? 그러나 그들은 한결같이 행복한 표정들이었다. 나중에 알게 된 일이지만 그곳에 온 교수들은 제각기 다른 개인적 이유를 가지고 있으면서도 한 가지 공통점을 가지고 있다는 것이었다. 그들은 모두 자연주의자들이었다.

지금 나의 기분은 워렌 윌슨 대학의 교정 같은 곳에 묻혀서 자연주의를 몸으로 마음껏 느껴보고 싶다는 것이다. 잠시나마 자연주의에 머물고 싶은 심정이다. 그러나 이러한 내 마음의 뒤편에는 그것이 도피적인 생각이라고 소리치는 또 하나의 마음이 있다. 나는 소크라테스처럼 '시장바닥'에서 철학을 해야 한다는 생각을 해왔다. 사람들이 있는 곳에서 온갖 문제가 일어나는 곳에서 철학자는 함께 고민하고 함께 모색해야 한다는 생각이다. 그러니까 노자에게 반하면서도 나는 노자의 반밖에 될 수 없는지 모른다.

『철학과 현실』(1995년 가을)

소흥렬 포항공과대학교 철학과 명예교수. 계명대학교, 연세대학교, 이화여자대학교의 철학과 교수를 역임했다. 미국 알마대학교를 졸업하고 미시간대학교에서 박사학위를 받았다. 저서로 『자연주의』, 『철학적 산문』, 『철학적 운문』, 『논리와 사고』, 『과학과 사고』, 『윤리와 사고』, 『자연주의적 유신론』 등이 있다.

철학과 현실 참여의 사이에서

이 삼 열

'철학적 인생론'이라는 제목의 글을 부탁받으니 너무 엄청난 것 같아 엄두가 나지 않았다. 전에도 두어 번 요청을 받은 적이 있으나 사양을 했던 것은 아직도 할 일과 공부가 많이 남아 있는데 내 인생을 벌써 결산할 수는 없다는 생각에서였고, 아직도 나의 철학이 무엇인지, 확실한 인생관이 확립되었는지 계속 묻고 의심하고 있는 주제에, 내놓을 만한 알맹이도 없는데 무슨 인생론을 쓰느냐는 수줍음에서였다. 그러나 이번에 세 번째 부탁을 받았을 땐 생각이 좀 달라졌다. 사람이 나이가 60이 가까워지니까, 이제 더 기다려도 별로 신통한 것이 나올 게 없지 않을까 하는 생각, 어차피 미완성의 인생인데, 모색의 과정에서 끝나고 마는데, 마치 아직도 굉장한 진리나 깨달음을 얻을 수 있는 것처럼 세월만 기다리는 것도 옳지 않다는 생각, 더구나 지난 6월 나는 가까웠던 친구가 한 달 사이 세 명이나 갑자기 죽어버린 충격을 받고서 나도 언제 갈지 모르겠구나 생각이 들어 중간 결산이라도 해야겠다고 마음을 먹었다. 그러면서 『철학과 현실』지에 실린 지난 10년간의 인생론들을 죄다 읽어보았다. 굉장한 인생철학이라기보다는 소박한 자기의 삶과 고뇌, 그리고 솔직한 고백들을 읽고 나는 더욱 감명을 받았고, 이런 글들이 후배 철학도들에게도 도움과 용기를 줄 수 있겠구나 생각되어, 그렇다면 나도 소박한 나의 삶과 고뇌를 털어놓아 보자는 오기가 생기게 되어 필을 들게 만들었다. 철학과 인연을 맺은 나의 삶을 돌아보며 무슨 생각과 고민을 했는지를 철학하는 동지, 선후배들과 함께 나누어보는 것도 우리 시대의 철학함(philosophieren)에 한 보탬이 될 수 있지 않을까라는 기대에서다.

1. 종교적 관심과 철학적 욕구

나의 어린 시절이나 집안 배경을 아는 사람들은 대체로 내가 훌륭한 목사나 설교자가 되리라 기대했다. 그만큼 나는 어려서부터 기독교 신앙에 심취했고 스스로도 장래의 직업을 목사라고 생각했다. 나는 1941년 6월 20일 평북 철산에서 목사의 가정에서 태어났다. 외증조할아버님이 개화기에 예수를 믿어 평양신학교를 2회(1908년)에 졸업하고, 철산 지역에 10여 곳의 개척교회를 세워 목회와 민족계몽운동을 하시다가 1911년 105인 사건의 한 분으로 연루되어 7년간 일제의 옥살이를 하신 장관선(張寬善) 목사이시다. 자연히 집안 대대로 목사, 장로, 집사들이 그득한 4대째 기독교 가정이란 배경을 안고 자랐다. 목사가 되려고 교회 전도사 일을 보고 있던 부모님은 맏아들인 나를 하나님께 바치겠다고 태중에서부터 기도드렸고, 그래서 이름도 집안 항렬인 무거울 중(重) 자를 버리시고 성경에서 가장 흠이 없고 완전한 인물이라는 '사무엘'을 따서 한국식으로 고쳐 삼열(三悅)로 지었다. 그러나 어린 아기 때부터 나의 귀에 못이 박힌 아명은 '사무엘'이었다. 너는 하나님께 바쳐졌으니 목사가 되어야 한다는 것이 갓난아기 때부터 부모의 교육이었고, 교회 교인들은 나를 어려서부터 꼬마 목사나 특별한 사람처럼 생각했다.

어머님은 매일 새벽 나를 업고 새벽기도를 가셨는데, 가장 어릴 때의 기억으로는 세 살 때 어머니가 새벽기도를 하는 도중에 교회당의 창틈으로 참새 한 마리가 들어와 예배당 안에서 푸드덕거리는 것을 보고 어린 내가 그걸 잡겠다고 예배당 마룻바닥을 뛰어다녔다. 한참 후 어머니는 기도를 마치고 그 광경을 보시고는, 연보대로 날아다니는 새를 잡아 나에게 주어서, 끈을 다리에 맨 새를 가지고 종일 실컷 놀던 생각이 난다.

어려서부터 교회당 앞뜰에 있는 목사관에서 자란 나는, 아침저녁 종소리를 들으며 주일날은 하루 종일 새벽기도회부터 주일학교, 어른예배, 저녁예배까지 종일 예배를 드리고 설교를 들어야 했고, 수요일 예배나 구역예배도 어른들을 따라다녔다. 원체 갓난아기 때부터 세뇌가 되어서인지 나는 어린아이 때부터 전혀 거부반응을 보이지 않았을 뿐 아니라 자발적으로 열심을 보였다고 한다. 국민학교 시절 고단하게 늦잠을 자는 걸 깨우기가 민망해 어머니께서 나를 그냥 자게 두고 새벽기도를 혼자 드리고 오셨는데, 나는 깨우지 않았다고 울면서 어머니를 나무랐다고 한다.

일제 말기 평양신학교가 신사참배 문제로 폐쇄되자, 아버님은 신학 공부를 위해 1944년 북한 땅을 떠나 만주 봉천(지금의 심양)으로 가셨다. 평양신학교 교수들인 박형룡 박사, 박윤선 박사 등을 모셔다 중국에 있는 한인 교회들이 동북신학교를 열었는데, 일제 말기 기독교인에 대한 탄압이 심했지만, 아버님은 목사가 될 결심으로 네 살 난 나와 한 살배기 동생 단열(지금 성신여대 음악교수)을 데리고 어머니와 만주 벌판으로 떠났다. 그때 신의주에서 압록강 철교를 건너 안동에서 기차를 탄 생각이 나는데 이것이 나의 고향 북한 땅을 떠나 이제껏 고향에 못 가보는 타향살이의 시작이었다.

해방을 만주에서 맞고, 아버님이 신학교를 졸업하고 목사가 된 1947년경 북한 땅 고향으로 귀국할 뻔도 했으나, 이미 북한은 공산화 과정에 있어 종교탄압이 시작되었기 때문에 우리는 만주에 더 머물면서 기회를 보려고 했는데, 그만 만주 땅마저 1948년엔 모택동군의 점령으로 공산화되어 꼼짝 못하고 갇힐 뻔하였다. 공산당이 점령하면서 목사와 그 가족들부터 죽인다는 소문이 들려 전전긍긍하고 있었는데, 봉천이 모택동군인 팔로군에게 포위되어 함락되기 직전인 4월경 중국에 있는 미국 극동선교부가 미 해군 비행기를 동원해 목사와 가족들을 우선 구출해 내는 작전을 폈다. 모든 짐과 재산은 다 버리고 몸뚱이만 비행기에 실을 수 있었다. 일곱 살 때 처음 수송기 같은 미국 군용 비행기를 타고 봉천에서 북경으로 넘어왔고, 거기서 기차로 천진항에, 거기서 다시 미 해군 함정을 타고 인천항에 내려 천막을 친 피난민수용소에 들어간 것이 남한 생활의 시작이었다. 구사일생 목숨은 건졌으나, 서울의 숭인동 돌산 위에 친 천막에서 선교사들이 가져다주는 구호물자로 연명하는 월남 피난민 생활은 말이 아니었다. 어린 나였지만 풍로에 뗄 나뭇가지들을 주워 와야 어머니는 밥을 지을 수가 있었다. 그래도 우린 목숨만이라도 건진 것을 하나님께 감사하며, 친척도 하나 없는 남한 땅에 의지할 곳이 없어, 아버님은 아무 곳이나 목사 청하는 곳이 있으면 기꺼이 가겠다고 했다. 마침 강원도 탄광지대인 장성교회에서 목사를 찾는다는 소식을 듣고, 3개월의 천막 피난민 생활을 뒤로하고 우리 식구들은 탄광지대로 향했다.

장성에서 국민학교를 한 2년 다녔는데, 6·25 사변이 터졌다. 다시 피난 보따리를 싸서 메고 걷고, 안동으로, 대구로, 포항으로 피난을 다니다가, 1951년에 아버님은 경북 양양읍교회로, 1953년엔 풍기 성내교회로 목회지를 옮기게 되었다. 나는 이렇게 네 살 때 만주로, 일곱 살 때 남한으로, 열 살 때 전쟁으로 피난살이를 하며, 국민학교를 네 곳을 거쳐 졸업했고, 피난살이 이사까지 스물 몇 번을 옮겨 사는 타향살이에 익숙하며 자랐다. 비교적 따뜻한 대접을 받는 목사 가족의 생활이었지만, 옮겨 다닐 때마다 낯선 동네와 사람, 말씨, 습관, 예절에 적응하기 어려웠고, 짓궂은 아이들의 놀림과 따돌림도 많이 당했다. 외지에서 온 놈이 학급에서 발표력이 좋으니까 늘 이상한 별명을 붙이거나 조롱거리를 만들려는 심술쟁이들이 나를 가만두지 않았다. 나는 어려서부터 교회에서 닦은 실력으로 노래며, 동화며, 웅변대회, 토론대회에서 늘 두각을 나타냈기 때문에 시기와 질투도 많이 받았다. 경상북도 영양에서 국민학교 4학년 때, 나는 만주에서 비행기를 타고 왔으며, 하늘 위에서 보니까 구름이 꼭 솜을 펴놓은 것 같더라고 했더니, 아이들은 그때 나를 거짓말쟁이라고 놀려댔다. 담임선생님마저 나를 믿지 않고, "비행기를 타본 놈이 어디 있어!" 하며 엉터리 소리 하지 말라고 나에게 야단쳤다. 내가 우기면서 정말 일곱 살 때 비행기를 타보았다고 계속 주장하니까 담임선생님은 아이들에게, 삼열이가 비행기 탔다고 믿는 사람 손들어 보라고 했다. 아무도 손을 안 들었다. 못 타보았다고 생각하는 사람 손들라고 하니까 거의 대부분이 손을 들었다. 담임선생님은 내가 비행기 탔다는 것이 거짓말이라는 것을 민주적 투표를 통해 부정하고 나를 웃음거리로 만들었다. 나는 이때부터 다수결이라는 민주적 방식에 회의를 갖기 시작했다. 그리고 이런 시골 학교 엉터리 선생에게는 배울 것이 없겠구나 하는 것과, 선생의 이야기도 다 믿을 수가 없겠다는 생각을 했다.

열 살을 전후한 피난살이와 만주에서 강원도로, 경상도로 떠돌이 생활을 한 나의 국민학교 시절은 부모님의 종교교육과 교회에서 듣고 배운 것이 나를 형성한 결정적 요소였다. 더구나 공산당에 쫓기어 피난살이를 하며 전쟁의 참상과 불안한 나날을 겪어야 했던 이 시기에 나는 하나님께만 의지해야 한다는 신앙심에 가득 차 있었다. 대구로 피난을 가서 제일교회당 하층에 다른 목사 가족들과 피난살이를 하는 동안, 내성, 영양, 풍기 등으로 옮겨 다니는 동안 학교교육도 신통치 않아, 나는 신구약 성서를 읽는 데만 열심이었다. 피난지 대구에서의 몇 달 동안은 매일 새벽기도회와 철야기도회가 제일교회당에서 열렸는데 아홉 살 난 나는 하루도 빠지지 않고 맨 앞줄에 나가 앉아 어른들과 설교 듣고 기도했는데, 어른들이 신통하다고 나를 칭찬해 줬다. 이때 서울에서 온 많은 훌륭한 목사님들의 설교를 들을 수가 있었고 나는 목사가 될 생각에 설교 요지들을 필기하기 시작했다. 그때 성경을 읽는 게 어려웠지만, 뜻도 잘 모르면서 아침부터 저녁까지 신구약성서를 창세기부터 읽어나가 몇 번을 통독했다. 때로는 이해가 안 되는 부분을 밑줄 치고 나의 해석대로 노트하며 그림도 그려놓고 열심히 성경을 독학했다.

그뿐만 아니라 나는 성경 말씀대로 살아야 한다는 가르침을 어린 나이에 실천하려고 노력했다. 술은 먹으면 안 된다고 해서 감주(식혜)도 술이라고 먹지 않았다. 일요일엔 절대 사탕 하나도 사먹지 않고 거룩하게 지켜야 한다고 했고, 아무리 바빠도 아침에 가정예배를 보고서야 조반 먹고 학교엘 갔다. "왼편 뺨을 때리거든 오른편 뺨마저 맞으라"는 예수님의 교훈을 실천하기 위해, 학교에서 놀림 받고 매를 맞아도 나는 같이 싸우지를 못했다. "그래, 더 때려라." 하곤 얼굴을 내댔다. 그랬더니 상대방이 더 이상 못 때리고 시무룩하게 돌아서는 걸 경험했다. "네 있는 것을 팔아 모두 가난한 자에게 주라"는 성경 말씀을 실천하기는 어려웠다. 내 옷을 팔 수도 없고, 가진 것이라곤 공책 몇 권과 성경책 한 권뿐인데, 이걸 누구에게 준단 말인가. 그래서 국민학교 5학년 때는 세뱃돈을 하나도 안 쓰고 모아 감춰두었다가 교회당 안에 '구제함'이라는 상자가 있기에 거기다 넣기로 했다. 새벽기도회를 갔다가 어른들이 다 떠난 뒤까지 기도를 하고 있다가 아무도 없을 때 나는 조용히 일어나 내 전 재산을 그 통 속에 바쳤다. "네 오른손이 하는 일을 왼손이 모르게 하라"는 말씀이 떠올라, 오른손으로 구제함에 넣을 때 왼손은 호주머니에 넣고 했다. 나중에 목사인 아버지께서 "일 년 내내 구제함이 비어 있었는데 누가 이름도 안 쓰고 돈 봉투를 넣었더라"라고 광고하는 말을 듣고 속으로 웃었다.

전쟁이 끝나는 1953년, 아버님이 경북 풍기 성내교회로 부임하시면서 우리 생활은 좀 안정이 되었다. 한곳에서 10년을 산 것은 풍기가 처음이었다. 여기서 국민학교를 졸업하고 중학 3년을 다니고, 고등학교부터는 서울로 옮겼지만 대학 시절까지 집이 이곳에 있어서, 타향살이를 많이 한 나에게 고향 같은 곳이라면 풍기밖에 없다. 마침 풍기란 곳은 『정감록』에 피난지라고 나와 있어, 이북에서 온 피난민들이 많이 살고 있는 독특한 고장이었다. 보통 농촌이지만 인삼과 사과가 유명하고 비단을 짜는 직조공장도 있어서, 꽤 활기가 있고 문화도 있는 시골이었다. 나는 안정이 되니까 공부도 재미있고, 중학교 때는 특대생이 되어 월사금도 안 내고 공부하게 되었다. 국민학교 때 성경을 읽은 솜씨로 공부하니까 시골 중학교에서 1등은 별 문제가 아니었다. 공부만 해선 안 되겠다 해서 운동도 했다. 농구와 배구 선수로 경북도내 시합에도 출전했고, 웅변 대회도 나가 안동, 대구로 다니며 우승컵과 상품을 타왔다. 1등 상으로 광목 한 필을 받은 것은 어머니께서 고이 간직하셨다가 내가 장가갈 때 결혼식장에 깔아주시고 이불을 만들어주셨다. 교회에선 곧잘 청소년 헌신예배 때 설교를 맡아 했다. 중학생 설교에 어른들이 감동했다고 마구 칭찬해 주니 나는 가끔 우월감과 자만심에 빠지기도 했다. 이제 나는 영락없이 목사가 될 팔자인가 보다 생각했다.

　1956년 열다섯 살에 나는 서울사대부고에 입학이 되어 집을 떠나 서울에 와서 공부하게 되었다. 시골 중학교에서 공부 잘하면 서울로 가는 것이 유행이었고, 서울의 고등학교에 몇 명 붙느냐 하는 것이 시골 중학교의 등급을 평가받는 기준이었다. 모교의 명예를 위해 특차는 안동사범학교에 20 대 1 경쟁을 넘어 합격하고, 다시 일류라는 서울사대부고에 시험을 쳐서 합격했다. 풍기중학교는 전교 1등으로 졸업한 나에게 고등학교 입학금과 1년 등록금을 상금으로 주었다. 그러나 서울에 집이 없는 나는 친척집에 기거하며 가정교사도 하면서 고생을 해야 했다. 시골 교회 목사 월급으로는 서울의 하숙비를 당할 수가 없었다. 어떤 때는 한 친척집에서 잠만 자고 다른 친척집에서 밥을 얻어먹는 동가식서가숙 생활도 했다. 그것도 미안해서 나중엔 가정교사를 할 수밖에 없었다. 그러면서도 교회생활은 열심히 했다. 훌륭한 설교자가 많은 서울에 와 살면서 한 목사님의 설교만 듣기는 아까웠다. 그래서 나는 주일날엔 내가 다니는 교회(동신교회)에서 아홉 시 학생부 예배만 보고, 열 시, 열한 시 반에 영락교회나 다른 교회를 한두 군데 더 가서 예배를 보고 설교를 필기하는 바쁜 생활을 고교 3년 내내 했다. 지금도 한경직 목사님의 감동적인 설교들을 기억하고 있다.

그러나 나는 고등학교 시절로 오면서 나의 신앙과 장래 목사가 되겠다는 어린 시절부터의 계획에 대하여 여러 가지 반성을 하게 되었다. 우선 매일같이 기도할 때 하나님 아버지의 뜻대로 살게 해달라고 기도하는데 그 뜻이 도대체 무엇인가가 확실히 나타나지 않았다. 훌륭한 목사가 되는 게 그 뜻이라 하더라도, 어떤 목사가 되어 무슨 설교를 해야만 하나님의 뜻이 이루어지는지 가끔 기도하다가 막히곤 했다. 점차로 나는 우리가 기도하는 말과 교회의 생활이 모순되는 것이 아닌가 하는 회의도 가져보았다. 내가 다니던 동신교회는 동대문 기동차 정거장 곁에 있었는데, 그 주변엔 수백 명 규모의 창녀촌이 있었고, 교회에 갈 때면 으레 아가씨들이 놀다가라고 유혹을 한다. 늘 못 본 체 도망을 하곤 했지만 밤낮 세상을 구원하고 죄를 씻게 해달라고 기도하는 교회가 저 죄악의 구렁텅이에 빠진 창녀들을 곁에 두고 못 본 체하며, 나만 구원받겠다고 교회당에 모여, 우리끼리만 잔치를 벌이고 있는 게 무슨 의미가 있는가 하는 생각이 들었다. 그래서 교회 고등부 학생회장을 맡게 되었을 때 성탄 행사를 하며 새벽 송을 도는 대신, 서울역, 남산, 낙원동을 돌며 길바닥에서 연탄재를 안고 자는 사람들을 찾아 내복 한 벌씩 돌리는 새벽 봉사대를 조직해 운영한 적이 있다. 그리고 교회 헌금을 가지고 금반지 상품을 만들어 돌리고, 친목회비로 교회 안에서 다 써버리는 풍조에 대해 주일학교 교사회의에서 비판하다 장로들의 눈총을 산 적도 있다.

고등학교 2학년인 1957년에 나는 한국기독학생면려회의 대표로 뽑혀, 미국 장로교 전국학생대회에 참석하는 영예를 얻게 되었다. 대회는 한 주일이었지만, 대회를 전후해 외국 대표 5명과 미국 학생 대표 5명이 샌프란시스코에서부터 뉴욕까지 여러 주를 돌며, 지방대회와 워크캠프 등도 참여하고 토론과 공부를 하는 에큐메니칼 캐라반 프로그램으로 3개월간의 여정이었다. 이때만 해도 해외여행이 자유롭지 못하고 미국 방문은 아주 힘든 때여서, 고교생으로 미국에 3개월간 다녀오는 프로그램은 당시 헤럴드 트리뷴 지가 매년 개최하는 세계 고교생 토론대회 말고는 기회가 전혀 없었다. 나는 헤럴드 트리뷴 대회에 출전해 보려고 영어회화 준비를 하고 있었는데, 마침 기독공보에 난 미국 기독학생대회 대표 파견 시험 광고를 보고 응시해 20여 명의 응시자들을 물리치고 홀로 대표로 선발되는 영예를 안았다. 당시로서는 미국에 무슨 대표로 가게 되었다면 과거급제나 한 사람처럼 높이 볼 때이다. 내가 졸업한 중학교 학생들이 정거장으로 출영을 나왔고, 이삼열 만세까지 불렀다. 박박 깎은 학생 머리가 미국에선 죄수나 그렇게 한다고 해서 학교장 허락을 받아 어른 머리처럼 길렀고, 넥타이를 맨 양복을 입고, 한국 선전을 위해 흰 모시로 한복을 한 벌 맞춰 갖고 갔다.

처음엔 영어가 서툴고 귀가 열리지 않아 애를 먹었는데, 나중엔 사전을 찾아 작문을 해서, 제법 연설과 토론, 설교까지 했다. 그때 한국 하면 미국에선 모두 한국전쟁(Korean War)을 상기했다. 그래서 가는 곳마다 한국동란의 참상을 얘기하고, 공산당의 기독교 탄압과 순교, 그러나 손양원 목사같이 아들을 죽인 공산당원을 양아들로 삼은 사랑의 실천자도 있다는 이야기를 미국 학생들 앞에서 여러 번 했다. 그런데 어떤 지방대회에서 질의응답을 하는데, 어떤 학생이 나에게 "당신은 정말 공산주의가 그렇게 악독한 죄악이라고 생각하는가?" 하고 묻더니, "예수님은 옷 두 벌 가진 자는 없는 자에게 한 벌을 나눠주라고 했는데, 만약 옷을 열 벌 가진 자가 한 벌도 없는 헐벗은 자에게 한 벌도 나눠주지 않는 것이 우리 사회라면, 강제로 몇 벌을 빼앗아서 없는 자에게 나눠줘 모두 다 잘 살게 하자는 것이 공산주의인데 뭐가 나쁘며, 무능한 기독교보다 더 나은 것이 아닌가?"라는 날카로운 질문을 해왔다. 나는 당황해서 그저 "그래도 강제로 빼앗는 것은 나쁘다"고 얼버무렸지만, 내심 속으로 내가 뭘 잘 모르고 있구나 하는 걸 느꼈다. 공산당 나쁘다는 설교만 듣다가, 공산주의가 무엇인지 좀 알고 비판해야 되겠다고 생각했고, 내가 말이나 좀 잘한다고 반공 웅변대회에 나가 상 받고, 또 학생예배 설교까지 이런 식으로 했던 것을 반성해 보게 되었다.

열여섯 살 나이로 미국에 3개월 여행을 하며, 기독교와 사회문제 등을 배우고 토론할 기회를 가진 것은 나에게 커다란 자극이었고 중요한 경험이었다. 우린 워싱턴에 가서 원자력청도 방문해 핵의 위력을 보았고, 백악관에 들어가 닉슨 부통령의 영접도 받았으며, 뉴욕의 유엔본부에 가서 엘리노어 루즈벨트 대통령 부인과 두 시간 질의응답도 가졌다. 주요 토의 내용은 무엇보다 미국의 흑백 인종차별(segregation) 문제를 기독교가 어떻게 해결해야 하는가였고, 그 밖에 국제적으로는 평화공존(coexistence)이 당시 이슈였기 때문에 공산주의와 기독교가 어떻게 공존하며 화해할 수 있느냐가 관심사였다. 그 밖에 외국 대표로 온 인도, 일본, 콜롬비아, 레바논, 한국 등 다섯 나라의 종교와 정치문제들이 늘 미국 학생들과의 토론에서 나왔다. 세계의 10대(teenager) 학생 대표를 초청해 미국 학생들과 함께 생활, 여행하며 경험과 의견을 나누는 이 에큐메니칼 캐라반의 목표는 분열된 세계에서 기독교가 어떻게 화해의 역할을 하느냐는 것이었고, 흑백 갈등, 이데올로기 대립, 이스라엘, 아랍의 인종 종교 갈등을 해소시키는 방안을 모색해 보는 것이었다.

나는 언어의 부족으로 충분히 이해하지는 못했지만, 너무나 새로운 지식을 접했고 충격을 많이 받았다. 한국에서 교회 안에서만 머물렀던 나는 정말 우물 안 개구리였구나 하는 반성이 생겼다. 기독교가 정말 이런 것인가? 예수 믿고 천당에 갈 생각만 하는 한국의 교회들, 술 안 먹고 금욕적인 생활만 하면 구원받는다고 생각하는 기독교인들, 공산주의자는 궤멸시켜야 한다고 믿는 기독교와는 너무나 다른 모습을 미국에서 보았다. 당시 미국에는 민권법이 통과되기 전이어서 흑백 분리주의가 심각했다. 전차, 버스에도 백인 칸과 유색인종 칸(coloured)이 따로 있었고, 음식점, 화장실 등도 마찬가지였다. 교회도 흑백 교회가 나뉘어 있는데, 이건 그리스도의 정신이 아니니까 함께 통합해야 한다는 의견이 진보적 기독교인들한테서 나온 정도였다. 그리고 미국의 기독교인들은 술 담배를 자유롭게 했고, 심지어 목사들도 줄담배를 피우는 것을 보고 놀랐다. 주일예배 후에는 교회당 아래층에서 식사, 음료수와 함께 댄스 파티가 벌어졌다. 보수적 경건주의 전통에서 자란 나의 신앙심에 여러 가지 충격과 의심이 들기 시작했다. 정말 이거 뭐가 진리인지 따져봐야지, 그대로 나의 신앙생활을 계속할 수는 없는 노릇이었다. 술 먹고 댄스하는 것은 일단 한국의 정서에는 맞지 않으니 제쳐두고, 원수를 미워하지 않고 사랑하며, 화해를 위해 노력하는 자세는 기독교 신앙에 올바른 것으로 여겨졌다.

　　그래서 나는 미국에서 돌아오는 길에 조그만 실천을 해보기로 결심했다. 같이 3개월을 지내 친해진 일본 대표 케이코 쯔즈미(提敬子, 당시 오사카고등학교 3년생) 양과 함께, 일본에서 한국인 학생(조센징)과 일본 학생들이 서로 돌멩이질을 하며 원수같이 산다는 말을 듣고, 화해 작업을 해보자고 의논했다. 그래서 귀국 길에, 일본에 비자 없이 체류할 수 있는 시간이 72시간이란 걸 알고 도쿄에 3일 머물면서 주일날 오후에 한국, 일본 학생들을 만날 모임을 주선했다. 나는 한인교회에 가서 고등학생들을 만나 설득해, 주일 오후에 일본 교회 목사관에서 한일 학생 20여 명이 좌담회를 갖게 되었다. 목사관이 유명한 가가와(賀川豊彦) 목사님 댁이었고, 그분의 따님이 나의 영어를 일본말로 통역했다. 그때 양국 학생들은 동네나 학교에서 싸움은 많이 했지만, 이렇게 한자리에서 소바를 먹으며 서로의 고충과 오해에 대해 대화를 나눠본 적은 처음이었다고 했다.

　나는 미국 여행을 통해 대단한 깨달음을 얻고 귀국해서, 여러 곳에서 보고 강연을 했다. 교회나 기독학생회, 청년면려회는 말할 것 없고, 어른들의 예배에서도 설교 반, 보고 반, 나의 체험담과 새로운 문제의식을 전했다. 영락교회에서, 계명대학에서 수천 명이 모인 겨울대회 등에서도 보고 강연을 했다. 나의 모교인 사대부고에서도 전교생 천여 명과 전교사들이 모인 조회시간에 나의 미국 방문 특별 보고회를 가졌다. 그런데 여기서 사고가 났다. 나는 거침없이 앞으로의 세계는 내가 보니까 공산주의와도 화해하고 공존해야 하며, 인도가 그렇게 하고 있고 미국에서도 공존 논의를 하고 있다고 열심히 보고했는데, 많은 박수를 받으며 연단에서 내려오자마자, 훈육주임인 공민 선생이 교무실로 오라고 명령했다. 나는 혹시 교복을 잘못 입었나 옷을 다시 고쳐 입고 교무실로 들어갔더니, 공민 선생은 나를 엎드려뻗쳐 시키더니 몽둥이로 열 몇 대를 후려쳤다. "너 미국에 갔다 오더니 반공정신이 없어지고 사상이 흐릿해졌다"는 것이었다. 지금 같으면 있을 수 없는 일이지만, 사상이 의심스럽다고 때리는 선생을, 나를 귀여워해 주던 담임선생님이나 다른 선생님들도 쳐다만 볼 뿐 말리지를 못했다. 나는 맞으면서도 "화해는 기독교 정신입니다. 원수도 사랑하라는 게 기독교입니다. 공존하자는 것이지 용공분자가 되자는 것이 아닙니다"라고 변명했지만, 공민 선생은 더 화가 나서 매질을 했다. 이 경험을 나는 일생 잊지 못한다. 우등생, 모범생으로 일관, 선생님께 매를 맞은 적이 한 번도 없는데, 나는 미국을 다녀와서, 모든 선생님들이 보는 교무실에서, 사상 고문을 당한 꼴이 되었다.

　그 뒤로 나는 정말 공산주의라는 것이 무엇인지 알아야 되겠다는 생각이 들었다. 목사가 되어 세상을 구원하는 설교나 전도를 하려고 해도, 이 문제를 정확히 몰라서는 소신 있는 설교를 할 수 없을 것 같았다. 민주주의와 공산주의, 자유와 평등, 이것이 양자택일적인 것인지, 혼합과 공존이 가능한 것인지 알아야 나의 설교나 웅변이 알맹이를 갖게 될 것 같았다. 그러면서 나는 어린 시절에 만주에서, 강원도, 경상도에서 많은 공산당원들을 간첩이라고 죽이던 모습을 상기했다. 뒷동산에 구덩이를 파고 나무에 매달아 눈을 감기고 총살시키는 장면을 열 살 전후의 나이에 여러 번 보았다. 그때는 몰랐지만, 사상이 다른 빨갱이들을 그렇게 죽여야 하는가, 남북한이 모두 사상 때문에 수백만이 죽고 죽이고 했다면 도대체 이 사상이란 놈이 무엇인가 하는 게 궁금했고 알고 싶었다. 그래서 고등학교 2학년 때부터 『사상계』를 빌려 읽기도 하고, 사상문제에 대한 강연회 등을 쫓아다니기 시작했다. 잘 모르지만, 김기석 교수, 김형석 교수 등의 쉬운 철학강좌 등도 흥사단 등을 통해 들을 수 있었다.

　고 3이 되어 대학입시 준비를 하면서 무슨 과를 지망할지 고민이 생겼다. 어려서부터 목사가 되려고 했으니 아예 신학교를 가거나, 좋은 대학을 거쳐서 간다면 연세대 신학과를 지망해야 했다. 그러나 대뜸 성경이나 신학부터 공부한다면 나의 사상문제나 윤리문제 등에 대한 해답을 얻을 수 없을 것 같았다. 더구나 나는 하나님의 뜻이 내세에 천당으로 나를 오게 하는 데 있는지, 이 세상에서 하나님의 뜻을 실현되게 하는 데 있는지도 알아야겠고, 그러고 보니 신의 문제마저도 나에겐 확신이 서지 않았다. 이 종교의 문제, 사상의 문제, 금욕주의 윤리의 문제, 그리고 세계를 구원하기 위한 참여의 문제를 해결할 수 있는 학과는 어디에 있는 것일까? 학교 선생님들은 너는 공부도 웅변도 잘하고 정치도 할 수 있으니 서울대 법대를 지망하라고 권하셨다. 그러나 아무래도 학문과 사상을 공부할 수 있는 곳은 문리대 같았다. 그래서 친구와 함께 서울대 문리대에 진학한 고교 선배를 찾아갔다. 그 형은 나와 비슷한 사상문제에 관심을 갖고 정치학과에 다니고 있었다. 그러면서 문리대에 들어가 보니 사상적인 공부를 철학과에서 열심히 하더라는 이야기와 박종홍 선생님의 명강의를 소개해 주었다. 박 선생님의 저서『지성의 방향』도 소개를 받았으나 신학을 하고 목사가 되어야 한다는 부모님과의 약속이 문제였다. 그럼 문리대 종교학과에 들어가는 것이 어떨까도 생각했다. 신학 준비를 하며 철학, 정치학 강의를 들으면 되지 않을까도 생각했다. 그러나 나는 이때 나의 장래 직업도 목사로 고정시켜 놓고 공부를 해서는 안 되겠다는 생각을 했다. 우선 공부를 하며, 확신을 얻는 대로 직업을 선택해야 하지 않을까 하는 생각이 선배와의 대화를 통해 점점 확실해졌다. 입학원서를 쓰기까지 나는 종교학과, 철학과, 정치학과, 세 과를 놓고 왔다 갔다 하며 고민했다. 그러다가 최종적으로 철학과에 지원을 결심했는데, 그것은 일생 동안 철학을 하겠다는 것이 아니라, 철학을 통해서 종교학도 정치학도 선택할 수 있는 융통성이 있을 것이라는 생각, 철학이 폭이 넓은 기초학문으로서 좋겠고 또 훌륭한 선생님들이 계시다는 생각에서 선택하였다. 그러나 이때 나는 철학 공부 뒤에 다른 공부를 더 해서 목사가 되든가 정치사상가가 되겠다는 생각을 했지, 철학과 교수가 되어 일생 연구하는 학자가 되리라는 생각은 하지 못한 채 대학 선택을 했다.

2. 종교철학에서 사회철학으로

막상 대학에 들어와 철학과에서 공부를 시작하니 고교 시절의 폭넓은 관심과 포부들을 추구하기란 불가능했다. 우선 영어, 독어 등 외국어도 몇 개 해야 하고, 철학이 무엇인지를 파악하는 것이 쉽지 않았다. 흔히들 실존철학이다, 과학철학이다, 윤리학이다, 한국철학이다, 자기가 할 전공을 빨리 선택하는데, 나에겐 도대체 어느 철학에서 나의 문제들, 신의 문제, 사상의 문제, 도덕윤리의 문제에 대한 해답을 얻어야 할지가 불분명했다. 선생님들께 질문해 보았지만, 우선 원서를 읽으라는 말씀만 해주셨다. 박종홍 선생님 댁에도 1학년 때 밤에 찾아가 의논을 드렸더니, 뭐든지 원서 한 권이라도 독파하고 꾸준히 읽어야 차츰 해답이 보인다는 말씀만 해주셨다. 그래서 1학년 겨울방학 두 달을 친구 4명과 함께, 선배의 지도를 받으면서 니체의 『차라투스트라는 이렇게 말했다(*Also sprach Zarathustra*)』를 독일어 원서로 읽었다. "신이 죽었다"는 니체의 사상을 우선 파보고, 대안이 무엇이었는지를 알아보고 싶어서였다. 최재희 선생님과 칸트의 『순수이성비판』을 여섯 학기나 강독했다. 박종홍 선생님과 헤겔의 『정신현상학』을 변증법 강의와 함께 네 학기 듣고, 조가경 선생님의 하이데거 연습도 했다. 자연히 독일 철학이 공부의 주류가 되었다.

일단 철학이라는 학문을 선택하고 보니, 종교적인 관심이나 신앙문제의 해결을 위해서나, 정치적인 관심이나 사상문제의 해결을 위해 보조 수단으로 삼아보자던 처음 생각은 견지되기 어려웠다. 그것이 합리주의건, 실존주의건, 실용주의건, 실증주의건, 철학사는 종교에 대해 비판적이었고, 신앙의 토대마저 흔들어놓는 경우가 많았다. 그렇다고 사상이나 이데올로기 문제에 해답을 주는 것도 아니었다. 변증법 강의를 3년간 들었지만 이것이 공산주의를 옹호하는 논리인지 부정하고 비판하는 논리인지 분명치가 않았다. 실존철학에서 존재의 음성을 들으라든가, 존재를 해명한다는 철학적 작업이 무슨 말인지, 신을 긍정하는지 부정하는지도 알 수 없었다. 할 수 없이 종교학과의 강의들도 청강하고, 사회학과, 정치학과의 사상사 강의도 들어보았으나 보수적 교리와 신학 일변도의 강의나 자유주의 중심의 사상 강의들엔 만족할 수 없었다. 사회주의를 알아보려고 하는 학생들의 관심이나 노력은 용인되지 않았다. 서울대 도서관에서 마르크스주의 서적을 대출하거나 열람하려면 문교부 장관의 허락을 받아야 했고, 학생 서클에서 토론하는 것도 보안 계통의 감시를 받아야 했다. 문리대 학생신문인 『새세대』에 「우리의 구상」이라는 글을 써 "만국의 노동자들이 단결해야 한다"는 한마디를 인용한 유근일 씨(당시 정치학과 3학년)는 구속과 함께 퇴학을 당하였다.

대학 2학년이던 1960년에 4월 학생혁명이 일어났다. 4월 19일 화요일 아침 첫 시간 아홉 시부터 조가경 선생님의 실존철학 강의가 있어 교실에 앉아 있었는데, 수업이 시작된 지 10분 만에 선배 학생이 뛰어 들어와서 "지금 고등학생까지 궐기에 나섰으니 부정선거 규탄 데모에 나가자"고 외쳤다. 우리는 수업을 중단시키고 모두 일어나 문리대 교정 앞에 모여 경찰들의 저지망을 뚫고 이화동 네거리, 창경원, 종로, 국회의사당 앞, 세종로로 해서 경무대 앞까지 진출했다. 키가 컸던 나는 늘 앞줄에 서서 스크럼을 짜고 나가다가 경찰봉에 맞고 저지를 당하면 밀려 결국 바닥에 깔리곤 했다. 나는 이날도 흰 고무신을 신고 나갔는데, 종로에서 밀리며 깔렸다가 도망하는 사이 고무신 한 짝이 벗겨져 없어져버렸다. 할 수 없이 한 짝만 신고 하루 종일 주머니에 돌멩이를 가득 넣은 채, 이리저리 뛰고, 숨고, 경무대 앞에서 총탄을 피해 담벼락에 붙어 다니느라 맨발에 상처가 많이 났다. 고무신 한 짝을 이 발 저 발 바꿔 신고 종일 돌멩이질을 하다가, 계엄령이 터져 총탄이 퍼붓는 바람에 학교에 돌아와. 아침 강의실에 던져두었던 책가방을 찾으니, 노트만 있고 가방 속에 있던 영어 콘사이스와 타임지가 없어졌다. 누군가 데모하러 나간 사이에 훔쳐다가 동대문시장 고서점에 가서 팔아먹었을 것이다. 그 뒤 박종홍 선생님이 휴교 후 첫 수업시간에 모두 일어나 죽은 학우들을 추모하는 묵념을 올리자고 해서 엄숙히 묵도했다. 박 선생님은 자신이 1919년 3·1운동 때 평양고보에서 만세를 외치며 데모하던 때를 일생 잊을 수 없다고 하시며, "백성은 먼지와 같다"는 허균의 말을 해주셨다.

4·19 봉기로 이승만 정권을 뒤엎은 1960년의 대학가는 혁명적 열기로 가득 찼다. 여러 가지 개혁과 정화운동이 일어났고 급진적 통일운동도 일어났다 그리고 외래 사치품과 향락, 부패를 척결하고 농촌계몽을 이끄는 새생활운동이 학원 사회에 자발적으로 일어났고 서울 문리대가 이를 주도했다. 나는 "가자 북으로! 오라 남으로! 판문점에서 만나자"는 통일운동엔 아직 시기상조라는 생각에 참여할 수 없었고, 기독 학생들이 중심을 이루었던 새생활운동에 열심히 참여했다. 다방에 들어가 일제 유성기판을 깨 엎고, 손님들에게서 양담배를 빼앗아 찢어버리고, 충무로의 무학성 댄스홀에 야밤에 촛불을 들고 습격해 춤추던 미군과 양공주들을 도망 못 가게 앉혀놓고 일장 연설을 했다. 미군들이 어리둥절해 도망가지도 못하고 벽에 서 있는 것을 보고 누군가 영어로 설명해 주어야 한다고 해서, 내가 용감하게 무대에 올라가 영어로 왜 우리 학생들이 이렇게 새생활운동을 해야 하는지 설명했다. 우리는 그때 학생들의 민주화 운동과 개혁운동을 통해 새로운 나라, 민주국가를 건설할 수 있을 것으로 믿었다. 신문과 방송에서도 학생들의 의견을 높이 사고, 학생들이 혁명세력이나 된 듯이 우쭐대던 1960년이었다. 나는 여름방학 때는 농촌계몽을 하는 새생활운동을 따라가지 않고 공장지대를 방문하며, 노동자들과 친선을 도모하고 선교도 하는 대학생 산업봉사단(Industrial Caravan)에 참여하였다. 200여 명 대학생들이 영등포, 인천, 대전, 여수, 삼척 등 공장지대에 가서 기거하며 의료봉사도 하고, 친선 배구시합도 하고, 음악 공연과 전도 강연을 하는 우리나라 기독교 산업선교의 초창기 활동이었다. 한 달간을 공장지대를 보며 노동자들의 고된 생활을 체험할 수 있었던 것은 커다란 공부였다.

학생운동의 이념과 방향에 대한 문제로 고민하던 우리가 진로 모색을 위해서는 토론 클럽을 만드는 것이 필요했다. 서클과 운동단체들이 4·19 이후에 우후죽순처럼 쏟아지는 상황에서 함께 믿고 토론하고 우정을 나눌 친구들이 필요했기에, 문리대, 법대, 상대, 고려대, 연세대에서 몇 명씩 뽑아 2학년 때 '한길'이라는 클럽을 만들었다. 한 달에 한 번씩 모여 토론도 하고 같이 놀기도 하고, 방학 때는 며칠씩 합숙하며, 인생관을 나누고 수련하는 멤버 클럽으로 회원은 30여 명으로 제한되었다. 40년이 지난 오늘날까지 계속 모이고 있는데, 결국은 모두 한 길을 가지는 못했고, 정당이나 노선도 달라졌지만, 장관과 국회의원이 열 명쯤 나왔고, 법관, 변호사, 교수가 10여 명, 사업가가 10여 명 나와서 아주 알찬 수확을 거둔 친구들이 되었다. 물론 감옥에도 가고 고생도 한 친구들도 있지만, 노선이 달라 정권이 바뀔 때마다 위치가 역전되는 희비극이 있었지만, 환갑이 되어서까지 부부동반으로 함께 만나는 우정은 계속되어 보람을 느낀다.

　대학생활 4년 동안에도 나의 종교에 대한 관심과 사상과 사회적 실천의 문제에 대한 관심은 계속 병행되었고, 어느 것도 포기할 수가 없었다. 게다가 철학 공부도 시작해 놓고 보니 매력적이고 폭넓은 학문이어서 점차 열심과 애착이 갔다. 종교문제도, 사상이나 정치문제도 확실한 인식과 진리를 목표로 하는 철학의 토대 위에 서야 건실하며 확실한 이론적 체계와 확신을 가질 수 있겠다고 생각되었다. 그러나 우선 철학사를 제대로 알아야겠는데, 칸트도 헤겔도 하이데거도 너무 어렵고 관념적이었다. 이걸 다 알고 나서 이론체계를 세우고, 그러고 나서 실천을 한다는 것은 불가능한 것으로 생각되었다. 대학 3학년 때 가정교사도 하며, 교회활동에 ROTC 훈련까지 받다가 무리해서 늑막염을 앓게 되어 세브란스 병원에 한 달간 입원을 하게 되었다. 너무 욕심을 부리다간 건강을 해쳐 아무것도 못하게 되는 것은 아닐까 걱정되었다. 박종홍 선생님께서 "결국은 건강 싸움이더라. 학문도, 인생도 건강이 오래 버티면 승리하더라"고 해주신 말씀이 가슴에 와 닿았다. 나는 운동도 좀 해서 농구, 배구 선수생활까지 했지만, 너무 욕심이 많아 여러 가지 활동을 모두 해보려는 것이 큰 단점이었다. 성공한다는 것은 곧 제한하는 것이라는 괴테의 깨달음을 명심해야겠다고 병상에서 철저하게 뉘우쳤다.

황금 같은 대학생활은 정말 공부만 해야 할 텐데, 더구나 철학과에 들어왔으니 어려운 서양철학을 영어, 독어, 불어를 마스터해서 원서로 읽어야겠는데, 공부를 좀 하려고 마음먹으면 친구들이 와서, 나라가 이 꼴로 되어가는데 우리가 편안히 공부만 하고 있어서 되느냐며, 지식인의 본분이 상아탑이나 고매한 학문이론에 침잠해 버리는 것이 아니라 현실로 돌아와 현실을 개조하며 역사 참여를 하는 데 있다는 자극을 주었다. 박종홍 선생님께서 늘 철학은 현실로 돌아와야 한다는 말씀을 강의 때 강조해 주셨는데, 이것이 나에겐 큰 화두가 되었다. 이론적 탐구와 현실 참여의 갈등과 고민이 생겼다. 더욱이 철학도인 나에게는 이 문제 자체가 연구 테마가 되어야 했다. 4·19 혁명으로 들뜬 한 해가 지나가더니 3학년 때 5·16 군사혁명이 일어났다. 다시금 역사의 방향이 무엇인지 혼미스러웠다. 부패, 무능, 혼란을 척결하고, 반공을 국시로 삼아 국가를 재건하겠다는 군부 쿠데타를, 저개발 후진국 신생 독립국에서 유행처럼 일어나는 군사혁명을 어떻게 판단해야 하는지 매우 고민스러운 문제였다. 그러나 그럴수록 민족이 나아가야 할 길에 대한 사상적 모색의 갈증은 커져만 갔다. 4·19 이후 번창했던 학생운동들도 된서리를 맞았다. 반공법에 걸리어 많은 진보적 학생들이 체포, 구속되었다. 듣도 보도 못한 인혁당 사건이 신문에 대문짝만하게 보도되어 학원의 용공세력 척결이 대대적으로 자행되었다.

도대체 학생운동을 이런 시점에서 어떻게 해야 하는가? 나는 3, 4학년 때 철학과 학회장으로 서울대 문리대 대의원회와 학생회 일을 좀 보게 되었다. 마침 친구와 고교 동창이 학생회 집행부 상임위원장이 되어, 학생회 학술, 예술 활동을 전부 나에게 맡겼다. 나는 여러 가지 생각 끝에 학생회 활동을 현실문제를 각 분야에서 토론하고 발표하는 아카데믹

한 학술제로 전환해야겠다는 생각을 하게 되었다. 그래서 학림제(學林祭)를 구상해서 모의국회, 통일토론회, 철학사상 강좌, 시 낭송, 연극, 음악회 등 각 학과 학회별로 한 행사씩 준비하게 하여, 5월 중순경 한 주일을 완전히 휴강하고 문리대 전 교정을 활용하여 학문, 예술, 정치 토론 등을 종합하는 종합축제를 하게 되었고, 내가 그 기획운영장을 맡게 되었다. 한 해 학생회 예산을 거의 80퍼센트 집중해서 쓰는 행사여서 각 학회별 참여도도 높았다. 이것이 서울대 문리대의 제1회 학림제인데 (1962), 그 후 후배들이 10년간 계속하다가 군사정권의 탄압을 받아 폐지되고 말았다. 캠퍼스가 관악산으로 옮기면서는 문리대만의 학림제는 지속되기 어려웠다고 한다. 그러나 학림제는 문리대에서 학생운동을 종합하고 집중시키는 데 일정한 역할을 한 것 같다. 나는 이 제전의 이름을 학림다방에서 앉아서 구상하였다. 문리대 학생들이 안식과 담소를 위해 즐겨 찾던 유명한 학림다방은 '학림(鶴林, 학이 날아다니는 숲)'이었지만, 나는 이것을 문리대의 특성인 아카데미즘을 살리기 위해 학문의 숲 '아카데미아(Academia)'를 연상하며 '학림제(Academic Forest Festival)'라고 구상해서 대의원회에 기획안을 올려 예산과 함께 통과를 보았다. 지금도 학림다방에 앉아 하룻밤을 꼬박 새며 학림제 1회 선언문을 초안하던 추억이 동숭 거리를 지날 때마다 떠오르곤 한다.

그러나 나는 이런 현실 참여나 조직운동을 한참 하고 나면 곧 허전한 감을 느끼며, 이론적 공부에 대한 욕구가 강하게 솟아오른다. 이제 한 학기면 졸업인데 어떻게 하며, 나의 장래는 어디로 갈 것인가? 우선 졸업 논문이라도 한 편 잘 써서 대학 4년의 공부를 정리해야 하는데 그것도 문제였다. 이 무렵 최재희 선생님이 강독하신 칸트의 『순수이성비판』을 3년간 거의 원서로 독학하게 되어, 칸트의 사상은 어느 정도 이해하게 되었다. 그러나 내가 관심을 가졌던 신이나 종교의 문제는 『순수이성비판』에서 해결이 나지 않았다. 그래서 나는 혼자 4학년 여름 내내 도서관에서 『실천이성비판』을 읽고 겨울 학기에서는 『이성의 한계 내에서의 종교』를 읽었다. 겨울방학에 졸업논문을 완성해서 1월 말까지 제출해야 했는데, 나에겐 집중적으로 공부할 수 있는 방이 없었다. 동생들과 함께 자취하는 좁은 방에서 혼자 쓸 수도 없고, 도서관에 자리를 얻으려면 아침부터 줄을 서야 되는데, 매일 책들을 전부 들고 다닐 수도 없었다. 방학 중에 선생님 연구실을 좀 빌려서 쓰면 어떨까 하고 생각하게 되었고, 용기를 내서 존경하는 김태길 선생님께 부탁을 드렸더니 마침 허락을 해주셨다. 그러나 그 당시 추운 겨울에도 학교는 연료 공급을 안 해 냉방이었다. 나는 구공탄을 사서 난로를 피우고 모처럼 쓰게 된 김태길 선생님의 연구실에서 12월, 1월 두 달을 꼬박 지내며 논문을 썼다. 가끔 출출해 집에서 김치를 가져다가 라면을 끓여 먹었는데, 한 번은 김태길 선생님이 운동을 하시러 연구실에 오셨다가 이상한 냄새를 맡으시고는 "자네 여기서 자취하나?"라고 물으셔서 당황했던 적이 있다. 덕분에 나는 여기서 「이성의 종교적 관심: 칸트의 이성종교론을 중심으로」이라는 졸업논문을 두 달 동안 완성할 수 있었고, 어려서부터 나의 숙제였던 종교와 철학, 윤리에 관한 사고의 한 틀을 짜는 귀중한 공부를 할 수 있었다. 지금도 은사 김태길 선생님께 감사한 마음을 잊을 수 없으며, 빚을 지고 있는 느낌이다.

　종교적 관심과 각성이 이성의 체계 안에서 가능하고, 이성은 자의적인 계시종교나 역사적 기독교를 비판해야 한다는 교훈을 칸트에게서 얻어 나름대로 신앙의 문제를 정리했지만, 정말 내가 직업적으로 목사가 되어야 하느냐 하는 문제는 점점 고민스러웠다. 더구나 나는 경건주의나 금욕주의적인 기독교 윤리관에도 회의가 생겼다. 대학생활 4년 동안에도 친구들과 술집에 같이 가서도 나는 금욕적인 신앙 때문에 술을 한 잔도 마시지 못했는데, 나는 꽤 오랜 고뇌 끝에 4학년 말 속리산으로 졸업여행을 가서 절간에서 파계를 선언하고 처음으로 친구들과 막걸리를 퍼 마셨다. 헤르만 헤세의 『데미안』이 나에게 용기를 주었다. 새는 알을 깨야만 탄생하는 것처럼, 나도 이 계율을 깨보아야만 생생한 진리를 터득할 수 있을 것 같아서였다. 이것 때문에 목사가 못 된다면 안 되어도 좋다고 생각하게 되었다. 기독교가 좀 고루한 낡은 틀과 관습을 깨고, 현실 참여와 개조를 할 수 있는 혁신적인 종교가 되었으면 좋겠는데, 당시의 신학 체계와 교회 구조로는 도무지 목사가 되어서 그 흉내를 낼 매력을 느끼지 못했다. 그러나 일단 부모와의 약속도 있고 해서, 장로교신학대학에 입학을 했다. 그러나 철학 공부에 미련이 있어서 대학원 철학과에도 지원을 해 합격했다. 공군 장교 시험에 합격해 군에도 가야 했고, 인천의 어느 야간 고등학교에 영어, 독어 교사로 취직도 되었다. 이 네 가지를 어떻게 선택해야 할지 고민하다가 일단 군 복무를 마치기 위해 공군 장교 후보생으로 입대를 했고, 장교생활을 하며 서울에만 배치되면 대학원 공부는 할 수 있다고 해서 대학원 등록을 했다.

공군 장교 훈련 후 마침 정훈장교로 배속받아 서울에 있는 공군본부 정훈감실에서 공군신문과 이념잡지의 편집을 맡게 되어 일은 바빴지만, 틈틈이 대학원 강의를 듣고 공부를 할 수 있었다. 1963년부터 1967년까지 공군 장교와 대학원 공부를 하는 동안 나라 현실은 더욱 어지러워지고 암울했다. 한일회담 반대운동, 정치탄압, 부정부패, 빈부격차, 군부독재 강화 등 악화일로였다. 이런 현실을 잘 모르고 어떻게 현실적인 철학을 하며, 현실을 개조하고 변화시키는 설교를 할 수 있단 말인가? 당시에 관심을 끈 근대화론, 민족주의 문제, 그리고 공산주의 이데올로기와 북한 체제의 문제에 대한 해답을 얻지 않고는 아무런 실천도 할 수 없을 것 같았다. 목사가 되든, 학자가 되든, 정치인이나 언론인이 되든, 이 문제들에 해답을 줄 수 있는 공부는 계속해야 할 것 같았다. 대학원 석사논문을 헤겔을 쓰기로 했다. 철학이 현실문제에 대해 어떤 입장과 태도를 취해야 하느냐의 이론은 헤겔이 가장 잘 정리해 주고 있다고 생각되어서였다. 그래서 『정신현상학』의 '이성'의 장을 중심으로 '이성과 현실(Wirklichkeit)'에 대한 이론을 정리해 보고, 『법철학』에서 '이성적인 것과 현실적인 것의 동일성'을 주장한 데 대한 해석과 주석들을 연구해 보았다. 이 과정에서 나는 마르쿠제의 『이성과 혁명』을 자세히 읽게 되었고, 대단한 매력을 느끼게 되었다.

1967년 공군을 제대하고 대학원 석사학위를 받았을 때, 나의 관심과 진로는 마음속으로 결정되어 있었다. 헤겔, 마르쿠제를 통해 사회철학이 나의 여러 가지 욕구를 만족시킬 수 있는 학문 분야가 될 수 있음을 확인하게 되었다. 마르크시즘이나 사회주의 사상을 철저히 연구해서, 무엇을 살리고 무엇을 버릴 것인지를 알아 새로운 실천적 사상을 만드는 것이 나의 필생의 과업이 될 수 있겠다는 생각을 하게 되었다. 그리고 기독교 운동은 목사가 되지 않고 평신도 운동을 통해서도 얼마든지 할 수 있다는 것을 알게 되었다. 에큐메니컬 운동이 바로 그 길을 보여주었다. 나는 군에서 제대한 후 신학교에 복귀하는 것을 포기하고, 서울대 철학과에서 조교를 하며 서울여대에서 철학개론 강사를 맡아 가르쳤고, 또 마침 새롭게 시작된 기독교 평신도 운동기관인 크리스천아카데미에 파트타임 간사로 일할 수 있게 되어 1967년, 1968년을 세 가지 일과 밥벌이를 하며 정신없이 뛰어다녔다.

그러나 아직 나는 가르칠 자격도, 운동을 이끌 만한 사상도 갖추지 못했다. 더 공부를 해야 하는데 한국의 이런 구조로는 공부할 시간도 없고, 읽고 싶은 책도 없었고, 더구나 사상적 자유가 없었다. 결국 외국 유학을 감행할 수밖에 없었다. 마침 교회와 사회의 다리를 놓고 사회문제를 기독교적으로 해답하려는 크리스천아카데미에서 대화 프로그램 간사를 2년간 한 덕에, 독일 교회의 장학금을 받을 수 있어, 1968년 가을에 독일 괴팅겐대학으로 유학을 떠나게 되었다. 함께 사상 토론을 하던 서클 친구들은 통일혁명당 사건에 연루되어 줄줄이 감옥으로 가는데, 서둘러

여권을 받아 가족을 두고 홀로 독일로 떠나는 심경은 착잡했다. 그러나 사회철학을 해야겠다는 나의 결심은 더욱 굳어졌다. 국내에서 고민하고 고생하는 친구, 후배들을 위해서도 누군가 과감히 밖에서라도 사상문제를 공부하고 와야 한다는 생각에서였다.

역사적 상황과 현실을 변화시키는 실천운동의 과정에서 운동을 조직하고 주도하는 일보다는, 이를 이론적으로 조명하며, 방향과 이념에 대한 철학적 반성을 하는 일이 철학자의 사명이어야 한다고 믿었기 때문이었다.

이후로 나는 사회개혁을 위한 여러 가지 시민운동과 기독교 교회의 운동에 참여하였으며, 나름대로 철학계에서 사회철학 분야를 발전시키기 위한 활동도 했다. 그러나 돌이켜보면, 항상 현실 참여 운동에 매달리다간 다시 철학이론적 작업에로 돌아오고, 그러다간 얼마 못 가서 다시 현실 참여 운동에 빠지는 순환과정을 연속적으로 반복했던 것을 보게 된다. 철학과 현실 참여의 사이에서 번민하며 왔다 갔다 하느라 신통한 것을 별로 남기지 못하는 것이 내 인생의 모습이 아닌가 생각된다. 그러나 나는 철학과 현실 참여의 사이에서 그때마다 요청되는 시대적 요구들에 따라 충분히 번민하며 살아왔다는 점에서는 후회가 없다.

『철학과 현실』(2000년 겨울)

이삼열 대화문화아카데미 이사장. 숭실대학교 철학과 교수, 유네스코 한국위원회 사무총장, 아태국제이해교육원장, 한국철학회 회장, 국제철학회연맹 FISP 이사를 역임했다. 독일 괴팅겐대학교에서 사회과학 박사학위를 받았다. 저서로 『현실 개조를 향한 사회철학의 모색』, 『평화의 철학과 통일의 실천』, 『기독교와 사회이념』 등이 있고, 논문으로 「마르크스주의와 기독교의 관계」 등이 있다.

종교에서 실존 그리고 사회사상

차 인 석

1. 신학과 철학

서양철학사에서는 종교가 철학에 앞섰다고 한다. 나의 생애에서도 이와 비슷한 일이 일어났던 것이다. 기독교 신자였던 나의 모친은 여러 교회를 세우는 등 깊은 신앙생활을 하는 가운데 8남매 가운데서 가운데였던 나를 교회에 바치기로 했다. 당시 중학 2학년이었던 나는 그걸 당연한 것으로 여겼고 독서를 즐기던 나는 장차 목사 공부를 위해서도 그것과 연관 있는 서적들을 읽어야 한다는 마음에서 어느 날 책방에 들렀는데 우연히 안호상의 『철학개론』을 진열 서가에서 뽑아 마음 내키는 대로 읽다가 형이상학에 대한 설명에 관심이 갔다. 나는 주변의 선배들이 '형이상학적'이라는 표현을 자주 쓰는 걸 들었는데 이 낱말의 뜻이 삼라만상의 근원을 탐구하는 철학의 한 분야라는 것을 알고 크게 놀라지 않을 수 없었다. 신의 문제를 이 형이상학에서 다룰 수 있다는 새로운 발견이었다.

이 놀라움이 나를 철학으로 나가게 했던 첫 계기가 된 셈이다. 나는 만물의 근본원리를 찾는 형이상학에서 신의 존재문제에 대한 해답을 얻을 수 있다고 생각했던 것이며, 신학교로 진학하는 것보다는 일반대학에서 철학을 공부하면서 신학으로 옮겨간다는 계획을 세웠다. 1952년에 서울대 문리대 철학과로 진학하면서 철학과와 종교학과의 과목들을 주로 수강했는데, 신사훈 교수의 초급 라틴어와 그리스어 등을 수강했고 신약성서 과목도 들었는데 이 고대언어 공부가 훗날 유학 시절에 큰 도움이 되기도 했다. 박홍규 교수의 고대철학, 박종홍 교수의 철학개론, 최재희 교수의 윤리학 등은 지금 와서 회상하면 그들 특유의 성품이 담긴 인상 깊은 강의였다.

나는 1학년 겨울 학기 철학연습 과목을 택했다. 고형곤 교수가 하이데거의 『존재와 시간』을 교재로 한다기에 나는 무리라고 생각했지만 그 과목을 듣기로 했다. 내 부친은 규슈의대 출신인 외과 전문의였는데 그의 서가에 교재 원서와 일어 번역판이 꽂혀 있었다. 고등학생인 나는 이해도 못하면서 하이데거의 『존재와 시간』을 그저 훑어보곤 했었다. 1930, 40년대의 일본 지성계는 온통 하이데거의 실존철학에 사로잡혀 있었으며 나의 부친도 이런 연유에서 이 책들을 모아놓은 것이라고 생각된다. 국민학교 6학년까지 일어로 교육을 받은 나는 일본 지성계의 흐름에 무심코 따르는 것이었으며 하이데거는 꼭 알고 넘어가야 하는 현대철학의 거산인 줄 알고 있었다.

6 · 25 동란을 전후로 대학생과 고등학생들 사이에서는 프랑스의 전후파 실존주의가 유행하기도 했는데 사르트르의 "실존은 본질에 앞선다"라든가 "사유는 행동으로 옮겨져야 한다"라는 등의 표현이 젊은이의 가슴에 와 닿았다. 그때만 해도 우리는 그의 사상이 하이데거에게서 연유한 걸로 알았고 그의 실존철학을 『존재와 시간』에서 배우는 거라고 나는 여겼다. 전쟁의 와중에서 나는 몇 차례 생사의 기로에 서본 적이 있었

으며 무화 가능성 앞에서의 내 존재의 의미가 무엇인가를 깨닫게 되었던 경험도 있었다. 이래서 일천한 철학 공부에도 불구하고 실존사상은 나의 젊은 시절의 큰 관심이었다.

그런데 신학을 위한 철학 공부가 진행되면서 만물의 근원이 되는 유일신의 존재를 근거짓는 데 대한 학구적 노력보다는 오히려 인간존재에 대한 물음이 심도를 더해 가는 것이었다. 1953년 휴전과 동시에 부산에서 서울로 올라온 나에게 전쟁의 상흔은 크게 보였다. 폐허가 된 도시 그리고 겨울나무처럼 앙상해진 문리대 캠퍼스는 시인 엘리엇의 『황무지』를 떠오르게 했다. 이때 젊은이가 흔히 걸리기 쉬운 허무주의가 나에게도 찾아온 것이다. 한 번 걸려들면 빠져나오기 어려운 병도 아마 허무주의일 것이다. 내일모레면 칠순이 되는 지금도 나는 허무와 실존 사이에 끼어 있는 셈이다.

세상사에 대한 허무감에서 가치의 상대성을 받아들이다가 다시금 자신의 엄연한 실존으로 되돌아와 존재를 긍정하다가 세속적 무규범의 혼돈에서 허무를 다시 찾아가는 이 모호함의 끝없는 연속이 어쩌면 나만이 겪는 것이 아니라 삶에 대해서 조금이라도 자기반성을 하는 사람이면 다 겪게 되는 병일 수도 있을 거라는 생각을 젊은 나는 했었다.

문리대에서 3년을 보낸 후 나는 미국 유학길에 올랐다. 학부도 마치지 않고 유학 간다는 것이 퍽 부담스러웠지만 형과 사촌들이 이미 유학하고 있었기에 미국에서 학업을 계속하기로 결정했다. 언어문제는 별로 없었다. 중학 2학년 때 미국 남장로교 선교사 부인과 매주 두 시간 영어 성경 공부를 했고 대학 입학 준비도 주로 영어와 독일어 위주로 했기 때문에 나는 첫 학기부터 어려움 없이 유학생활을 시작할 수 있었다.

1955년 2월 초 나는 풀턴(Fulton)이란 미국 중부의 조그마한 마을에 있는 웨스트민스터대학(Westminster College)에서 데카르트를 읽는 걸로 철학 공부를 계속했다. 교양으로 '세계문학' 과목을 수강했는데 리포트는 카프카의 단편 『단식하는 예인』에 관한 것이었다. 서커스 공연을 굶는 짓으로 하는 사람이지만 그것 자체도 연기자 자신의 존재를 재확인하는 행위라고 나는 글에서 단정했던 것이다. 독일어 표현을 군데군데 삽입해 가면서 썼던 리포트였는데 담당 교수는 나를 자기 집 점심에 초대하고 나의 배경을 묻곤 했다. 시골 대학에 찾아온 한국 학생이 하이데거도 읽었다는 걸 알고 퍽 신기해했다. 알고 보니 그의 아내가 독일인이어서 나의 지적 배경을 알고 더욱 놀랐던 것 같았다.

웨스트민스터대학은 시골구석에 있지만 20세기사에서 중요한 자리를 차지한다. 1948년에 처칠 수상이 '철의 장막'이란 명연설을 했던 곳이다. 그리고 그 재단은 장로교, 특히 칼뱅주의 전통이 강한 곳이기에 규율도 매우 엄했으며 주일에 교회에 나가지 않으면 월요일에는 무척 시달렸던 곳이기도 하다. 나는 이런 규율이 엄한 청교도적 대학생활이 퍽 마음에 들었지만 한 학기를 마치고 동부로 학교를 옮기게 됐다.

뉴욕으로부터 기차로 30분 거리인 가든시티라는 마을에 유치한 아델파이대학(Adelphi University)은 전형적인 동부 지방 학교로서 웨스트민스터와는 정반대로 자유롭고 개방적이었다. 철학과에는 독일철학 전공교수와 미국 현대철학 전공 교수가 있었는데, 나는 듀이(John Dewey), 산타야나(George Santayana), 로이스(Josiah Royce) 등을 들었으며 독일 관념론 과목에서는 가장 좋은 점수를 받기도 했다. 여기서도 독일어 표현을 자주 썼던 덕으로 담당 교수에게 인상적이었는지 모른다. 대학입시에서 나는 영어와 독일어로 평균점수를 올려 합격할 수 있었는데 이 두 언어는 나의 유학생활에서도 극히 편리한 도구 노릇을 해주었다.

1955년은 로이스의 탄생 백 주년을 맞는 해였다. 철학계는 헤겔 철학에서 영향을 받은 관념론자인 로이스를 기념하는 행사를 가졌다. 그는 듀이와 더불어 개인주의화해 가는 미국사회에 공동체론을 도입했던 사회철학자이기도 하다. 1950년대는 미국의 자본주의가 그 절정에 이르는 시기였으며, 사회학자 벨이 이데올로기의 종언을 서서히 논하기 시작했던 시기였으며, 신마르크스주의자들이 보기에는 후기 자본주의가 드디어 모순을 드러내는 시기였다. 리스만의 『고독한 군중』도 이때 나왔으며, 지식인들은 사회의 원자화를 막을 수 있는 철학사상을 갈망하고 있었으며, 로이스도 하나의 대안이었다.

나는 1950년대의 미국에서 살면서 지식인들의 현실 인식과 자기이해에서 철학적 반성의 중요함을 배울 수 있었다. 신학 공부를 위해 처음 시작했던 철학이 아니라 인간을 알고 또 그와 그의 사회와의 관계를 반성하는 학문으로서의 철학에 내가 점점 끌려가고 있음을 느낄 수 있었다. 듀이와 로이스는 철학을 현실 속에서 했고 그들은 헤겔처럼 방법론을 위시로 사상체계를 세웠던 것이다. 이들이 내게 준 가르침은 적지 않다. 그들의 사상은 나의 철학함에서 지금까지도 무엇을 깨닫게 한다. 현실과 무관한 철학은 철학이 아니라는 생각이다.

사회에 대한 나의 깊은 관심은 사회학을 부전공으로 택하게 했다. 대중사회이론이 이 학문의 주를 이루고 있을 당시 인간의 자기소외와 인간성 회복 등이 논의의 대상이었다. 여기서 나는 철학과 사회학이 함께 나갈 수 있는 길이 있음을 곧 알게 됐다. 1957년 대학원 진학을 앞둔 나는 어디서 이 길을 찾을 수 있을까 하고 살펴보았다. 그러나 마땅한 대학을 찾을 수 없었다. 분석철학을 전공한다면 장학금을 주겠다는 곳은 많았지만 정작 나의 연구 계획을 받아주는 곳은 없었다. 나는 차라리 사회학으로 전공을 바꿀까 하는 생각도 해보았다.

이러는 가운데 한 급우가 뉴욕 맨해튼에 있는 뉴스쿨을 소개해 주었다. 그는 이곳 출신이어서 학교 사정들을 잘 알고 있었다. 이 대학은 요즘 말하는 대학원 대학이다. New School for Social Research라고 부르는데 여기에 정치사회과학 대학원이 있고, 과는 정치학과, 사회학과, 경제학과, 철학과, 심리학과 그리고 인류학과로 나누어져 있었다. 그런데 흥미로운 것은 정치학과와 사회학과 과목 일부가 철학과 과목들과 겹쳤다는 것이다. 달리 말하면 과 구분이 엄격하지 않다는 것이다. 나는 무조건 입학원서를 제출했으며 곧 장학금을 받게 됐다.

2. 철학과 사회과학의 만남

뉴스쿨은 '망명대학(The University in Exile)'이란 별명을 갖기도 한다. 이 대학원은 1933년 나치 정권이 들어서면서 많은 유럽 학자들이 전체주의 위협을 피해 신대륙으로 망명했는데 이들을 수용하기 위해 세워졌다. 이 대학의 설립자는 앨빈 존슨(Alvin Johnson)이라는 학자로서 『사회과학 백과사전』을 발간해서 철학과 사회과학의 통합을 시도했던 선구자였으며, 그는 뉴스쿨에서 이를 실행에 옮겨 미국학계에 새로운 학풍을 불러일으켰다.

철학과에는 현상학자로 슈츠(Alfred Schutz)와 구르비치(Aron Gurwitsch), 그리고 후설의 제자였던 케언스(Dorion Cairns) 등과 1964년에 하이데거의 후임이 된 마르크스(Werner Marx)가 있었다. 그리고 하이데거의 제자인 요나스(Hans Jonas)와 쿨만(Eugen Kullmann)이란 스피노자 학자가 있었다. 나는 이들 강의를 가능하면 빼지 않고 모두 들었는데 특별히 케언스에 끌려서 그가 몇 학기째 속강하는 '지향성(Intentionality)'을 열심히 들었다.

이 대학에서는 두 개의 부전공을 이수하도록 되어 있었다. 나는 사회학과 심리학 과목들을 수강했는데 1950년대 후반의 뉴욕은 정신분석학을 모르고서는 스스로를 지식인이라고 여길 수 없을 정도로 프로이트와 융의 이야기로 가득해 있었다. 나는 사회병리학이라든지 심층심리학 등을 들었다. 버거(Peter Berger)와 루크만(Thomas Luckmann)과 같은 현상학적 사회학자들을 길러낸 슈츠는 현상학과 사회과학 방법론을 강의하면서 실증주의를 맹공하고 있었다. 오늘날 '책임윤리론'으로 널리 알려지게 된 요나스는 고대철학을 강의했다. 그의 '파르메니데스'는 신에 대한 관심을 다시 갖게 해주었다. '하나'를 가리키는 그리스어 'hen'과 우리말 '하나'와 '하나님'을 놓고 신기한 상상을 하기도 했다. "사유와 존재는 동일하다"는 신의 존재에 대한 나의 형이상학적 사변력을 상승시키기도 했다. 쿨만의 스피노자 강의는 나의 상상력을 더욱 자극했다. 그는 강의하면서 스피노자를 '신에 도취된 사람(gottbetrunkener Mensch)'이라고 불렀다. 나는 *Ethica*에서처럼 신의 존재를 명석하게 그리고 판명하게 해명할 수 없을까 하는 사념에 사로잡히기도 했다.

1930년 전후로 파버(Marvin Farber)와 함께 후설 밑에서 유학했던 케언스는 철학과의 유일한 미국인 교수로 가장 정확한 영어를 구사했다. 아마 그래서인지 난해한 후설의 이론을 알기 쉬운 말로 설명하는 데 탁월했다. 그의 강의를 받아 적은 노트를 나는 지금도 간직하고 있다. 그는 나름대로 의식의 분석에 접근했는데 거기에 끌린 나는 현상학으로 논문을 쓰기에 이르렀다. 케언스는 나더러 후설의 대상 개념에 관해 써보라는 것이었다. 나 역시 실증주의를 거부했기에 현상학에서 방법론적 돌파구를 찾기로 했다.

이러한 노력에서 구르비치의 도움도 컸다. 그는 형태심리학을 도입해서 현상학을 재정립했던 창의적인 학자였다. 그는 실험심리학이 지각과정을 올바로 설명할 수 없다고 하면서 주관 개입의 엄연한 사실을 해명하는 것이었다. 그는 인식주관의 역사성을 강조했는데 이 점이 나중에 가서 나의 해석학적 전회의 계기가 되었다.

과학의 진보는 실증주의 방법의 유효성을 더욱더 강화시키는 듯했으며, 정치학은 오로시 경험적으로 관찰할 수 있는 것에 국한시켜 이론 형성이 가능했기 때문에 이 학문의 연구 대상은 극히 한정적일 수밖에 없다. 눈으로 볼 수 없는 사회적 행위자의 주관적 동기의 이해 없이 사회과학은 어떤 이론 형성도 할 수 없다는 것이 슈츠의 현상학적 방법론의 기본전제이며, 현상학은 이 주관적 동기를 인식할 수 있는 Verstehen 방법을 제시하는데 나 자신은 이 방법이 유일한 걸로 믿었으며 우선 현상학 전반에 대한 연구를 대상 개념 중심으로 시작했던 것이다.

한편으로 나는 서양문명을 이해하기 위해서는 미국의 일상생활에 젖어야 한다고 믿었다. 뉴욕의 맨해튼은 나에게 많은 것들을 제공했던 곳이다. 자본주의 경제의 중심인 월가가 섬 남단에 자리하고 있으며, 읽지 않고서는 지성인이라고 자처할 수 없는 일간지 뉴욕타임스 건물이 도시 한복판에 서 있고, 지식을 갈구하는 어느 누구도 쉽게 이용할 수 있는 미국에서 제일인 뉴욕시립도서관은 세계에서 가장 번화한 5번가와 42번가에 들어앉았다. 여기서 5번가 북쪽으로 좀 걸어 올라가면 현대미술관이 있는데 입구 벽에는 앤디 워홀(Andy Warhol)의 「마릴린 먼로」가 걸려 있다. 여기서 버스를 타고 북쪽으로 서른 블록 올라가면 왼편에 웅장한 모습을 한 시립미술관이 위치해 있다. 이 안에는 동서고금의 미술을 접할 수 있게 하는 온갖 전시물로 가득하다. 또 이 미술관 옆에는 자연사박물관이 자리한다. 그리고 음악 애호가들을 위해서는 '메츠'로 알려진 오페라극장, 그리고 빼놓을 수 없는 카네기홀과 링컨센터, 유서 깊은 브로드웨이 극장가, 그리고 뉴스쿨 근처의 '그리니치빌리지'라는 예술가촌, 센트럴파크에서의 '셰익스피어 여름축제' 등 이러한 모든 것들은 나의 지적 생활의 원천이었고 또한 내 영혼의 참 양식이 됐다.

나는 해가 갈수록 나 자신이 미국사회에 점차로 익숙해 가는 것을 느낄 수 있었다. 그런데 욕심이 생겼다. 유럽을 알아야만 이 서양문명을 안다고 말할 수 있지 않겠는가 하는 강박관념이 생긴 것이다. 1961년 봄 나는 하이델베르크대학에서 한 학기 지내기로 하고 독일로 떠났다. 그 학기에는 가다머(Hans-Georg Gadamer)와 뢰비트(Karl Loewith) 두 교수의 강의를 수강할 수 있는 행운을 나는 누릴 수 있었다. 가다머는

'현상학 운동', 뢰비트는 '헤겔과 마르크스'를 각각 강의했다. 미국에서는 '이데올로기의 종언'을 운운하는데 독일 대학에서는 마르크스를 논하는 이 상이함이 퍽 대조적이었다.

가다머는 후설과 하이데거의 제자이다. 그는 현상학을 해석학으로 발전시키는 데 독보적이었다. 1960년에 그가 내놓은 『진리와 방법』은 오늘날 해석학의 고전이 되었다. 뢰비트는 한때 뉴스쿨에서 교편을 잡기도 했다. 그의 수제자가 바로 하이데거 후임으로 초빙된 베르너 마르크스이기도 하다. 이들 두 철학자들의 사상은 은연중에 나의 사색에 영향을 미쳤으며 나의 사회인식론 정립에서 해석학과 초기 마르크스 철학에 대한 관심을 불러일으켜 주었던 것이다.

나는 이태리와 프랑스를 여행할 기회도 가졌다. 그리고 서베를린과 동베를린을 비교할 수 있는 기회도 있었다. 유럽에서의 한 학기는 실로 잊을 수 없는 체험을 내게 안겨준 것이다. 패전의 잿더미에서 라인 강의 기적을 일으킨 독일 민족의 슬기롭고 강인한 정신을 형성시킨 그들의 문화 전통이 무엇인가 퍽 궁금했다. 그리고 '사상가들과 시인들의 나라'로 알려진 이 사회에 잠시나마도 전체주의 체제가 들어설 수 있게 했던 사회적, 심리적 여건에 대해서도 궁금했다. 이제 와서 돌이켜보니 내가 한때 프랑크푸르트학파의 비판이론에 쏠리게 된 것도 이 궁금증 때문이 아니었던가 하고 생각한다.

3. 프라이부르크 시절과 사회철학

다시 나는 뉴욕으로 돌아와 학업을 계속했는데 필수학점도 모두 이수한 터라 직장을 구해 돈을 벌기로 했다. 뉴욕시립도서관에서 유럽에서 출판되는 도서를 구입하는 일을 했다. 수입도 나쁘지 않아 센트럴파크 근처에 조그마한 아파트를 얻을 수 있었다. 그런데 문제가 생겼다. 논문

지도를 맡았던 케언스 교수가 몸이 아파 학기 도중에 하차하는 일이 자주 일어났고 지도교수를 바꾸어야 할 상황에 이르렀다. 그리 쉬운 일은 아니었다. 결국 케언스와 의논한 끝에 프라이부르크대학의 핑크(Eugen Fink) 교수 밑에서 계속 같은 주제로 논문을 쓰는 걸로 해 1964년 가을 독일로 학교를 옮겼다.

독일 출신 교수진으로 짜인 뉴스쿨과 프라이부르크대학 간에는 학풍상 별 차이가 없었다. 케언스의 유학 당시 핑크는 후설의 조교였으며 또한 두 분은 막역한 사이기도 했다. 한 학기 전까지만 해도 뉴스쿨에서 독일 관념론 강의를 했던 마르크스가 하이데거 후임으로 와 있어서 그런지 두 대학을 구별할 수 없었다. 다만 달랐던 것은 천만 인구와 십만 인구의 차이였다. 이 양적 차이가 질적 상이성을 가리킬 수도 있었겠지만 대학도시 프라이부르크는 그 나름대로 마음이 가는 곳이었다. 이 도시는 슈바르츠발트라고 하는 청엽수림 산맥의 수도이기도 하며 겨울나기에 알맞은 기후가 온화한 곳으로도 알려져 있다. 이상적인 대학도시다. 빈델반트(Wilhelm Windelband), 리케르트(Heinrich Rickert), 베버(Max Weber) 등이 가르쳤던 곳이다. 하이데거는 이 도시 북쪽에 살고 있었다. 남쪽의 귄터스탈 공동묘지에 가면 후설의 묘가 있다. 나는 손님들이 찾아오면 으레 그곳으로 안내하는 걸 자랑 삼았다.

논문 지도교수로 모시게 된 핑크는 후설 말년 10년 동안 조교와 공동연구자 두 역할을 했던, 이를테면 그의 후기 철학의 반려자이기도 했다. 핑크는 나치 치하에서 하이데거마저 후설로부터 소원했는데도 그의 스승 곁에 끝까지 남았던 제자였다. 유대인이라고 해서 정부가 후설의 연금 지급을 중단하자 영국인 경제학자 로빈슨(Lionel Robbins)의 주선으로 런던 경제학 대학원대학(London School of Economics)의 재정 지원을 받아 후설과 핑크는 겨우 생계를 유지할 수 있었다는 것이다. 그러나 한때 후설의 충실한 반려자였던 핑크는 현상학 운동에서 이탈했다.

이에 대한 그의 변은 간단했다. 철학자란 본래 반란자라는 것이다. 실은 하이데거의 영향을 받은 그는 현상학적 방법으로는 시간과 같은 존재론적 문제를 다룰 수 없었기에 그 운동으로부터 멀어졌던 것이다. 시간 안에서 움직이는 의식이 시간을 구성할 수 없다는 것이었다.

핑크는 나치 정권에 저항하기는 했지만 제2차 세계대전이 발발하자 참전했으며 종전 후 프라이부르크 교수가 되었다. 하이데거가 나치에 동조했다고 해서 점령군에 의해 은퇴를 강요당한 후 대학이 핑크를 하이데거의 후임으로 임명하려 했지만 그는 이를 단호히 거절했다는 것이다. 케언스가 전하는 바에 따르면, 핑크는 하이데거에 비하면 그 자신이 거장이 걸친 의상의 한 점에 지나지 않기에 그 자리를 수락할 수 없었다는 것이다.

핑크는 철학과 및 교육학과를 이끌었다. 그는 전후 독일의 민주주의 교육에 힘을 기울였으며 한때 유네스코 철학교육계획을 주도하기도 했다. 이는 내가 1993년부터 유네스코 활동에 관여하면서 알게 되었던 사실이지만 지금 맡고 있는 내 자리가 유네스코 철학 석좌교수인데 이는 기분 좋은 우연의 일치이기도 하다. 핑크의 정치 성향은 사회민주주의였으며 유고슬라비아의 프락시스 그룹과 가까웠던 것에 비추어본다면 그는 반볼셰비키였다. 몇 해 전 하버마스가 방한했을 때 그에게 들어서 알게 된 사실인데 아도르노(Theodor Adorno) 후임으로 핑크가 먼저 초빙되었지만 그가 이를 사양했다는 것이다. 그도 프랑크푸르트학파처럼 이론과 실천을 통합하려는 철학자였다. 그는 마르크스의 초기 사상을 강의했고 듀이의 민주주의론 강의도 여러 번 했다. 한편으로 그는 칸트의 『순수이성비판』을 가지고 15학기나 속강한 걸로도 유명했다.

나는 사회학을 계속해서 부전공으로 택했다. 포피츠(Heinrich Popitz)의 베버 강의를 수강했다. 나는 자본주의 사회를 베버와 마르크스를 통해 본 뢰비트 교수의 강의의 연속으로서 베버를 들었다. 포피츠는 「소외된 인간」이란 학위 논문에서 마르크스의 『경제학 철학 수고』를 다루었는데 1950년대 초 독일 학계의 반향은 매우 컸다. 마르크스를 모르고 베버를 이해할 수 없듯이 그 역도 마찬가지다. 베버 세미나에서는 『경제와 사회』를 읽었으며 다른 한편으론 그의 사회과학 방법론 논문 등을 다루기도 했다. 나는 베버의 방법론에 끌렸다. 뉴스쿨에서 슈츠가 현상학과 베버를 연관지으려는 시도의 타당함을 새삼 깨달을 수 있었다.

그런데 1960년대 후반 독일사회 아니 서유럽은 젊은 대학생들의 반체제운동의 소용돌이에 말려들어가기 시작했다. 1950년대 말 '이데올로기의 종언'을 고할 만큼 후기 자본주의가 그 전성기를 구가하고 있었지만 미국의 월남전 개입으로 인한 전쟁의 확대에 따르는 핵전쟁의 위협은 구미의 젊은이들로 하여금 자본주의 문화에 대한 반성을 촉구했으며 마침내 그들을 신좌파라는 기치 아래 기존 체제를 부정하는 혁명세력으로 만들었다. 프라이부르크대학에도 학생혁명조직이 구성되어 있었다. 월남전에서의 양민 학살로 이와 같은 부도덕한 행위를 가능케 하는 자본주의 체제를 움직이는 원리를 파헤쳐야 한다는 요구가 이들 젊은이들에게서 제기되었으며 그 해답은 프랑크푸르트학파에 속했던 마르쿠제에게서 나왔다.

베버와 마르크스는 자본주의를 합리성과 소외의 개념으로 각기 설명했는데 1964년에 쓴 『일차원적 인간』이란 저서에서 마르쿠제는 이 두 개념을 가지고 고도로 합리화된 자본주의 생산조직과 이 합리성 원리에 의한 사회의 전면 관리가 구미의 사회질서라고 특징지었으며 오로지 이 기존 질서의 변화는 체제 부정에 의해서만 이루어질 수 있다고 처방했던 것이다. 학생들의 변혁운동은 바로 이 저서에서 혁명의 정치철학을 찾기에 이르렀다.

나는 학생운동가들의 이념은 이해했지만 외국인 신분의 제한성 때문에 논문 쓰기에만 주의를 고정시켰다. 그런데 1964년 하이델베르크대학에서 베버 탄생 백 주년을 기리는 행사가 있었으며 거기서 마르쿠제가 발표한 논문 「산업화와 자본주의」는 베버의 합리성 이론에 입각한 자본주의 비판으로 젊은이들의 공감을 얻은 훌륭한 연구였다. 나도 이에 자극받아 베버 연구를 더 해야겠다는 충동을 느꼈다.

나의 프라이부르크 유학생활에서 하이데거를 결코 빼놓을 수 없을 것이다. 1967년 겨울 학기에 핑크는 하이데거와 공동으로 '헤라클레이토스' 세미나를 주관했다. 세미나는 밤 여덟 시부터였다. 첫날 나의 지도교수는 나를 한국에서 온 학생이라고 그의 스승에게 소개해 주었다. 몸집이 작고 마음씨 좋은 시골 할아버지 같은 인상을 풍겼던 하이데거는 반갑게 악수를 청했다. 참으로 잊을 수 없는 순간이었다. 내가 하이데거 강의를 직접 들을 수 있게 되었다는 것은 내게는 퍽 자랑스럽게 여겨졌다.

그해 겨울에는 유난히 눈이 많이 내렸다. 밖은 흰 눈으로 덮여 차가웠으나 안에서는 하이데거와 핑크 그리고 다른 교수들 간에 뜨거운 논쟁이 학기 내내 벌어졌다. 하이데거는 우리가 너무 영리해서 올바로 생각을 못한다(Sie sind zu gescheit zu denken)고 꾸짖는 것이었다. 그는 헤라클레이토스를 이해하기 위해서는 고대 그리스인처럼 사유하도록 애써야 한다는 것이었다. 헤라클레이토스는 개념으로 생각하지 아니했는데 우리는 개념들을 통해서 그의 단편물을 독해하려고 든다는 것이다. 하이데거의 글들 가운데 "말은 존재의 집이다(Die Sprache ist das Haus des Seins)"라는 표현의 뜻이 비로소 이해됐다. 하이데거 말년에 조교 일을 맡았고 그의 사후 유고 편집을 위임받은 헤르만(Friedrich von Herrmann)에 따르면 하이데거는 자신의 저서들은 고대 그리스어로만 번역될 수 있다고 말했다는 것이다. 어원이 전혀 다른 말을 하는 내게 하이데거 사상으로의 접근은 차단되고 마는 것이다. 아마 그를 이해하기 위한 방법론 논쟁이라도 있어야 할 것임에는 틀림없다.

학위 취득을 위한 전공 분야 구술시험을 『존재와 시간』에 대해서 보기로 했다. 지금 생각하면 무모한 짓이었던 것 같다. 아마 핑크는 내 용기를 높이 사서 합격시켰으리라고 믿는다. 나는 책을 거의 외우다시피 했다. 구술시험에 입회했던 헤르만은 내게 이런 말을 한 적이 있다. 하이데거가 이 대저를 집필할 때 그림 형제(Jacob & Wilhelm Grimm)의 33권이나 되는 독일어 사전(Deutsches Wörterbuch)에 크게 의존했다는 것이다. 저자는 현대 독일어를 피하려고 했다는 것이다. 나는 1962년에 나온 영어 번역판을 참고했는데 방법상 엄청난 잘못이었다. 이 번역판도 잘못되어 최근에 스탐보(Joanne Stambaugh)가 20여 년간 심혈을 기울인 끝에 새 번역판을 내놓았다. 이 번역자는 하이데거 생전에 프라이부르크를 자주 찾아와 그와 많은 대화를 나누었다고 헤르만은 전했다. 이렇게 볼 때 한자 문화권에서의 하이데거 이해를 위해서는 그 나름대로 방법을 모색해야 한다는 이야기가 나올 수 있을 것이다. 일본어 번역판이 일곱 가지나 된다고 하니 문제는 결코 작지 않다.

한편으로 후설의 대상론에 관한 내 논문 작성이 순수의식의 본질 직관론으로부터 점차로 멀어져만 갔다. 이것은 분명히 하이데거의 영향을 받은 핑크의 해석학으로 나 자신이 옮겨갔기 때문이다. 나는 하이데거의 『물체(Das Ding)』에서 사물 인식의 단서를 보았다. 포도주 잔을 재래의 인식론으로 설명한다는 것이 얼마나 무의미한지를 깨달을 수 있었다. 가을에 무르익은 포도송이를 따다 나무통에 담아 발효시킨 후 걸러내어 만든 술은 햇볕과 비 그리고 대지와 농부 등과의 연관 없이는 의미가 없다. 물체의 인식에서 대상이 놓여 있는 총체적 맥락을 고려하지 않고서는 참 인식이 성립될 수 없다는 것이다. 이와 같은 하이데거의 해석학적 인식론은 사회 현실의 인식문제를 둘러싼 나의 논의에 도움을 주었다.

프라이부르크는 내게 많은 것들을 가르쳐주었다. 가끔 그 시절을 돌아보면 마르쿠제를 연상하는 경우가 많다. 1920년대 베를린대학에서 독문학을 전공한 후 하이데거 밑에서 헤겔에 관하여 교수 자격 논문을 썼고 실존철학을 바탕으로 「사적 유물론의 현상학」이란 논문으로 정통 마르크스주의에 도전했다. 역사가 정해진 단계를 기계론적으로 밟아나가는 것이 아니라 인간의 의지와 행동으로 변화한다는 것이다. 그는 후설의 추천으로 프랑크푸르트대학 부설 사회조사연구소의 연구원이 되었고 전후 프랑크푸르트학파의 거두가 되었다. 나는 뉴스쿨에서 이미 케언스와 슈츠를 통해 후설을 알았지만, 핑크에게서 후설과 하이데거의 철학함을 깊이 배울 수 있었으며 또한 포피츠를 통해 베버의 사회과학적 사유 양식에 가까워질 수 있었다는 것은 내게는 행운이 아닐 수 없었다.

4. 한국사회와 혁신 자유주의

1968년 5월 파리와 베를린에서의 젊은이들의 반체제 봉기는 서방 자본주의의 붕괴가 임박하지 않았는가라는 착각을 일으킬 만큼 그 소용돌이가 컸다. 그러나 나는 그해 7월에 별일 없이 학위를 받고 8월 말에 귀국 길에 올랐다. 실로 14년 만에 돌아온 서울은 암울했다. 여기도 학생들의 가두시위로 소란스러웠다. 그러나 한국의 학생운동과 구미의 그것 간에는 차이가 있었다. 사회발전의 단계가 다른 데서 오는 차이이기는 했지만 한국의 젊은이들이 내세우고 있는 민주주의가 너무 교과서적이었다는 데 실망하였다. '군사독재 반대'라는 구호만 난무했을 뿐이었다. 젊은이들의 민주주의에 대한 열의는 순수했지만 그들의 이론적 단순성은 문제였다. 독일 유학 시절에는 외국인이었기에 사회참여를 주저했지만 내 땅으로 돌아왔으니 현실 인식과 처방에 참여할 수 있는 길을 찾았다.

다행히도 한양대학교에서 정치철학을 가르칠 수 있는 기회를 얻게 되었다. 나는 합리성 개념으로 군사정권의 개발 전략을 고찰했으며 과학기술의 진보에 힘입은 공업화에 의한 근대화와 이와 모순되는 전통적 세계관 간의 갈등에 대하여 글도 발표했다. 집권 집단은 이 갈등을 한국적 민주주의라는 이데올로기로 해소하려 했다. 신유가사상에서 개발독재를 정당화하는 이론 형성이 진행되었다는 것이다. 분단과 냉전 그리고 독재체제는 학자사회에서의 자유로운 담론을 허용하지 아니했던 까닭으로 세계사의 흐름과 우리의 발전 단계에 알맞은 정치사회사상이 나오기가 매우 어려웠다. 분단과 냉전체제는 군사정권으로 하여금 사회의 전면 관리를 가능케 했으며 이에 따라 한국사회가 조선 500년과 일제 식민지 시대와 단절할 수 있는 계기가 상실되었다고 말할 수 있을 것이다. 달리 말한다면 사회성원들 간의 대등하고 자유로운 담론이 가능한 시민사회가 형성되지 못한 데서 사회의 발전 방향에 대한 합의가 이루어질 수 없었고 다만 권위주의적 통치만이 이어져나갈 뿐이었다는 것이다.

　1977년 봄 서울대로 옮기면서 나는 개인적으로 '한국사회과학연구소'를 개설하고 사회과학과 철학 분야의 학자들과 함께 사회 현실에 관한 연구 논문들을 총서로 발간했다. 그것은 이를테면 뉴스쿨의 통합적 방법의 시도였다. 학계의 반응은 긍정적이었다. 사회과학 방법론, 이데올로기, 복지국가 등을 쟁점으로 삼아 논의의 장을 마련했던 것이다. 1970년대로 가면서 국내의 민주화 운동의 방향은 달라져갔다. 막연한 민주주의가 아니라 소득의 분배를 둘러싼 평등의 문제가 쟁점으로 떠올랐다. 개발독재하의 시장경제는 소수 기업을 위할 따름이라는 인식이 사회 전반에 퍼져갔다. 이즈음에 나는 '혁신 자유주의론'을 연구소 총서에서 소개했다. 일반적으로 자유주의가 시장경제에서 개인적 자유를 강조하는 방임주의로 알려졌지만 그 역사를 되돌아보면 사회주의에 앞서 교육, 보건 그리고 주거 문제 등에서 정부의 관여를 주창해 왔다는 사실에 비추어 정부가 빈곤층의 해방을 대행하는 역할을 맡아야 한다는 논지를 나는 폈다. 그러나 자유주의에 대한 편견 탓이었는지 반응은 별로 없었다. 아마 혁신 자유주의라는 표현이 '둥근 사각형'으로 여겨졌을 것이다.

그런데 1980년대 초부터 기층민을 위한 사회운동이 공정한 소득분배를 기치로 내세우다가 점차로 마르크스레닌주의적 내용을 갖추어가는 것이었다. 사회철학 전공과목을 맡았던 내게는 어려운 상황이 벌어지기 시작했다. 어떤 영문인지는 몰라도 철학에서는 사회철학 과목은 으레 헤겔과 마르크스를 다루는 걸로 되어 있었기에 그 방향으로 나의 강의 내용을 채워나가야 되는 것이었다. 물론 일찍이 학부 강의와 대학원 세미나에서는 비판이론을 다루면서 마르크스는 피상적으로 훑어보는 것이었는데 시대는 달라져만 가고 학생들의 지적 호기심도 커져가면서 그들의 요구는 거세어갔다.

분단과 냉전은 각급 학교와 대학에서 반공교육을 일변도로 몰고 가는 판국에 마르크스레닌주의가 일부 학생운동가들 사이에 퍼져갈 때 사회철학 과목을 맡고 있던 나로서는 고민스러웠다. 이러한 상황에서 나 자신이 무엇을 할 수 있겠는가 하고 고심했다. 마르크스 원전 한 줄도 읽지 않은 채 마르크스주의니 마르크스레닌주의니 하고 혁명을 외쳐대는 젊은이들의 지적 경망스러움도 잘못이었지만, 적어도 대학원에서만큼은 마르크스의 저서를 읽고 토론할 수 있지 않겠는가 하는 생각에서 『경제학 철학 수고』 원전을 사회철학 세미나에서 읽기로 했다. 한 학기 내내 참석자들은 진지했다. 밖으로부터의 염려는 있었지만 간섭은 없었다. 헤르만 교수에 따르면 그 당시 소련에서는 하이데거를 지하에서 읽었다고 하는데 우리는 마르크스를 대학원 교재로 읽었기 때문에 학문의 자유는 그나마 우리에게 더 있었던 것 같다. 나는 학생들에게 편견 없이 원전을 읽도록 했다. 학생들의 탁월한 독일어 실력은 내용을 쉽게 소화할 수 있었다. 그 다음 학기에 우리는 『독일 이데올로기』를 읽었다. 한 해가 지나면서 초기 마르크스의 모습이 나타나는 것이었다. 우리는 마르크스주의 이전의 마르크스를 찾는 데 성공적이었다. 원전을 통해 드러나는 그의 학문관, 언어관, 역사관 등은 철학사의 흐름에서 찬란한 한 장을 이루는 것이었다. 이러한 훌륭한 사상이 이데올로기화로 인해 왜곡되고 바로 이 때문에 금기시되어 왔다는 사실이 안타까울 정도였다.

몇 학기에 걸쳐 우리는 『신성 가족』, 『철학의 빈곤』을 정독해 갔고 마침내 『자본론』 제1권을 읽기에 이르렀다. 다른 한편으로 마르크스 사상의 형성과 연관되는 피히테, 헤겔 그리고 포이에르바흐 등 독일 사회철학 전반을 개관하기도 했다. 이와 같은 연구는 진정 학구적인 노력이었다. 그러나 사회주의 운동이 과격해지면서 일부 학생들 가운데는 원전 해석으로부터 이탈해 가는 현상이 일어났다. 이들은 소비에트과학원에서 내놓은 정통 마르크스주의 교재를 탐독하는 것이었다. 1985년 고르바초프가 주도하는 페레스트로이카가 그러한 교재들을 이미 폐기한 후였으니 나로서는 마음이 착잡해질 수밖에 없었다. 한쪽에서 버려진 것이 다른 쪽에서는 진리가 된다는 것은 우리의 사유가 정치적, 사회적, 경제적 여건의 성격에 의해서 규정된다는 것이다. 나는 정통 마르크스주의를 따르는 학생들을 이해하려고 했으며 또 설득하기도 했으나 상황 변화만을 기다릴 수밖에 없었다.

사상의 자유, 학문의 자유를 누려보기 어려운 정치적, 사회적 통제체제 아래서 시민문화는 성숙할 수 없었고 개인적 자유와 기본적 권리에 대한 관념을 갖지 못하고 있는 발전 단계에서 소비에트 이론가들에 의해서 거부된 마르크스레닌주의를 신봉하는 젊은 혁명가들을 올바로 가르칠 수 있다는 생각은 환상이었다. 나는 한없는 무력감에 빠져들어 갔다. 1980년대 나는 거의 여름방학이면 신간도서를 찾기 위해 프라이부르크에 갔다. 매번 동독 서적을 파는 책방에 들렀다. 그런데 1985년부터는 새 책이 나오지 않았다. 서점 주인의 말은 앞으로는 내가 보려는 책들은 더 이상 나오기 어렵게 됐다는 것이었다. 이것은 곧 사회주의 체제를 지탱해 왔던 마르크스 이데올로기는 끝났다는 것을 의미했다.

이후 몇 년 가지 않아 동독과 소비에트가 무너지고 동구권이 해체되었다. 이어서 국내 사정도 달라졌다. 정치권력이나 재력의 뒷받침 없이 어느 사상이나 이데올로기도 위력을 발휘할 수 없다든가, 또는 한 사회의 지배적 사상은 그 사회의 지배계급의 사상이라고 한 마르크스가 옳았던 것이다. 소비에트 없는 마르크스레닌주의는 호소력을 잃고 말았으며 더욱이나 '현실 사회주의'의 실패는 한국사회에서의 사회주의 운동의 적합성 논의를 무색하게 만들었다.

1980년대의 격동 가운데서도 사회과학 방법에 관하여 발표했던 논문들을 나는 『사회인식론』이라는 제목으로 묶어 출판했다. 이 저서는 학위 논문 「후설의 대상론」의 연속선상에서 고려된 해석학적 방법론이다. 나는 사물 경험으로부터 사회 현실의 경험으로 옮겨갔다. 나는 학위 논문을 해석학의 논지로 결론지었는데 후설의 순수의식에 머물지 않고 하이데거, 핑크 그리고 가다머와 같이 의식의 선이해 구조를 밝히고 특히 노동이란 활동 개념을 인식과정의 한 계기로 도입했다. 학생들과 함께 읽었던 마르크스의 초기 저술에서 노동 개념으로 인간 역사와 문화의 많은 부분이 설명되는 것을 보았다. 노동은 인간과 자연을 매개하고 또한 인간과 인간의 사회적 관계를 맺어준다. 노동은 자연을 변형하는 행위이고 남들과 함께하는 행위이다. 인간은 노동을 통해서 역사와 문화를 만든다. 노동으로 주위 세계와 관계한다는 것은 노동으로 세계를 경험한다는 것을 가리킨다.

인간은 노동이라는 실천적 활동으로 자신의 생물학적 한계를 넘어섰다. 그는 남들과 함께 노동해야 하기 때문에 의사소통을 위한 도구로 언어를 만들어내기도 했다. 마르크스는 언어를 '실천적 의식'이라고 했는데 독일어로 'praktisches Bewusstsein'이라고 한다. 'praktisch'는 행동과 거래라는 두 가지 뜻을 가진 그리스어 'praxis'에서 유래하는데, 마르크스는 '노동하면서 거래라는 상호관계를 도모하는 데 필요한' 정신작용을 언어라고 했다. 나는 이와 같은 맥락을 가진 노동 개념을 해석학으로 끌어들여 사회과학의 방법론을 정립해 보았다.

1987년의 『사회인식론』은 내가 본래 계획했던 3부작의 첫 번째이다. 두 번째로는 1992년의 『사회의 철학』이다. 부제는 '혁신 자유주의와 사회주의'이며, '노동의 철학'을 서장으로 한다. 나는 로크, 마르크스, 베버, 마르쿠제 그리고 하버마스 등의 노동사상의 재구성을 통해 혁신 자유주의와 인간주의적 사회주의를 비교했다. 이 저서에서 나는 혁신 자유주의로 제3의 길을 열 것을 제창하기도 했다. 한편 대학원생들과 듀이를 읽으면서 인간의 존재양식을 개체성과 집단성의 변증법적 관계로 설명하는 그의 '사회존재론'을 가지고 혁신 자유주의의 이론 기반을 다졌으며 2001년 5월 학술계간지 *Diogenes*에 「혁신 자유주의 재고」라는 논문을 실었다.

듀이는 한국 대학에서는 이상하게도 오해를 받고 있는 철학자이다. 물론 무지에서 오는 오해이기도 하지만 '실용주의'라는 통속적 말뜻 때문에 20세기 미국 철학을 대표했던 그의 사상이 경원시되었던 것 같다. 처음 미국 유학에서 알게 된 듀이가 프라이부르크에서 핑크의 민주주의론을 통해서 내게 다가왔다. 듀이는 과학이론이 과학자 공동체 내에서의 담론을 거쳐 그 타당성을 얻는다는 방법을 정치과정에서의 민주적 의사결정의 모델로 삼아 참여민주주의를 주창했는데 나는 여기서 인식론과 정치사상이 어울려 하나의 체계를 이루고 있음을 볼 수 있었다.

듀이는 홉하우스(L. T. Hobhouse)와 함께 미국과 영국에서 각각 사회주의의 도전에 대응해서 자유주의의 개혁을 강구했던 철학자였다. 그들은 국가가 개인들로 하여금 자아실현의 기회를 균등하게 보장할 수 있도록 관여해야 한다고 했다. 그들은 이른바 '사회적 자유주의론'을 폈던 것이다. 최근에 등장한 기든스(Anthony Giddens)의 '제3의 길'도 실제로는 이 두 철학자의 개혁론에 지나지 않는다.

혁신 자유주의는 비록 국가 간섭을 필요로 하지만 그것은 어디까지나 개인의 자율성과 창의성 그리고 자발성을 주요한 가치로 삼는다. 무엇보다도 시민들의 개인적 자아실현을 가능케 하는 교육제도의 확립을 통해 개개인이 스스로의 삶을 영위할 수 있는 사회의 건설을 목표로 한다. 반면에 사회주의는 사회적 성과의 배분이란 사회정책의 강조로 인하여 사회 구성원들의 개체의식의 성숙을 더디게 하기 쉽다. 집단 지향성이 강한 전통적 가치질서가 상존하는 한국사회가 시민문화로 이행하기 위해서는 개인적 자유와 기본권을 사회 구성원 모두에게 보장하려는 혁신 자유주의가 근대화의 가장 적절한 전략이 아닌가 하는 생각을 하게 된다.

이제 와서는 이상론이 되어버렸지만 마르크스는 개체성과 권리의식이 강한 부르주아 사회 단계를 거쳐서 참사회주의로 넘어간다고 했는데 부르주아 단계를 거르고 전제정치에서 소비에트 사회주의로 뛰어넘은 러시아의 현재가 가르쳐주는 교훈은 값지다. 고도의 과학기술은 생산력을 발달시키고 우주과학에서는 세계 첨단의 수준을 자랑하던 소비에트 체제의 붕괴 원인을 여러 가지로 설명할 수 있겠지만 결정적 요인들 중 하나는 시민사회를 거치지 않고 사회주의 혁명으로 사회변혁을 기했기 때문일 것이며, 지금도 제정 러시아 시대와 크게 다를 바 없는 정치문화는 민주적 정치과정의 운영을 어렵게 하고 있다.

나는 소비에트 체제가 몰락하기 직전 1990년대 초반 여러 번 모스크바를 방문했다. 1990년 12월 모스크바대학에서 있었던 '20세기 말의 사회철학' 학술회의에서 나는 「마르크스와 후설」이란 주제의 논문을 발표했는데 그 당시만 히더라도 공개석상에서 마르크스를 서양철학사의 맥락에서 논하는 일은 드물었던지 어느 참가자는 내 논문에서처럼 앞으로는 마르크스를 여러 다른 철학사상들과 비교 고찰할 수 있어야 한다고 주장하고 나섰다. 1991년 5월에 나는 소비에트과학원 철학연구소에서 '해석학과 사회과학 방법론'에 관한 집중 세미나를 3일 동안 주관하기도 했다. 연구소는 새로운 방향 모색으로 불안스러운 분위기였으며 아직도 마르크스주의에 대한 미련을 버리지 못하고 있었다. 모스크바 방문을 통해 나는 과학철학자 스티오핀(V. Stiopin), 철학지『철학의 문제(*Voprosy Filosofii*)』의 주간이며 인식론자인 렉토르스키(V. Lektorsky) 등과 친교를 맺게 되었는데 이들은 1960년대부터 진보적 성향을 보였던 학자들로서 구미에서도 인정받고 있는 러시아의 대표적 현대철학자들이다. 그러나 이들과 같은 지식인들은 오늘날 러시아 사회의 시민문화 발전에 끼칠 수 있는 영향에는 한계가 있기 마련이다. 전제정치와 스탈린주의 유산은 쉽사리 없어지는 것은 아니다.

오늘날 대부분의 신흥 공업국가의 경우 사정은 비슷하다. 전통사회의 권위주의 문화는 사회의 모든 부분에서 이어져가고 있다. 전통의 저항 때문에 경제발전과 생산력의 합리화에도 불구하고 정치와 사법의 근대화가 불가능해진다. 오히려 과학기술의 진보로 사회의 통제 능력이 더욱더 조직화되어 가고 있을 따름이다. 매스미디어에 의한 여론 조작은 예외 없이 집권층의 통치술이 되어 있다. 여기서 혁신 자유주의는 자아의식이 강한 중산층의 정치참여를 촉구한다. 중산층이 혁신 자유주의의 담지 세력이 되어야 한다는 것이다. 종교인, 대학인, 언론인, 법률가, 화이트칼라, 자영업자 층으로 구성되는 중산 집단의 연합정치가 정치권력에 대한 압력을 행사할 수 있다는 것이다.

1997년 유네스코로부터 철학 석좌에 위촉된 이래 나는 아시아-태평양 지역의 여러 나라를 방문할 수 있는 기회를 가져왔다. 특히 민주주의를 위한 철학교육 네트워크를 창설하여 이 지역 학자들과 공동연구를 하면서 깊이 깨닫게 된 것은 과연 민주주의가 이 지역에서 가능한가라는 회의다. 그러면서도 공업화에 필연코 수반하는 사회구조의 분화가 자발적이고 창의적인 지식층의 출현을 허용하기 마련이며 이들의 정치참여를 통한 시민문화로의 성숙을 기대해 볼 수 있다는 생각을 하게 되었다. 더욱이나 신자유주의자들이 신흥 공업국가들에 처방하는 경쟁원리로 말미암아 이들 사회에서는 빈부의 격차가 날로 심화해 가는데 개개인들이 경쟁에 뛰어들 수 있는 능력을 정부가 길러주도록 중산층의 연합정치가 이를 도모해야 한다는 것이다. 신자유주의는 시장경제의 오랜 전통을 가진 사회에서는 효력을 발휘할 수 있을지언정 탈전통사회에서는 오히려 약육강식의 비참한 결과만 낳을 뿐이다.

아시아 지역의 여행을 통해서 내가 뚜렷하게 본 것은 '빈곤의 문화'가 아직도 깊이 뿌리내리고 있다는 사실이다. 재래종교나 토속신앙 때문인지는 알 수 없으나 빈곤이 당연한 걸로 받아들이고 있는 사회가 적지 않다. 사회주의는 공동체론으로 이 문화를 조장할 수 있다. 사람들을 집단 의존으로부터 단절시키지 못한다는 것이다. 그래서 나는 주어진 상황에 체념적이거나 수동적인 신민을 능동적이고 참여적인 시민으로 육성시키는 데 있어서 개인의 자발성과 창의성을 장려하는 혁신 자유주의가 근대화의 전략 개념으로 그 타당성을 인정받기를 기대한다.

5. 사이버 시대와 기술철학

정년이 가까워지던 무렵 어느 학기에 기술철학을 주제로 대학원 세미나를 열었다. 나는 합리화가 세계의 운명이라고 할 때 우리의 생활세계는 과학기술 이전의 영역을 거의 잃고 말 것이라는 생각을 하지 않을 수 없었으며 사회철학의 연구 범위도 이를 본격적으로 포함시켜야 한다고 여겼다. 후설이 1930년대 자연과학적 사고가 유럽 학문을 위기로 몰고 가는 경향을 놓고 과학 이전의 생활세계라는 개념으로 학문론을 새롭게 정립하려고 했지만 21세기 지금 우리의 생활세계는 사이버스페이스 안으로 깊이 빠져들어 가고 있는 판국이다. 세계를 움직이는 정치, 경제, 문화 엘리트들이 직접 인터넷에 접속하지 않는다고 하더라도 그들은 인터넷으로 처리되는 데이터에 근거해서 의사결정을 한다. 이들에게 데이터를 제공하는 자들은 컴퓨터라는 도구 없이 그들의 사유와 행위에서 한 치도 움직이지 못한다. 그들에게는 컴퓨터가 자신들의 사지와 두뇌의 일부가 되어버렸다. 그들의 정신적, 육체적 노동은 인터넷 접속 없이는 주위 세계와 관계를 맺을 수 없게 되어버렸다는 것이다.

통신과 교통수단의 급격한 발달과 글로벌 경제는 국경의 담을 헐어가고 있으며 따라서 개별 문화 간의 양립은 물론이고 이들 간의 융합도 서서히 일어나고 있다. 후설은 세계를 고향세계(Heimwelt)와 타향세계(Fremdwelt)로 나누고 전자가 후자를 자체의 지평 안으로 끌어들임으로써 지평을 넓혀간다고 했다. 오늘날 우리에게 매일매일 일어나고 있는 현상이 바로 이것이다. 나의 고향세계는 끊임없이 그 한계를 넓혀간다. 이렇게 해서 개별 문화들은 함께하는 것을 더 많이 갖게 된다. 나는 이 함께하는 것을 '문화적 공통성(transculturality)'이라고 일컫는다. 앞으로는 모든 문화가 개인적 자유, 평등, 정의 등의 의미를 공유할 것이다. 그러나 문제는 이 이념들이 얼마만큼 실생활에서 실천으로 옮겨지는가일 것이다.

공간과 시간의 관념도 달라져만 가는 사이버 시대에 우리는 분명 살고 있다. 항공우편으로 일주일 걸렸던 편지가 전자우편으로 몇 초 만에 전달되고 수천 마일이나 떨어진 도시의 고객들과 화상으로 동시에 상담하는 재무 분석가의 사무실 안에는 이 지구 전체가 들어가 자리 잡고 있는 셈이다. 실로 기적 같은 일이라고 말하지 않을 수 없다. 그러나 이것은 인간세계의 합리화 과정이며, 이 과정이 되돌아갈 수도 없을 것이다. 마르쿠제의 『일차원적 인간』이 나온 지 30여 년의 세월이 흘러간 지금 우리의 생활세계가 이처럼 과학기술화해 가는 마당에 새삼 기술의 탈인간화를 저주만 할 수 없을 것이다. 오히려 이 합리화 과정을 슬기롭게 받아들이는 데 기여하는 일이 기술철학의 과제라고 말하고 싶다.

혁신 자유주의는 과학에 의해서 인간이 주술과 미몽으로부터 자유롭게 된다는 계몽주의 신념을 받아들인다. 그리고 혁신 자유주의는 과학이 인간의 삶의 모든 실천적 문제까지도 해결할 수 있다고 하는 과학주의를 거부할 수는 있지만 과학기술의 진보 없이 공업화로 파괴된 자연생태계를 복원할 수 있다고는 믿지 않는다. 선진 공업사회나 신흥 공업사회는 고도의 생산성을 유지해야만 하기 때문에 환경파괴를 피하기가 쉽지는 않을 것이다. 그렇다고 시장경제의 폐지로 자연보존을 도모한다는 것은 더욱이나 상상할 수도 없는 일이다. 결국은 과학기술의 진보에 의존할 수밖에 없으며 기술지배의 주체가 되는 자연과학자들에게 기대해 보는 것이다.

앞에서도 지적했듯이 생산력 합리화에 의한 근대화와 이에 반하는 전통 지향적 상부구조의 역(逆)근대화 간의 모순 해소는 사회성원들의 과학적 의식화로 가능하다고 나는 늘 생각해 왔다. 아직도 무속신앙이 많은 사람들이 자연과 사회에 대해 믿는 것들의 성격을 규정하고 있는 터에 이들을 미신과 인습에서 벗어나도록 계몽할 필요성은 절실하다. 진정한 계몽 없이 사이버 시대가 한국사회에 대해서는 결코 발전을 의미할 수 없게 되고 마르쿠제가 염려했던 바와 같이 오히려 기술지배에 의한 사회의 전면 관리가 따를 것이다.

과학기술의 진보는 근대성 확립을 위한 필요조건이다. 과학은 인간을 미몽으로부터 해방시키고 그 자신이 삶의 주체임을 자각케 함으로써 근대성의 기준이 되는 개인들의 자아의식을 굳게 했다. 이것은 인류 역사의 전개과정이 잘 보여주는 사실이다. 그런데 근대성이 확립되지 못한, 다시 말해서 과학기술을 스스로 관장할 수 있을 만큼 사회성원들의 주체의식이 성숙해 있지 않은 사회가 사이버 시대를 겪어나가기 위해서는 갖추어야 할 조건들이 있을 것이다. 사이버공간에 종일 갇혀 있는 네티즌이 언제 그리고 어떻게 다른 개인들과의 자유로운 상호작용을 통해서 자아의식을 형성시킬 수 있을까라는 물음에 철학은 여타 사회과학 분야의 이론들과의 상호보완으로 해답을 찾아야 할 것이다. 이것은 곧 나의 과제이기도 하다. 아직도 내가 하고 싶은 일들이 많이 남아 있는 것 같다.

『철학과 현실』(2001년 가을)

차인석 서울대학교 철학과 명예교수. 유네스코 철학교수, 한국위원회 사무총장, 유네스코 산하 국제철학인문학협의회(CIPSH) 회장을 역임했다. 독일 프라이부르크대학교에서 철학 박사학위를 받았다. 저서로『현대사상을 찾아서』,『현대정치와 철학』,『사회인식론: 인식과 실천』,『사회의 철학: 혁신 자유주의와 사회주의』등이 있다.

철학적 인생론

1판 1쇄 인쇄   2019년 3월 10일
1판 1쇄 발행   2019년 3월 15일

엮은이   철학문화연구소
발행인   전 춘 호
발행처   철학과현실사

출판등록   1987년 12월 15일 제300-1987-36호
서울특별시 종로구 동숭동 1-45
전화번호 579-5908
팩시밀리 572-2830

ISBN 978-89-7775-819-3 03100
값 12,000원